reinhardt

erleben & lernen

Band 2
Herausgegeben von
Prof. Dr. Michael Jagenlauf, Universität der Bundeswehr, Hamburg
Prof. i. R. Dr. Werner Michl, Technische Hochschule, Nürnberg
Dipl. Soz.päd. Holger Seidel, M. S. M., Geschäftsführer von GFE | erlebnistage

Bernd Heckmair • Werner Michl

Erleben und Lernen

Einführung in die Erlebnispädagogik

8., überarbeitete Auflage

Ernst Reinhardt Verlag München

Dipl.-Päd. *Bernd Heckmair*, geb. 1953, Referent in der Jugend- und Erwachsenenbildung, verantwortet seit 2015 die Sendung „Bewegtes Lernen“ bei Radio LORA, München.
www.bernd-heckmair.de

Prof. Dr. *Werner Michl*, geb. 1950, Professur i. R. für Sozialwissenschaften an der Technischen Hochschule Nürnberg Georg Simon Ohm und Prof. ass. an der Universität Luxemburg.
www.wernermichl.de

Ebenfalls im Ernst Reinhardt Verlag erschienen:
Michl, W., Seidel, H. (Hg.): Handbuch Erlebnispädagogik
(2018, ISBN: 978-3-497-02773-6)
Michl, W.: Erlebnispädagogik
(UTB Profile. 3. Aufl. 2015, ISBN: 978-3-8252-4521-4)

Bibliografische Information der Deutschen Bibliothek

Die Deutsche Bibliothek verzeichnet diese Publikation in der Deutschen Nationalbibliografie; detaillierte bibliografische Daten sind im Internet über <http://dnb.d-nb.de> abrufbar.
ISBN 978-3-497-02825-2 (Print)
ISBN 978-3-497-61012-9 (PDF-E-Book)
ISBN 978-3-497-61013-6 (EPUB)
8. Auflage

Printed in EU
Coverfoto: © Prof. Dr. Werner Michl
Cover unter Verwendung eines Fotos von © Prof. Dr. Werner Michl
Satz: ew print & medien service gmbh

Ernst Reinhardt Verlag, Kemnatenstr. 46, D-80639 München
Net: www.reinhardt-verlag.de Mail: info@reinhardt-verlag.de

Inhalt

Vorwort zur 8. Auflage

„Wächst die Erlebnispädagogik noch oder wuchert sie?" Diese Frage haben wir uns bei der 6. und 7. Auflage dieses Buches gestellt. In der Tat gab es nach dem Jahr 2000 einen Stillstand. Immer die gleichen Lernprojekte wie das Spinnennetz, der Zauberstab, der blinde Mathematiker und das Kistenklettern sind in allen Ecken Deutschlands, Österreichs und der Schweiz angeboten worden, bei Teamtrainings genauso wie bei erlebnispädagogischen Klassenfahrten. Es war auch ein Rückzug aus der Natur zu beobachten, vielleicht ist daher die Naturerlebnispädagogik entstanden. Ein kritischer Outdoor-Trainer hat das als „Parkplatzpädagogik" bezeichnet. Oft waren und sind die erlebnispädagogischen Angebote meilenweit entfernt von der Philosophie des Draußenseins, die die Skandinavier mit Friluftsliv (Lietke/Lagerstrøm 2007) am überzeugendsten leben.

Zahlreiche Träger der Erlebnispädagogik haben Jubiläen gefeiert: 10 Jahre, 20 Jahre, 30 Jahre und mehr. Aus innovativen und manchmal chaotischen Modellprojekten sind feste Arbeitgeber geworden, die sich Buchhaltung, innere und äußere Revision, Organigramm, Konzepte, Geschäftsordnung und eine Gesellschaftsform zugelegt haben. Sie sind in regem Austausch mit der Kommunalpolitik und dem Datenschutz, mit der Naturschutzbehörde und dem Brandschutz, dem Landrats- und Gesundheitsamt, dem Veterinäramt und den Landesforsten, dem Ordnungs- und Wasserwirtschaftsamt. Sie sind solide Arbeitgeber geworden, die sich um Urlaub, Arbeitszeiten, Mindestlohn und mehr kümmern. Die Professionalisierung der Erlebnispädagogik zeigt sich auch bei den Sicherheitsstandards, der Ernährung und dem Umweltschutz sowie bei der Ausbildung junger Erlebnispädagogen.

Denn die Erlebnispädagogik ist auch an Hochschulen und Universitäten eine Selbstverständlichkeit geworden. Von Kiel bis Benediktbeuern werden erlebnispädagogische Fort-und Weiterbildungen mit Hochschulzertifikat angeboten. Eine wachsende Zahl von Hochschullehrern ist in Praxis und Theorie der Erlebnispädagogik zu Hause und bildet ein dichtes Netzwerk im deutschsprachigen Raum. Dementsprechend wächst auch die Zahl der Lehrveranstaltungen, der Bachelor- und Masterarbeiten, der Dissertationen und der qualitativen und quantitativen Forschungsbemühungen. 2017 wurde bei erlebnistage Vogelsberg die „Fachbibliothek Erlebnispädagogik" (www.erlebnistage.de/hochschulen/fachbibliothek.html) eröffnet. Sie ist mit Buchpublikationen, Abschlussarbeiten, Fachzeitschriften, Filmen, grauer Literatur und Materialsammlungen die größte Bibliothek zu diesem Thema im deutschsprachigen Raum. 2018 wurde das erste „Handbuch Erlebnispädagogik" veröffentlicht (Michl, Seidel 2018).

Viele dieser positiven Entwicklungen lassen hoffen, dennoch müssen wir die Bedenkenträger spielen. Die wachsende Bürokratie, die ISO-Normen und ihre Gralswächter könnten die Innovationskraft des erlebnisorientierten Lernens einschränken. Berechtigterweise war z. B. Sicherheit ein zentrales Anliegen von Erlebnispädagogik und Outdoor-Training. Einige Verbände und Träger haben komplexe und bis ins Detail geregelte Sicherheitsstandards geschaffen, die fast den Umfang dieses Buches haben. Wer das endlich beherrscht und sich daran hält, ist so erschöpft, dass Mut und Kraft fehlen könnten für Entdeckungen, Experimente und Entwicklungen.

Lohnt es sich denn, diese 8. Auflage zu kaufen? Ja, denn wir haben in den 25 Jahren seit dem Erscheinen der 1. Auflage noch nie so viele Textstellen gestrichen, ergänzt und aktualisiert. Zwei Kapitel haben wir ganz entfernt: Kapitel 2.8 *Die internationale Entwicklung – Standards, Thesen, Trends* und Kapitel 6.3 *Wucherungen: Die Erlebnispädagogik boomt nicht mehr, sie wuchert*. Wir haben unsere Definition überdacht, die aktuelle Literatur gesichtet, nicht nur die der Erlebnispädagogik, sondern auch der Lernforschung und der Sozialwissenschaften. Wir schätzen, dass sich mindestens 25 Prozent des Inhalts verändert hat. Aus der 7. Auflage darf man nur mehr aus historischen Gründen zitieren.

Kritische Leserinnen und Leser werden anmerken, dass wir immer die männliche Schreibweise verwenden. Das ist richtig. Wir haben auf das große „I" verzichtet, den „/in" nicht verwendet und das aktuelle „*" ignoriert. Wir glauben erstens, dass diese Schreibformen leseunfreundlich sind und betonen zweitens, dass wir dabei immer die weibliche Seite mitgedacht und einbezogen haben.

Ein großes Dankeschön geht an Dr. Ulrich Dettweiler, Michael Herrmann, Dr. Jule Hildmann, Matthias Mokros, Holger Seidel und Gábor Timur Szabó. Sie haben uns beraten und waren immer offene und anregende Ansprechpartner.

Bernd Heckmair und Werner Michl
München und Berg, im Mai 2018

1 Rückblicke: Von Rousseau zur Risikogesellschaft

„Die Illusion kann man nicht essen", sagte seine Frau.
„Aber sie ernährt", erwiderte der Oberst.

Gabriel Garcia Marquez,
Der Oberst hat niemand, der ihm schreibt.

Geschichtsschreibung ist immer ein Konstrukt. Eine Geschichte der Philosophie, der Psychologie oder der Pädagogik ist schon eine fragwürdige Sache, eine Geschichte der Erlebnispädagogik umso mehr. Unser Unterfangen gleicht also eher einer Spurensuche als einer systematischen Analyse, sowohl bei den Ideen als auch bei den Idolen. Wegbereiter, Wissenschaftler und Wandervögel stehen am Treppengeländer der erlebnispädagogischen Geschichte: Platon, Johann H. Pestalozzi und Karl Popper werden in der Fachliteratur ins Feld geführt, zwischen Rousseau und Thoreau haben wir den Bogen gespannt, William James und John Dewey werden in der deutschsprachigen Pädagogik wieder entdeckt, und mit Minna Specht rückt endlich eine bedeutende, lang vergessene Frau ins Blickfeld. Wir versuchen diesen Entwicklungen gerecht zu werden, ohne die Liste der Vordenker ins Unverbindliche zu erweitern. So konzentrieren wir uns also auf vier Männer und eine Frau:

- Jean-Jacques Rousseau, der fulminante Theoretiker, der sich seines eigenen pädagogischen Auftrags so jämmerlich entzog.
- David Henry Thoreau, der Unabhängigkeit, Freiheit, Einfachheit und Einsamkeit in einer Blockhütte am Walden-See suchte.
- John Dewey, der von William James inspirierte Pragmatiker und Pädagoge, beeinflusste nachhaltig die deutsche Pädagogik (Georg Kerschensteiner: „Schule der Tüchtigkeit“ und Hugo Gaudig: „Was der Tag mir brachte“) und wird zu Recht derzeit wieder entdeckt.
- Minna Specht, bekennende Sozialistin, Leiterin der Odenwaldschule, die zusammen mit Kurt Hahn die Leitlinien von Outward Bound Deutschland schuf
- und schließlich Kurt Hahn, der den Begriff der Erlebnistherapie prägte und damit als Urvater der Erlebnispädagogik gilt, dessen Ideen um die ganze Welt gingen und nachhaltig auch die Praxis der deutschen Pädagogik beeinflussten.

1.1 Die Entdeckung der Einsamkeit und der Einfachheit – J.-J. Rousseau und D.H. Thoreau als Vordenker der Erlebnispädagogik

Ist es ein Zufall, dass Jean-Jacques Rousseau (1712–1778), der Bewunderer der Natur und der Prediger der Einfachheit, ein heimatloser Gesellschafts- und Lebemensch war, sich in Kabaretts, Kneipen und Kasinos herumtrieb, während er sich nach Vaterland, Freiheit, Geborgenheit und dem natürlichen Leben sehnte? Ein Tiefenpsychologe könnte hinter dieser Sehnsucht den frühen Verlust elterlicher Bindungen vermuten. Rousseaus Mutter stirbt bald nach seiner Geburt, sein Vater kümmert sich kaum um ihn. Mit 16 Jahren verlässt er seine Vaterstadt Genf und zieht in die Welt, so, als gäbe es überall etwas Besseres als den Tod zu finden. Ein unstetes, sprunghaftes Leben beginnt, in dem gleichsam zwei Zeitalter aufeinander prallen. Die Aufklärung erfährt durch Rousseaus Ideen einen ersten Bruch, und die Romantik nimmt dieser „egozentrischste Denker in der Philosophie“ (Weischedel 1974, 192) vorweg. Turin, Venedig, Dijon, Paris und die Provinz sind die wichtigsten Stationen seines rastlosen Weges; Schreiberlehrling, Handwerker, Priesterkandidat, Musiklehrer, Erzieher nur einige seiner ausgeübten Berufe. Immer war er Egozentriker. Sich selbst zu erkennen bedeutete für ihn Erkenntnis der Welt. Daher hat er in seinen „Bekenntnissen“ wie in einer Psychoanalyse sein Innerstes schonungslos dargelegt. Hinwendung zum Individuum, horchen auf die inneren Empfindungen – tiefer als alle Vernunft ist die Sprache der Natur, die es zu verstehen gilt. Das ist der Abgesang auf die Aufklärung: Der berühmte Satz von René Descartes „ich denke, also bin ich“ wird zu „ich erlebe, also bin ich“.

Rousseaus Denken zeichnet sich, wie sein Lebensstil, durch Sprunghaftigkeit und Intuition aus. Er versinkt in Tagträumereien, lässt den Sommertag vorbeistreichen und genießt die schöpferische Pause. Dann wieder ergreifen ihn Ideen und Eingebungen mit solcher Macht, dass er wie in Trance taumelt, den Tränen und dem Wahnsinn nahe. Auch hier spüren wir das romantische Ideal des Genies. Die 1749 von der Akademie in Dijon gestellte Frage, ob „der Fortschritt der Wissenschaften und Künste zur Veredelung der Sitten beigetragen habe“, versetzt ihn in einen solchen traumwandlerischen Zustand. Es ist seine Lebens- und Schicksalsfrage. Er beantwortet sie mit Verve und Wortgewalt, gewinnt damit den Preis der Akademie und wird über Nacht berühmt. Indem er unerwarteterweise diese Frage verneint, wirft er den Philosophen, Denkern, Intellektuellen und Wissenschaftlern seiner Zeit – Voltaire, Diderot, d'Alembert – den Fehdehandschuh hin.

Während die Kluft zu den berühmten Denkern seiner Zeit immer größer wird, fällt sein Appell des „zurück zur Natur“ – Worte, die Rousseau so nie verwendet hat, die aber wohl die Quintessenz seines Werkes sind – bei Hofe auf fruchtbaren Boden. 1762 erscheinen seine beiden Hauptwerke „Contrat social“ (Der Gesellschaftsvertrag) und „Émile“ (Emil). Sie bilden die Summe seines politischen und pädagogischen Denkens und passen zusammen wie Schlüssel und Schloss. Die Rousseausche Staats- und Gesellschaftsphilosophie setzt den neuen Menschen voraus. Dazu braucht sie die enge Liaison zwischen Pädagogik und Politik. Die Suche nach dem besten Staat, diese notwendige und doch vergebliche Utopie von Platon bis Popper, kommt immer wieder auf die Erziehung des Menschen zurück und fordert, den in dieser Utopie funktionierenden Menschen zu schaffen.

Die Erschaffung einer Welt in Freiheit kann durch den Gesellschaftsvertrag gelingen. Wer sich dem Gemeinwillen (volonté général) aus freiem Willen unterordnet, gibt zwar seine natürliche Freiheit auf, gewinnt dadurch aber die rechtliche Freiheit, den Schutz und die Geborgenheit der Gemeinschaft. Das Volk ist Souverän und gibt sich seine eigenen, von allen akzeptierten Gesetze. Herrschaft beruht bei Rousseau auf Übereinkunft.

Eine solche Verschmelzung von persönlicher und staatlicher Freiheit braucht den neuen Menschen, wie ihn Rousseau in „Émile" beschreibt. Wer diesen Roman „... über die Erziehung" mit den Augen des Erlebnispädagogen liest, wird einige erstaunliche und aktuelle Parallelen zutage fördern. Die Renaissance Rousseaus – 1969 stand sie durch Alexander Neill (1969) und Summerhill und die Hochkonjunktur der antiautoritären Erziehung kurz bevor – und seine Entdeckung als Vordenker der Erlebnispädagogik sind angesagt. Lesen wir diesen berühmten Roman nicht nur als Pädagogen, sondern mit den Augen der Praktiker und Theoretiker der Erlebnispädagogik!

„Alles ist gut, wie es aus den Händen des Schöpfers kommt, alles entartet unter den Händen des Menschen" (Rousseau 1975, 9) lautet der berühmte erste Satz des „Émile". Rousseau nimmt damit die romantische Bewertung der Natur vorweg und leitet so zu einem politisch gefährlichen Verhaltensprogramm an: Wer sich rückwärts wendet, die Einfachheit sucht, nach dem Ursprung ausschaut, die Sprache der Natur verstehen lernt, nähert sich dem Guten. Weder der Staatsbürger noch der Gesellschaftsmensch ist das Erziehungsideal Rousseaus. Sein Ziel ist die Erziehung ohne Erzieher, eine Minimalerziehung, die durch die natürliche Strafe, d. h. die negativen Folgen von unpassenden Handlungen, zum freien Menschen führt. Das Bild der Pflanze, die gepflegt und gehegt, geschützt und gedüngt werden muss, ist Metapher für Rousseaus Vorstellung von Erziehung, die in gleicher Symbolik in der deutschen Reformpädagogik wieder aufgegriffen wird.

Drei Dinge erziehen uns, und die Reihenfolge der Erwähnung zeigt ihre Bedeutung an: „Die Natur oder die Dinge oder die Menschen" (S. 10). Nur die dritte Form der Erziehung ist durch den Erzieher beeinflussbar, aber auch diese soll nach Rousseau nur dazu dienen, die Erziehung durch die Natur und durch die Dinge zu ermöglichen. Die Erziehung durch den Menschen hat bei Rousseau als einziges Ziel, die Erziehungsgewalt der Natur und der Dinge zu stärken und negative Einflüsse darauf zu verhüten. Der Lauf der Natur und der Dinge wird sich fast gesetzesmäßig seine Bahn brechen, wenn er nicht durch Gesellschaft, Wissenschaft, Kunst und Zivilisation daran gehindert wird. Der Erzieher soll verhindern, dass etwas getan wird. Er ist somit der Anwalt der natürlichen Bedürfnisse des Kindes.

„Leben ist handeln" oder „Learning by Doing". „Leben ist nicht atmen, leben ist handeln" (S. 15). Und: „Man wird gut, indem man das Gute tut. Beschäftigt euren Zögling mit allen guten Handlungen, die seinen Kräften angemessen sind“ (zit. nach: Blättner 1968, 107). Emile soll sein Wissen nur durch eigene Erfahrungen erwerben, er lernt aus der Sache selbst, nicht durch die Belehrungen seines Erziehers. Als Kind erforscht Emile seine Umwelt und die Natur, und davon lernt er, als Knabe und Jüngling durch Handwerk und Arbeit. Emile soll nichts durch die Wissenschaften erfahren, sondern sie dann erfinden, wenn er sie braucht. „Anstatt das Kind an Bücher zu fesseln, beschäftige ich es in einer Werkstatt, wo seine Hände zum Nutzen des Geistes arbeiten; es wird Philosoph und glaubt, nur ein Arbeiter zu sein“ (S. 104).

Rousseau setzt ein Bedürfnis nach Bewegung voraus, einen Tätigkeitsdrang: „Erst durch Bewegung lernen wir, daß es Dinge gibt, die nicht wir sind. Durch unsere eigene Bewegung gelangen wir zum Begriff der Ausdehnung“ (Rousseau 1975, 41). Die Geborgenheit der Mutter, Liebe, Partnerschaft, die Einbindung in die Natur sind zentripetale Kräfte, Neugier, Bewegungs- und Tätigkeitsdrang ihr zentrifugaler Widersacher. Wer zwischen beiden Polen pendelt, gewinnt eine Vorstellung von der Welt, gewinnt Identifikation, weil er die Grenzen spürt zwischen Ich und Nicht-Ich.

Reden, Belehrungen, Bücher lehnt Rousseau zunächst ab. Angeblich hasst er Bücher, um sich mitzuteilen braucht er aber doch dieses Medium. Emile soll schließlich doch ein Buch lesen, weil dieses Buch Rousseaus Wunsch erfüllt und weiterentwickelt hat: „Wenn man eine Situation erfinden könnte, wo alle natürlichen Bedürfnisse der Menschen sich in einer für den kindlichen Geist begreiflichen Weise darstellen und wo die Mittel, sie zu befriedigen, leicht erkennbar wären, so müßte man seine Einbildungskraft lebhaft damit beschäftigen.“ Ein Buch hat diese Situation vorweggenommen, und Emil wird sich längere Zeit damit beschäftigen: Robinson Crusoe.

Handlung, Erfahrung und Erlebnis empfiehlt Rousseau auch als Unterrichtsprinzip: „Und denkt daran (die Lehrer; die Verf.), daß ihr in allen Fächern mehr durch Handlungen als durch Worte belehren müßt. Denn Kinder vergessen leicht was sie gesagt haben und was man ihnen gesagt hat, aber nicht, was sie getan haben und was man ihnen tat“ (S. 80). Der Knabe soll die natürlichen Folgen seiner Handlungen am eigenen Leib erfahren. Wenn er die Fensterscheibe zerbricht, so mag der kalte Wind Tag und Nacht hereinblasen und das Kind sich eine Erkältung holen, „denn es ist besser, daß es verschnupft, als närrisch wird“ (S. 80).

Leben heißt Erleben. Die Erziehung der Aufklärung bestand aus Förderung der Vernunft, Lernen im Unterricht, Erwerb des Wissens, Training der Denkfunktionen. Rousseau erkennt, dass zur menschlichen Existenz mehr gehört: Erfahrung durch die Sinne und den Körper, Sensibilität für inneres Empfinden, Gewahrwerden der Gefühle. Nicht der Wissenschaftler ist sein Erziehungsziel, sondern jener Mensch, „der die Freuden und Leiden dieses Lebens am besten zu ertragen vermag“ (S. 15). Rousseau geht es darum, die Freude am Leben zu lehren: „Nicht wer am ältesten wird, hat am längsten gelebt, sondern wer am stärksten erlebt hat. Mancher wird mit hundert Jahren begraben, der bei seiner Geburt gestorben war. Es wäre ein Gewinn gewesen, wenn er als Kind gestorben wäre, wenn er wenigstens bis dahin gelebt hätte“ (S. 16). Eine noch heute verblüffende und radikale Aussage, doch wer bestimmt, wer was am stärksten erlebt hat?

Der Gentechniker Erwin Chargaff (1988, 40) hatte diese Worte Rousseaus wohl nicht gekannt, als er äußerte: „Sie müssen ja bedenken, was allein die Menschheit dadurch verliert, daß im Durchschnitt jeder Mensch des Westens drei Stunden am Tag durch das Fernsehen amputiert bekommt. Was das bedeutet: im Monat, im Jahr, in der Lebenszeit. Insofern kann man ungefähr sagen: Die Menschen werden gar nicht so alt, sie vegetieren so alt und diese Zeit muß man abziehen von ihrer Lebensdauer, um ihre wirkliche Lebensdauer zu kriegen.“

Es ist ein in diesem Zeitalter der Aufklärung unbekanntes Lebensgefühl, das in den Worten Rousseaus mitschwingt. Das Gefühl ist das Ursprüngliche im Menschen und nicht der Verstand, so philosophiert Rousseau gegen den Zeitgeist. Wer wie Rousseau von der Selbstliebe als angeborenem Trieb ausgeht, der will es sich gut gehen lassen, will die Welt genießen, will alles erleben, was im Diesseits möglich ist: „Leid, stirb oder werde gesund. Vor allem aber leb bis zu Deiner letzten Stunde“ (Rousseau 1975, 59).

Unmittelbares Erleben durch die Sinne. Die Welt wird nicht durch Sprache und Vernunft erlebt und erfahren, sondern durch die Sinne. Wir werden mit Empfindungen geboren und erforschen die Welt mit unseren Sinnesorganen, mit Händen, Augen, Ohren, Nase und Zunge. Erstrebenswerte Gegenstände werden aufgesucht, andere werden vermieden. Erst daraus werden Urteile, Maßstäbe, Vorstellungen, Ideen und letztlich Moral und Sittlichkeit entwickelt.

Durch das unmittelbare sinnliche Erlebnis folgt das Kind seinen wahren Bedürfnissen, die von der Natur vorgezeichnet sind. Der Erzieher soll vermeiden, dass Lernprozess und Lernfeld gestört werden, er soll Emile dazu bringen, die Sinne in rechter Weise zu gebrauchen, denn die „Empfindungen sind die ersten Bausteine seiner Erkenntnisse. ... Das Kind will alles berühren, alles anfassen. Verhindert diese Unruhe nicht. ... Es lernt Wärme, Kälte, Härte, Weichheit, Schwere, Leichtigkeit der Körper kennen und Größe, Gestalt und alle anderen Eigenschaften beurteilen, indem es sie betrachtet, befühlt, belauscht“ (S. 41).

Handeln in freier Natur, statt Wissen aus Büchern zu erwerben, eigene Erfahrungen sammeln, statt Erfahrungen anderer übernehmen, den Augenblick packen – Erlebnis und Unmittelbarkeit tragen als die zwei wichtigsten Säulen die Erziehungsutopie Rousseaus: „Man muß sich mit der Gefahr selbst vertraut machen, um zu lernen, sie nicht mehr zu fürchten“ (S. 119).

Leitlinien Rousseauscher Pädagogik. Die Rousseausche Philosophie hat den Boden für die Französische Revolution bereitet, seine pädagogischen Ideen haben uns einige Entdeckungen beschert, mit denen Rousseau seiner Zeit weit voraus war.

Der Egozentriker Rousseau sah sich und jeden Menschen als Prinzip des Lebens. Er strebte für sich und alle Menschen Glück, Zufriedenheit und Selbstverwirklichung an und forderte ein Recht des Kindes auf sein Eigenleben. „Da spielen Lausbuben im Schnee, blau, verfroren und mit klammen Fingern. Sie könnten sich wärmen gehen, aber sie tun es nicht.Zwingt man sie dazu, so empfinden sie den Zwang hundertmal mehr als die Kälte" (S. 65). Das Kind braucht Zeit und Zurückgezogenheit um reifen zu können, Erziehung gelingt nicht ohne Muße. Die Kindheit, so Rousseau an anderer Stelle (S. 89), „ist der Schlaf der Vernunft", aus dem das Kind nicht zu früh geweckt werden darf. Wenn Nichtstun mit Glücklichsein einhergeht, so ist das Grund genug für den Erzieher, nicht einzugreifen und seine „negative" Erziehung als Erfolg zu betrachten.

Rousseau entdeckt die Lebensphase der Kindheit, aber die kindliche Seele zu verstehen ist nahezu unmöglich. Jeder Mensch ist ein eigener Kosmos: „Keiner von uns ist Philosoph genug, um sich ganz in ein Kind hineinzuversetzen" (S. 99). Alle Phasen der Entwicklung müssen durchlebt, erlebt, vollendet werden, damit das Kind zum Menschen reifen kann. Das Kind vergleicht Rousseau mit einem jungen Wilden (S. 117), der sich ausleben muss. Klettern, springen, kriechen, laufen soll Emile lernen.

Der Verhaltensforscher Leyhausen (1968, 66) vertritt die Ansicht, „daß sehr viele Kinder zu guten und brauchbaren Menschen heranwachsen, nicht wegen, sondern trotz der Erziehung, die sie genießen". Da spricht die Stimme des Volkes! Wir hoffen, dass Leyhausen weiß, was gute und brauchbare Menschen sind. Seine Definition von Erziehung scheint ebenfalls sehr begrenzt zu sein. An diesen Grundfesten der Pädagogik hat Rousseau im „Émile" auch gerüttelt. Der Anwalt des Kindes tut zwar wenig, aber sein Bestes, wenn er das Umfeld des Kindes von Störungen freihält. Die Erziehung ergibt sich nach dem teleologischen Prinzip der Natur und der Dinge: Die Ziele der Erziehung werden nicht durch den Menschen gesetzt, sondern sind von der Natur vorgegeben. Das Kind erzieht sich scheinbar selbst. Auch ist es unter Altersgenossen viel besser aufgehoben und lernt mehr in der wilden Horde der Kinderspielgruppe als im stillen Klassenzimmer.

Rousseau hat auch den Tiefenpsychologen den Weg geöffnet, als er sich auf die Suche nach den echten Bedürfnissen und nach den Gefühlen begab. Als Rousseau die Bedürfnisse der Geborgenheit, der Nahrung und der Sexualität entdeckte und formulierte, kommentierte dies Voltaire mit dem Satz, dass er wenig Lust hätte, auf allen vieren zu kriechen. Diese natürlichen Bedürfnisse aber müssen nach Rousseau in den Phasen der Kindheit erlebt werden, um dann zu den echten Bedürfnissen vordringen zu können, die im sittlich-religiösen Bereich liegen.

Fassen wir zusammen! Rousseau postuliert ein Eigenrecht auf die Lebensphase Kindheit. Erlebnis, Erfahrung und Abenteuer sind notwendige Lernprinzipien. Das unmittelbare Lernen über die Sinne und nicht belehren und unterrichten entspricht der Lebenswelt des Kindes. Wer handelt, lernt besser und mehr, und wer gut handelt, wird ein guter Mensch, so die einfache Logik Rousseaus. Die eigene Befindlichkeit, Zufriedenheit und Glück und die Fähigkeit, die Freuden und Leiden des Lebens zu ertragen, sind Rousseaus Maßstab von guter Erziehung. Damit hat er die Grundmauern zum Gedankengebäude der Erlebnispädagogik errichtet, 100 Jahre später hat dann David Henry Thoreau diese Arbeit weitergeführt.

David Henry Thoreau: Nicht reden über Handeln, sondern reden und handeln

Wie bei Rousseau ist auch Thoreaus Denken zutiefst moralisch begründet, stellt doch die Erziehungslehre Rousseaus bzw. die Lebenskunst Thoreaus nur die Kehrseite einer Medaille dar. Auf ihrer anderen Seite befindet sich der Ungehorsam und das Leiden am ungerechten Staat und die entsprechende Lehre vom gerechten Staat. Im Falle Thoreaus ist der gerechte Staat der nicht vorhandene.

Die Natur ist die große Erzieherin und Lehrmeisterin. Während Rousseau im „Émile" die Erziehung durch die Natur, die Dinge und den Menschen sozusagen am Reißbrett entwirft, liefert Thoreau ein praktisches Beispiel der Lebenskunst. Am 4. Juli 1845, dem amerikanischen Unabhängigkeitstag, zieht er in eine selbst gebaute Hütte am Walden-See in der Nähe seiner Heimatstadt Concord. Das Evangelium der Einfachheit und Einsamkeit ist aber kein romantischer Rückzug in die Natur, sondern baut auf einem durchaus komplexen Gedankengebäude auf, das zu einem nicht geringen Teil durch die besondere historische und persönliche Situation von Thoreau zu erklären ist. Zweieinhalb Jahre später beendet Thoreau sein Walden-Experiment und verdingt sich als Hilfskraft im Hause des Philosophen Ralph Waldo Emerson. Wer hinter Walden einen romantischen Rückzug vermutet, wird von Thoreau und seinen Biographen eines Besseren belehrt. Das „Leben in den Wäldern" stellt ein psychologisches Experiment dar, eine durchaus komplexe Reduktion, eine radikale Auseinandersetzung mit dem „American Dream". Es ist der philosophische und praktische Gegenentwurf dazu. Nichts ist dem Zufall überlassen. Dass dieses Experiment zufällig am 4. Juli beginnt, dem amerikanischen Unabhängigkeitstag, wie Thoreau dem unbedarften Leser suggeriert, kann bei dem Autor des Pamphlets „Über den zivilen Ungehorsam …" ausgeschlossen werden. Den Leser in Widersprüche zu verwickeln und in Fallen zu locken, ist vielmehr als Methode Thoreaus zu verstehen.

Die Grundmotive, Grundfragen und Hypothesen für das „Walden"-Experiment lauten: Wie erlangt man wirkliche Freiheit? Ist der Sieg des Menschen über die Natur nicht ein Pyrrhussieg? Was sind die eigentlichen Lebensbedürfnisse? Das Wunder des Kosmos ist in der kleinsten Naturerscheinung gegenwärtig und erfahrbar. Die Natur vermittelt eine spirituelle Botschaft, die hinter den materiellen Erscheinungen verborgen ist. Erforsche die Natur, erkenne dich selbst, und du erkennst Gott – das sind drei Variationen des gleichen Themas.

Schließlich ist Walden auch ein ökonomisches Experiment. Thoreau will beweisen, dass durch Reduktion von unnötigen Bedürfnissen mit wenig Geld eine einfache und solide Lebensgrundlage aufgebaut und erhalten werden kann.

Das Walden-Experiment spiegelt die äußere Distanz von Thoreau gegenüber dem „American way of life" wider und korreliert mit der inneren Distanz seines Denkens. Der Geist des Amerika der ersten Hälfte des 19. Jahrhunderts war geprägt von Aufbruchstimmung und Naturbeherrschung, von Technik und Industrialisierung, von Naturwissenschaft und Fortschritt, von Expansion und Eroberung. Thoreau bleibt der große Skeptiker.

Thoreau gilt als der Vater der Ökologiebewegung, als Mentor des zivilen Ungehorsams, als Lehrer der Einfachheit und Einsamkeit, als genauer Beobachter der Natur, als Naturphilosoph, Poet und Prophet. Seine Entdeckung als Urvater der Erlebnispädagogik steht noch aus.

Es war ein kurzes Leben, gebunden an seine Heimatstadt Concord. Nur wenige Reisen führen Thoreau aus Massachusetts hinaus. Aber er bereut sie. Die Erinnerung an die Erkrankung bleibt stärker haften als die Erinnerung an die Erlebnisse der Reisen: „Alles was ich auf meiner Reise nach Kanada bekam, war eine Erkältung" (Klumpjahn/Klumpjahn 1986, 26). Reisen mag bilden, aber es ist nicht die Voraussetzung für Bildung. Immanuel Kant, der wohl bedeutendste deutsche Philosoph, hat seine Heimatstadt Königsberg nie verlassen. Obwohl Thoreau Tausende von Seiten mit Tagebuchnotizen vollgeschrieben hat, sind es nur die Erlebnisse einer Nacht im Gefängnis, die er wegen Steuerhinterziehung verbüßen musste, und die zweieinhalb Jahre Einsamkeit am Walden-See, die immer wieder durch lange Spaziergänge nach Concord unterbrochen wurden, die unser Bild von Thoreau prägen und die den Inhalt seiner zwei bedeutendsten Bücher bilden. Aber verfolgen wir den Lebensweg Thoreaus!

In Concord geboren, in Concord gestorben. 1817 wird Thoreau in Concord/Mass. geboren. Nach dem Studium an der Harvard University gründet er 1838 eine Privatschule. Nur selten verlässt er seine Heimatstadt; von seinen

Reisen kehrt er gerne zurück. Mit seinem Bruder John, der auch an der Schule unterrichtet, unternimmt er eine zweiwöchige Flussfahrt an den Flüssen Concord und Merrimack. Eine weitere Reise nach Kanada im Jahr 1850 und ein Ausflug in die Wildnis von Maine, 1857, führen ihn aus seiner Heimatstadt Concord heraus. 1841 wird die Thoreausche Privatschule wegen der Erkrankung von John geschlossen. Ein Jahr später stirbt sein Bruder John Thoreau, was David Henry in eine schwere Depression führt. Seine Stelle als Tutor auf Staten Island bei New York verliert er, weil er sich weigert, die Prügelstrafe an sechs Schülern zu vollziehen, und ihnen stattdessen einen symbolischen Klaps gibt. Im Juli 1845 zieht er in seine selbst gebaute Blockhütte am Walden-See, der einige Fußstunden entfernt von seiner Heimatstadt liegt. Dieser Rückzug in die Natur ist ein Experiment im mehrfachen Sinn: eine Selbstheilung, eine ars moriendi, ein Gegenentwurf zur herrschenden Gesellschaftsphilosophie, der dann später, neben dem Marxismus, zur zweiten klassischen Protestform des 19. Jahrhunderts wurde.

Zweieinhalb Jahre später beendet er das „Walden“-Experiment und verdingt sich als Hilfskraft im Hause des Freundes und Philosophen Ralph Waldo Emerson. Wegen Steuerverweigerung muss er 1846 eine Nacht im Gefängnis verbringen. Dieses Erlebnis ist Grundlage zu einer zweiten berühmten Schrift neben „Walden“. Erstmals veröffentlichte er diese Gedanken 1848 in dem Essay „Widerstand gegen die Staatsregierung“. Ab 1850 ist er als Landvermesser tätig. Er hält Vorträge über seine Lebensthemen und entwickelt sich allmählich zum entschiedenen und später fast militanten Gegner der Sklaverei. 1858 trifft er John Brown, den Führer der Anti-Sklaverei-Bewegung, der vor Gewalt nicht zurückschreckt. Ein Jahr später wird John Brown hingerichtet. Thoreau verteidigt Browns Überfall, der einen Sklavenaufstand auslösen sollte, schreibt John Brown eine charismatische Persönlichkeit zu und vergleicht ihn mit Jesus Christus. Wenig später stellt Thoreau seine Aktivitäten ein, hält keine Vorträge mehr und beendet 1861 seine Tagebucheintragungen. Am 6. Mai 1862 stirbt David Henry Thoreau im Alter von 44 Jahren an einem Lungenleiden.

Unmittelbarkeit als Prinzip. Das immer wieder aufgesuchte Ziel Thoreaus war die ursprüngliche und unmittelbare Hinwendung zum Leben ohne Mittler. Er beklagte den Verlust der Unmittelbarkeit durch den herrschenden Zeitgeist, durch Luxus, Bequemlichkeit, Mode, Zivilisation und Technik. Er suchte nach den ursprünglichen Bedürfnissen des Menschen und versuchte in seiner Blockhütte am Walden-See ein bedürfnisloses Leben zu führen, um zum eigentlich Wichtigen vorzustoßen. Alles andere, wie Mode, ist überflüssige Einbildung: „Der Oberaffe in Paris setzt eine Reisemütze auf, und alle Affen in Amerika tun das gleiche“ (Thoreau 1971, 36). Luxus ist ein Hindernis auf dem Weg zur Erkenntnis: „Das meiste von dem, was man unter den Namen Luxus zusammenfaßt, und viele der sogenannten

Bequemlichkeiten des Lebens sind nicht nur zu entbehren, sondern geradezu Hindernisse für den Aufstieg des Menschengeschlechts“ (S. 26).

Dieser Meinung war übrigens auch J.-J. Rousseau, als er sich bei der Preisfrage der Akademie von Dijon, ob der Fortschritt der Künste und Wissenschaften dazu beigetragen hat, die Sitten zu verderben oder zu reinigen, geist- und wortreich für die erstgenannte Möglichkeit entschied. Auch der technische Fortschritt ist allemal dahingehend zu hinterfragen, ob er ein Fortschritt für die Menschheit bedeutet: „Wir beeilen uns stark, einen magnetischen Telegraphen zwischen Maine und Texas zu konstruieren, aber Maine und Texas haben möglicherweise gar nichts Wichtiges zu besprechen“ (S. 61).

Thoreau wählt also für zweieinhalb Jahre die freiwillige Armut und die Einsamkeit der Wälder des Waldensees, lebt das Leben eines Philosophen, Heiligen und Einsiedlers, um der Wirklichkeit näher zu kommen. „Ich zog in den Wald, weil ich den Wunsch hatte, mit Überlegung zu leben, dem eigentlichen wirklichen Leben näherzutreten, zu sehen, ob ich nicht lernen konnte, was es zu lehren hatte, damit ich nicht, wenn es zum Sterben ginge, einsehen müßte, daß ich nicht gelebt hatte“ (S. 184). Er suchte, nebenbei gesagt, neben diesem eigentlichen Leben am Walden-See regelmäßig einmal pro Woche das nahe gelegene Städtchen Lincoln auf, um dort Vorträge zu halten. Auch das gellende Pfeifen der Eisenbahn stellte für Thoreau keine Störung dar, sondern eine durchaus angenehme Erinnerung an die Zivilisation. Eine summende Telegrafenleitung, die er Windharfe nannte, versetzte ihn in Trance. Trotzdem, vom wirklichen Leben hat Thoreau durchaus eine Ahnung und eine Vorstellung, ebenso wie der von ihm bewunderte Pfarrer und Philosoph Ralph Waldo Emerson, die er erfahrbar machen will durch sein Experiment. Was R. W. Emerson in seinem Aufsatz „Nature“ durchdacht hatte und womit er den Neuengland-Transzendentalismus begründete, wollte Thoreau an sich erleben und erfahren. Thoreaus Philosophie brauchte nicht bis zur Weltrevolution getrieben werden, sie war heute oder morgen oder übermorgen, jedenfalls so bald wie möglich, in den Wäldern, in der Natur, verwirklichbar.

Der Neuengland-Transzendentalismus. Emerson war der Hauptvertreter des amerikanischen Transzendentalismus, dessen Grundgedanken auf die deutsche Philosophie des Idealismus zurückgehen. Thoreau setzt dieses Denkgebäude in die Praxis um und baut dadurch sein Fundament. Entgegen der herrschenden Naturwissenschaft gibt es, so Emerson und Thoreau, keine Trennung in Subjekt Mensch und Objekt Natur. Wer die Natur erforscht, erkennt sich selbst und letztlich den göttlichen Urgrund. Die Natur ist mehr als materielle Erscheinung, in ihr offenbart sich der immaterielle Seinsgrund. Die Natur besitzt heilende Kraft, ist für die Transzendentalisten ein erlösendes Sakrament. Auch Thoreau verklärt zunächst die Natur, sieht z.B. die Indianer als ideale Naturmenschen. Aber bald korrigiert er sich, sein Pragmatismus, sein logischer Verstand, seine Skepsis, sein Realitätssinn lassen Verklärungen nicht zu: Er ist Transzendentalist und Naturforscher, Philosoph und Pragmatiker, Aufklärer mit Achtung vor der Natur. Sein Innenleben und die Einflüsse der Naturerlebnisse darauf beobachtet er genauso akribisch wie den Flug des Nachtfalken oder das Verhalten der gestreiften Eule im Winter.

Der Walden-See fordert Thoreau als Poeten: „Die Ufer sind die Lippen des Sees, auf welchen kein Bart wächst. Er leckt sie von Zeit zu Zeit ab" (S.184) und Pragmatiker heraus: „Es ist merkwürdig, wie lange die Menschen an die bodenlose Tiefe eines Sees zu glauben pflegen, ohne sich die Mühe zu machen, ihn zu messen ... Ich nahm die Tiefenmessung mühelos mit Bindfaden und einem ungefähr anderthalb Pfund schweren Stein vor, dabei konnte ich genau sagen, wann der Stein den Grund verließ, weil ich dann um so fester anziehen mußte, ehe das Wasser darunterfloß, mir zu helfen." (S. 280) Er entzauberte die Natur als Aufklärer und verzauberte sie wieder als Poet. Die äußere Distanz Thoreaus von der Zivilisation korrespondiert mit seiner Ergriffenheit und oft auch inneren Distanz bei der Betrachtung der Dinge.

In den Augen der Transzendentalisten ist die amerikanische Gesellschaft moralisch krank. Der unnötige Luxus weniger auf Kosten vieler, die Zerstörung der Natur, die Vernichtung der indianischen Kultur, die Sklaverei und die Schnelllebigkeit sind nichts anderes als das Spiegelbild einer zerrütteten Volksseele. Wer Natur zerstört, hat eine gestörte Psyche, so die sehr aktuelle und gefährliche These dieser Philosophen. Der Aufbruchsstimmung Amerikas in der ersten Hälfte des 19.Jahrhunderts, dem Glauben an Technik, Naturwissenschaft und Naturbeherrschung, der fortschreitenden Industrialisierung, der Expansion nach dem Westen, der „manifest destiny", dem Traum von der neuen Zivilisation, dem „American Dream" setzt Thoreau seine Skepsis entgegen:

- „Während die Zivilisation unsere Häuser verbessert hat, hat sie nicht in gleicher Weise auch die Menschen verbessert, die darin wohnen sollen" (Klumpjahn/Klumpjahn 1986, 39).
- „Es genügt nicht, fleißig zu sein, das sind ja auch die Ameisen, wozu seid ihr fleißig?" (S. 61)
- „... daß nur einige wenige mit ihr fahren, der große Rest aber überfahren wird" (die Eisenbahn; die Verf.) (S. 57).

Das Streben nach Reichtum, auf dem die kapitalistisch-industrielle Wirtschaft baut, setzt nach Thoreau einen psychisch kranken Charakter voraus. Die vermehrten Bedürfnisse, die von der Industrie suggeriert werden, haben zusätzliche Arbeit zur Folge, neuer Wohlstand schafft dann neue

Bedürfnisse, neue Bedürfnisse bedeuten noch mehr Arbeit, noch mehr Verschuldung und noch mehr Abhängigkeit. Und schließlich: materielle Güter befriedigen materielle Bedürfnisse, aber wer oder was stillt die geistig-seelischen Bedürfnisse?

Nur solange sich Menschen in solche Abhängigkeiten begeben, sind Staat und Politik notwendig. Der weise Mensch braucht den Staat nicht und lehnt ihn ab.

Die Pflicht zum Ungehorsam gegen den Staat. Wenn die Menschen dazu reif sind, und dazu braucht es eine vernünftige, neue Erziehung, dann ist „die beste Regierung … die, welche gar nicht regiert" (Thoreau 1968, 7). Handeln, hier und heute, fordert Thoreau in seiner Kampfschrift. Thoreau geht es wie allen Staatsphilosophen von Plato bis Popper, von Morus bis Marcuse um den gerechten Staat bzw. um das Leben in Gerechtigkeit: „Ich mache mir das Vergnügen, mir einen Staat vorzustellen, der es sich leisten kann, zu allen Menschen gerecht zu sein, und der das Individuum achtungsvoll als Nachbarn behandelt; einen Staat, der es nicht für unvereinbar mit seiner Stellung hielte, wenn einige ihm fernblieben, sich nicht mit ihm einließen und nicht von ihm einbezogen würden, solange sie nur alle nachbarlichen mitmenschlichen Pflichten erfüllten" (S. 97).

Thoreau war zeit seines Lebens ein nüchterner Eremit und Einzelgänger. In seinen Schriften spiegelt sich die Entdeckung des Individuums und des Individualismus wider. Soziale Experimente, wie z. B. die nahe von Concord gegründete „Brook-Farm", die sich gegen Sklaverei, für Vegetarismus und Frauenemanzipation einsetzte und eine urchristliche bzw. urkommunistische Gemeinschaft bildete, lehnte er ab. Gleich eine neue Gemeinschaft schaffen zu wollen, schien ihm als Hybris, denn zuerst musste jeder Einzelne an sich selbst arbeiten. Sowohl die „Brook-Farm" als kollektivistisches Experiment, als auch Walden als individualistisches sind ökonomisch gescheitert.

Thoreau wollte zunächst Walden als ökonomisches Experiment verstehen: „Es lohnt sich nicht, Eigentum zu erwerben, es würde sehr bald wieder verloren sein. Man muß irgendwo taglöhnen oder pachten, muß eine möglichst kleine Ernte ziehen und sie bald aufessen" (S. 57). Geld verdirbt den Charakter, aber „die Lebensbedürfnisse der Seele kosten kein Geld" (Thoreau 1971, 319). Sie kosten doch etwas, wenn auch wenig, das zeigte Thoreaus Experiment. Wie Rousseau, die Frühsozialisten und auch Marx und Engels, sah Thoreau den Ursprung des Verbrechens in der Tatsache des Eigentums: „Ich bin überzeugt, daß Diebstahl und Räuberei unbekannt wären, wenn alle Menschen so einfach lebten wie ich. Diebstähle und Raub kommen nur im Gemeinwesen vor, wo die einen mehr als genügend, die anderen aber nicht genug haben." Da mag ein Körnchen Wahrheit dabei sein, aber die Realität hat diese These längst entkräftet. Auch lässt sich das Rad der Geschichte nicht zurückdrehen. Als Staatsphilosoph, politischer Denker und Ökonom bleibt Thoreau ein Romantiker, den die Wirklichkeit überholt hat, als Pädagoge, Psychologe und Poet ist er immer wieder neu zu entdecken.

Thoreau, der Pädagoge: Von der Erziehung zur Selbsterkenntnis. Thoreau will als Leiter einer Privatschule nicht das große Geld verdienen, sondern seine pädagogischen Ideen und Ideale verwirklichen. Er will Partner der Schüler sein, von ihnen lernen und sie unterstützen. Das Jahrhundert des Kindes, das Ellen Key 1900 ausrief, nimmt er ebenso vorweg wie viele Ideen der Reformpädagogik, die vor ihm freilich schon Jean-Jacques Rousseau gedacht hatte. Vom alltäglichen Geschäft der Erziehung wendet er sich allerdings bald ab und prüft die idealen Voraussetzungen der Erziehung an sich selbst, als er sich darum bemüht, wie ein Kind zu handeln, zu fühlen und zu denken: „Jedes Kind fängt im gewissen Sinn die Welt von vorne an und ist am liebsten im Freien, selbst bei Nässe und Kälte“ (S. 119). Dies ist das Experiment des Lebens, das Thoreau für 2½ Jahre wagt und das er als Erziehungsmethode fordert: „Ich meine, sie (die Studenten; die Verf.) sollen nicht nur Leben spielen oder dieses bloß studieren, während der Staat sie bei diesem kostspieligen Spiel unterstützt, sondern es in Ernst leben vom Anfang bis zum Ende. Wie sollen junge Leute besser das Leben erlernen können, als indem sie sich sofort am Experiment des Lebens versuchen“ (S. 60).

Immer geht es um Unmittelbarkeit und Augenblick, um eigene Erfahrung, um Lernen durch Versuch und Irrtum, um möglichst reale Situationen. Kindheit ist Wiederholung der Phylogenese, Kinder sollen Jäger und Sammler sein dürfen, sollen ihre eigenen Interessen und Fähigkeiten entdecken können: „Man kann nur den Jungen bemitleiden, der nie eine Flinte losschießen durfte; er ist darum nicht humaner, nein, seine Erziehung wurde schwer vernachlässigt“ (S. 212). Dem Einsiedler, Einzelgänger und Erzieher Thoreau geht es selbstverständlich letztlich darum, dass jeder seinen eigenen Weg findet. Dazu ist der Erzieher da. Seine Zöglinge hat er vor dem Verlust der Kindlichkeit zu bewahren, denn „die Kinder, die das Leben spielen, erfassen seine Gesetze und Beziehungen richtiger als die Erwachsenen, die nicht fertig bringen, es würdig zu leben, sich aber durch Erfahrung, d. h.: das Fehlschlagen ihrer Pläne, für weise halten“ (S. 103). Neben der Natur, an der Erwachsene und Kinder jederzeit und kostenlos lernen können, ist es die städtische Kultur, die ihr Geld und damit ihre Zukunft in die Erziehung investieren sollte. Thoreaus Plädoyer gilt letztlich einer Volkshochschule. Warum sollten nicht die Ideen Abälards oder Platos in Concord gelehrt werden? Bildung ist immer Weltsicht, nicht der Klatsch von Boston oder von Neuengland. Natur und Kultur sind also die großen Erzieher, so Thoreau, der Naturbeobachter. Die großen Geister des 19. Jahrhunderts sollen nach Concord geholt werden, koste es, was es wolle. Die Bildung des Menschen ist wertvoller als alle Gebäude und alle Brücken und Denkmäler von Concord.

Thoreau will den neuen Menschen schaffen: aufrichtig soll er sein, einfach, wahrheitsliebend, vertrauenswürdig und weise. Ein künstlicher Mensch also, genauso wie ihn Rousseau in seinem „Émile“ schaffen wollte. Hehre Ziele, die Thoreau fordert, Ziele, die dazu dienen, über sich selbst hinauszuwachsen. Allein das Bemühen darum erhöht den Menschen, auch wenn das Ziel nicht erreicht wird. Trotzdem: Nach Thoreau bleibt der Mensch, der nicht über sich hinauswachsen will, ein armseliges Wesen.

Thoreau, der Psychologe: „Im Stillen Ozean der Einsamkeit“. Wenngleich als ökonomisches Experiment misslungen, so ist Walden doch der gelungene Versuch der Selbsttherapie. Sein Lebensweg der Einsamkeit und Einfachheit, seine Erlebnisse in der Natur befreien Thoreau von den schweren Depressionen, die ihn nach dem Tod seines Bruders John befielen. Erlebnis als Therapie? Erlebnistherapie – fast 100 Jahre später prägte Kurt Hahn diesen Begriff: „... die Vermittlung von reinigenden Erfahrungen, die den ganzen Menschen fordern und der Jugend den Trost und die Befriedigung geben: Wir werden gebraucht“ (Knoll 1986, 84).

Der Weg in die Einsamkeit der Wälder ist für Thoreau auch eine Reise nach innen. Weiter Reisen bedarf es nicht, denn in jeder Naturerscheinung ist das Wunder des Kosmos erfahrbar, und diese wiederum ist nur ein Spiegelbild des seelischen Lebens. Thoreau ist Heimatdichter in mehrfachem Sinn, er schreibt eine „home cosmography“. Die Selbstverwilderung ist heilsam, weil dann das menschliche Leben im Einklang mit der Natur steht: „back to the roots“ oder „zurück auf die Bäume“ oder „zurück zu den reinen Quellen des Ursprungs“.

Thoreau beobachtet Fauna und Flora Neuenglands einerseits mit den Augen des aufgeklärten Wissenschaftlers des 19. Jahrhunderts: „Wenn wir alle Naturgesetze kennten, so bedürfte es nur einer Tatsache oder der Beschreibung einer tatsächlichen Erscheinung, um daraus alle einzelnen Schlußfolgerungen zu ziehen“ (Thoreau 1971, 305f.). Das hat der Naturforscher Charles Darwin getan, als man ihm eine Blüte aus Madagaskar zeigte und er den dazu passenden Käfer bis in alle Einzelheiten beschrieb. Nach Darwins Tod wurde dieser Käfer gefunden, und Darwins Beschreibung traf haargenau zu. Für Thoreau gibt es aber klare Grenzen der Naturwissenschaft: „Die Inhumanität der Naturwissenschaft beunruhigt mich – so etwa wenn ich in Versuchung gerate, eine seltene Schlange zu töten, nur um ihre species zu bestimmen. Ich bin der Auffassung, daß dies nicht der Weg ist, wahres Wissen zu erlangen.“ (Klumpjahn/Klumpjahn 1986, 46)

Thoreau will aber nicht nur Natur beobachten, er ist von Natur auch ergriffen, er ist der Erforscher der Seele, des Unbewussten. Während das Amerika seiner Zeit die Außenwelt erforscht, stellt er diesem Schein des Lebens, in Anlehnung an den von ihm bewunderten Sokrates, das eigentliche Sein gegenüber. Es geht um die weißen Flecken auf der Landkarte des

Seelenlebens – auch hier ist Thoreau seiner Zeit voraus. Ein Tiefenpsychologe des 19. Jahrhunderts, der allen unnötigen zivilisatorischen Ballast auf dem Weg zum Unbewussten abwerfen will, der die Unmittelbarkeit des Erlebens sucht, der über die ars vivendi, der Kunst des Lebens, zur ars moriendi, der Kunst des Sterbens, gelangt, der die Ergriffenheit des Augenblicks als Meilenstein auf seinem Weg zur Selbstheilung und Selbstverwirklichung nutzt. „An einem hellen Frühlingsmorgen sind dem Menschen alle seine Sünden vergeben. Ein solcher Tag bedeutet Waffenstillstand für das Laster." „... Gott selbst kulminiert im gegenwärtigen Augenblick und wird nicht göttlicher sein im Verlaufe aller Äonen" (Thoreau 1971, 305f und 104).

Als Psychologe wechselt er die Standpunkte und Perspektiven, so wie er als Wanderer die unterschiedlichen Blickwinkel wahrnimmt: „... für den Wanderer ändert sich ein Bergumriß mit jedem Schritte; und er sieht eine unendliche Anzahl von Profilen, obgleich nur eine absolute Form vorhanden ist. Selbst gespalten oder durchbohrt wird der Berg in seiner Ganzheit nicht erfaßt" (S. 284).

Thoreau, Poet und Prophet: Von der „Blüte des Augenblicks" zu „Walden Two". Nicht nur seine ungewöhnlichen Ideen, auch seine poetische Kraft haben Thoreau vor dem Vergessen bewahrt. Der amerikanische Psychologe B.F. Skinner (1948) hat mit „Walden Two" eine Vision der Zukunft beschrieben, die Thoreau abgelehnt hätte. Auch die zahlreichen Landkommunen, die Walden genannt wurden, die „Walden-Clubs", haben nicht seinem Denken entsprochen, denn Thoreau wandte sich gegen kollektivistische Formen des Lebens. Mahatma Ghandi und Martin Luther King beriefen sich bei ihren gewaltlosen Aktionen auf Thoreaus Pamphlet über den zivilen Ungehorsam. Für Hermann Hesse hat die amerikanische Literatur kein lesenswerteres Buch hervorgebracht als „Walden". Die Popsängerin Joan Baez verweigerte die Steuern mit dem Hinweis auf Thoreaus „Civil Disobedience", Wehrdienstverweigerer sandten kommentarlos Thoreaus Buch zu. Alle, die das einfache Leben entdeckten, stießen früher oder später auf „Walden oder das Leben in den Wäldern".

Thoreau ist also zu entdecken: als Poet und Philosoph, als Psychologe und Pädagoge. Der ökologischen Bewegung kann er viele Impulse geben, für die Erlebnispädagogik darf er, wie Jean-Jacques Rousseau, als Wegbereiter im wahrsten Sinne des Wortes gelten.

1.2 „Aus grauer Städte Mauern ...“ – Leitlinien der Erlebnispädagogik vor und neben Kurt Hahn

Der Begriff des Erlebens spielt in nahezu allen reformpädagogischen Bewegungen eine zentrale Rolle. Als Kurt Hahns historisches Verdienst kann gelten, dass durch seine Theorie der Erlebnistherapie die verschiedenen Fäden einer Pädagogik des Erlebens wohl eher unbewusst als beabsichtigt verknüpft werden. Diese historischen Fäden oder Wurzeln reichen über die Reformpädagogik hinaus bis weit ins 19. Jahrhundert hinein. Die herkömmliche Einteilung in Bewegungen versucht aus dem subtilen Zusammenspiel von Ideen ein geographisches (Landerziehungsheimbewegung), thematisches (Kunsterziehungsbewegung) oder soziales (Frauen-, Jugendbewegung) Raster zu bilden. Zunächst aber zu den zentralen Begriffen oder Ideen der Reformpädagogik: Erlebnis, Augenblick, Unmittelbarkeit, Gemeinschaft, Natur, Echtheit und Einfachheit.

Erlebnis wird zum Modewort des beginnenden 20. Jahrhunderts. Hugo Gaudig verwendet in der Einleitung zu seinem Buch „Was der Tag mir brachte“ siebenunddreißigmal das Wort Erleben. Wilhelm Dilthey beschreibt in einer Abhandlung das Verhältnis von Erlebnis und Dichtung, Henri Bergson stilisiert das Erlebnis zur einzigen Wirklichkeitskontrolle hoch, die ein Individuum besitzt (vgl. Oelkers 1992, 99ff.). Helmut Harringa, einer der wichtigsten literarischen Helden der Jugendbewegung, wird sich erst im Urlaub auf der Insel Amrum, fern dem Moloch der Großstadt Hamburg, seines Lebens bewusst. Ein Glücksgefühl durchströmt dort Helmut Harringa: „Ich lebe“, tönt es in ihm (Popert 1911, 245).

Die pädagogischen Persönlichkeiten der Reformpädagogik setzen an der Erlebnisarmut der Schule an. Der Bremer Volksschullehrer Fritz Gansberg versuchte, das „Leben“ in die Schule zu holen (Bienzeisler 1987). Im Prinzip des erlebnishaften Lernens verlangte Gansberg vom Lehrer eine spannende Aufbereitung des Unterrichtsstoffes mit möglichst direktem Lebensbezug. In seinem Buch „Streifzüge durch die Welt der Großstadtkinder“ stellt er das Großstadtleben in den Mittelpunkt des Unterrichts und zeigt in ganzheitlichem Ansatz, dass daraus Erkenntnisse für die Physik, Heimatkunde, Sachkunde etc. zu gewinnen sind. Andere Pädagogen führten ihre Schüler von der Schule ins „wahre Leben“, das sich nach Meinung der Reformpädagogen nicht in der Großstadt, sondern in der freien Natur abspielte. Martin Luserkes „Schule am Meer“ steht für diesen Ansatz (Giffei 1987).

Der Begriff des Augenblicks, verbunden mit Plötzlichkeit, Eingebung, Intuition und Ergriffenheit, soll dem Erlebenden Identität verleihen; er ist ein weiteres zentrales reformpädagogisches Prinzip. Im Augenblick verschmelzen Zukunft und Vergangenheit, den Augenblick erlebe ich – ich erlebe, also bin ich. Die Auseinandersetzung mit den aktuellen Anforderungen vermittelt dem Individuum die Grenzlinie zwischen Ich und Nicht-Ich: „Das große Ziel des Erlebens ist Empfindung – zu spüren, daß wir da sind, wenn auch mit Schmerzen. Es ist diese verlangende Leere, die uns antreibt zu spielen – zu kämpfen – zu reisen – zu unmäßigen, aber scharf empfundenen Unternehmungen aller Art, deren hauptsächlicher Reiz die Erregung ist, die sich untrennbar mit ihrer Ausführung verbindet" (Lord Byron; zit. nach: Aufmuth 1984, 146). In einem anderen Kultbuch der bündischen Jugend – neben „Helmut Harringa" – beschreibt der umstrittene Schriftsteller Ernst Jünger („In Stahlgewittern", 1926) die unentrinnbare, totale und oft tödliche Auseinandersetzung mit dem Augenblick in den Schlachten des Ersten Weltkrieges.

Damit ist die Kategorie der Unmittelbarkeit verbunden. Der bewegten Jugend erschien das großstädtische Leben schal, langweilig und mittelbar. Alles war vorgeformt, aufbereitet, gefiltert durch die Welt der Erwachsenen. Das eigentliche Leben, so die bürgerliche Jugend der Jahrhundertwende, fand dort statt, wo weder Erwachsene noch Großstadt das unmittelbare Erleben verhindern, also in der freien, ursprünglichen Natur. In Anlehnung an die Jugendbewegung suchten die Pädagogen des beginnenden 20. Jahrhunderts nach Unmittelbarkeit und bemerkten zunächst nicht, wie schnell allein die Suche danach, geschweige denn der Versuch, sie als pädagogisches Arrangement herbeizuführen – sie ad absurdum führen kann. Aber der Verzicht auf diese Suche hätte womöglich einen schwerer wiegenden pädagogischen Verlust bedeutet, nämlich einen Stillstand in der Entwicklung der pädagogischen Ideen. Vor diesem Dilemma steht auch, nebenbei gesagt, die moderne Erlebnispädagogik.

Mit den Chiffren der Echtheit und Einfachheit wollen wir unsere kleine Exkursion in die reformpädagogische Ideengeschichte fortsetzen. Echte Erziehung konnte nur auf dem Lande, in natürlicher Umgebung, so ein reformpädagogisches Axiom, wirken und nicht in der Großstadt. Der romantische Rückzug in die Einfachheit sollte pädagogisch nachvollzogen werden. „Herr, laß uns einfältig werden ...", so heißt es in der 5. Strophe in einem Schlaflied von Matthias Claudius. Die Suche nach Einfachheit und Echtheit führt zurück zu Rousseau und Thoreau, die Suche nach dem einfachen Leben erhält auch ihre Impulse von der Völkerkunde. So wirkte sich das 1902 von dem Ethnologen Hermann Schurtz herausgegebene Buch über Altersklassen und Männerbünde in Afrika stark auf die Gemeinschaftsidee der Jugendbewegung aus.

Hans Paasche, ein Völkerkundler und Literat, schuf den Forschungsreisenden Lukanga Mukara, der „ins innerste Deutschland" reist, und Paasche formuliert durch die Augen dieses Exoten eine Kritik der überkommenen bürgerlichen Kultur: „Diese Stadt vergrößert sich und dann müssen mehr Wagen fahren und immer mehr. Dann braucht man Häuser, in denen die Wagen untergestellt werden und wieder Menschen, die diese Häuser bauen, bewachen, zählen und darüber schreiben. Weil aber die Menschen in solcher Stadt und bei solcher Beschäftigung verrückt werden, muß man große Häuser außerhalb der Stadt bauen, in die man die Verrückten einsperrt ... Die aber, die noch nicht verrückt sind, müssen, um nicht völlig verrückt zu werden, sehr oft aus der Stadt hinaus fahren, um in der Steppe und im Urwald zu schreien, Blumen abzureißen, Tiere aufzuspießen oder zu verscheuchen“ (Paasche 1976, 29ff.).

Gemeinschaft ist ein Prinzip der Reformpädagogik, das in nahezu allen damals aktuellen pädagogischen und psychologischen Theorien eine zentrale Rolle spielte, in der Erlebnistherapie Hahns ebenso wie in der Individualpsychologie Alfred Adlers. Waren zunächst überschaubare soziale Gebilde wie Kinderspielgruppe, Wanderburschen, Pfadfindergruppe, Schulklasse usw. gemeint, so wurden bald daraus „echte“ Gemeinschaften der wahrhaft gleich Empfindenden, die Gemeinschaft der Deutschen, des Volkes. Reformpädagogik war immer auch Pädagogik der Gruppe und konnte so letztlich durch den Nationalsozialismus gut umfunktionalisiert werden. Hahn hat die Ideen der Einfachheit und Echtheit, der Natur und des Erlebens, der Unmittelbarkeit und des Augenblickes nicht für seine Erlebnistherapie erfunden, sondern diese Prinzipien in neuer Weise zueinander in Beziehung gesetzt und Gewichtungen vorgenommen. Daher unterscheidet er sich nur in Nuancen von anderen pädagogischen Denkern seiner Zeit und deren Vorläufern, die alle die Bedeutung des Erlebnisses erkannt, aber anders in ihr Theoriegebäude eingebunden haben.

Es ist Mode geworden, einen Blick in die Geschichte der Erlebnispädagogik zu werfen und diese dann gleichsam als Steinbruch zu benützen, aus dem politisch „braunes“ Gestein ebenso wie pädagogisches Edelmetall geschlagen werden kann. Je nach Neigung werden diese historischen Entwicklungslinien zu idealistisch eingeschätzt oder werden polemisch nachgezeichnet. Jede herkömmliche Geschichtsschreibung der Reformpädagogik – und damit auch die Geschichte der Erlebnispädagogik – beginnt mit der Kulturkritik des ausgehenden 19. Jahrhunderts. Die Namen Paul de Lagarde, Julius Langbehn und Friedrich Nietzsche werden damit verbunden. Oelkers (1989) hat auf die Fragwürdigkeit und Willkür dieser Namensauswahl hingewiesen. Wer sich weiterhin am Schema der Klassiker der reformpädagogischen Geschichtsschreibung (Nohl 1970; Röhrs 1983; Scheibe 1969) orientiert, muss sich neben dem grundsätzlichen Einwand von Oelkers auch mit detaillierter Kritik (Ewald 1989) auseinander setzen.

So hat Ewald nicht unrecht, wenn er Paul de Lagarde und Julius Langbehn als präfaschistische oder zumindest völkische Denker einordnet. Diese dunklen Seiten haben sicherlich zu wenig Beachtung gefunden. Das gilt aber in gleicher Weise für viele Pädagogen des Zeitraumes von der Jahrhundertwende bis 1933. Eine historische Einordnung von Langbehn, Lagarde und Nietzsche muss sich aber auch auf ihre Rolle als Kulturkritiker des ausgehenden 19. Jahrhunderts beziehen: Sie stellten in erster Linie das veraltete preußische Bildungs- und Schulsystem in Frage, beklagten die Verwissenschaftlichung, wandten sich gegen Spezialistentum, setzten auf Ganzheitlichkeit und Volksbildung. Ihre Zielgruppe war die Jugend, der die neuen Ideale zu vermitteln seien.

Ein weitaus eindeutigerer historischer Bezug zur Erlebnispädagogik ist für die Lebensphilosophie nachzuweisen, durch die eine neue Metaphysik des Fin de Siècle geschaffen wird. Henri Bergson (1859–1941) entwirft in seinem Hauptwerk „Schöpfer und Entwicklung" eine umfassende Theorie des Lebens als dauerhaften schöpferischen Prozess. Die rationalistische, mechanistische, naturwissenschaftliche Weltauffassung kann nach Bergson das Prinzip des Lebens nicht erklären. Nur das innere Erleben und das Bewusstwerden dieses Erlebens, etwa durch Intuition, bedeutet Teilnahme am schöpferischen Lebensimpuls. Konkrete Anschauung, Unmittelbarkeit, Gefühl und Intuition sind die eigentlichen Erkenntnisprinzipien. Für Georg Simmel (1858–1918) strebt das menschliche Leben zu aktiver Auseinandersetzung mit seiner Umwelt, um sich zu bestätigen, zu reproduzieren, zu steigern und sich zu überwinden. Mehr als bisher angenommen hat die Lebensphilosophie Reformpädagogen wie Wilhelm Dilthey, Eduard Spranger, Hugo Gaudig, Martin Luserke u. a. geprägt. Für die Erlebnispädagogik stellt sie letztlich ein philosophisches Fundament dar.

Hermann Lietz hatte durch sein Buch „Emlohstobba" seine Erfahrungen im englischen Landerziehungsheim Abbotsholme (Emlohstobba ist ein Palindrom) für die deutsche Pädagogik fruchtbar gemacht. Erlebnispädagogische und sportliche Aktivitäten galten als wichtiger Ausgleich zum Unterricht. Die Tradition der Landerziehungsheimbewegung, die die herkömmliche Schule überwinden wollte, wurde von Kurt Hahn aufgenommen und weiterentwickelt.

Einen wichtigen Impuls für die Entwicklung der Erlebnispädagogik lieferte die Kunsterziehungsbewegung. Der Hamburger Kunstpädagoge Lichtwark stellte die Bildbetrachtung in den Mittelpunkt seines Unterrichts. Es war nicht sein Ziel, große Maler oder Kunsttheorien zu vermitteln. Im Mittelpunkt seiner pädagogischen Bemühungen stand die Schöpfung eines Kunstwerks durch die Hand des Laien und seine Wirkung auf ihn. Welches Bild spricht mich an, welche Gefühle löst es in mir aus, warum stößt es mich ab oder fesselt mich – die subjektive Welt des Betrachters und sein inneres Erlebnis regiert vor der „hehren" Kunst und ihren großen Namen.

In der Wandervogelbewegung entdeckt sich die Jugend selbst. Nahezu alle Intellektuellen der Jahrgänge 1880–1920 nahmen an dieser bürgerlichen Jugendbewegung teil, die sich durch Wandern von den Zwängen der Erwachsenenwelt und der Zivilisation befreien wollte. Die deutsche Reformpädagogik ist ohne den Wandervogel nicht denkbar. So wie heute Greenpeace und Robin Wood die Techniken der Natursportarten beherrschen müssen, um ihre umweltpolitischen Ziele medienwirksam verfolgen zu können, so entdeckte die bürgerliche Jugendgeneration das Wandern als befreiende Methode der Selbsterziehung. Die Jugend will „... aus eigener Bestimmung, vor eigener Verantwortung, mit innerer Wahrhaftigkeit das Leben gestalten“, so lautete die berühmte Meißnerformel der deutschen Jugendbewegung (Laqueur 1978, 43). Die Jugend versteht sich als eigene Lebensphase, entdeckt die Freizeit als Erlebnisfeld, verlangt ein Eigenrecht, setzt neue Maßstäbe und neue Werte. Sie begeistert sich für ein neues Menschenbild, in dem Gefühle, Ganzheit, Erlebnistiefe, Kreativität vorherrschen. Die Romantik mit all ihren Gefahren wird wieder entdeckt, das Singen, das Gespräch am Lagerfeuer, die Erziehung durch Gruppe, Bund, Gemeinschaft, das Naturerlebnis und das Wandern. Im historischen Geflecht der Erlebnispädagogik dürfen die Jugendverbände nicht fehlen – darauf gehen wir später ein.

Die Streitfrage, ob die Reformpädagogik nationalsozialistische Erziehungsformen vorbereitet hat oder nicht, wird nach wie vor mit offenem Ausgang diskutiert. Sicher ist jedoch, dass sich die nationalsozialistischen Pädagogen der erlebnispädagogischen Methoden mit Erfolg bedient haben. Der Missbrauch von Dingen zeigt ihre Möglichkeiten auf, er ist aber keinesfalls der Maßstab für richtiges oder falsches Handeln.

1.3 Therapie von Gesellschaft und Individuum – Kurt Hahns Begriff der Erlebnistherapie

Kurt Hahn war weder studierter Pädagoge noch Politiker mit Mandat. Trotzdem – oder vielleicht gerade deshalb – hat er die Pädagogik in einem ihrer Teilbereiche entscheidend beeinflusst. Hahn profilierte sich in der verworrenen Zeit nach dem Ersten Weltkrieg als politischer Berichterstatter, Redenschreiber und Berater. Inspiriert wurde er bei seinen zahlreichen Reisen durch England von der britischen Tradition demokratischen Handelns. Er war engster Vertrauter des letzten deutschen Reichskanzlers Max von Baden, der sich nur 40 Tage an der Macht halten konnte und zwei Jahre nach seinem Abdanken, unterstützt durch Hahn, das Landerziehungsheim Schule Schloss Salem am Bodensee gründete. Kurt Hahn wurde als Leiter der Schule zum charismatischen Pädagogen, der es verstand, Schüler, Kollegium und Umfeld für sich und seine Ziele einzunehmen.

Da Hahn keine konventionelle Karriere als Lehrer, Erzieher oder beispielsweise Sozialwissenschaftler durchlief, sondern sich als politisch engagierter – heute würde man sagen – Idealist mit pädagogischen Ansprüchen entwickeln konnte, fällt die Einordnung und Würdigung von Person und Werk mitunter schwer. Angetan von einem an Plato angelehnten harmonischen Staatsverständnis und einer daraus abgeleiteten Vision, durch Erziehung den dazu adäquaten (Staats-)Bürger hervorzubringen, war sein pädagogisches Verständnis in erster Linie das eines Pragmatikers. Er war weit davon entfernt, „das Rad neu erfinden" zu wollen, und bediente sich – was seine pädagogische Praxis anbelangte – der uneinheitlichen und teilweise recht schillernden Modelle der Reformpädagogik.

Röhrs schreibt hierzu, dass sich Hahns pädagogischer Ansatz „im Schnittpunkt der geistesgeschichtlichen Linien von Plato und den englischen Public Schools über die Kulturkritik des ausgehenden 19. Jahrhunderts einerseits sowie vom amerikanischen Pragmatismus in der Gestalt von William James bis zu den Landerziehungsheimen – inbesondere in der Lietzschen Prägung – andererseits" (Röhrs 1966, 91) verorten ließe. Das liest sich wie das Angebot eines Gemischtwarenladens, ist jedoch sicher eine methodische Verkürzung. Hahn selbst kokettierte damit, dass seine Pädagogik keineswegs neu oder originell sei, und tatsächlich könnte man sagen, dass sie als konglomerathaftes Strukurkonzept als zwar nicht besonders kreativ, in ihrer Verschachtelung jedoch als spannend und – in jedem Fall – innovativ bezeichnet werden kann.

Platos „Politeia" scheint für Hahns pädagogisches Denken bestimmend gewesen zu sein. Dieses Gleichnis von der „idealen Gemeinschaft", in der „die Macht der Erziehung das Gute hervorbringt", hat ihn zu seinen – wie er es nannte – „pädagogischen Werkstätten" inspiriert (Hahn 1958, 89). Werkstatt – oder moderner ausgedrückt: „Workshop" – steht heute für eine sich mehr experimentell denn theoretisch entwickelnde Arbeitsform und trifft Hahns Stil ziemlich exakt. In unbefangener Weise fügte er Unfertiges und Bewährtes aneinander, ließ Überflüssiges weg und veränderte, was ihm veränderungsbedürftig erschien.

Ebenso einprägend wie Platos „Politeia" waren für Hahn „Wilhelm Meisters Wanderjahre" von Goethe sowie jene Versuche einer „pädagogischen Provinz", die – trotz aller Probleme und Rückschläge – bis in die Gegenwart reichen: Pestalozzis Erziehungsanstalten und die Landerziehungsheime von Reddie über Lietz bis hin zu den progressiveren Konzepten Wynekens und Geheebs (Schwarz 1968, 22).

Hahn plädierte – ganz im Geiste der „pädagogischen Provinz" – für eine Trennung der Kinder von ihren Eltern, da viele Eltern nicht fähig seien, die verantwortungsvolle Aufgabe der Erziehung zu übernehmen. „Wer über 30 Jahre alt ist, dessen Seele wird hart wie Gips, sagt James"; es gebe jedoch „seelische Erschütterungen, die diesen Gips noch aufklopfen können" (Hahn 1958, 9). James' „moralisches Äquivalent des Krieges" (James 1911, zit. nach Schwarz 1968, 35) wird von Hahn aufgegriffen und (pädagogisch) „operationalisiert" in einer Zeit, in der die „Faszination des Fronterlebnisses" noch keinen Beigeschmack des Perversen hatte.

Die „pädagogische Provinz" verstand Hahn jedoch nicht wie Plato oder später Goethe als geschlossene Veranstaltung mit selbst gewählter Isolation zur Außenwelt. In den von Hahn gegründeten Landerziehungsheimen und Outward Bound-Bildungsstätten waren Berg- und Seenotrettungsübungen, Feuerwehreinsätze und Hilfsdienste bei umliegenden Bauernhöfen nicht aufgesetztes Beiwerk, sondern konstitutives Element einer Pädagogik, die sich weltoffen und partizipativ verstand. Hahn brachte sich damit in gewisser Weise in eine Gegenposition zu großen Teilen der Landerziehungsheimbewegung, die ihre Zöglinge von der „kranken Zivilisation" fern halten wollten.

In der Blütezeit der Landerziehungsheime scheint – vielleicht gerade weil die Ganzheitlichkeit so im Vordergrund stand – ein bestimmter Erziehertypus dominiert zu haben: Reddie, der Leiter der „Public School" Abbotsholme, wurde charakterisiert als Autorität, die „so völlig seine Schüler beherrscht und formt, daß die drauf und dran sind, wenigstens vorübergehend ihre Persönlichkeit zu verlieren" (Arnold-Brown in: Röhrs 1966, 190). Der 1990 produzierte Kinofilm „Der Club der toten Dichter" von Peter Weir, als Film über Erziehung ein Kassenerfolg, gibt hier – zumindest streckenweise – Anschauungsunterricht. Hahn war ebenso wie der Held des Films eine charismatische Persönlichkeit, dessen Aura von seinen Zeitgenossen bewundert wurde; Kritiker wendeten dagegen ein, dass die Ausstrahlung Hahns von den Schwächen seines Erziehungsmodells ablenken würde.

Die Landerziehungsheimbewegung hat sich in ihrem Menschenbild von der Kulturkritik um die Mitte des 19. Jahrhunderts leiten lassen. Die Idealisierung des Kindes wurde auch von Hahn in gewisser Weise vollzogen, wobei sein Weg keiner naiven Romantisierung das Wort redet, sondern ziemlich stringent in Richtung mündiger Staatsbürger weist, der Verantwortung übernehmen soll. „Giftlose Leidenschaften" wie Forschungsdrang, Tatendrang, die „Seligkeit des musischen Schaffens", die „Sehnsucht nach Bewährung im Ernstfall" (Hahn 1958, 73) sollen bei den Jugendlichen gefördert werden, um so die Gefahren schädlicher Einflüsse einzudämmen. Dass dies mitunter ins Gegenteil drehte, zeigen die Missbrauchsskandale, auf die wir im Kapitel 3.10 „Schule als Lernbelästigung und Erkläranlage?" eingehen.

Hahn hat sein Erziehungsmodell als „Erlebnistherapie" bezeichnet. Dies mag auf den ersten Blick verwundern, wird jedoch verständlich, wenn man Hahns Gesellschaftsdiagnose betrachtet. Folgende „Verfallserscheinungen" waren für ihn feststellbar (Schwarz 1968, 40f.):

- der „Mangel an menschlicher Anteilnahme"
- der „Mangel an Sorgsamkeit"
- der „Verfall der körperlichen Tauglichkeit"
- der „Mangel an Initiative und Spontaneität"

Mit einem erlebnistherapeutischen Konzept sollten diese Verfallserscheinungen bekämpft werden, um so heilenden Kräften zur Entfaltung zu verhelfen.

Zeitlebens war Hahn bemüht, möglichst viele Jugendliche zu erreichen. Nach einer Reihe von Lehrgängen mit Jugendlichen, bei denen körperliches Training im Vordergrund stand, gründete Hahn gemeinsam mit dem Reeder Laurence Holt die erste Bildungsstätte, in der ausschließlich kurzzeitpädagogische Kurse durchgeführt wurden. Als idealer Standort erwies sich das an der Westküste von Wales gelegene Aberdovey. Von Laurence Holt, nicht wie häufig angenommen von Hahn, wurde die „Schule" nach dem englischen Seemannsausspruch „Outward Bound" benannt, ein Ausdruck, der früher für ein zum Auslaufen bereites Schiff verwandt wurde. Fortan wurde Outward Bound als Metapher und zugleich als Name für Programme und Einrichtungen Hahnscher Prägung verwendet (Pielorz 1991, 277f.).

Teilnehmer an den vierwöchigen Kursen in Aberdovey waren vorwiegend 16- bis 20-jährige Schüler, die von Schulen und Firmen entsandt wurden. Die in den Pilotkursen vor Gründung von Aberdovey besonders betonte psychomotorische Ausbildung wurde zugunsten eines ganzheitlichen „Kursdesigns" zurückgenommen. Den vier konstatierten „Verfallserscheinungen" oder „Mängeln" setzte Kurt Hahn vier Elemente seiner Erlebnistherapie entgegen:

- Das körperliche Training
  Leichtathletische Übungen und – je nach Standort der Einrichtung – verschiedene Natursportarten wie Bergsteigen, Skilauf, Segeln, Kanufahren sowie als Ergänzung Ballspiele und Übungen in speziellen Parcours.

- Die Expedition
  Eine mehrtägige Tour, meist in herausfordernden Naturlandschaften, der eine intensive Planungs- und Vorbereitungsphase vorausgeht. Das natursportliche Agieren steht zwar im Mittelpunkt, soll jedoch in alltagspraktische Tätigkeiten wie Versorgen, Entsorgen, Transportieren, Nachtlager vorbereiten etc. eingebettet sein, also nicht dominieren.

- Das Projekt
  Die Projektmethode hatte Hahn aus dem gleich lautenden amerikanischen Ansatz (Kilpatrick/Dewey 1935) adaptiert. Sie soll als thematisch und zeitlich abgeschlossene Aktion handwerklich-technische bzw. künstlerische Anforderungen an die Teilnehmer stellen. Heute würde man sagen, sie soll prozess- und produktorientiert sein.

- Der Dienst
  Der Dienst am Nächsten wurde von Hahn als wichtigstes Element der Erlebnistherapie bezeichnet (Hahn 1962). Je nach Standort werden erste Hilfe, Berg- und Seenotrettung oder Küstenwache eingeübt. Da in den 1940er und 1950er Jahren diese Rettungsdienste noch nicht in der heutigen Form professionalisiert waren, hatten die entsprechenden Aktionen nicht nur für die Teilnehmer, sondern auch für die Region, in der der Kurs stattfand, praktische Bedeutung.

Die Intensität der Erlebnisse müsste, so die Überlegung Hahns, möglichst hoch sein, um möglichst tiefe „Einprägungen“ in das Bewusstsein der jungen Menschen zu erzielen. „Heilsame Erinnerungsbilder“, die auch Jahre später noch abrufbar sind, sollten bei späteren „Bewährungsproben“ steuernd wirken (Hahn 1945 und 1948; zit. nach: Schwarz 1968, 44f.).

Die hier in aller Kürze dargestellte „Erlebnistherapie“ Kurt Hahns wurde am eingehendsten von Hartmut von Hentig kritisiert. Von Hentig versucht, die tragende Säule Hahnscher Pädagogik ins Wanken zu bringen: die Charakterbildung. Charakter und Gewissen müsse man als „wandelnde Produkte eines Lebensschicksals auffassen“ (v. Hentig 1966, 50). Was von Hentig bei Hahn vermisst, ist das Moment der kritischen Einsicht als Korrektiv von (unverarbeiteter) Erfahrung. Wenn man dem folgt, gerät Hahns „Erlebnistherapie“ in die Nähe behavioristischer Konditionierung.

Hahns besondere Vorliebe gilt Anekdoten, Gleichnissen und Metaphern. Als vorzüglicher Redner und Geschichtenerzähler gelang es ihm, Menschen in seinen Bann zu ziehen. Es liegt in der Natur dieser – meist fiktiven – Erzählungen, dass die Anteile an analytischem Denken gering, jene an moralischen und verallgemeinernden Botschaften dagegen hoch sind. Hahn war von einem unstillbaren Willen beseelt, junge Menschen auf den rechten Weg zu führen, ihnen „giftlose Leidenschaften“ nahe zu bringen. Hartmut von Hentig wirft ihm denn auch vor, dabei inhaltlich wie methodisch monumental einseitig zu verfahren (v. Hentig 1966, 81). In seinem Bemühen, Verhaltensänderungen zu erreichen, spitzt Hahn Argumentationen zu, polarisiert in Gut und Böse, richtig und falsch, moralisch und unmoralisch anstatt zu relativieren.

Die Ausschließlichkeit, mit der er seiner Haltung treu blieb, ist jedoch auch eine Erklärung für seine Stärke. Wahrscheinlich ist es gerade diese beharrliche Konsequenz, die „positiven Potenziale“ im jungen Menschen zu fördern und nichts unversucht zu lassen („to strive, to serve and not to yield“), die Hahns Charisma und Wirkung begründeten.

Es passt in das Bild eines großen Moralisten, dass Sexualität in der Pädagogik Hahns keinen Platz hatte. Die jüngere Geschichte der Schule Schloss Salem, die Hahn bis fast zu seinem Tod 1974 mitverfolgte und mitgestaltete (vgl. Pielorz 1991), gibt Hinweise auf die Grenzen einer Charakterbildung, die Schwierigkeiten hat, ihre zwanghaften Fesseln abzustreifen. Wenn Sexualität als Laster, Rauchen als charakterliche Schwäche abqualifiziert wird, dann schürt Hahn eine Eigenschaft, gegen die er immer vehement angetreten ist: Unehrlichkeit. Insofern gilt es, Hahns Ansatz weiterzuentwickeln, ihn im Durchgang der neueren pädagogischen Theoriebildung fortzuschreiben.

Was zeichnet nun Hahns Praxis und seine verstreuten, wenig systematischen Theorieversuche aus, was macht seine Erlebnistherapie, die zur Erlebnispädagogik mutierte, heute so attraktiv, speziell für Jugendhilfe und Jugendarbeit, aber auch für die Bildung im Allgemeinen?

Zunächst eine negative Abgrenzung: Hahn wandte sich immer gegen eine „Schmeichelpädagogik“ und könnte heute von jenen Pädagogen als Kronzeuge bemüht werden, die sich gegen den vielfach diffusen und konturlosen „Beziehungsansatz“ aussprechen, der in den 1970er und in der ersten Hälfte der 1980er Jahre in der Jugendarbeit dominierte. Sicher ist die Modernität einer Erlebnispädagogik Hahnscher Prägung auch mit einer Trendwende zu erklären, die sich quer durch die Reihen der Praktiker in der Jugendarbeit und Jugendhilfe vollzog: die Theoriefeindlichkeit. Dass diese in einer modernen Erlebnispädagogik fehl am Platze ist, soll noch gezeigt werden.

Hahn hat die Natur- und Kulturlandschaften als erste und wichtigste Handlungsfelder seiner Erziehung verstanden. Ernsthaftigkeit (siehe sein Element Dienst) und Unmittelbarkeit der Situationen waren für ihn immer Voraussetzung und Bedingung – und er hatte mit seiner Methode Erfolg, anders als so mancher reformpädagogische Versuch; man denke nur an die vielen gescheiterten Modelle der Schulreform (siehe v. a. Oelkers 1989). Echtheit, Direktheit, Authentizität sind heute, in einer hoch technisierten, durchmediatisierten Welt mehr denn je gefragt. Die (Wieder-)Entdeckung der Körperlichkeit, das Gefühl, physische und psychische Anstrengungen als lustvoll zu erleben – zumindest im Nachhinein –, sind Ansatzpunkte, über die pädagogische Praktiker Hahn entdecken. Vieles, was Sozialwissenschaftler – und in ihrer Gefolgschaft unzählige Pädagogen – in der kritischen Theorie der späten 1960er Jahre in den Bereich Freizeit und Ersatzbefriedigung abdrängten, wurde und wird wieder ausgegraben und genutzt für Bildung und Erziehung. Und an Kurt Hahn kommt man hier nicht vorbei!

1.4 Demokratie, Humanität und Gerechtigkeit – Minna Spechts Erziehung zur Verantwortung und John Deweys pädagogischer Pragmatismus

Zehn Männer und vier Frauen treffen sich vom 20.–28. Juni 1951 in Gordonstoun, darunter Kurt Hahn und Minna Specht. Anschließend besuchen sie die englischen Kurzschulen Eskdale und Aberdovey. In acht Sitzungen geht es um die Zukunft der Jugend in Deutschland. In der achten Sitzung ist man sich einig darin, die „Deutsche Gesellschaft für europäische Erziehung“ zu gründen. Damit kehrt die Idee der Erlebnistherapie Kurt Hahns zurück nach Deutschland. Neben Hermann Nohl, Theodor Bäuerle, Landesbischof Johannes Lilje ist auch Minna Specht Mitglied im Vorstand dieser Gesellschaft. Doch nicht nur das!

Minna Specht hat das „Programm der deutschen Gesellschaft fuer europaeische (sic!) Erziehung“ nach der englischsprachigen Vorlage der Kurzschulen Kurt Hahns ins Deutsche übersetzt. Als Sozialistin und soziale Pädagogin, Schülerin von Leonard Nelson hat sie sich bereits 1943 im englischen Exil in der Schrift „Gesinnungswandel" (Specht 1943) tief greifende Gedanken zur Situation der deutschen Jugend nach dem Krieg gemacht. Ihr Weg führte von der sozialistischen Ideologie zur sozialen Idee. Die Erziehung der Jugend zur Demokratie, zu Verantwortung und Mitgestaltung der Gesellschaft war ihr Lebensthema, nicht die Erlebnistherapie. Acht Jahre nach ihrer programmatischen Schrift „Gesinnungswandel" hat sie ihr Lebenswerk in Gordonstoun abgerundet. Und doch ist sie verdrängt worden in die Falten der Geschichte. Die Zeit ist also reif für die Wiederentdeckung einer Vor- und Mitdenkerin der erlebnispädagogischen Idee.

Die sieben Jahre ältere Minna Specht ergriff nach Jahren des politischen Engagements die Pädagogenlaufbahn; hier zeigen sich Parallelen zu Kurt Hahns Lebensweg. Das Seminar der Klosterschule (1896–1899) stieß sie ab, erst später entdeckte sie die Freude am Unterrichten. Sie studierte 1906–1909 in Göttingen und München Geschichte, Geographie, Geologie und Philosophie und von 1912–1914 Mathematik, um sich einer exakten Wissenschaft zu stellen. Hier lernte sie Leonard Nelson kennen, bekannte sich zum Sozialismus und verband Weltanschauung und pädagogisches Konzept. Praxiserfahrungen machte sie bei Hermann Lietz (Haubinda) und im Landerziehungsheim Walkemühle. Schon 1931 begann ihre antifaschistische Arbeit; 1933 wurde die Walkemühle geschlossen. Im dänischen Exil eröffnete Minna Specht eine Emigrantenschule, die 1938 nach Wales verlegt wurde. Dort musste die Schule 1940 geschlossen werden, und fünf der deutschen Lehrer, darunter Minna Specht, wurden in ein Internierungslager gebracht. Von 1946 bis 1951 leitete sie die Odenwaldschule, die im Jahr 2010 in den Strudel des aufgedeckten Missbrauchsskandals geriet und deshalb im Jahr 2015 schließen musste (Kap. 3.10). Von 1952 bis 1954 war sie Mitarbeiterin im Unesco-Institut für Pädagogik in Hamburg, bis 1959 Mitglied der deutschen Unesco-Kommission. 1961 ist Minna Specht in Bremen gestorben (nach Hansen-Schaberg 1992, 4ff.).

Nicht nur die Lebenswege von Minna Specht und Kurt Hahn kreuzten sich, auch ihre pädagogischen Konzepte hatten Parallelen. Von welchen pädagogischen Leitlinien ließ sich Minna Specht leiten, und welche Analogien gibt es zur Erlebnistherapie Kurt Hahns? Ihre Bemühungen galten der Reform des schulischen Unterrichts. Dabei schälen sich sieben Leitlinien von brisanter Aktualität heraus.

Den noch heute aktuellen Begriff des entdeckenden Lernens, das die Selbsttätigkeit der Schüler voraussetzt, setzte sie mit aller Radikalität um. Ein junger Lehrer an der Odenwaldschule berichtet davon: „Als ich schon einige Zeit Mitarbeiter war, aber, wie Minna meinte, immer noch glaubte, der Lehrer müsse neuen Stoff erst einmal darbieten, nahm sie mich in ihren Geschichtskurs der zwölften Klasse mit. Sie ging zur Tafel, schrieb 1848 hin und setzte sich in den Kreis der Mädchen und Jungen um den runden Tisch, kramte irgendein Strickzeug aus ihrer Umhängetasche und wartete. Wir warteten alle, schweigend, in großartiger Disziplin. Nach einer Viertelstunde wurde ich neugierig, die Klasse offenbar nicht. Minna blickte forschend ringsum und strickte weiter. Nach einer weiteren Viertelstunde wurde ich unruhig und begann, Lehrer wie Schüler zu bewundern. Dann war die Stunde aus und Minna sagte, als wir nebeneinander den Flur entlang gingen: ‚Das war wohl nichts, mein Lieber'" (OSO 1993, 89).

Der Mut zur Lücke, zu dem sie sich bekannte, führte folgerichtig zum Prinzip des exemplarischen Lernens – als Prinzip aktueller denn je in einer Informationsgesellschaft, in der es nicht so sehr um die Frage geht, wie man zu Informationen gelangt, sondern eher darum, wie wertvolles Wissen von Informationsüberschuss getrennt werden kann. „Es hat sich gezeigt, daß das Verweilen bei wenigen Gegenständen das selbsttätige Eindringen in die Probleme eines Faches Lehrern und Schülern nicht nur erleichtert, sondern das Verhältnis zu dem Stoff so lebendig gestaltet, daß schon unsere ersten Erfahrungen Schüler und Lehrer zu freudigen Anhängern der neuen Arbeitsweise gemacht haben. Die 45-Minuten-Stunde wünscht sich niemand zurück." (S. 20) Auf ihrer Moskaureise notiert sie in ihr Tagebuch: „Das Problem der Pädagogik: Freiheit! Das erfordert den Glauben, daß im Menschen die Kräfte schlummern, die nur befreit zu werden brauchen, um zur Entfaltung zu kommen." (S. 157)

Beispiele und Bilder, Erfahrungen und Erlebnisse veranschaulichen den Unterrichtsstoff, steigern die Merkfähigkeit und machen den Pädagogen als Person greifbar. Man könnte Minna Spechts Methode auch als Anschauungsunterricht bezeichnen: „Wie wir im ISK (Internationaler Sozialistischer Kampfbund, die Verf.) über den Vegetarismus nur dann reden wollen, wenn wir vorher auf dem Schlachthof gewesen sind, so wollen wir, so weit wir es irgend können, allen ‚Diskussionen' die Beobachtung voranschicken." (zit. nach Hansen-Schaberg 1992, 10)

Aus dem Projektunterricht entwickelte sich die „Werkstudienschule". Im Projektunterricht wurde die Bildung durch Kopf, Herz und Hand gefördert; die starre Unterrichtsstunde musste einem flexiblen Zeitverständnis weichen, und die Umwelt wird zum Unterrichtsraum: „In der Gesellschafts- und Wirtschaftskunde dienten vierzehntägige Fahrten durch das Maintal oder durch das Ruhrgebiet dazu, die Mentalität der katholischen Bevölkerung oder das deutsche schwerindustrielle Gebiet kennenzulernen." (S. 11)

Im Unterricht als auch bei der Konfliktbewältigung wird durch das sokratische Gespräch demokratische Gesinnung eingeübt: „Endlich bleibt das sokratische Gespräch als Weg zur Vertiefung und der Verständigung ..." (Minna Specht, zit. nach ebd., S. 21) Ihr Verständnis von Erziehung geht über die Schulpädagogik weit hinaus. Prägend war die erste Begegnung Minna Spechts mit Leonard Nelson, als dieser der jungen Lehrerin die Frage stellte: „Sie haben gut unterrichtet, ... aber haben Sie auch gut erzogen?" (S. 47)

Für die engagierte Sozialistin war klar, dass Pädagogik und Politik nicht voneinander zu trennen sind. Schon 1943 hat sie sich im englischen Exil mit der Schrift „Gesinnungswandel" Gedanken gemacht über die Erziehung in Deutschland nach dem Krieg. Wie können diese Jugendlichen zu engagierten Demokraten erzogen werden? Wie kann ein neues Deutschland aus den Trümmern entstehen? Wie kann man zum Frieden erziehen? Wie kann das Erbe der Naziherrschaft überwunden werden? Auch hier decken sich ihre pädagogischen Ziele mit dem Konzept der Erlebnistherapie Kurt Hahns.

Das faschistische Erbe zu überwinden, in der Zerstörung Deutschlands zu überleben, aus der Mut- und Hoffnungslosigkeit zu führen und demokratische Tugenden zu fördern, war die übermächtige Herausforderung, der sich Minna Specht und die wenigen aufrechten Pädagogen der Nachkriegszeit stellen mussten. Eine Schule, die sich allein auf den Unterricht zurückzieht, kann diesen Aufgaben nicht gerecht werden: „Und die Frage ist, wohin entlassen wir die Jugend? (nach dem Krieg; die Verf.) Auf die Strassen, in denen es von Leuten wimmeln wird, die sich an die Jugend heranmachen werden? In die Wohnungen, in denen Ratlosigkeit und Tatenlosigkeit eine schwere Belastung für diese Kinder darstellen? Sie zu sammeln zu Spielen, zu Beschäftigungen, zu Unterhaltungen wird auf Unwillen stossen gegenüber solchen ‚naiven' Zumutungen …" (Specht 1943, 23) Die Schule, so merkt sie an, wird dem jugendlichen Bedürfnis nach Abenteuer nicht gerecht, noch vermag Unterricht, Spiel und Hobby die durch die Kriegserlebnisse verzweifelte und enttäuschte Jugend zu fesseln. Auf der SPD-Frauenkonferenz am 20. Oktober 1951 bringt es Minna Specht auf den Punkt: „Wollen wir nicht zulassen, daß unsere Jugend eines Tages wieder marschiert, weil ein Trommler sie verführt, dann müssen wir ihr etwas bieten, das dem Verlangen der Jugend nach Bewegung, Entschlußkraft und Wagemut entgegenkommt." (zit. nach Hansen-Schaberg 1992, 11)

Hier verbindet sich Spechts soziale und sozialistische Pädagogik mit der Idee Kurt Hahns von Outward Bound. Die Bekanntschaft zwischen der Sozialistin Minna Specht, die sich im Laufe ihres Lebens zur sozialen Pädagogin entwickelte, und dem konservativen Kurt Hahn war nicht nur oberflächlich, sondern von großer gegenseitiger Achtung geprägt. 1956 bot Kurt Hahn der 77-jährigen Minna Specht an, ihren Lebensabend in Salem zu verbringen: „Heute kam ein langes Telegramm von Kurt Hahn, ich solle nach Salem übersiedeln. Aber ich will nicht in dem Gastzimmer eines Heims, immer unter Lehrern, meine letzten Jahre verbringen." (zit. nach OSO 1993, 101)

John Dewey: Erziehung hat kein Ziel außerhalb ihrer selbst

Ein weiterer Wegbereiter der modernen Erlebnispädagogik harrt hierzulande noch seiner Entdeckung: John Dewey (1859–1952). Der wohl wichtigste amerikanische Pädagoge dieses Jahrhunderts gilt in den USA und Kanada als Vater des handlungs- und erfahrungsorientierten Lernens. Dewey war von 1894 bis 1904 Leiter der „Laboratory School" an der Universität von Chicago und wurde später Ideengeber und Mentor der amerikanischen „Progressive Education". In der Zeit von 1882 bis 1952 bearbeitete er mit unzähligen Aufsätzen und Essays ein breites Spektrum von Themen aus Gesellschaft, Politik und Wissenschaft. Bemerkenswert ist auch sein philosophisches Werk und der Einfluss, den er auf die amerikanische Politik ausübte: 1937 hielt Dewey den Vorsitz des internationalen „Trotzki-Komitees", das die Rolle des damaligen Exilanten Trotzkis im Machtkampf mit Lenin aufklären sollte. Außerdem engagierte er sich – wie Thoreau hundert Jahre zuvor (!) – gegen die inhumane Praxis autoritär-restriktiver Institutionen des amerikanischen Staates, etwa als 1940 Bertrand Russell wegen seiner Äußerungen zu Erziehung und Sexualität Lehrverbot am City College von New York erhielt und schließlich angeklagt wurde (Oelkers 1993, 512). Dass seine Hauptwerke zu Beginn der 1990er Jahre im deutschen Sprachraum allenfalls in Antiquariaten und gut sortierten Bibliotheken aufzustöbern waren, ist angesichts seines internationalen Renommees schwer nachvollziehbar. Jürgen Oelkers ist es zu danken, dass Deweys wohl bedeutendster Band „Demokratie und Erziehung", der 1916 erschien, in der deutschen Übersetzung von 1930 nach 65 Jahren wieder aufgelegt wurde.

Deweys pädagogischer Pragmatismus hatte in der deutschen, idealistisch geprägten Erziehungswissenschaft seit jeher einen schweren Stand. Schon 1915 polemisierte Eduard Spranger in einem Brief an Kerschensteiner über Deweys „Küchen- und Handwerksutilitarismus" (zit. nach Oelkers 1993). Der Münchener Stadtschulrat und spätere Universitätsprofessor Kerschensteiner schuf in dieser Zeit sein Modell der „Arbeitsschule" und ließ sich als einer der wenigen deutschen Reformpädagogen von Dewey inspirieren. Deweys Pragmatismus wirkt auf den ersten Blick technokratisch und theoriefeindlich: „Ein Gramm Erfahrung ist besser als eine Tonne Theorie, einfach deswegen, weil jede Theorie nur in der Erfahrung lebendige und der Nachprüfung zugängliche Bedeutung hat." (Dewey 1993, 193) Bei genauerem Hinsehen wird jedoch deutlich, dass sein Verständnis von der Beziehung zwischen Erfahrung, Theorie und Handeln nichts mit dem allseits bekannten Trial-and-error-Prinzip gemein hat, mit dem Deweys Theorem „Learning by Doing" häufig verwechselt wird: Für ihn wird Theorie durch Handeln, das Erfahrung erzeugt, beständig umgestaltet. Erfahrung ist dabei nicht nur eine empirische Kategorie, sondern auch experimenteller

Natur, und gerade das macht Dewey, wie noch zu zeigen ist, für die Erlebnispädagogik so interessant (S. 361).

Entwicklung und Wachstum sind die zentralen Begriffe bei Dewey. Auf diese baut er sein dynamisches und in seiner stoischen Konsequenz manchmal irritierendes Theoriegebäude auf. So heißt es bei ihm etwa: „Vom Wachstum wird angenommen, daß es ein Ziel *haben* müsse, während es in Wirklichkeit eines *ist*" (S. 76; Hervorhebungen im Original). Was auf den ersten Blick wie ein Paradoxon anmutet, ist für Dewey erkenntnisleitendes Prinzip: Die Erziehung an sich hat für ihn „kein Ziel außerhalb ihrer selbst" und ist so „ununterbrochene Rekonstruktion" und „beständige Neuorganisation von Erfahrung" (S. 108). In diesem radikalen Grundverständnis unterscheidet er sich substanziell von so gut wie allen Reformpädagogen. Dewey ließ weg, auf was kein Pädagoge vor ihm verzichten wollte oder konnte: den ideologisch-moralischen Überbau. Als „moralische Kodierung" (Oelkers) brachte er dann doch noch die *Demokratie* als zwar reichlich abstrakten, aber letztlich doch konturscharfen Leitbegriff ein, der einen Orientierungsrahmen bereitstellt und Richtungen vorgibt.

Neu in die Pädagogik eingebracht hat Dewey nicht den Entwicklungsgedanken an sich, sondern seine radikale Ausformung. So wendet er sich beispielsweise gegen die – oberflächlich betrachtet – plausible und eingängige Denkfigur *Entfaltung*. Das Wort sagt eigentlich schon alles: Der Erzieher hat eine bestimmte Vorstellung von der sich entfaltenden Persönlichkeit, behandelt das „Endprodukt" wie ein Gärtner seine Pflanzen: Die spätere Form und Größe kann er bereits an den jungen Trieben abschätzen. Seine Pflege wird sich an dieser Vorstellung orientieren. Dewey begegnet dieser Position, die beispielsweise von Kurt Hahn explizit so vertreten wird, mit einem Schuss Sarkasmus: „Die Auffassung, daß Wachstum und Fortschritt nichts weiter seien als Annäherungen an ein endgültiges und unveränderliches Ziel, ist die letzte Schwächeanwandlung des Geistes bei seinem Übergang von einer statischen zu einer dynamischen Auffassung des Lebens." (S. 83) Ebenso kritisch setzt sich Dewey mit den staatlichen und nationalen Interessen an Bildung auseinander. Einerlei, ob durch Entfaltung oder straffe Schulung: Aus dem vorgegebenen Ziel, Menschen zu bilden, werde das Ziel, Menschen zu Staatsbürgern zu machen. So wird Dewey weder dem nationalkonservativen noch dem sozialistischen Spektrum in der Erziehungswissenschaft gerecht. Und selbst den Liberalen ist er letztlich nicht geheuer. Ein großer Pädagoge setzt sich zwischen alle Stühle, auf dass man ihn schließlich, obwohl ungemein präsent, noch zu Lebzeiten ausgrenzt, ignoriert und totschweigt – zumindest in Deutschland.

In seinen Analysen bezieht sich Dewey immer wieder auf Rousseau. Grundlegende Wahrheiten über Erziehung hätte niemand besser ausgesprochen. So auch, wenn es darum geht, die Quellen der Erziehung zu bezeichnen: die Natur, die Menschen und die Dinge. Allerdings kritisiert er

Rousseaus Konstruktion, die von einem schematischen Nebeneinander dieser drei Einflüsse ausgehe. Dewey sieht die Wechselwirkung der drei Quellen und das erzieherische Potential, das eben durch ihre Verbindung erst erschlossen werden kann. Den zum Teil kindlich-naiven Naturalismus, der Rousseau von verschiedensten Seiten vorgehalten wird, verteidigt Dewey in einem historisch-kulturellen Kontext: „Rousseaus leidenschaftliche Behauptung, daß alle natürlichen Neigungen ihrem Wesen nach gut seien, war die Antwort auf die herrschende Auffassung von der völligen Verderbtheit der Menschennatur; (…) es braucht jedoch kaum gesagt zu werden, daß ursprüngliche Triebe an sich weder gut noch böse sind, sondern das eine oder das andere erst werden, je nach den Zwecken, für die sie verwendet werden." (S. 156)

Dewey war zutiefst davon überzeugt, dass Lernen durch Handeln nachhaltiger wirkt als durch Befehle, Verbote, Billigungen, Missbilligungen: „Die grundlegende Beeinflussung erfolgt durch die Natur der Situation, an der der Jugendliche teilhat." (S. 63) Dass Dewey den Boden für die Humanistische Psychologie von Carl Rogers, Jakob Moreno und Fritz Pearls bereitet hat, lässt sich anhand der folgenden Worte verdeutlichen (veröffentlicht im Jahre 1916!): „In sozialen Situationen müssen die Jugendlichen ihre Art zu handeln in Beziehung setzen zu dem, was andere tun, und sie daran anpassen. Dadurch wird ihr Handeln auf ein gemeinsames Ziel gelenkt und ein allen Teilhabern gemeinsames Verständnis erzielt. Denn alle ‚meinen', ‚beabsichtigen' dasselbe, auch wenn sie verschiedene Handlungen ausführen …" (S. 63).

Trotz seiner „Vorliebe" für Handeln und Tätigsein wandte sich Dewey gegen die Auswüchse eines reinen Empirismus ebenso wie gegen einen „Sensualismus", der das „Erkennen" auf die Wahrnehmung von Sinneseindrücken reduziert. Intellekt und Kognition werden bei ihm nicht etwa ausgeblendet, sondern vielmehr neu plaziert: Indem Denken und die Bildung und Überprüfung von Hypothesen die intellektuellen Anteile von Erfahrung strukturieren, erschafft sich Theorie immer wieder neu … aus den Folgen praktischen Tuns. So ist das „Problemlösen" – eine der Grundfiguren erlebnispädagogischen Handelns – als Methode der „experimentellen Erfahrung" bei Dewey bereits angelegt.

Wie gezeigt, vertraut Dewey im Gegensatz zu den meisten reformpädagogischen Klassikern auf die Eigendynamik des über weite Strecken selbst gesteuerten Lernprozesses. Aber worin besteht nun die Aufgabe des Pädagogen, wenn nicht in der Konstruktion und Interpretation der Lerngegenstände? Für Dewey besteht sie darin, Lerngelegenheiten und Anreize zur Betätigung im alltäglichen Lebenszusammenhang auszuwählen und als Lernfelder zu nutzen. Und wir fügen hinzu, dass auch Lernwelten Chancen für Wachstum und Entwicklung im Deweyschen Sinne bieten, die für die meisten Kinder und Jugendlichen *heute* nicht mehr den alltäglichen Lebensraum ausmachen: die Natur- und Kulturlandschaft zum Beispiel. Oder die Häuserfluchten der Großstadt.

Dewey wird heute – wenn überhaupt – in erster Linie als Schulreformer wahrgenommen und in Zusammenhang mit der *Projektmethode* genannt. Dabei war es sein Schüler William Kilpatrick, dem wir es zu verdanken haben, dass dieses – aus der technischen Berufsausbildung bekannte – Verfahren einer sorgfältigen theoretischen Fundierung unterzogen wurde (vgl. Oelkers 1993, 504ff.). Mindestens ebenso bedeutsam ist aus heutiger Sicht Deweys Einfluss auf die berufliche bzw. betriebliche Bildung und Organisationsentwicklung (OE). Gairing hat darauf hingewiesen, dass Deweys rigoroses Entwicklungsparadigma die Plattform für die moderne Organisationsentwicklung geschaffen hat. Ob bei Caritas, Jugendherbergswerk oder der Deutschen Bank: Die aktuellen OE-Prozesse sind ohne Dewey kaum zu denken. Auch die in den meisten Unternehmen vollzogene Kehrtwende in der Erstausbildung antizipierte Dewey schon 1916: „Die einzige Form der Ausbildung *für* einen Beruf ist die Ausbildung *durch* den Beruf." (Dewey 1993, 401; Hervorhebungen im Original) Damit ist gemeint, dass die Produktionsferne der Lehrwerkstätten verhindert, dass die Lernenden den Organismus des Betriebs kennen lernen und sich entsprechende Kompetenzen aneignen können. Wo man auch hinschaut und wie man es auch dreht: Dewey hat die Theorie der Pädagogik revolutioniert und sich damit vehement gegen die Allgemeingültigkeit gesellschaftlicher Erziehungs- und Bildungsziele gewandt. Seine 1905 geäußerte Prognose, dass die Pädagogik vor ihrer kopernikanischen Wende stehe, hat Dewey selbst – ganz im Sinne einer *self-fulfilling prophecy* – in die Tat umgesetzt. Auch wenn das manche Lehrer, Bildungsreferenten und Professoren bis heute nicht wahrnehmen wollen.

Deweys Ansatz ist verblüffend radikal, indem er die *Erfahrung* als den „Lernort" seiner Pädagogik positioniert. Dabei schreckt er auch davor nicht zurück, die Pädagogik selbst in ihrer Bedeutung abzuwerten. Auf einer der letzten Seiten in „Demokratie und Erziehung" legt ein unscheinbarer Nebensatz diesen Aspekt offen: „Wachsen und Lernen (sind) sozusagen Nebenerzeugnisse gemeinsamer Erfahrung" (S. 457). Und somit hätte die aktuelle Diskussion um nichtinstitutionalisierte, informelle Lernanlässe eine neue Leitfigur: den Bildungsphilosophen John Dewey.

1.5 Vom Risiko des Anfangs zur Risikogesellschaft – Erlebnispädagogik von 1945 bis heute

Da eine Aufarbeitung des Verhältnisses Jugend und Gesellschaft in der DDR sowie ihrer historischen, sozialen und pädagogischen Implikationen aus nichtmarxistischer Sicht erst noch zu leisten ist – wobei nicht gesagt sein soll, dass die Marxsche Theorie keine brauchbaren Instrumente hervorgebracht hat –, beschränken wir uns für die Zeit bis zur Wende im Jahr 1989 auf die Geschichte der Erlebnispädagogik in Westdeutschland. Diese ist – das macht den Versuch natürlich schwierig – nirgends wirklich klar zu verorten, meistens kaum als solche erkenntlich. In verschiedenen Feldern der Jugendarbeit soll einigen Strängen nachgegangen werden, die selbst weder einheitlich noch geradlinig verliefen. Es soll dabei geklärt werden, wann und wo Elemente der Erlebnispädagogik in den einzelnen Ansätzen aufscheinen, unabhängig davon, ob der Begriff selbst verwendet wurde. Die Jugendhilfe wird dabei nur kurz gestreift.

Nach dem Zweiten Weltkrieg versuchten die Alliierten mit Nachdruck, in die Erziehung der Jugend einzugreifen. Es wurde ein Programm zur „Umerziehung" aufgelegt, das die Einprägungen des Nationalsozialismus auslöschen sollte. Jugendverbänden wurde zunächst verboten, sich überregional zu organisieren (Fehrlen/Schubert 1991, 67ff.). Vor dem Hintergrund des gerade überwundenen Nationalsozialismus ist es heute verständlich, dass von den Alliierten Vorbehalte gegen uniformtragende Gruppen, wie beispielsweise den Pfadfindern, bestanden. Trotzdem waren es von Beginn an Fahrten und Lager, also typisch pfadfinderische Aktivitäten in der Tradition Robert Baden-Powells, die einen herausragenden Stellenwert in der Jugendarbeit einnahmen (Krafeld 1984, 134). Wenn man in Chroniken der Jugendverbände nachliest, so fällt generell auf, dass Sport treiben, Zeltlager veranstalten und auf Fahrt gehen zumindest bis zur Mitte der 1960er Jahre offenbar die Höhepunkte und Sinn stiftende Gemeinschaftsunternehmungen waren. Eine spezifische Jugendkultur konnte sich in den ersten beiden Jahrzehnten der BRD nicht entwickeln. Die „organisationswilligen" Jugendlichen, also jene, die sich auf die Struktur „Jugendverband" einließen (in diesen Jahren ca. 40% der Population der Jugendlichen; vgl. Rauschenbach 1991, 115), nahmen bevorzugt Angebote wahr, die sie zumindest räumlich aus ihrem grauen Alltag befreien sollten und die ihnen häufig – zumindest implizit – mit dem Lockruf „Erlebnis und Abenteuer" „verkauft" wurden.

Im Wesentlichen stützten sich die nach 1945 gegründeten bzw. sich neu formierenden Träger der Jugendarbeit auf ein Handlungsrepertoire, das die Jugendbewegung und die daraus hervorgegangenen Bünde bis zu deren Vereinnahmung durch das NS-Regime kennzeichnete. Die Jugendbünde selbst hatten nach dem Krieg nur noch marginale Bedeutung, waren politisch und organisatorisch nicht mehr in der Lage, sich „auf dem Markt" zu behaupten. Der „Wandervogel" war als Bewegung tot, flatterte jedoch mit gestutzten Flügeln quer durch die Jugendverbände. Diese hatten die Rolle der Bünde übernommen, allerdings ohne deren Prinzip der Selbstorganisation weiter zu verfolgen. Es waren Erwachsene, die sich für Jugendliche engagierten, sie in Gruppen zusammenfassten und für definierte Verbandsinteressen mobilisierten. Regelmäßige „Heimabende“, an denen gesungen und gespielt wurde, sowie Fahrten, die man dort vorbereitete, bildeten den Rahmen – der Verbandszweck wurde den Jugendlichen mit Vorträgen und in Diskussionen nahe gebracht. Aus verbandspolitischem Interesse wurden attraktive Inhalte instrumentalisiert, um so Jugendliche zu binden und Nachwuchs für die Organisation zu rekrutieren. Das Selbstverständnis war kein pädagogisch-reflexives, sondern eher ein instrumentelles.

Man würde dem Wesen der damaligen Jugendarbeit nicht gerecht werden, wenn man nun das Etikett „Erlebnispädagogik“ auf ein „Freiluftleben“ kleben würde, das nicht aus pädagogischen, sondern schlicht aus den angeführten Gründen angesagt war. Hinzu kam, dass die infrastrukturellen und finanziellen Ressourcen knapp waren: Im Zelt wurde übernachtet, weil es kaum Jugendherbergen gab; gekocht wurde selbst, weil es nicht „drin war“, mit der Gruppe Essen zu gehen. Pädagogische Überlegungen spielten in diesem Zusammenhang nur eine Nebenrolle.

Die Jugendverbände begriffen sich auch in ihrem Selbstverständnis, zumindest bis zur Erklärung von St. Martin im Jahre 1962 (Grundsatzgespräch des Bundesjugendrings in St. Martin/Pfalz; vgl. dazu: Münchmeier 1991, 90), nicht als pädagogisch ambitionierte Organisationen. Insofern sind – historisch gesehen – pädagogische Funktionszuschreibungen problematisch. Dass etwa ab Mitte der 1960er Jahre eine bildungspolitische Komponente in die Grundsatzprogramme, Profile oder Satzungen der Jugendverbände einging, war weniger ein Resultat pädagogischer Ambitionen. Es waren vielmehr vor allem Legitimationszwänge gegenüber dem Staat sowie eine Professionalisierungswelle, die sich stärker formal denn inhaltlich auswirkte. Der Frage, ob Jugendverbände, die sich generell auf das Prinzip der Ehrenamtlichkeit stützen, überhaupt eine, wie auch immer beschaffene, „Bindestrich-Pädagogik“ veranstalten können, wird im Abschnitt 3.4 noch nachzugehen sein.

Evident ist jedenfalls, dass eine Reihe von Jugendverbänden mit ihren – neu formulierten oder bereits bestehenden – pädagogischen Ansprüchen auf Elemente der Hahnschen Erlebnistherapie zurückgriffen. Dies geschah manchmal bewusst, meist jedoch unbewusst. Der überwiegende Teil der Pfadfinderverbände praktizierte (und praktiziert) „Freiluftleben“ und verband damit das Bemühen, die Persönlichkeitsentwicklung von Kindern und Jugendlichen zu fördern (vgl. Bayerischer Jugendring 1985; König 1989, 10ff.; Selbstdarstellungen der Jugendverbände, in: Böhnisch 1991). Die Naturfreundejugend, in der Tradition des „Sozialen Wanderns“ der Arbeitersportvereine stehend, akzentuiert(e) die ökologische, politische und soziale Perspektive, die sich aus dem jeweiligen räumlichen Umfeld der Natursportarten ergibt. Auch wenn ihr Ansatz dem sozial-integrativen Konzept von Kurt Hahn zum Teil diametral gegenübersteht, sind in ihm doch erlebnispädagogische Versatzstücke enthalten. In der Arbeit der so genannten helfenden Verbände, wie beispielsweise Jugendrotkreuz, Feuerwehr-Jugend oder DLRG-Jugend, kommen zwangsläufig abenteuerliche bzw. erlebnisintensive Übungen und Einsätze vor, machen gerade auch die Faszination für Jugendliche aus. Im Selbstverständnis dieser Verbände allerdings hatte die Erlebnispädagogik keinen Platz. Dies galt übrigens – mit einer Ausnahme (siehe unten) – für alle deutschen Jugendverbände, dem Bundesjugendring und den Landesjugendringen, folgt man den auf 243 Seiten gesammelten Selbstdarstellungen derselben im 1991 erschienenen Handbuch der Jugendverbände (Handbuch der Jugendverbände 1991, 813ff.). Spiegelt dies die Bedeutungslosigkeit der Erlebnispädagogik in den Jugendverbänden wider oder sind Selbstdarstellungen untauglich zur Beurteilung einer pädagogischen Praxis?

Ein Verband, dessen Medium (die Alpinistik) passgenau in unserem Thema unterzubringen ist, bezieht sich in seinem Selbstverständnis explizit auf die Erlebnispädagogik: die Jugend des Deutschen Alpenvereins (JDAV). Im Anschluss an die sozialen Bewegungen der späten 1960er und frühen 1970er Jahre, die im Übrigen das Selbstverständnis der meisten Jugendverbände veränderte, formulierte die fachlich auf Bergsteigen fixierte JDAV „Erziehungs- und Bildungsziele". Der Kernsatz darin lautete: „Ziel ist die Persönlichkeitsbildung junger Menschen." Die „Alpinistik" – vorher quasi Inhalt, Ziel und Methode zugleich – wurde zurückgestuft zum Medium. Vor allem im Rahmen von Aus- und Fortbildungsveranstaltungen für ehrenamtliche Jugendgruppenleiter wurde die „Verzahnung von Alpinistik und Pädagogik" zum handlungsleitenden Prinzip und als solches auch methodisch durchgängig operationalisiert (vgl. Heckmair 1986, 59ff.). Erlebnispädagogisch gearbeitet wurde – auch wenn man sich begrifflich noch nicht darauf bezog – bereits während der 1970er Jahre. Gleiches gilt sicher auch für andere Jugendverbände; leider liegen uns hierzu keine Untersuchungen vor.

Handlungsorientierte Ansätze in der Jugendarbeit, die sich auf die „Aneignung von Räumen", vor allem im geographischen Sinne, bezogen, beeinflussten direkt oder indirekt die Genese der modernen Erlebnispädagogik. Das „soziale Wandern" der Naturfreunde und die „Kundschaft" der Pfadfinder wurden schon genannt. Die „Dorfanalyse" in der ländlichen Jugendarbeit verwandte die Katholische Landjugendbewegung zur Stärkung des Alltagsbezugs in der „Provinzpädagogik". Ansetzend am Lebensumfeld sollten subjektive Bestandsaufnahmen und Zielprojektionen genutzt werden, um jugendliche Identitätsfindung zu fördern und um verändernd wirken zu können. In eine ähnliche Richtung weist das Konzept „Spurensicherung". Besonders betont wird hier die historische Dimension. Interessanterweise wurden diese Methoden am intensivsten von Geographen dokumentiert und interpretiert. Als „laienwissenschaftliche Forschung" sind sie in der Jugendarbeit noch relativ unbekannt (Isenberg 1987, 9ff.). Die Querverbindungen zur Erlebnispädagogik, aus denen sich Synergieeffekte erzielen ließen, wurden und werden (noch) kaum aufgegriffen.

Inwieweit in der Offenen Jugendarbeit erlebnispädagogisch gearbeitet wurde und wird, lässt sich über ein Studium der einschlägigen Literatur schwerlich feststellen. Während der Jugendzentrumsbewegung, aus der die Offene Jugendarbeit zwar nicht unmittelbar entstand, allerdings wesentliche Impulse erhielt, spielten sich alle wesentlichen Dinge in Räumen ab. Jugendliche hatten sich ihr Zentrum erkämpft, den Mangel an (sozialen) Räumen für sich abgeschafft. Die Bedeutung von Zentren für Jugendliche und ihre befriedende Wirkung erkannten nach und nach viele Kommunen und Kreise. Jugendhäuser wurden gebaut. Aus dem Mangel wurde ein Angebot, das mit kommerziellen Einrichtungen, von McDonalds bis zum Squash-Center, in Konkurrenz trat. Insgesamt scheint der Trend erkennbar zu sein, dass seit etwa Mitte der 1980er Jahre eine Bewegung, die aus dem Haus führt, stattfindet. Gemeinsame Ausflüge, Schlauchbootfahrten, Kletteraktionen in natürlichen Klettergärten schaffen Höhepunkte. Das Haus ist weiterhin Kristallisationspunkt, wurde aber stärker geöffnet für Ereignisse, die außerhalb stattfinden. Natürlich ist eine Schlauchbootfahrt per se noch keine Erlebnispädagogik – ein erlebnisorientierter Ansatz jedoch allemal.

Eine recht wechselhafte Entwicklung durchliefen die von Kurt Hahn initiierten Bildungsstätten von Outward Bound. 1951 wurde ein erster Kurs für Jugendliche aus Flüchtlingsfamilien am Plöner See in Schleswig-Holstein durchgeführt. Ein Jahr später wurde die damals noch „Kurzschule" genannte Bildungsstätte „Weißenhaus" an der Ostsee gegründet. Ab 1956 entstanden in den Alpen und an der Ostsee, nach der Wende auch im ostdeutschen Binnenland weitere Standorte. Der Trägerverein Outward Bound – DGEE e. V. war die deutsche Organisation eines weltweiten Netzwerkes mit über 60 Zentren in 41 Ländern. Nach einer Insolvenz übernahm ein neu gegründeter Trägerverein den Namen Outward Bound. Die Nachfolgeorganisation wurde jedoch – was Teilnehmerzahlen und Einfluss anbelangt – von anderen Organisationen längst eingeholt und abgehängt. Seit der ersten Auflage dieses Buches 1993 hat sich das Spektrum der Träger im deutschsprachigen Raum erheblich erweitert. Bei Schulwochen ist GFE | erlebnistage der führende Anbieter. Diese Einrichtung hat eine rasante Entwicklung genommen und ist in vier Standorten in Deutschland mit höchster Auslastung tätig. Auch die Sommer- und die Winteruniversitäten haben eine intensive Vernetzung zwischen GFE | erlebnistage und Hochschulen im gesamten deutschsprachigen Raum bewirkt. Auf ähnliche Erfolge kann das KAP-Institut in Regensburg zurückblicken, das sich als Experte im Bereich Kinder- und Jugendhilfe und Jugendpsychiatrie profiliert hat.

Die Geschichte der Erlebnispädagogik ist nicht nur eine Geschichte der Institutionen, sie ist auch eine Geschichte des Begriffes. Dass Sozialpädagogen, Soziologen, ja selbst Politiker wie selbstverständlich über Erlebnispädagogik reden, sollte nicht davon ablenken, dass der Begriff erst zu Beginn der 1980er Jahre in die (sozialpädagogische) Theoriediskussion eingebracht wurde. Ziegenspeck setzte noch 1983 (Weber/Ziegenspeck 1983) das damalige „Unwort“ in Anführungszeichen und ein „sog.“ davor. Schon die Hahnsche Erlebnistherapie wurde in der Erziehungswissenschaft nur am Rande wahrgenommen. Außer bei Röhrs (Röhrs 1966) spielt Hahn in den späten Gesamtschauen und Analysen der Reformpädagogik so gut wie keine Rolle. Eine pädagogische Richtung, die auf Körperlichkeit setzt und den Spielraum Natur zu nutzen sucht, passte nicht besonders gut in den Zeitgeist der sozialen Bewegungen nach 1968. In intellektuellen Kreisen hatte Sport den Beigeschmack des Primitiven, Normierten und Bornierten. Studenten der Sozialpädagogik, die sich dazu bekannten, Sport zu treiben, waren die Exoten im Fachbereich. In diesem Umfeld hatte eine Erlebnispädagogik keine Chance.

1.6 Learning by Doing – Zur Aktualität handlungsorientierter Ansätze

„Erlebnispädagogik – Mode, Methode oder mehr?“, „Abenteuer – Ein Weg zur Jugend“, „Erlebnispädagogik theoretisch“, „Impulstagung Erlebnispädagogik“, „Erlebnispädagogik in der Jugendhilfe“ – das pädagogische Geschäft mit dem Abenteuerthema hat seit etwa 1990 Hochkonjunktur. Kaum eine Bildungsstätte, die sich in den 1990er Jahren nicht dem Generalthema des Erlebens zugewandt hat. Auch Fachhochschulen für Sozialpädagogik haben Erlebnispädagogik im Vorlesungs- und Übungsprogramm, zunächst misstrauisch beäugt von den Vertretern der traditionellen Sozialpädagogik, aber heute nahezu eine Selbstverständlichkeit. Das Rinnsal der Publikationen zu Abenteuer-, Aktions- und Erlebnispädagogik ist zu einer fast unübersehbaren Flut angestiegen. Freizeit- und Sportpädagogen haben erkannt, dass sie mit diesem Etikett auf der Höhe der Zeit sind. Erlebnispädagogik, dazu braucht es keine quantitativen Erhebungen, ist in allen pädagogischen Mündern, ist hoffähig geworden als Bildungskonzept, als Persönlichkeitstraining und Selbsterfahrung, als letzte Rettung schwierigster Jugendlicher. Solch hohe Erwartungen tun freilich selten gut.

Wie ist diese Aktualität handlungsorientierter Methoden, die fast allesamt in den Bildungsstätten der Jugendarbeit und Verbände ihre ursprüngliche Heimat haben, zu erklären, welche Erwartungen verbinden sich mit ihnen und welche davon können sie einlösen?

„Erleben statt reden“ – mit diesem irreführenden Schlagwort wurde ein Buch der 1980er Jahre zum Thema Erlebnispädagogik betitelt (Fischer et. al 1985). Es drückt damit nur aus, was viele (Sozial-)Pädagogen Mitte der 1980er Jahre fühlten: Es ist lange genug diskutiert, geredet, geschwafelt worden. Die großen Themen der 1970er Jahre wurden mit Grundsatzbeschlüssen, politischen Bekenntnissen und Endlosdiskussionen abgedeckt.

Dazu gibt es nichts Neues mehr zu sagen, und die pädagogischen Probleme vor Ort sind auch nicht gelöst worden. Dass dem pädagogischen Handeln eine Analyse der gesellschaftlichen Bedingungen vorausgehen muss, dass legitimes Handeln im Erziehungsfeld nur dann möglich sei, wenn es sich auf die politischen Basisbedingungen der Erziehung richte – diese Axiome einer linken Pädagogik der 1970er Jahre waren ins Wanken gekommen, ebenso wie die Behauptung, dass „alles machbar ist", dass Technik und Emanzipation eine blühende Zukunft versprechen, an der man sogar noch mitwirken kann.

Die sozialen Bewegungen der 1980er Jahre – Anti-AKW-Bewegung, Friedensbewegung, Frauenbewegung u. a. – haben aus der Sicht der 1990er mehr verändert, als damals geglaubt wurde. Ihre scheinbare Wirkungslosigkeit entmutigte jedoch die junge Generation und so manche engagierte Pädagogen, die häufig in diesen Bewegungen zu finden waren. Obwohl Handeln angesagt war, schien es wirkungslos zu sein. Obwohl man handelte, anstatt zu reden, verpufften die Impulse großer Demonstrationen in der physischen Undurchdringlichkeit der staatlichen Kontrollapparate und prallten ab an der unempfindlichen Psyche vieler Politiker. Politische und ökologische Bildung schienen auf der Stelle zu treten: Jegliche Formen der Flucht in innere und äußere Reiseziele schienen ehrlicher, lohnender, spannender, effektiver, glaubwürdiger zu sein als berufliche, schulische oder außerschulische Bildung.

In dieses Vakuum sind vor allem in der außerschulischen Bildungsarbeit die handlungsorientierten Ansätze gestoßen: Kulturarbeit, Theaterarbeit, internationale Jugendbegegnung, kreative Techniken und Selbsterfahrung, Erlebnispädagogik, ökologische Bildung. Die Innenwelt der Außenwelt wurde entdeckt – zarte Vorläufer (oder auch Auswirkungen?) der boomenden Psychowelle – und zugleich die Einfachheit und das Erlebnis in den wenigen noch einsamen Lebensräumen unserer Kulturlandschaft. Dabei ging es wohl weniger um die klar definierten Ziele einer Pädagogik, aus der sich politisches Handeln ableiten ließ, sondern eher umgekehrt um Handeln als Selbstzweck. Action und Abenteuer als Lösung aus der Lähmung des politisch-ökologischen Ohnmachtgefühls, als Ausdruck neuer Gegenwartsbezogenheit: Leben im Hier und Jetzt. Handlungsorientierte Methoden versprachen Befreiung, verführten vielleicht auch zu Verdrängung und Flucht, als Kehrseite der Medaille. Die großen Utopien und politischen Ziele, der Traum vom besten Staat, hatten sich im Nichts aufgelöst, erreichbare Ziele und notwendige Fiktionen drängten wieder in den Vordergrund.

Carpe diem – pflücke den Tag, nütze ihn! Ein Kultfilm der 1990er Jahre („Der Club der toten Dichter") greift diesen Leitspruch wieder auf und begreift ihn als pädagogisches Prinzip des handelnden Individuums. Ein Probehandeln heute freilich, im geschützten Ort der pädagogischen Provinz bzw. ein Handeln mit der heimlichen Angst der Wirkungslosigkeit. Denn unsere Visionen sind zur Apokalypse geraten, die sich verdrängen, vergessen, aufschieben, aber offenbar kaum vermeiden lässt! Wie kann man handeln angesichts Ozonloch und Klimakatastrophe, angesichts der Ausbeutung jeglicher Ressourcen, angesichts Bevölkerungsexplosion und systematischer Vergiftung des Raumschiffes Erde? Das Lebensgefühl neigt im Sinne der zynischen Vernunft dazu, statt politische Utopien individuelle Wohlstandsentwürfe so schnell wie möglich zu verwirklichen. Hier werden handlungsorientierte Methoden gerne angenommen, weil sie ein schnelles Erlebnis versprechen. Sie misslingen aber auch schnell zu einem Drahtseilakt, der das neue Lustprinzip bestätigt und die Reklamebilder verwirklicht.

Und das neue Jahrhundert, das Millennium, die Jahrtausendwende? Wir haben sie schon lange hinter uns und erinnern uns an Aufbruchseuphorien und Visionen, an Katastrophenstimmung und Endzeitszenarien. Davon hat einiges auf Bildung und Erziehung abgefärbt. Neben der „Erziehungskatastrophe" (Gaschke 2001), die – nach Gaschke – von Eltern, Kindergarten und Jugendhilfe gleichermaßen verursacht ist, liegen auch die Schule und das Bildungswesen danieder. Nach der Jahrtausendwende dominierten andere Themen den Buchmarkt. Neben den Ratgebern zu Erziehungsproblemen, die nach wie vor Bestsellerpotenzial haben, waren Werte und Moral ein bedeutsames Thema. Das „Lob der Disziplin" von Bernhard Bueb (2006) ist nur die Spitze des Eisbergs. „Ach, die Werte" beklagt schon Hartmut von Hentig (2004), Gabriela Wolf (2004) behauptet: „Am Anfang waren die Werte", Christopher Korn (2003) fordert „Bildung und Disziplin" und Andrea Thimm (2007) zeichnet die „Bildung der Moral" nach – um nur einige ausgewählte Beispiele zu nennen. Kein Wunder, dass es nach dem „Abschied von der Spaßpädagogik" (Wunsch 2006) wieder ernst wird und die „Erziehung bei Tisch" (Audehm 2007) genügend Stoff für ein Buch bietet. Rituale und Religion sind ein weiterer Trend. Im Herder-Verlag verlangt Johannes Röser (2005) „Mut zur Religion".

Die Themen Religion und Rituale spiegeln sich auch in der erlebnispädagogischen Literatur wider. Neben Berichten und Analysen zu spirituellen Erlebnissen bei Wanderungen und Wallfahrten (Dittmar/Dittmar 2013), Natursportarten (Royer 2007; Waldau/Betz 2003), Labyrinthen (Candolini 2008) und zur Visionssuche (Bögle/Heiten 2014; Koch-Weser/Lüpke 2009) gibt es vielfältige Publikationen christlicher Autoren. 2018 erschien der dritte Band von „Sinn gesucht – Gott erfahren." (Schaderer et al. 2018). Alle drei Bände laden klassische Lernprojekte und weitere Praxisideen mit religiösen Lernzielen und Bibelstellen auf. Das Buch von Muff und Engelhardt (2013), bereits in der zweiten Auflage, ist in der christlichen Jugendarbeit unentbehrlich geworden. Wie die Kirche zum Klassenzimmer werden kann, beschreibt Ute Pätzelt (2007). Sabine Lang und Gregor Rehm haben im letzten Teil ihres „Arbeitsbuch(es) Erlebnispädagogik" (Lang/Rehm 2010) die Bedeutung für „... christliche Gemeinden" herausgearbeitet.

Zwei Spielfilme werden 2018 auf den Markt kommen: „Kindheit“ und „Kinders“. „Kindheit“ zeigt in epischer Länge, wie wichtig Naturerfahrungen für Kinder sind. „Kinders“ verdeutlicht sehr realistisch den integrativen Wert von musikalischer Erziehung. Zwei wichtige Trendthemen werden hier benannt: Kindheit und Natur. Zwei Bestseller in den USA (Louv 2011 und Iggulden/Iggulden 2008) haben auch Spuren in Europa hinterlassen. Torbjørn Ekelund (2016) sucht „Kleine Fluchten für das ganze Jahr“, und Charles Foster (2017) versucht, als Tier zu leben, Peter Wohlleben weiht uns in die geheime Welt der Bäume (Wohlleben 2015) und Tiere (Wohlleben 2016) ein und Beate und Olaf Hofmann (Hofmann/Hofmann 2017) zeigen, dass das Glück draußen vor der Tür zu finden ist.

Es sind eher Biologen und Forstwirte, die die Verbindung von „Kind und Natur“ (Gebhard 2009) geschaffen haben. Sie zeigen auf, was Kinder alles in Wald (Wimmer 2011; Kohler/Schulte Ostermann 2015) und Wiese lernen können. Im Sinne von Richard Louv (2011) wird „Mehr Matsch“ (Weber 2012) gefordert, „Kinder raus“ (Roeper 2011) oder „Schön wild!“ (Trommer 2012). Aber auch Pädagogen haben die pädagogische und therapeutische Kraft der Natur erkannt und beschrieben (Späker 2017). Die Fachzeitschrift „e&l. erleben und lernen“ hatte im Heft 1/2012 das Schwerpunktthema „Der Wald – ein erlebnispädagogisches Paradies“, im Heft 1/2013 den Schwerpunkt „Wildnisbildung“, und der Schwerpunkt des Doppelheftes 3&4/2017 lautete „Draußen: Lager, Feuer, Kochen,“ und „Mit Kindern – Wald, Wildnis, Wiese.“ Handlungs- und erlebnisorientierte Ansätze in der Arbeit mit Kindern werden theoretisch verortet (Becker et al. 2013), empirisch fundiert (Raith/Lude 2014) oder für die Praxis angeregt (Harazim/Hudak 2015; Schlehufer 2016).

Kurt Hahn, der den Begriff der Erlebnistherapie prägte, wollte metaphorisch gesprochen mit seiner Pädagogik die kranke Gesellschaft heilen. Einige Jahre nach der grundlegenden Dissertation von Rüdiger Gilsdorf zum Thema Erlebnistherapie (Gilsdorf 2004) gibt es klare Impulse und Erkenntnisse zur Entwicklung einer Erlebnistherapie im Wortsinn. Kilian Mehl, Chefarzt der Klinik Wollmarshöhe, Fachkrankenhaus für Psychosomatik, nennt seinen Ansatz „Erfahrungsorientierte Therapie“ (Mehl 2017). Thomas Lukowski (2017) hat ein Buch zum „Klettern in der Therapie“ vorgelegt. Zwar gibt es eine lange Liste von Publikationen zum therapeutischen Klettern, mit Ausnahme von Lazik (2007) und Kowald, Zajetz (2015) handelt es sich aber um nichts anderes als publizierte Haus- und Bachelorarbeiten. Im Schwerpunkt des Heft 6/2016 von „e&l – erleben und lernen“ geht es um die „Systemische Prozessgestaltung in der Natur“, in Heft 7/2017 um „Traumasensible Erlebnispädagogik“.

Die Erlebnispädagogik begann in Schule Schloss Salem, wurde inspiriert durch die englische Internatserziehung und verbreitete sich durch das Netzwerk der Landerziehungsheime. Danach konnte sie lange Zeit nicht mehr an Schulen Fuß fassen. Das scheint sich zu ändern. Dazu nur fünf Beispiele:

- Das Sprachenlernprogramm „Montanalingua" (2007) mit 24 erlebnisorientierten Lektionen, um Deutsch, Englisch oder Französisch zu lernen, ergänzt das übliche schulische Lernsetting beim Sprachenlernen.
- Silvia Luger-Linke (2013a) bringt eine große Fülle praktischer Beispiele, wie im Wald Kindern die Grundrechenarten erlebnisreich beigebracht werden können. Sie hat Recht: „Im Wald kann man mit allem RECHNEN".
- In einer weiteren Publikation bringt Luger-Linke (2013b) zahlreiche Anregungen und Ideen für den Deutschunterricht im Wald: „Der Wald spricht viele Sprachen."
- Marcus Weber (2017) hat „89 Aktionen und Spiele" vorgelegt, die Grundschullehrer zu erlebnisreichem Unterricht motivieren sollen.
- Vor allem in Nordeuropa findet regulärer Schulunterricht immer häufiger in der freien Natur statt. Mindestens ein Tag in der Woche werden Wald und Wiese zum Klassenzimmer. Jakob von Au und Ute Gade (Au/Gade 2016) wollen mit ihrem Herausgeberband auch Schulen in Deutschland ins Freie locken.

Lernpsychologie, Konstruktivismus und Hirnforschung liefern zunehmend Belege zur Wirksamkeit und bestätigen dabei die Erfahrungen und Erkenntnisse des erlebnis- und handlungsorientierten Lernens. Wir werden in diesem Buch mehrfach darauf zu sprechen kommen, möchten aber an dieser Stelle auf zwei Veröffentlichungen hinweisen, die nachhaltig Erziehung, Bildung und Weiterbildung mit den Ergebnissen der Hirnforschung verbunden haben (Heckmair/Michl 2013; Reiter 2017).

2 Rundblicke: Von Aberdovey bis Zimbabwe

In der Wurstigkeit gegen alle Probleme liegt die letzte Vorahnung davon, wie es wäre, ihnen gewachsen zu sein. Weil alles problematisch wurde, ist alles irgendwie egal.

Peter Sloterdijk,
Kritik der zynischen Vernunft

2.1 Der Weg einer Idee – Kurt Hahns Erlebnispädagogik auf allen Kontinenten

Das konjunkturelle Hoch der Erlebnispädagogik in Deutschland wird verständlich, wenn man sich vergegenwärtigt, dass das Pendant in den angelsächsischen Ländern zu den fest etablierten Disziplinen im weiten Feld der Pädagogik zählt. Es ist hierzulande ein Nachholbedarf zu befriedigen bzw. ein inhaltliches Vakuum aufzufüllen, wenn man so will. Die gesellschaftspolitischen, sozialen und ökologischen Entwicklungen begünstigen den momentanen Höhenflug der Erlebnispädagogik zusätzlich.

Kurt Hahn konnte sich in Großbritannien auf einen Fundus von Erfahrungen stützen, die er beim Aufbau und in der Leitung von Landerziehungsheimen in Deutschland sammelte. Die ersten erlebnispädagogischen Kurse, die Hahn in Zusammenarbeit mit dem Reeder Laurence Holt 1941 an der Westküste von Wales initiierte, wurden zudem ganz wesentlich vom Geist britischer Seefahrt getragen. Holt hat das in seiner Rede anlässlich der Eröffnung der Outward Bound School in Aberdovey besonders hervorgehoben: „That spirit that has led her sons to adventure upon the seven seas.“[1] Das Abenteuer hat ohnehin in der pädagogischen Literatur Englands seinen festen Platz. Durch die Tradition der Public Schools, den Landerziehungsheimen und einem staatlichen Schulsystem, das weniger körperfeindlich war als beispielsweise das deutsche um die Jahrhundertwende und während der Weimarer Zeit, waren insgesamt günstige Voraussetzungen für ein pädagogisches Programm vorhanden, das auf körperliche Bewegung in der Natur setzte. Demgegenüber war im Nachkriegsdeutschland alles verpönt, was in seiner Äußerlichkeit an die Rituale von Körperertüchtigung und Volksgesundheit im Nationalsozialismus erinnerte.

Hahns Verbindungen zu amerikanischen Wissenschaftlern und Politikern, die er während des Ersten Weltkriegs kennen gelernt hatte, förderte in den 1960er Jahren die Gründung von Outward Bound Schools in den USA. Für Amerika war diese Art der Erziehung ein Novum. Die Arbeit der Pfadfinder scheint damals in erster Linie auf das Erlernen verschiedener „skills“ (Techniken) ausgerichtet gewesen zu sein, weniger im pädagogischen Sinne auf die Persönlichkeitsentwicklung junger Menschen (vgl. dazu: Miner 1966, 293ff.). In Kürze entstanden neben Outward Bound eine Vielzahl ähnlicher Initiativen und Projekte. Frühzeitig entdeckten auch Wissenschaft und Forschung die noch junge Disziplin der Erlebnispädagogik.

Outward Bound Schools wurden in erster Linie im „Einzugsgebiet“ des Commonwealth gegründet, und zwar bereits in den 1950er Jahren in Afrika, in den 1960ern dann in Australien, Neuseeland und Asien. Auf dem europäischen Kontinent konnte sich Hahns Modell in Deutschland, den Niederlanden und Belgien, später dann in Frankreich und seit Beginn der 1990er Jahre in einigen osteuropäischen Ländern etablieren.

Der „Duke of Edinburgh Award“ wurde 1956 von Kurt Hahn zusammen mit Prinz Philip, dem Duke of Edinburgh, entwickelt. Inzwischen ist der „Award“ in über 100 Ländern eingeführt. „Head, Heart, Hands, Health (4 H)“ gibt es in mehr als 80 Ländern der Erde. Zu Beginn des 20. Jahrhunderts wurde es in den USA begründet. Vor allem in ländlichen Gebieten der Entwicklungsländer ist diese einfache und effiziente Pädagogik, die einige Parallelen zur Erlebnispädagogik hat, ein wichtiger Katalysator für nachhaltige Entwicklung.

2.2 Weder exotisch noch neu – Experiential Education

„Experiential Education“ ist das Gegenstück zur „handlungs- und erfahrungsorientierten Pädagogik“, die hierzulande erst in den letzten Jahren reüssierte. Im 1650 Seiten starken Lexikon der „Pädagogischen Grundbegriffe“ von 1989 (Lenzen) sucht man den Begriff „handlungsorientierte Pädagogik“ noch vergebens. Acht Jahre später stellt Beck unter dem Titel „Handlungsorientierung des Unterrichts“ (Beck 1996) 19 Ansätze von ebenso vielen Autoren zu diesem Thema vor. Bis auf eine Ausnahme wurden alle nach 1989 publiziert. Orientieren wir uns also an den Vereinigten Staaten als eine der Hochburgen der „handlungsorientierten Pädagogik“. Die „Association of Experiential Education“, sozusagen die geistige Plattform des Handlungslernens, nimmt für sich in Anspruch, nicht nur die in Nordamerika arbeitenden Organisationen und Personen zu vertreten, sondern auch den „Rest der Welt“. Sie definiert ihren Gegenstand wie folgt: „Experiential Education is a process through which a learner constructs knowledge, skill, and value from direct experiences.“ (Luckmann 1996)[2]

Dieses offene, raumgreifende Verständnis knüpft mit dem Verbum „to construct“ an die progressiven Konzepte der Reformpädagogik an und schließt musisch-kreative Ansätze mit ein: vom Theater bis zur Malerei, von der Gestaltarbeit bis zur Tanztherapie. Das Pendant zur Erlebnispädagogik hierzulande heißt jedoch nicht „Experiential Education“, sondern vielmehr „Adventure Education“. Wem der Terminus „Education“ zu eng ist, der kann sich auch an den Begriff „Adventure Programming“ halten. Letzterer bezieht sich nicht auf Erziehung im engeren Sinne, sondern schließt Formen wie Freizeitpädagogik, Training und Therapie mit ein.

Mit dem Terminus „Adventure Programming“ liegt der Fokus auf der Verarbeitung herausfordernder Situationen in einem Kontext von Entwicklung, wobei die Kategorien Körper und Bewegung hinzukommen. Als Arenen dienen Berge und Flüsse, Wälder und Wüsten sowie das „Dickicht der Städte“, „Ropes Courses“, aber auch die banale Rasenfläche, auf der Lernprojekte den Einzelnen und die Gruppe fordern.

Alle Techniken, die gelernt werden, um sich in diesen Handlungsräumen zurechtzufinden, sind nur Mittel zum Zweck: „The defining characteristic of adventure education is that a conscious and overt goal of the adventure is to expand the self, to learn and grow and progress toward the realization of human potential." (Miles/Priest 1990, 1)[3]

Für viele Jugendliche in England und den Vereinigten Staaten beginnt Lernen in der Wildnis, im „Ropes Course" (Seilgarten) oder unter dem Dach des städtischen Hallenbades spätestens in der Schule. Regionale Schulbehörden in England bzw. Institute von Universitäten in den USA betreiben „Adventure Centers", in denen Schüler mehrerer Schulen im Rahmen von ein- oder zweiwöchigen Kursen, aber auch für einen Nachmittag, „Ropes Courses" begehen, Initiativ- und Problemlösungsspiele durchführen, Orientierungsläufe unternehmen oder Bogenschießen können. Ebenso wie für den deutschen Schullandheimaufenthalt gibt es auch hier Sicherheitsrichtlinien. Allerdings werden vermeintlich riskante Aktionen wie Klettern und Abseilen nicht von vornherein per Dekret ausgeschlossen – und damit in die nicht kontrollierbaren, verbotenen Sektoren von Mutproben abgedrängt –, sondern, quasi lehrplanmäßig, angeboten.

„Adventure Programming" bezieht seine spezifische Bedeutung und Wirksamkeit in angelsächsischen Ländern offenbar aus einer zweifachen Verankerung: Auf der einen Seite ist der Sportunterricht (und die Sportwissenschaft) offen für Aktionsformen, die sich nicht in Weiten, Zeiten, Wertungsnoten und Punktergebnissen ausdrücken lassen müssen, und ebenso offen für psycho-soziale Entwicklungschancen in einem weniger reglementierten Handlungsfeld. Zum anderen ist in den Institutionen der öffentlichen und privaten Erziehung anscheinend eine allgemeine Bereitschaft vorhanden, technisch-instrumentelle Lerninhalte, in denen definierbare Fähigkeiten und Fertigkeiten trainiert werden, quantitativ zu begrenzen und damit Platz für handlungsorientierte Lernräume zu schaffen, in denen der Ausgang des Lernprozesses weniger genau curricular zu bestimmen ist und der Akzent auf die Persönlichkeitsentwicklung gelegt wird: „... and the program has become not so much an established and definitive curriculum model as a physically exciting and accepted philosophy toward the education of the total person." (Rohnke 1986, 68)[4]

Eine Erziehung, in der das Abenteuer seinen festen Platz hat, findet sich in Großbritannien, den Vereinigten Staaten, Australien oder Neuseeland in vielen öffentlichen und privaten Sozialisationsinstanzen. Die Palette reicht von der Schule über Universitäten und unzählige freie Träger, die vor allem Programme für den „Endverbraucher" anbieten, bis hin zu fest etablierten – nicht etwa exotischen – Veranstaltern von Outdoor-Trainings für Manager sowie zu therapeutisch ausgerichteten Anbietern. „Adventure Therapy" baut auf die heilende Wirkung natursportlicher Aktivitäten, auf körperbezogene Initiativspiele, auf die sinnliche Wahrnehmung und Verarbeitung von Natureindrücken.

„Stress Management Seminars“ sind Veranstaltungen von einem oder mehreren Tagen Dauer, in denen persönliche und gruppenbezogene Herausforderungen gesucht werden. „Ropes Courses“, Kletter- und Abseilübungen oder Lernprojekte sollen stimulieren und Spannungszustände schaffen. Mit der Bewältigung der gestellten Aufgaben sollen positive Effekte erzielt werden: Steigerung des Körperbewusstseins, der allgemeinen Fitness, Zugewinn an Selbstbewusstsein und Vorbereitung auf potenziell stressbesetzte Situationen im beruflichen und privaten Alltag.

Wenn man die einschlägige Literatur der „Schlüsselregionen“ in der Experiential Education, Großbritannien und die Vereinigten Staaten, miteinander vergleicht, so ergeben sich auffallende Unterschiede: In Großbritannien dominiert eine historisch-hermeneutische Fundierung, ausgerichtet an der Vorstellung eines ganzheitlichen Menschenbildes. Gleichzeitig wird die Experiential Education im Konkurrenzdruck eines prosperierenden Marktes ein Stück weit trivialisiert: Die Grenzen zwischen einer ernsthaften Pädagogik und einer beliebigen Freizeitbeschäftigung, die mehr Spaß verspricht als andere, verwischen. Die Anbieter buhlen um ihre Kunden, werben mit Urlaubsgefühlen oder „Incentives“ („Motivationsreisen“ für Mitarbeiter und Geschäftspartner) für Firmen. In den Vereinigten Staaten sind die „Action“-Anbieter ebenfalls auf dem Vormarsch. Zugleich hat sich ein breites Spektrum von Trägern etablieren können, das sich in seinem Selbstverständnis vom Freizeitmarkt absetzt und um pädagogische und selbst therapeutische Begründungen bemüht ist. Die Theoriediskussion wird derzeit bestimmt von Rück- und Zugriffen auf klassische und moderne Ansätze der Psychologie.

2.3 Umstritten ist nicht das Ziel, sondern der Weg – Paradigmen des „Adventure Programming“

Den direkten Anschluss an das Hahnsche Bild einer kranken Gesellschaft, die einer erzieherischen Behandlung ihrer noch formbaren Teile bedarf, sucht Putnam, ein britischer Theoretiker und Praktiker, der in der amerikanischen Literatur ausführlich rezipiert wurde (Putnam 1985). Nach seiner Auffassung sind es zum einen Anpassungsleistungen, die der junge Mensch erbringen soll, zum anderen kann er durchaus konstruktiv-kritisch sein und – bewahrend wie verändernd – als Individuum das kulturelle Erbe an die nachfolgenden Generationen weitergeben. Die komplexen Aufgabestellungen, die beim gemeinsamen Bergsteigen, Segeln, Kanufahren oder während mehrtägiger Touren zu bewältigen seien, ermöglichten vielfältige Erfahrungen. Das Lernen solle schrittweise verlaufen. Nach und nach würden neue Erkenntnisse und Einsichten gewonnen. Diese ließen sich relativ einfach in die Gesamtsicht der Welt bzw. in den Bezugsrahmen des Lernenden einordnen. Ohne zu relativieren, unterstellt Putnam per se die Wirksamkeit des Ansatzes. Er zweifelt an keiner Stelle, weder bei den Lernerfahrungen während der Aktionen noch bei deren Übertragbarkeit auf den Alltag. Es ist ein geschlossenes Weltbild, das sich, gestützt auf die pädagogischen Prinzipien von Hahn und Dewey, nie selbst in Frage stellt und allein deswegen Skeptiker irritiert.

In einem amerikanischen Standardwerk, „Islands of Healing – Adventure Based Counseling" (Project Adventure 1989), wird der nondirektive Beratungsansatz von Carl Rogers als Grundlage für erlebnisorientierte und selbstreflexible Lernprozesse herangezogen, die Verhaltensänderungen bewirken sollten: „A basic hypothesis of the ABC programm (Adventure Based Counseling; die Verf.) is that a series of well designed adventurous activities which focus on success experiences will help a person to break the cycles of failure and bring about an increase in that person's ability to feel good about himself." (S. 14)[5] Ebenso wie bei Hahn und bei Putnam soll abweichendes Verhalten durch eine Serie von Erfolgserlebnissen korrigiert werden. Gesetzt wird auf die „heilende" Wirkung von „Eustress", einer stimulierenden Form des Stresses, und auf „Peak Experiences", wie sie Czikszentmihalyi im von ihm so benannten „Flow" (vgl. Czikszentmihalyi 2010) beschreibt.

Während Putnam bei der Darstellung des Reflexionsprozesses narrativ-unverbindlich bleibt, werden im ABC-Handbuch Ross und Reiter genannt. Die verschiedenen Dimensionen sollen mittels einer Triade verdeutlicht werden: Cognition (Thinking) – Affect (Feeling) – Behavior (Doing). Auf dieser Grundlage werden die Elemente eines „Abenteuer-bezogenen" Kurses in komplementärer Weise kombiniert. „The trust building, challenge elements, and empathy provoking experiences address the feeling side of experience. The goal-setting and problem-solving elements of the curriculum address the thinking side of experience. In a typical ABC session of one to two hours, all three aspects will ordinarily be addressed in a planned and integrated fashion." (Project Adventure 1989, 24)[6] Mit fast schon penetranter Akkuratesse werden im Folgenden die Aktionen wie unterschiedlich geformte Bausteine geordnet, kombiniert und aufeinander gesetzt. Angesichts dieser zwar strukturell plausiblen, aber vielleicht ein wenig bürokratischen Methode fragt sich der unbefangene Erlebnispädagoge hierzulande, ob eine curriculare Aufarbeitung dem Charakter des Gegenstands gerecht werden kann. Auf der anderen Seite kann das ABC-Handbuch als kontrastierendes Beispiel aufzeigen, wie wenig fundiert und durchdacht im deutschsprachigen Raum unspezifische Outdoor-Aktivitäten als Erlebnispädagogik angeboten und dargestellt werden.

2.4 Die alpine Gratwanderung auf den Alltag beziehen – Metaphorik und Parallelität als Strukturelemente von „Adventure Learning“

Stephen Bacon, Pädagoge aus Colorado/USA, greift auf die Archetypen des Tiefenpsychologen C. G. Jung zurück und bezieht diese auf besondere Konstellationen im Handeln: der heilige Raum, Gerechtigkeit, Schicksal, die Mutter, die Familie (Bacon 1983). Der Bezug wirkt insgesamt etwas konstruiert, liefert jedoch auch interessante Übertragungen von der Außenwelt zur Innenwelt. In bewusster Konfrontation zu den herkömmlichen Ansätzen der Experiential Education verzichtet Bacon auf das Prinzip der Reflexion nach der Aktion. Nach seiner Auffassung muss das pädagogische Setting in seiner Struktur der Alltagssituation des Teilnehmers entsprechen, „isomorph“ sein. Der Erlebnispädagoge sollte in metaphorischer Weise Lernsituationen „konstruieren“, die quasi mit der Wirklichkeit verwechselt werden können. Die Originalität Bacons liegt in der Kritik am herkömmlichen „Briefing-Action-Debriefing“: Die Reflexion wäre seiner Auffassung nach nur noch ein Ritual, bei dem sich Teilnehmer und Trainer gegenseitig versichern, was sie zuvor – direkt während des Handelns – gemeinsam gelernt hätten. In einer späteren Veröffentlichung (Bacon 1987) unterscheidet er drei Phasen innerhalb einer „Evolutionstheorie“ der Experiential Education:

- *Das Modell „The Mountains Speak for Themselves“*
  In den 1960er Jahren ist dieses Modell von England in die USA importiert worden. Es unterstellt eine allgemeine Effizienz der „Outdoors“ hinsichtlich von Verhaltensänderungen. Die Erlebnisse und Erfahrungen sind „positive, profound and powerful“ und werden automatisch in das tägliche Leben des Teilnehmers transferiert (S. 7). Es ist nicht notwendig, mit Reflexionen eine Aufarbeitung des Erlebten zu leisten. Hinzu kommt, dass in der Ausbildung der „Instructors“ lediglich technisch-instrumentelle Fertigkeiten der Natursportarten und körperbezogene Übungen vermittelt werden, nicht jedoch Techniken und Methoden beispielsweise der Beratung, Therapie oder Gesprächsführung. Insofern sind die Anleitenden ohnehin nicht in der Lage, eine fundierte Aufarbeitung zu leisten.
- *Das Modell „Outward Bound Plus“*
  Diese „zweite Generation“ baut auf der Vorstellung „The Mountains Speak for Themselves“ auf, schließt jedoch die Reflexion der Erlebnisse mit ein: „The second generation instructor not only provides the incremental course challenges which lead to mastery experiences, he actively assists the students’ attempts to integrate the meanings of those experiences into their lives.“ (S. 9)[7] Ungefähr Mitte der 1970er bis Anfang der

1980er Jahre hatte das Gros der Instruktoren die Notwendigkeit von Feedback akzeptiert und die „,Imported' Techniques“ angewandt. Der Raum- und Zeitgewinn der Reflexion birgt nach Bacons Auffassung jedoch die Gefahr in sich, die (eigentlichen) Aktionen in die Zweitrangigkeit abzudrängen. Außerdem könne man das Modell als konventionelle Therapie oder als konventionelles Verhaltenstraining in einem naturnahen Ambiente einordnen und damit seiner Originalität berauben.

- *Das „metaphorische Modell“*
  Als Modell der Zukunft, das in den letzten Jahren auch hierzulande Verbreitung fand, entwickelte Bacon eine „Methode“, die über das Spannungsverhältnis Aktion – Reflexion hinausgeht. Er beruft sich auf Kritiker der klassischen Psychotherapie, die die kognitive Einsicht („insight“) eines Klienten in sein Innenleben nicht als Voraussetzung für Verhaltensänderungen ansehen oder diese Einsicht sogar als Verhinderungsstrategie des Klienten zur Vermeidung von Verhaltensänderungen erkennen wollen. Bacon plädiert insofern für ein „Experiential Learning“ in der Aktion, nicht in der Nachbesprechung der Aktion: „... the primary focus is on setting up the experience so that learning and behavioral change are accomplished in the midst of the course experience. Given that the instruction has made the course acitivity psychologically equivalent to salient life challenges, it is assumed that a success at the course activity automatically transfers and generalizes.“ (S. 24)[8]

Bacon hat ein Beispiel genannt, wie für ehemals drogenabhängige Jugendliche eine Aktion „maßgeschneidert“ werden kann:

Ein „High Ropes Course“, also ein Seilgarten in ca. acht bis fünfzehn Meter Höhe, bei dem eine Reihe von – zum Teil anstrengenden – Balance- und Geschicklichkeitsaufgaben zu bewältigen ist, wird den Jugendlichen vorgestellt. „Ropes Courses“ in den USA sind mitunter von beeindruckender Höhe und vor allem auch Länge, so dass große psychische und auch physische Anforderungen von den Probanden bewältigt werden müssen. Der Instructor bereitet die Jugendlichen darauf vor, dass er und seine Kollegen/innen diesmal nicht beratend und helfend zur Seite stehen („talk the hesitant student over the beam“; S. 22), sondern sie von unten überreden, den Parcours abzubrechen: „Hey Joe, you've done enough“ oder „You've already done as much as can be expected of you given your fear of heights ...“ (S. 21)[9] Die alltäglich lauernde Versuchung wird also mittels einer Übung, die durchaus auch Ernstcharakter hat, parallel zur Alltagsrealität „inszeniert“. Der Transfer, der nach dem Verständnis von Bacon bereits während der Übung antizipiert wird, ist bei diesem Beispiel von metaphorischer Konstruktion.

Das „metaphorische Modell“ Bacons ist nicht nur ein zukunftsweisender Weg in der Experiential Education generell, sondern – analog auf mitteleuropäische Verhältnisse angewandt – auch eine fundierte Kritik an der „Sozialpädagogisierung“ des Erlebnisses. Weit verbreitet ist die Methode, die Intensität des Augenblicks ebenso wie die zermürbende Länge und Schwere einer Tour „totzureden“ – in Ritualen, in denen die Selbstdarstellungsmanie der Pädagogen Gelerntes wieder zerschlagen kann. Andererseits gerät Bacon an den Rand einer antiintellektuellen, dem Reich der Mythen und Sagen zugewandten Heilslehre, die sich ganzheitlich geriert, jedoch ins Diffuse, schwer Lokalisierbare abzudriften droht. Dabei bedürfte es gerade bei Bacons „metaphorischem Modell“ pädagogischer Strategien, die Sensibilität und Systemkenntnis, Intellektualität und vernetztes Denken sowie vor allem soziologische Fantasie (Negt 1975) zur Konstruktion „isomorpher“ Strukturen in den „Outdoors“ einschließen. In seiner Ausschließlichkeit und Konsequenz ist Bacons Modell des Metaphorischen trotz aller Vorbehalte Fixpunkt vieler neuerer Theorieversuche und Praxiskonzepte.

Gass, Goldmann und Priest stützen sich bei ihren Konstruktionen von Trainingsprogrammen für Wirtschaftsunternehmen und Nonprofit-Organisationen auf Bacon (Gass et al. 1992, 35). Vier besondere Charakteristika kennzeichnen ihr Konzept: Context, Continuity, Consequences und Care.

Unter „Context“ wird gefordert, das erlebnispädagogische Setting in seinen Strukturen „parallel“ zu den Strukturen des Arbeitsplatzes der Teilnehmer zu entwickeln, um so „isomorphic connections“ zu erzielen. Das Charakteristikum „Continuity“ steht für den individuellen Lernprozess des Teilnehmers vor dem Hintergrund des Gesamtgefüges des Unternehmens bzw. der Organisation. „Consequences“ umschreibt die Ernsthaftigkeit der Situation, die nachhaltige Lernerfahrungen ermöglichen soll. „Care“ schließlich umfasst die technisch-instrumentelle, fachlich-methodische und pädagogische Kompetenz der „Instructors“, den Grad der psychisch-physischen Belastungen der Teilnehmer sowie die Sicherheitsrichtlinien. Im Gegensatz zu Bacon wird von den Autoren die Reflexion („debriefing“) als unerlässlich angesehen. In der Nachbesprechung (S. 41) sollten

(1) die Lernsituationen in der Aktion erörtert,
(2) die Wirkung der Erlebnisse auf das Gruppenverhalten und auf die Individuen eingeschätzt,
(3) Erfolgs- und Misserfolgserlebnisse hinsichtlich der objektiven und affektiven Wirkungen analysiert,
(4) die Transferchancen (auf den Arbeitsplatz) eingeschätzt und
(5) die Konsequenzen für Verhaltensänderungen in der Zukunft antizipiert werden.

Das Autorenteam aus drei Universitäten der Vereinigten Staaten und Kanadas platziert sein Statement als Gegenpol zu einer – in Europa entstandenen – archaischen Erziehungsvorstellung, die sich auf die Dimensionen Charisma, Natürlichkeit und Einfachheit stützt. Gass et al. sind zwar keine Lehrplantechnokraten, benutzen jedoch auf einer systematischen Folie Kategorien, die an die Schulpädagogik anknüpfen.

Mike Gass und Simon Priest haben das ursprünglich von Bacon erarbeitete metaphorisch-isomorphe Modell später ausdifferenziert und in vielerlei Richtungen weiterentwickelt (vgl. z. B. Gass 1991, Gass 1995, Priest/Gass 1997a; vgl. auch 3.2). Trotz aller Faszination, die dieses Modell zweifellos ausstrahlt, sollten kritische Fragen zu dessen Ethik und Ästhetik nicht ausgeblendet werden: Problematisch am Verfahren ist ohne Zweifel, dass der Pädagoge Metaphern und Isomorphien für die jeweilige Klientel ersinnt und dann mehr oder weniger darauf wartet, dass diese dann während der Aktion mit Leben gefüllt werden. Cornelia Schödlbauer weist mit Recht auf diesen Aspekt hin: „Wir designen Kurse. (...) Das darf aber nicht dazu führen, daß wir im Kursdesign die Themen und Problemlagen (der Teilnehmer; die Verf.) so antizipieren, daß wir nur noch die Eier finden können, die wir zuvor versteckt haben." (Schödlbauer 1997, 48) Und: Metaphern dürfen nicht zu"starren Topoi gerinnen" (S. 42). Wenn sich der Instructor allein auf seine manchmal vagen Einblicke in das soziale Umfeld der Teilnehmenden verlässt, läuft er Gefahr, seinen eigenen Projektionen aufzusitzen und seine Kientel mit Missdeutungen und Fehlinterpretationen zu traktieren.

Hovelynck (1998) schlägt in die gleiche Kerbe und regt an, das „Modellieren" von Bildern und Vorstellungen den Teilnehmern zu überlassen, um so „generative Metaphern" zu gewinnen: „With a concept of metaphors as participants' guiding images, experiential learning can be understood as a process of metaphor change, and the task of experiential trainers or educators consists primarily of facilitating the development of images that generate new potential, or ‚generative metaphors' „ (S. 2)[10]. Der Lernraum sollte nicht durch die Instructors determiniert werden, sondern so offen sein, dass die Teilnehmer ihre eigenen Bezüge, Fantasien und Entwicklungsthemen einbringen können. Der Trainer/Pädagoge ist dabei „Facilitator", Moderator und sensibler Beobachter, hat das Gespür für die generativen Themen der Individuen und der Gruppe, schafft Platz für deren Bearbeitung, geht vielleicht sogar so weit, während der Aktionen zu intervenieren, um hochschießende Gedanken, Gefühle festzuhalten und für Wachstum und Entwicklung zu nutzen.

Er reflektiert dabei kontinuierlich die stattfindenden Lernprozesse und verknüpft diese mit seiner Handlungstheorie. Dabei handelt er nicht einfach pragmatisch zielorientiert, sondern richtet seinen Blick vielmehr auf die Vielschichtigkeit der Situation (Gilsdorf/Hovelynck 2016, 8).

2.5 Unsere Welt erfinden wir nur im Kopf – Wie der Konstruktivismus die Erlebnispädagogik verändern könnte

Die Diskussion über die „Macht der Metaphern“, die Ende der 1990er Jahre ihren Höhepunkt erreichte und nun abzuflauen scheint, ist durchzogen von begrifflichen Annäherungen zur Art und Weise wie die Welt und was in ihr geschieht, wahrgenommen und interpretiert wird. Im Mittelpunkt steht dabei – wie sollte es auch anders sein – das immerwährende Wechselspiel von Bild und Sprache. Cornelia Schödlbauer hat das weite Feld von Theoriebildung und Praxishandeln in ihrer Dissertation (2000) ausgemessen. Sie hat sich nicht damit begnügt, die Oberfläche metaphorischer Lerntheorien und -praxen abzubilden, sondern ist mit gezielten Tiefenbohrungen in weitgehend unerforschte Schichten vorgedrungen. Es ist ohne Frage vor allem ihr Verdienst, die Diskussion über metaphorisches Lernen in der deutschsprachigen Erlebnispädagogik sowohl angefacht als auch wesentlich geprägt zu haben (vgl. insbesondere Bacon 1998 und Schödlbauer et al. 1998). Wer sich mit konstruktivistischer Brille durch die 593 Seiten wühlt und immer wieder wie ein Trüffelschwein Wertvolles freilegen kann, der erkennt an seiner Spur die Pfade vom metaphorischen zum konstruktivistischen Lernen. Doch nun langsam von vorne: Es sind einprägsame Bilder aus Natur und Literatur, die herausstechen: „die Abgründigkeit (...) beim frei hängenden Abseilen“, „die fremde Gleichförmigkeit der Bewegung ...“, die „Finsternis der Höhle ...“ (Schödlbauer et al. 1999, 57). Johan Hovelynck, kongenialer Erlebnispädagoge aus den Niederlanden, steht der „Macht der Metaphern“ eher skeptisch gegenüber. Für ihn sind es vor allem „Denkfiguren“, die er den „Sprachfiguren“ (S. 192) vorzieht; sie müssten aus pädagogischer Sicht ins Visier genommen werden. Sein Blick gilt – ebenso wie der Schödlbauers – den Lernenden, also den Teilnehmern, an erlebnispädagogischen Veranstaltungen, für die Metaphern Leitbilder seien, die ihren sprachlichen Ausdruck und ihr Verhalten spiegeln würden (S. 193).

Wenn wir an diesen „Denkfiguren“ weiter modellieren, also das, was sich in den Köpfen der Beteiligten abspielt thematisieren, landen wir – wie Hovelynck – fast zwangsläufig bei der Erkenntnistheorie des Konstruktivismus und den jüngsten Forschungsergebnissen der Neurowissenschaften. Das mag trendig erscheinen und Einwände provozieren. Natürlich gieren Feuilletons, Fachkongresse und Mitternachts-Talkshows nach einer schicken neuen Formel im Wissenschaftsbetrieb und selbstverständlich sorgt der Zeitgeist für Rückenwind, nachdem die Postmoderne, die sich begrifflich eigentlich nicht übertrumpfen lässt, nicht mehr wirklich interessiert. Der Konstruktivismus ist zur Zeit „en vogue“, keine Frage. Aber ungeachtet dessen halten wir ihn für äußerst bedeutsam für die Weiterentwicklung der Erlebnispädagogik.

Im Herbst 2000 wurde in einem Leserbrief in der Zeitschrift „erleben und lernen“ beklagt, dass die konstruktivistische Diskussion in der Szene der handlungs- und erfahrungsorientierten Pädagogik bis dato nicht adäquat rezipiert wurde, ja, so gut wie keinen Platz fand bislang (Langenhorst 2000b, 34). Das stimmt zwar nicht ganz, richtig ist allerdings, dass der Konstruktivismus noch nicht den Platz gefunden hat, der ihm zusteht, und dass immer noch instruktionistische Positionen dominieren.

Es wäre jetzt zu kurz gegriffen, auf die angebliche Theoriefeindlichkeit der Erlebnispädagogen zu verweisen. Richtig ist sicher, dass der Konstruktivismus von der Erziehungswissenschaft bislang auf meist recht sperrige Weise über die fachinternen Raster gestellt und zudem reichlich abstrakt durchdekliniert wurde (z. B. Arnold/Siebert 1997; Meixner 1997; Reich 1997; Lindemann 2006, Siebert 2012). Insofern fällt es dem Interessierten, aber gleichwohl Unkundigen schwer, sich ohne großen Aufwand ein Bild zu machen.

Die Realität ist Fiktion

Rekapitulieren wir an dieser Stelle in der gebotenen Kürze die Grundaussage des Konstruktivismus. Sie lautet: Menschen sind operational geschlossene Systeme. Die äußere Realität ist ihnen sensorisch und kognitiv unzugänglich. Sie sind lediglich mit der Umwelt „strukturell gekoppelt“, das heißt, sie wandeln Impulse von außen in ihrem Nervensystem um. Die so erzeugte Wirklichkeit ist keine Abbildung der Außenwelt, sondern eine funktionale Konstruktion. Insofern können Menschen auch nicht von ihrer Umwelt determiniert, sondern allenfalls „gestört“ und angeregt werden.

Wenn man diese Kernthese des Konstruktivismus ernst nimmt, dann müssten die meisten Beiträge zur Erlebnispädagogik umgeschrieben oder zumindest umgedacht werden. Doch dazu später. Platons Höhlengleichnis hat das ganze Mittelalter hindurch und bis in die Gegenwart hinein das abendländische Denken bestimmt: Der Mensch, an Händen und Füßen gefesselt, blickt an die Wand einer Höhle. Hinter ihm werfen Fackeln Licht an die Höhlenwand und zwischen den Fackeln und den gefesselten Menschen tragen die Sklaven die Dinge der Welt, die ihren Schatten an die Höhlenwand werfen. Der Mensch sieht nur den Schatten der Dinge, ist gefangen vom Gaukelspiel seiner Sinne, abgeschnitten von der Welt draußen, dem eigentlichen Sein. Erkennen heißt für ihn somit, den bloßen (Wider)Schein verlassen, der Höhle entkommen und im Modus des Erkennens eintreten in die wahre Welt. Das abendländische Denken ist bis heute geprägt von der Vorstellung dieser zwei Sphären: der wahren Natur, der Dinge „an sich“ auf der einen und dem bloßen Erscheinen des beobachtenden Subjekts auf der anderen Seite.

Immanuel Kant hat diese Dichotomie erstmals nachhaltig in Frage gestellt und muss insofern heute als Urahn des Konstruktivismus angesehen werden. Zu Galilei und anderen Naturwissenschaftlern bemerkte er: „Sie begriffen, daß die Vernunft nur das einsieht, was sie selbst nach ihren Entwürfen hervorbringt…" (zit. nach v. Glasersfeld 1997, 79) und „Dieser Verstand aber ist ein gänzlich actives Vermögen des Menschen; alle *seine* Vorstellungen und Begriffe sind bloß seine Geschöpfe, der Mensch denkt mit seinem Verstande ursprünglich, und er schafft sich also *seine* Welt." (ebd.; Hervorhebungen im Original) Am Erkennen ist nach Kant also nichts Passives, etwas, das dem Mensch zufliegt; Erkennen ist vielmehr ein „Selbermachen der Vernunft", wie das Hans Rudi Fischer etwas trivial, aber bildhaft auf den Punkt gebracht hat (1995, 16). Wenn wir dieses „Selbermachen" als etwas freche Kritik am herrschenden Wissenschaftsverständnis auffassen, führt uns ein Link zu John Dewey, den wir im Abschnitt 1.4 recht ausführlich würdigten. Als Protagonist des amerikanischen Pragmatismus stellte er der fast ausschließlich deterministischen Reformpädagogik ein Lernmodell gegenüber, das nicht zuvörderst auf Anschauung, sondern auf Erkennen durch Handeln gründet.

„Wahrheit ist, was funktioniert!"

Hier hat sich der Kreis geschlossen: Für William James, Vordenker des Pragmatismus und hierzulande ebenso wie Dewey lange unterschätzt, sind „alle unsere Theorien instrumentaler Art (…), mentale Anpassung an die Realität, und keine (…) Antworten auf irgendein göttlich dekretiertes Welträtsel" (zitiert nach v. Glasersfeld 1997, 85). Dass diese Entzauberung der Elfenbeintürme nicht besonders ankommt in den Zirkeln des Wissenschaftsbetriebs, kann man sich vorstellen. Populistisch verkürzt wird James später der Slogan „Wahrheit ist, was funktioniert!" in die Schuhe geschoben. James hatte mit der gängigen Lehrmeinung gebrochen, dass die Bestätigung von Hypothesen zu Tatsachenbeschreibungen oder Gesetzen führen würde, die wiederum eine objektive Realität abbilden sollten. Bezeichnenderweise korrespondiert seine Theorie der mentalen Anpassung in hohem Maße mit Darwins Lehre von der Evolution der Arten… – was seine Entsprechung findet in den Erkenntnissen der modernen Hirnforschung, die derzeit die Konjunktur des Konstruktivismus beflügelt.

Zwei aus Österreich stammende und in der Nachkriegszeit in den USA lehrende Kognitionswissenschaftler gelten heute als die Gründerväter des Konstruktivismus: Heinz von Foerster, Jahrgang 1911 (verstorben 2002) und Ernst von Glasersfeld, Jahrgang 1917 (verstorben 2010). Letzterer entdeckte Jean Piaget, der gemeinhin als Entwicklungspsychologe wahrgenommen wird, als wahrscheinlich wichtigsten Vordenker der konstruktivistischen Theoriebildung. Ohne ins Detail zu gehen und sich im schwer zu durchdringenden Dickicht von Akkommodation, Assimilation und Äquilibration (so heißen Piagets wichtigste Kategorien) zu verfangen, an dieser Stelle nur so viel: Wissen entsteht nach Piaget aus der physischen und/oder mentalen Aktivität eines Individuums. „Alles Wissen ist an Handeln gebunden…" und „Einen Gegenstand zu erkennen bedeutet, ihn in ein Handlungsschema einzugliedern, und dies gilt auf der untersten sensomotorischen Ebene ebenso wie auf allen anderen bis zu den höchsten logisch mathematischen Operationen." (Piaget 1967, zitiert nach v. Glasersfeld, ebd., S. 103). Auch Hovelynck bezieht sich in seinem Lernverständnis auf Piaget und kritisiert den Übertragungsmechanismus, den erlebnispädagogische Programme vielfach unterstellt werden. Für Hovelynck geht es nicht um Transfer, also die Vorstellung, Erfahrung und Wissen wie in einem Rucksack einzupacken und „für alle Fälle" mitzunehmen.[11] Es geht um das „sich zu eigen machen", um nichts weniger als die Integration von Erfahrungen (zitiert nach Schödlbauer 2000, 390); und dieser „Vorgang" ist letztendlich von außen nicht steuerbar. Hovelyncks Rat an die Erlebnispädagogen fällt dementsprechend unzweideutig aus: Sie sollten sich „weniger auf ihre Programme und (…) weniger auf sich selbst konzentrieren (… und) begreifen, daß die Teilnehmer/innen und nicht sie im Zentrum der Kurswelt stehen" (S. 90f.).

Rekurriert dieses Plädoyer nun auf dem nicht vollzogenen Paradigmenwechsel der vorletzten Jahrhundertwende von der „Pädagogik vom Kinde aus" oder schließt es nahtlos an den inzwischen auch schon gut dreißig Jahre alten Kalauer von der Teilnehmerorientierung an? Nein, mit beidem hat ein konstruktivistisches Lernverständnis wenig bis nichts zu tun. Halten wir die Positionen noch einmal fest: Die Bilder, die sich ein Mensch von sich und seiner Mitwelt macht, sind – so die Konstruktivisten – Produkte eines autonomen Systems, das prinzipiell nicht zugänglich ist. Lernen ist im Anschluss daran die Selbstregulation dieses Systems, was Fritz B. Simon wohl zum Bonmot getrieben hat, Regieren, Kurieren und Erziehen zu „unmöglichen Berufen" zu erklären. Das hilft uns an dieser Stelle auch nicht wirklich weiter, eröffnet indessen ernüchternde Einsichten in die Beschränktheit unseres Tuns. Und das ist gut so!

Anschläge auf die Wirklichkeit

Wer sich auf die Suche nach einer expliziten Verknüpfung von Erlebnispädagogik und Konstruktivismus begibt, landet fast zwangsläufig bei der Berliner Gruppe „Story Dealer". 1981 als Veranstalter von Ferienreisen für Kinder und Jugendliche gegründet, präsentiert sich die jetzt als GmbH firmierende Organisation inzwischen auf schillerndem Parkett zwischen

Kunst und Kommerz. Die in der erlebnispädagogischen Szene wohl am häufigsten kolportierte Geschichte ist die „phantastische Reise“ von Kreuzberger Jugendlichen im Sommer 1986 (vgl. Geißlinger 2013a, 43ff.). Fünfzehn Jugendliche unternahmen mit drei Betreuern einen Segeltörn in Holland. Kurz nach Beginn verschwand die komplette Reisekasse. Um den Abbruch des Unternehmens zu verhindern, steigerten sich die Jugendlichen in einen leidenschaftlichen Kampf um Geldquellen zur Fortsetzung der Fahrt. Nach einer zermürbenden Suche präsentierte der Zufall einen fragilen Lösungsansatz: Für den Transport einer Kiste, die sie unter abenteuerlichen Begleitumständen in Empfang nehmen und zu ihrem Bestimmungsort bringen sollten, erhielten sie genügend Bares für die Fortsetzung der Reise. Die mutmaßlich halbseidene oder gar illegale Aktion und deren Auswirkungen überstrahlte alles andere. Zurück in Berlin beschloss die Gruppe, die ungewöhnlichen Erlebnisse geheim zu halten. Im Notfall, also wenn die Geschichte auffliegen sollte, würden die Betreuer sie als ein von ihnen inszeniertes Spiel deklarieren. Und genau das war es auch – zumindest am Anfang. Im Laufe der Tage verschwammen indessen Inszenierung und Außeneffekte zusehends. So war den impulsgebenden Betreuern bald selbst nicht mehr klar, ob ein über dem Schiff kreisender Hubschrauber oder ein aufdringlich agierendes Polizeiboot Teil des Theaters war oder ein „Überfall der Wirklichkeit“. Die „Story Dealer“ inszenieren ihre Programme nicht nur mit Kindern und Jugendlichen (vgl. Geißlinger 2013a und 2013b), sondern dehnen ihre Anschläge auch auf die Erwachsenenwelt aus: So wurde beispielsweise von Führungskräften aus verschiedenen europäischen Unternehmen unter der Ägide der „Dealer“ die 3.Weltmeisterschaft im „Sub-City-Fishing“ am Berliner Kurfürstendamm veranstaltet. Ein internationales Teilnehmerfeld von Profi-Anglern hatte, umlagert von Passanten, Presse und TV-Kameras auf dem Kudamm Dutzende von Kanaldeckel gelüftet, um Aale zu fangen. Oder: Managern der Otto Handelsgruppe gelang es, so viel PR-Wirbel zu entfachen, dass ein von ihnen selbst geschaffenes Kunstwerk offiziell im New Yorker Guggenheim Museum zur Schau gestellt werden konnte (Wildenmann 2001, 105ff.).

Auf den ersten Blick sind die seltsamen Methoden der „Story Dealer“ von genuin pädagogischen Aufgabestellungen ziemlich weit entfernt. Hans Geißlinger, Kopf und Dokumentarist der Berliner Organisation, betont bezeichnenderweise, dass die Protagonisten meist keine gelernten Pädagogen waren und sind, sondern Künstler, Freaks und Intellektuelle (Geißlinger 2000). Erzieherische Zielsetzungen sind sozusagen als Nebeneffekt eher akzeptiert denn intendiert. Im Mittelpunkt steht die „Fantasie als Motor für Kreativität …“ und „die Sehnsucht nach Abenteuer …“ (2013a, 47). Geißlinger und seine Mitstreiter sind sozusagen Szenarienbildner, die Zeit und Raum bereiten für Erleben und Lernen. Ihren Fokus legen sie auf die animierende Ausgestaltung des ungewöhnlichen Augenblicks. Sie sind systemisch geschulte Regisseure, die es aushalten können, nicht zu wissen, wie ihr Theaterstück weitergeht. Was sie sich abverlangen ist eine Haltung, die Erziehung an sich nicht vorsieht.

Was heißt das nun konkret? Für die Erlebnispädagogik ist der Konstruktivismus in erster Linie eine Kritik am technologielastigen Lernverständnis einer Bildungstechnokratie, die sich sukzessive nicht nur auf der Geldgeber-, sondern auch auf der Anbieterseite breit gemacht hat. In ausgefeilten Ziel-Methode-Inhalts-Taxonomien wird landauf, landab so getan, als wären Menschen triviale Maschinen, die mit gekonntem Input-Output-Tricks nach Wunsch zugerichtet werden können. Im Gegensatz dazu weist der Konstruktivismus auf die Begrenzungen pädagogischen Handelns hin und nimmt eine – pathetisch ausgedrückt – fast demütige Haltung ein. Ja, es sind eher Haltungen als Methoden und Techniken, mit denen eine konstruktivistische Pädagogik aufwarten kann. Und damit kommen wir zu unserer in der Überschrift angedeuteten Ausgangsthese zurück: Wie würde sich, wie müsste sich die Erlebnispädagogik unter einem konstruktivistischen Paradigma verändern?

Vorab, zur Illustration dieser Frage, blicken wir ins Heft 1/2000 der Zeitschrift „e&l – erleben und lernen". Die Herausgeber haben das instruktionistische und das konstruktivistische Paradigma in der Erlebnispädagogik in Form von zwei Beiträgen zur Erlebnispädagogik in der Schule unkommentiert hintereinander gestellt. Kuno Feierabend beschreibt unter der Überschrift „Goal Setting" die „Ausarbeitung und ‚öffentliche' Formulierung von konkreten und erreichbaren Gruppen-Zielen, sowie von persönlichen Einzel-Zielen vor der Aktivität" (2000, 21), erläutert weiter das „Entwerfen eines Abenteuer-Wellen-Planes für die Gruppe" (...) „eine Welle am Morgen, eine Welle am Abend" (S. 21f.) und verkündet „eindeutige Ergebnisse" in der Umsetzung: „... ein deutlicher, signifikanter Anstieg des Selbstwertgefühls (sei) nachweisbar" sowie abschließend, dass der Ansatz generell „nachweislich positive Wirkungen" erzielen würde. Klare Ziele – eine fundierte Methode („Abenteuer-Wellen-Plan") – verifizierbarer Erfolg. So einfach ist die Welt für den überzeugten Instruktionisten. (Und die Technokraten in den Schulbehörden klatschen begeistert Beifall!) Direkt vorangestellt ist ein Beitrag von Rüdiger Gilsdorf, der sich unter anderem von systemischen und konstruktivistischen Quellen inspirieren lässt und gegen den instruktionistischen Machbarkeitsfatalismus argumentiert: „Hat Erlebnispädagogik also eine direktive Seite dadurch, daß sie es wagt, TeilnehmerInnen mit klar strukturierten Lernangeboten zu konfrontieren, so erweist sie sich als nondirektiver Ansatz in der Begleitung des so initiierten Lernens. Stets wird mit dem gearbeitet, was sich aus dem Gruppenprozeß heraus ergeben hat. Eine solche Pädagogik verträgt sich nicht mit verordneten Lernzielen", ... „steht im krassen Widerspruch zum klassischen Lernverständnis der Schule" (2000, 5ff.).

Damit sind die Positionen abgesteckt und wir können zur Frage zurückkommen, was eine konstruktivistisch geprägte Erlebnispädagogik auszeichnen würde. Johan Hovelynck, Cornelia Schödlbauer und Rüdiger Gilsdorf haben die Diskussion eröffnet. Wir wollen sie an dieser Stelle mit sieben Thesen befruchten:

- Ziele sind Arbeitshypothesen des Pädagogen und nichts weiter!
- Nicht die Metaphern des Kursleiters, sondern jene der Teilnehmer stehen im Mittelpunkt.
- Das Handeln der Teilnehmer (und Anleiter) kann nie falsch sein, höchstens unpassend.
- Erlebnispädagogen tun gut daran, sich beim Beobachten zu beobachten, um sich ihrer eigenen „mentalen Modelle" (Senge) bewusst zu werden.
- Prozesse sind nur begrenzt steuerbar. Für Interventionen gilt deshalb unter anderem: Weniger ist mehr.

Zugegeben: Das ist knapp formuliert und damit reichlich verkürzt. Aber ganz im Sinne des Konstruktivismus wollen wir hier anregen, nicht belehren.

2.6 Spuren im Gehirn – Warum die Neurowissenschaften die besten Begründungen für die Erlebnispädagogik liefern

Daniel Golemans Band „Emotionale Intelligenz" (2011) rückte die Hirnforschung erstmals in den Blickpunkt einer breiteren Öffentlichkeit. Aber erst seit Beginn dieses Jahrhunderts sind Magazine, Wochenzeitschriften und die Wissensteile der Tagespresse voll von Berichten über aktuelle Forschungsergebnisse der Neurowissenschaftler. Die bildgebenden Verfahren – „Positronen-Emissions-Tomographie" (PET) und „funktionale Magnetresonanztomografie" (fMRT) – sind seit etwa 1995 in rasantem Tempo weiterentwickelt worden, so dass man Menschen inzwischen „live und in Farbe" beim Denken und Fühlen zuschauen kann. Zwar ist man noch meilenweit davon entfernt zu wissen, warum bestimmte Sinneseindrücke bestimmte biochemische Prozesse auslösen und neuronale Strukturen generieren. Indem man jedoch beobachten kann, welche Hirnregionen besonders aktiv sind, lassen sich Rückschlüsse etwa über die Intensität emotionaler Wirkungen ziehen. Der springende Punkt ist die Perspektive: Während die Sozialwissenschaften ihren Blick auf die „Software" richten, nehmen die Neurowissenschaften die „Hardware" ins Visier. Emotionen sind biochemische Prozesse und lassen sich messen – auch wenn eingeschränkt werden muss, dass es nicht die Emotionen selbst sind, die betrachtet werden können, sondern Farbkleckse und Lichter auf dem Bildschirm, die Emotionen repräsentieren. Eines hat die Hausse der Neurowissenschaften auf jeden Fall bewirkt: Die

Gralshüter der zum Teil reichlich versteinerten Sozialwissenschaften haben keine Deutungshoheit mehr über ihr Terrain: Erziehung und Bildung, Entwicklung und Therapie sind fortan nicht mehr allein ihre Domänen. Neurowissenschaftler melden sich massiv zu Wort. Und sie werden gehört – mehr als das den Sozialwissenschaftlern mitunter lieb ist.

Das Plädoyer von Manfred Spitzer, dem wohl bekanntesten deutschen Hirnforscher, jeder Lehrende müsse über neurobiologisches Grundlagenwissen verfügen (Spitzer 2005), wurde von den Adressaten lange Zeit ignoriert. In der Psychologie gab es vereinzelte populärwissenschaftliche Vermarktungsprojekte, z. B. Schirm/Schoemen: „Evolution der Persönlichkeit" (2003) oder Häusel: „Think Limbic" (2005) und „Brain Script" (2004). In der Pädagogik waren es allenfalls Schwerpunkthefte, die das Thema bedienten. 2006 erschienen dann die Sammelbände „Neurodidaktik" von Ulrich Herrmann und „Lernen und Gehirn" von Ralf Caspary, die renommierte Neuro- und Erziehungswissenschaftler unter einem Buchdeckel vereinen konnten. „Neurodidaktik" ist zunächst einmal ein schickes Marketing-Label. Im 13. Bericht des Bundesministeriums für Bildung und Forschung zu „Lehr-Lern-Forschung und Neurowissenschaft" wird der Begriff deshalb auch konsequent in Anführungszeichen gesetzt und – wie auch in anderen Publikationen – heftig kritisiert. Andererseits fasziniert er mit seiner suggestiven Kraft und könnte fortan ein Türöffner sein für eine im doppelten Wortsinn *bewegende Pädagogik*.

Bewegung war auch einer der Leitbegriffe unseres Buches „Von der Hand zum Hirn und zurück", in dem wir Lernen aus dem Blickwinkel der Neurowissenschaften ausgeleuchtet haben (Heckmair/Michl 2013).

Doch wenden wir uns erst einmal aus der – vorläufig naiven – Sicht der Erlebnispädagogik den zum Teil doch recht erstaunlichen Forschungsergebnissen und Schlussfolgerungen der Hirnforscher zu und fragen uns: Inwiefern können diese Erkenntnisse der Erlebnispädagogik nutzen?

Kognition und Emotion

Antonio Damasio, Amerikaner portugiesischer Abstammung, hat sich seit Ende der 1990er Jahre einen Bestsellerstatus unter den Neurowissenschaftlern erworben und auch das deutsche Feuilleton mit seinen griffigen Thesen erobert. Er beschrieb nicht nur die Trennung von Geist und Gehirn als Mythos, sondern trat auch an, die Trennung von Geist und Körper als Mär zu entlarven (1999, 166). Emotionen sind genau wie Kognitionen nichts anderes als biochemische Prozesse und neuronale Strukturen. Ebenso wie sein Kollege Joseph LeDoux greift Damasio auf den bereits an anderer Stelle zitierten Philosophen William James zurück, der 1884 einen Artikel mit dem Titel „What is an Emotion?" veröffentlichte (LeDoux 2003, 48). James stellte in diesem Artikel die Frage, warum wir weglaufen, wenn wir in Gefahr sind, und misstraute der nahe liegenden Antwort: „weil wir uns fürchten". Nach seiner Beobachtung sind Emotionen meist mit körperlichen Reaktionen verbunden, zum Beispiel mit Herzrasen, Muskelspannung, schwitzenden Handflächen, etwa wenn wir vor einem Bären davonlaufen. James' überraschende, ja auf den ersten Blick paradoxe Antwort, „wir fürchten uns, weil wir laufen", nimmt LeDoux als Dreh- und Angelpunkt für eine eingehende Betrachtung von Kognition und Emotion: „Der mentale Aspekt der Emotion, das Gefühl, ist ein Sklave ihrer Physiologie, nicht umgekehrt. Wir zittern nicht, weil wir uns fürchten, und wir weinen nicht, weil wir traurig sind; wir fürchten uns, weil wir zittern, und wir sind traurig, weil wir weinen." (LeDoux, 50).

Zur Illustration dieses vermeintlichen Auf-den-Kopf-Stellens bedient sich LeDoux eines Beispiels: Ein Wanderer läuft durch den Wald und sieht eine Schlange. Was passiert? Von der Netzhaut des Auges wird die Information an den Thalamus, eine zentrale Schaltstelle im Hirn gemeldet. Von dort gelangt sie zum visuellen Cortex, einem Teil des Großhirns, und wird unter Mitwirkung weiterer Strukturen verarbeitet. Dieser Vorgang braucht Zeit. Um aber von der Schlange nicht gebissen zu werden, läuft parallel ein wesentlich schnellerer Prozess ab: Eine rudimentäre Information zu „Schlange" – Manfred Spitzer, der das Beispiel LeDoux' aufgreift, spricht von einer „schlechten Schwarzweißkopie" (2007, 162) – wird an die Mandelkerne geleitet, die umgehend für eine Mobilisierung des Körpers sorgen. Das heißt, Puls, Blutdruck und Muskelspannung steigen an und noch bevor die „grauen Zellen", also das Großhirn, Verhaltensalternativen vorschlagen kann, signalisiert der Körper, dass nun nicht lange gedacht, sondern rasch entschieden werden muss: „Fight or Flight". Die Mandelkerne sind es, die über Botenstoffe die Entscheidung des Körpers aufnehmen und so letztlich für das Überleben des Organismus sorgen. Dieser Mechanismus, so Spitzer, war vor 100.000 Jahren sinnvoll. Heute existiert er immer noch, bringt aber mitunter Probleme mit sich. Angst setzt einen bestimmten kognitiven Prozess in Gang, der zwar einerseits Energien freisetzt, aber auch – wie zum Beispiel bei Prüfungsangst – Blockaden auslösen kann.

Der Einfluss der Mandelkerne auf das Großhirn ist weitaus größer als umgekehrt, da die entsprechenden Nervenbahnen von den Mandelkernen zum Großhirn wesentlich stärker dimensioniert sind als in Gegenrichtung. Dies ist bei allen Säugetieren – und Menschen gelten nicht nur neurobiologisch als Säugetiere – der Fall, was eine Begründung für die Dominanz der Emotionen gegenüber den Kognitionen sein sollte, wie noch zu zeigen ist. Die Mandelkerne bilden das Zentrum des so genannten „limbischen Systems", einer Netzwerkstruktur im Zwischenhirn, die auch andere Regionen des Mittelhirns und (kleinere) Teile des Cortex mit einschließt. Der Begriff „limbisches System" ist nicht unumstritten, die meisten Neurowissenschaftler verwenden ihn jedoch, um emotional-affektive Prozesse im

Zusammenhang mit Bewertungen, Vorstellungen und der Auswahl und Steuerung von Handlungen neurostrukturell einzuordnen. In der Zusammenfassung seines Werkes „Fühlen, Denken, Handeln. Wie das Gehirn unser Verhalten steuert“ bemerkt Gerhard Roth: „Was […] letztendlich getan wird, entscheidet das limbische System“ (2001, 453).

Interessant sind die Definitionen von Emotion und Gefühl: Für Damasio sind Emotionen körperliche Reaktionen auf Wahrnehmungen, während er Gefühle als „geistige Bewertungsprozesse“ eben dieser begreift (1999, 193). LeDoux spricht (selbst)ironisch von seiner „unglaublich einfachen Idee“, die besagt, dass ein Gefühl „dann entsteht, wenn wir bewußt wahrnehmen, daß ein Emotionssystem des Gehirns […] aktiv ist“ (2003, 289). Derart trennscharfe und zugleich griffige Definitionen werden von den deutschen Neurowissenschaftlern eher abgelehnt. Unstrittig ist indessen die überragende Bedeutung der Emotion im zerebralen Geschehen. Zum Zusammenspiel von Emotionen und Kognitionen gibt es unterschiedliche Positionen. Damasio stützt sich auf James’ Grundidee, „dass Gefühle im wesentlichen Veränderungen des Körperzustands widerspiegeln“ (Damasio 2000, 345). Gefühle sind für ihn immer Körpergefühle, während andere Forscher wie Gerhard Roth einschränken, dass nur starke Gefühle – Affekte – von körperlichen Reaktionen ausgelöst werden (Roth 2004, 144). Für Damasio ist „vernünftiges Denken ohne den Einfluß der Emotionen nicht möglich“ (2000, 57), LeDoux spricht gar von einer „feindlichen Übernahme des Bewusstseins durch die Emotion“ (2006, 299), während Gerhard Roth die Dominanz der Gefühle über den Verstand kommentiert: „Das ist auch gut so, denn unsere konditionierten Gefühle sind ja nichts anderes als ‚konzentrierte Lebenserfahrung‘“ (2001, 321).

Schauen wir also noch einmal intensiv auf die Emotionen, die Triebwerke der erlebnispädagogischen Praxis. Ein perfektes Scharnier zwischen neurowissenschaftlicher Forschung und einer konstruktivistisch inspirierten Bewertung von Kognition und Emotion liefert der Schweizer Psychotherapeut Luc Ciompi. Er arbeitet heraus, welche Rolle Emotionen bei der Steuerung von Verhalten spielen. Emotionen beziehungsweise Affekte, so Ciompi (2016, 95ff.)

- „[…] sind die Energielieferanten oder ‚Motoren‘ und ‚Motivatoren‘ aller kognitiven Dynamik,
- […] bestimmen andauernd den Fokus der Aufmerksamkeit,
- […] wirken wie Schleusen oder Pforten, die den Zugang zu unterschiedlichen Gedächtnisspeichern öffnen oder schließen,
- […] schaffen Kontinuität; sie wirken auf kognitive Elemente wie ein ‚Leim‘ oder ‚Bindegewebe‘,
- […] bestimmen die Hierarchie unserer Denkinhalte,
- […] sind eminent wichtige Komplexitätsreduktoren.“

Doch nicht alle Menschen sind in der Lage, Emotionen bewusst wahrzunehmen. Nach einer finnischen Studie, die durch Forschungsergebnisse von deutschen Universitätskliniken im Wesentlichen bestätigt wird, sind 10 % aller Frauen und 17 % aller Männer nicht in der Lage, Gefühle bei sich selbst und anderen adäquat wahrzunehmen (DER SPIEGEL 49/2003, 191). Dieses Phänomen nennt man Alexithymie. Freude, Trauer, Wut – alexithyme Menschen reagieren darauf „nur“ mit körperlichen Symptomen, sie sind „gefühlsblind“. Die Ursachen dafür sind vielfältig: gehirnorganische Veränderungen, zum Beispiel Tumore oder Verletzungen, traumatische Erlebnisse, Defizite in der Erziehung sowie genetische Faktoren. Alexithymie ist keine Krankheit. Die Betroffenen leiden jedoch häufig an psychosomatischen Beschwerden, die sie nicht zuordnen können. Das Umfeld der Alexithymiker ist durch ihr stoisches Verhalten häufig irritiert. Für ihre Partner ist die Unfähigkeit, Gefühle wahrzunehmen, extrem belastend. Andererseits „funktionieren“ Alexithymiker in vielen gesellschaftlichen Bereichen erstaunlich gut. In manchen beruflichen Rollen, etwa in Industrie- und Wirtschaftsunternehmen ist ihr „cooles“ Agieren sogar erwünscht. Wenn also unterstellt werden kann, dass Technik- und Wirtschaftsberufe stärker von dem Phänomen betroffen sind als beispielsweise soziale, beratende und lehrende Tätigkeiten, dann gerät man als Outdoor-Trainer eines Führungskräftetrainings für Informationstechnologen oder Controller schon mal in Versuchung, bei den Seminarteilnehmern durchzuzählen: Ist nun jeder Siebte, jeder Fünfte oder gar jeder Dritte alexithym?

Wir halten fest: Die Emotion, die außerhalb von Werbung und Sportvermarktung bislang mit einem lausigen Image belegt war, wird rehabilitiert. Speziell in der Binnenstruktur von Unternehmen hatte sie bis dato nichts zu suchen, war höchstens ein möglichst schnell auszumerzender Störfaktor. Aber die Zeiten haben sich gewandelt – selbst bei den Technikern und Kaufleuten: Emotionen müssen ernst genommen werden, bilden sie doch die anerkannte, vernünftige Basis jedweder rationalen Entscheidung. Emotionen und was wir von diesen bewusst wahrnehmen, nämlich Gefühle, sind die neurobiologischen Treiber beim Menschen; sie bereiten Handlungen vor und sind die Schlüsselfaktoren für Entscheidungen. Die Psychologen haben das immer schon vermutet. Die Neurowissenschaftler können es jetzt belegen. Der Erlebnispädagogik kann das nur recht sein. Sie hat immer schon auf das *Erlebnis* gesetzt, quasi die Verlaufsform der Emotion. Nun erhält sie von den Neurowissenschaftlern eine Steilvorlage zur rationalen Legitimation. Die Erlebnispädagogik ist nicht mehr nur Bühne und Spielfeld von Reizproduktion und Emotionsabfuhr, sondern hat ihren zentralen Platz gefunden, wenn es darum geht, Entscheidungen zu fällen, die wiederum Entwicklungen und Zeitläufen eine Richtung geben.

Die unterschätzte Rolle des Körpers

„Emotion, Gefühl und Bewußtsein – alle diese Prozesse sind auf Repräsentationen des Organismus angewiesen. Ihr gemeinsames Wesen ist der Körper." Damasio (2000, 341) holt, wie bereits ausgeführt, den Körper vom Rand in die Mitte des neuronalen Geschehens. Inwiefern der Körper bzw. dessen Bewegung an der Produktion neuer Nervenzellen beteiligt ist, ist zurzeit Gegenstand vieler Forschungsprojekte.

So wurden in einem Experiment zwei Gruppen von Mäusen miteinander verglichen. Während die Käfige der einen Mäusegruppe mit Laufrädern ausgestattet wurden, standen der Parallelgruppe solche nicht zur Verfügung. Erstere drehten sich vier bis fünf Stunden täglich in ihren Rädern und konnten allein im Hippocampus, der im Hirn unter anderem die Schnittstelle zwischen Arbeits- und Langzeitgedächtnis besetzt, fast zweimal so viele Nervenzellen bilden, wie die Mäuse in den Käfigen ohne Laufräder. Wenn nun neue Nervenzellen gebildet werden, ist das noch keine Gewähr dafür, dass das Gehirn leistungsfähiger ist. Ein weiteres Experiment scheint indes darauf hinzudeuten. Die Forscher setzten die Mäuse in ein Wasserbecken, in dem knapp unterhalb der milchigen Wasseroberfläche eine kleine Plattform versteckt war. Die Mäuse paddelten so lange, bis sie per Zufall auf die Plattform stießen. In den folgenden Durchgängen zeigte sich dann, dass die „Laufmäuse" die Plattformen schneller fanden als die „Nichtlaufmäuse". Die trainierten Mäuse waren besser imstande, an der Lage der Gegenstände im Raum die Position der Plattform auszumachen und diese zu finden als ihre Artgenossen. Die Forscher folgerten daraus, dass die „Laufmäuse" durch ihr Bewegungstraining klüger geworden waren und schneller lernten (Begley 2007, 113).

Neuere Forschungsarbeiten belegen, dass komplexe Bewegungsmuster, wie sie zum Beispiel beim Modern Dance, Basketball oder Klettern vorkommen, das Erinnerungsvermögen fördern und die Aufnahme neuer Informationen erleichtern. Das „Transferzentrum für Neurowissenschaften und Lernen" in Ulm arbeitet seit 2005 parallel an einer ganzen Reihe von Studien, die den positiven Einfluss von Bewegung, insbesondere von Sport auf die Hirnentwicklung nachgewiesen haben. Eine Forschergruppe fand heraus, dass körperliche Fitness sowohl bei Jugendlichen als auch bei Erwachsenen positiv mit exekutiven Funktionen (Denken und Handeln) korreliert. Körperlich fitte Jugendliche verfügen über eine bessere Aufmerksamkeitsleistung und können sich im Vergleich zu weniger fitten Jugendlichen besser kognitiv kontrollieren (Beck 2014, 29f.). Ein Test ergab, dass nach zwanzig Minuten schnellem Gehen die mentale Leistungsfähigkeit steigt (S. 30). Gesichert ist inzwischen die Erkenntnis, dass bei körperlichem Training verstärkt die Botenstoffe Noradrenalin, Dopamin und Serotonin ausgeschüttet werden. Gerade diese drei Botenstoffe oder Neurotransmitter sind enorm wichtig für unser Wohlbefinden und unsere Weiterentwicklung. Dass Sport zu einem gewissen Grad psychische Belastungen kompensiert, ist eigentlich ein Gemeinplatz: In einer Harvard-Studie wurde nachgewiesen, dass Männer, die täglich 2.800 Kalorien aerob verbrennen, ein um 28% geringeres Risiko haben, an einer Depression zu erkranken (Ratey 2013, 439).

Der Personalentwickler und Managementtrainer Reinhard Sprenger hat mit seinem Buch „Mythos Motivation“ eine ganze Reihe vermeintlich eherner Regeln der Unternehmensführung ins Abseits gestellt. Mit seinem Slogan „Alles Motivieren ist Demotivieren“ (2014, 14) bildete er einen krassen Gegensatz zu den damals durch die Presse gereichten „Motivationsgurus“, die fünfzehn Jahre später kaum mehr in den Schlagzeilen zu finden sind. Seine damals nahezu revolutionären Thesen wurden einige Zeit später ausgerechnet von Neurowissenschaftlern bestätigt. Ebenso provokant wie vor ihm Sprenger formuliert es Manfred Spitzer aus seiner Perspektive: „Die Frage danach, wie man Menschen motiviert, ist [...] etwa so sinnvoll wie die Frage ‚Wie erzeugt man Hunger?‘ Die einzig vernünftige Antwort lautet: ‚Gar nicht, denn er stellt sich von alleine ein‘“ (2007, 192). Ebenso wie Sprenger mokiert sich Spitzer über „Demotivationskampagnen“ (S. 193), die – wie er darlegt – in den Unternehmen und öffentlichen Verwaltungen grassieren. Motivation lässt sich nicht von außen vermitteln. Vielmehr sorgt ein hirninternes Belohnungssystem für eine Ausschüttung des Neurotransmitters Dopamin, wenn etwas besser bewertet wird als zuvor erwartet. Dopamin aktiviert körpereigene Opioide, also opiatähnliche Substanzen, die als Belohnung fungieren und ein Hochgefühl erzeugen. Gleichzeitig wirkt der Botenstoff als „Türöffner“ (S. 180) für die Verarbeitung von Informationen: Das heißt, die Wahrscheinlichkeit, dass Informationen oder bestimmte Erfahrungen abgespeichert werden, wird in diesem Zustand drastisch erhöht. Andererseits werden auch negative Ereignisse bzw. Erfahrungen ebenfalls mit Hilfe von Botenstoffen langfristig abgespeichert. So schütten die Mandelkerne Hormone wie Cortisol aus, die dann dafür sorgen, dass sowohl explizite als auch implizite Erinnerungen (also Verknüpfungen und Bewertungen des Erlebten) nicht verblassen können. Aus Sicht der Erlebnispädagogik besonders erfreulich erscheint das Forschungsergebnis, dass auch Kooperationsverhalten zur Ausschüttung von Dopamin führt (Damasio 2005, 178). Intuitiv weiß man seit langem, dass geglückte Zusammenarbeit Lustgefühle erzeugt. Dass dies nun neurobiologisch nachgewiesen worden ist, sollte handlungs- und erfahrungsorientierten Lernmethoden einen zusätzlichen Schub geben.

Lernen in Gemeinschaft – aus neurobiologischer Sicht ein Erfolgsmodell

Eine Vielzahl von Experimenten mit Säugetieren hat ergeben, dass Kooperation in sozialen Systemen beim Individuum hohe Wertschätzung genießt. Kooperation heißt dabei auch Verzicht, mit anderen teilen und zu Gunsten von anderen die persönlichen Interessen zurückstellen. Die Emotionen spielen dabei wiederum eine herausragende Rolle. Generell lässt sich feststellen, dass Dinge umso besser erinnert werden, je mehr sie von Emotionen flankiert werden (Roth 2001, 274f.). Positiv besetzte Inhalte brennen sich dabei im Allgemeinen stärker ein als negative (S. 275), wenn man von Extremerfahrungen wie Missbrauch, schweren Unfällen oder dem Tod eines nahe stehenden Menschen absieht. Grundsätzlich gilt auch, dass der emotionale Kontext einen modulierenden Einfluss auf das zu Speichernde ausübt (Spitzer 2005, 95). Das heißt, je nachdem, in welchem emotionalen Zustand man sich jeweils befindet, wird eine Information oder Erfahrung entsprechend eingefärbt. Insofern sind die abzuspeichernden Inhalte nicht neutral, sondern jeweils mit einem bewertenden Zusatzcode versehen. „Was uns Menschen umtreibt, sind nicht Fakten und Daten, sondern Gefühle, Geschichten und vor allem andere Menschen“ (S. 206).

Antonio Damasio hat mit seinem Konzept der „somatischen Marker“ eine Verknüpfung von emotionalen und vernunftgeleiteten Anteilen bei der Informationsverarbeitung und Entscheidungsfindung des Gehirns vorgestellt. Nach seiner Auffassung wird jedes sensorisch eingehende Wahrnehmungsbündel automatisch „markiert“, das heißt mit einer positiven oder negativen Bewertung versehen und entsprechend abgespeichert. Jedes Individuum schafft sich so gewissermaßen einen „Tendenzapparat“ (Damasio 1999, 239), um vielschichtige Situationen im Vorhinein einzusortieren und Verhaltens- und Handlungsanweisungen vorzubereiten. Die Krux ist dabei allerdings, dass das Wirken dieses „Apparats“ vom Bewusstsein nicht wahrgenommen wird und dass dieser unterschwellige Mechanismus das Denken und Entscheiden beeinflusst (S. 253). Die Verarbeitung von Informationen erfolgt vorrangig über die „untere Route“ (LeDoux 2006, 291f.), also vom Thalamus zum Mandelkern beziehungsweise Hippocampus und damit „am Bewusstsein vorbei“. Zugang zu diesem emotionalen Zentrum zu erlangen, ist langwierig und mühselig. Chancen dafür bieten vor allem die Selbstreflexion und das Feedback durch andere Menschen. Buddhistische Mönche investieren in ihre Meditationen schon mal 10.000 Stunden und mehr – und Meditation ist in erster Linie Selbstreflexion. Amerikanischen Neurowissenschaftern ist es inzwischen gelungen, buddhistische Mönche dazu zu bewegen, sich „in die Röhre“ zu legen, sprich den Tomographen zu bemühen. Die Bilder sprechen für sich: Buddhistische Mönche, die über sehr lange Meditationserfahrung verfügen, scheinen in der Lage zu sein, ihre Gefühle zu kontrollieren (Begley 2007, 379ff.).

Wenn ein Mensch einer Situationen ausgesetzt ist, die er als belastend erlebt, wird seine Aufmerksamkeit zumindest kurzfristig angeregt und seine Körperfunktionen werden mobilisiert – wie in unserem Beispiel mit der Schlange. Der Mandelkern im Zentrum des limbischen Systems verrichtet Schwerstarbeit. Auf seinen Befehl hin werden Stresshormone ausgeschüttet, die Alarmbereitschaft nicht nur im Gehirn, sondern im ganzen Körper auslösen. Wenn dieses Stressgeschehen allerdings über einen längeren Zeitraum anhält, kommt es zu somatischen Schädigungen – auch im Gehirn. Tierversuche haben gezeigt, dass der Hippocampus bei andauerndem Stress schrumpft, so dass die Leistungsfähigkeit des Gehirns deutlich herabgesetzt wird. Bei Menschen mit posttraumatischen Belastungsstörungen, etwa nach Missbrauchs- oder Kriegserfahrungen, sind diese Veränderungen eklatant (LeDoux 2003, 260ff.). Manfred Spitzer plädiert in Bezug auf Lernen dafür, mit positiven Emotionen zu arbeiten. Angst kann zwar kurzfristig förderlich wirken, führt jedoch langfristig zu negativen Effekten (2007, 171f.).

Neurowissenschaften und Pädagogik – Wo sind die Nahtstellen?

In der Einleitung des schon erwähnten Sammelbandes „Neurodidaktik" nennt der Herausgeber Ulrich Herrmann an prominenter Stelle die Erlebnispädagogik als „probates Mittel" (2006, 14), um den Lernenden in den Mittelpunkt zu stellen und Emotionen ins Spiel zu bringen. Weiter hinten im Band wird sie unter der Überschrift „Allgemeine pädagogische Schlussfolgerung" und in Anführungszeichen als „moderne Pädagogik" vorgestellt, die den Forderungen der Neurobiologen „immer schon Rechnung getragen" hätte (S. 121). Herrmanns beiden Texten folgen 39 Literaturangaben – zur Erlebnispädagogik indessen findet man nichts. Dies wirft die Frage auf, ob er vielleicht den Begriff aufgrund seiner Nähe zu den lernförderlichen Emotionen als passend erachtet, die Geschichte, Substanz und Relevanz der Erlebnispädagogik aber gar nicht kennt. Wie auch immer …

Neuro- und Erziehungswissenschaftler sind sich in einem Punkt einig: Was die Neurowissenschaftler aus ihren Forschungen destillieren und den Pädagogen vorschlagen, wussten diese bereits intuitiv, soweit sie – wenn man das so sagen kann – „gute Pädagogik" betrieben. Es ist also kaum etwas wirklich neu. Aber es lässt sich nun relativ gut belegen, was gelingendes Lernen auszeichnet. Folgende Gesichtspunkte werden als zentral betrachtet:

- Wissen kann nicht vermittelt werden. Der Lernende muss es jeweils neu schaffen. Die alte instruktionistische Vorstellung, dass der Lehrende Informationen aussendet, die der Lernende aufnimmt, entschlüsselt, mit seinem Vorwissen verbindet und dann bei sich abspeichert, funktioniert nicht besonders gut (Roth 2006, 54ff.).
- Eine herausragende Rolle beim Lernen spielen die Emotionen. Im Schulunterricht beispielsweise entscheiden die Hirne der Schüler jeweils, ob sie auf Standby schalten, weil das „limbische System" keine Anregungen empfängt, oder ob sie aufmerksam und leistungsbereit sind, weil die „Dopamindusche" (Scheich 2003) aufgedreht ist.
- „Das Gehirn lernt immer" (Spitzer 2006, 23). Schon der Säugling und das Kleinkind sind unablässig damit beschäftigt, ihre Umwelt zu erkunden, sich und Dinge auszutesten, Hypothesen zu bilden und sich Regeln einzuprägen. Motivation ist ein körpereigener Belohnungsprozess, der dann einsetzt, wenn etwas besser gelingt als erwartet.
- Lernen funktioniert dann besonders gut, wenn der Lernende selbst aktiv ist, Freiräume und Gestaltungsmöglichkeiten nutzen kann, idealerweise in den Zustand des „Flow" kommt, wo er ganz bei sich und seiner Tätigkeit sein kann. Die herkömmliche Zerstückelung von Lerninhalten führt zum Zapping im Gehirn und verhindert Lernen.
- Das Gehirn von Säugetieren ist auf gemeinschaftliches Handeln ausgerichtet. Interaktion und Kommunikation sind bedeutende „Lernkraftverstärker". Im Austausch unterschiedlicher Wahrnehmungen, Bewertungen und Einschätzungen finden sich Chancen, seine eigenen Bilder mit denen von anderen zu vergleichen und dadurch zu lernen.
- Nicht nur, aber vor allem für die Erlebnispädagogik ist bedeutsam, was Damasio postuliert: Gefühle resultieren weitgehend aus der Wahrnehmung eines Körperzustands (2005, 107f.), was im Umkehrschluss impliziert, dass eine auf Körper und Bewegung basierende Pädagogik die „spielentscheidenden" Gefühle besonders gut aktivieren dürfte.
- Wenn etwas als neu, bedeutsam und herausfordernd wahrgenommen wird, setzen Neurotransmitter und Hormone den Körper in gespannte Erwartung. Wenn dem Lernenden dann etwas besser gelingt als zuvor erwartet, wird er mit körpereigenen Opioiden belohnt.

Neurowissenschaftliche Erkenntnisse sind Steilvorlagen für die Erlebnispädagogik

Die Erlebnispädagogik geht gestärkt aus der Diskussion über die neurowissenschaftlichen Forschungsergebnisse hervor. Nicht nur, dass sie von Ulrich Herrmann, einem führenden Vertreter der gerade erst erfundenen Neurodidaktik, quasi als Modell für eine hirngerechte Pädagogik auserkoren wurde. Indem sie aus dem Zusammenspiel von Natur, Körper und Gemeinschaft ihre Emotionalität schöpft, verfügt sie außerdem über den idealen Nährboden für dichte Momente und intensive Lernerfahrungen. Doch sie muss auch aufpassen, dass sie die Lernenden nicht überfordert: Andauernder Stress macht krank. Der physisch-psychische Stresspegel darf nicht zu hoch steigen.

In der Diskussion von Neuro- und Erziehungswissenschaftlern fällt auf, dass die Frage des so genannten Transfers, die auf Nutzer- wie auf Anbieterseite oft so leidenschaftlich aufgeworfen wird, überhaupt nicht vorkommt. Wohl vor allem deswegen, weil unsere Fühl-, Denk- und Verhaltensprogramme von außen nicht zugänglich sind, wie Ciompi das so schlicht und zugleich treffend formuliert (2016, 87). Lernen ist ein individueller Prozess, bei dem Wissen konstruiert und Erfahrungen abgespeichert werden. Inwiefern bei diesem Vorgang Verbindungen zu anderen neuronalen Netzwerken, Landkarten oder Markern hergestellt werden, ist von außen nicht zu kontrollieren. Deshalb scheint die Frage nach dem Transfer müßig.

2.7 Experiential Education ist überall und nirgendwo – Ein Streifzug durch die Kontinente

Die Welt ist klein geworden, ein globales und digitales Dorf: Ein Klick, und schon ist die E-Mail im hintersten Winkel der Welt gelandet. Daher können wir Sie auf diesen Streifzug durch einige Länder und Projekte mitnehmen, den wir im englischsprachigen Raum beginnen. Die „Association for Experiential Education“ (AEE) stützt sich auf die Achse USA/Kanada – England sowie auf Länder des (ehemaligen) Commonwealth, das heißt auf englischsprachige Regionen. Außerhalb dieser „Hochburgen“ der Experiential Education verfügt die AEE nur über relativ wenige Mitglieder. Weltweit vernetzt sind auch Outward Bound International (Dettweiler 2018), der Duke of Edinburgh Award (Vogel 2018) und die United World Colleges, Schulen in der Tradition von Kurt Hahn (Michl 2018b).

Europa

Großbritannien ist der Geburtsort der modernen Erlebnispädagogik. Dazu beigetragen hat nicht nur Kurt Hahns Emigration, sondern auch die besondere Stellung von Sport, Natur und Gemeinschaftsleben in Schulen, Internaten, Universitäten und in der außerschulischen Bildung und Erziehung. Vier weltweite Netzwerke haben ihren Ursprung auf der Insel: Outward Bound, der Duke of Edinburgh‘s Award, die United World Colleges und die Pfadfinderbewegung. Zwei wichtige Zeitschriften bündeln die wissenschaftlichen Erkenntnisse (Journal of Adventure Education and Outdoor Learning) und die praktischen Erfahrungen (Horizons Magazine) (www.outdoor-learning.org). Jule Hildmann und Pete Higgins (Hildmann/Higgins 2018, 128) betonen, dass „Outdoor Education" die entsprechende Übersetzung für Erlebnispädagogik in Großbritannien ist. Frampton (2017, 46) übersetzt Erlebnispädagogik mit „Outdoor Education" oder „Experiential Pedagogy" oder „Adventure Education".

Im Vergleich zu Deutschland sind erlebnispädagogische Angebote stärker auf Natursportarten und Draußensein (Hildmann/Higgins 2018, 129) fokussiert, so dass es einen fließenden Übergang zu einem breiten Markt an kommerziellen Anbietern gibt. Da nur als Outdoor Instructor, Leader oder Guide arbeiten darf, wer über die gesetzlich vorgeschriebenen fachsportlichen Qualifikationen verfügt, sind die Berufs- und Fachverbände sehr einflussreich. Sie bilden die Trainer aus und sind zugleich politische Lobby für den freien Zugang zur Natur. „Outdoor Education bzw. Outdoor Learning (ist) fest im Bildungsplan als Unterrichtsinhalt und fachübergreifenden Bildungsansatz" (Hildmann/Higgins 2018, 130) verankert.

Es besteht ein reger Gedankenaustausch zur deutschsprachigen Szene der Erlebnispädagogik auf der wissenschaftlichen und praktischen Ebene durch Experten wie Roger Greenaway (reviewing.co.uk), Pete Higgins und Jule Hildmann (University of Edinburgh) und Chris Loynes (University of Cumbria).

In den sehr dicht besiedelten Ländern Niederlande, Belgien und Luxemburg ist die unberührte Natur, die so häufig in den einschlägigen Prospekten bemüht wird (aber in Europa so gut wie nicht mehr anzutreffen ist), Mangelware. In Holland werden relativ viele Langzeitprojekte, aber auch kurzzeitpädagogische Kurse mit Segelschiffen auf dem Ijsselmeer gestartet. In den Ardennen tummeln sich sowohl belgische als auch holländische Gruppen. Klettergärten befinden sich meist in privater Hand; man zahlt Eintritt oder kauft sich seinen eigenen und zieht einen Zaun herum. Die Schlüssel für die Eingänge von Höhlen werden von Agenturen gegen Entgelt ausgegeben. Kein Wunder, dass die Niederlande und Belgien neue Handlungsfelder suchen: Erlebnispädagogik im Dickicht der Städte. Das kleine aber feine Luxemburg hat inzwischen Einiges zu bieten. Nicht nur an der jungen Universität Luxemburg sind erste Aktivitäten zu vermelden; neben einem beachtlichen Seilgarten (Marienthal) gibt es eine vorzüglich ausgestattete Jugendherberge (Lultzhausen), die für Natursportarten wie Segeln, Kanu und Klettern nahezu alles bereithält, was das Herz von Erlebnispädagoginnen und Outdoor-Trainern begehrt.

Obwohl in jüngster Zeit in Frankreich einige Fortschritte beobachtet werden können, scheint unser westlicher Nachbar eher ein erlebnispädagogisches Entwicklungsland zu sein. Die Leiter der natursportlichen bzw. erlebnisorientierten Kurse des Deutsch-französischen Jugendwerks beklagen sich immer wieder über die mangelnde Bereitschaft junger Franzosen, sich auf körperliche Anstrengungen einzulassen. In Südfrankreich arbeitet eine Reihe von Anbietern mit den Medien Berge, Höhlen bzw. Felsen und Wasser. Zudem nutzen viele deutsche, schweizerische, aber auch belgische und holländische Anbieter die bizarre Szenerie etwa einer Calanque-Schlucht oder die unzähligen erschlossenen Kletterfelsen zwischen Seealpen und Pyrenäen.

Osteuropa war lange ein weißer Fleck auf der Landkarte der Erlebnispädagogik. Die staatlichen Trimm- und Körperertüchtigungsagenturen waren zwar häufig outdoor-orientiert, unterschieden sich aber in den Zielen und auch Methoden elementar von dem, was man im deutschsprachigen Raum als Erlebnispädagogik bezeichnet. In der Tschechischen Republik jedoch arbeitet die Vacation School Lipnice bereits seit vielen Jahren mit westlichen Mustern. Sie wurde im Juni 1991 als erste Outward Bound-Mitgliederorganisation Osteuropas anerkannt. Pädagogen aus England und Deutschland berichten von dem enormen Enthusiasmus, den die Organisatoren und Pädagogen einsetzen, und von der Aufbruchstimmung, die dort vorherrscht. Die Fakultät für Sportwissenschaft der Karls-Universität in Prag bietet seit dem Wintersemester 1992/93 einen eigenen Studiengang im Bereich Natursport und Outdoor-Training an. Ungefähr im Jahr 2000 haben Experten aus Ungarn erstmals an Kursen von Outward Bound Rumänien teilgenommen. In den folgenden Jahren wurden viele ungarische Pädagogen und Psychologen dort ausgebildet. Eine der erfolgreichsten NGO in Ungarn nennt sich „Bator Tabor“, das Camp der Tapferen. Dort wurde erstmals mit erlebnistherapeutischen Methoden gearbeitet. 2006 wurde die „Elmenyakademia“ gegründet, eine Akademie für Erlebnisse und Erfahrungen. Gábor Szabó entwickelte 2004 das erste Programm für Erlebnistherapie, im gleichen Jahr wurde die ungarische Gesellschaft für Erlebnistherapie gegründet. Weitere Treffen und Tagungen folgten. Seit 2015 führten Natalia Rakar-Szabó und Gábor Szabó internationale Konferenzen zum Thema Adventure Therapy in Ösveny, nahe Budapest/Ungarn durch, an denen Fachleute aus USA, Europa und Asien teilnahmen. Seit 2016 gibt es an der Universität Pecs eine zweisemestrige Ausbildung im Bereich Erlebnispädagogik und Erlebnistherapie (Rakar-Szabó/Szabó 2017; Michl 2017b). In Bulgarien, Rumänien, Slowenien, aber auch im Baltikum, vor allem in Estland haben sich neben Outward Bound auch andere Anbieter etablieren können. Selbst das Gebiet der ehemaligen Sowjetunion ist kein weißer Fleck mehr auf der erlebnispädagogischen Landkarte: Delegationen der AEE haben seit Beginn der 1990er Jahre Entwicklungshilfe geleistet, indem sie Projekte vor Ort mit Material versorgten und auch längerfristige Initiativen zur Qualifizierung einheimischer Pädagogen auf den Weg bringen konnten.

Olga Minowskaya und Alexander A. Turygin (Minowskaya/Turygin 2013, 7) von der russischen Universität Kostroma berichten, dass Teilaspekte der Erlebnispädagogik in Forschung und Theorie eine wichtige Rolle spielen. In der erlebnispädagogischen Praxis wird differenziert zwischen Erlebnissen in der Natur, tiergestützter Pädagogik, ethnografischen Expeditionen und Projekten und Stadterlebnissen (Minowskaya/Turygin 2013). Eine Befragung von Minowskaya und Turygin (Minowskaya/Turygin 2013, 8) zeigte, dass erlebnispädagogische Programme oft in Geschichten und Literatur eingebettet werden, dass an vergangene oder einfache Kulturen herangeführt und in moderne Sportarten eingeführt wird. Sie arbeiten heraus, dass es eine enge Verbindung zur Spielpädagogik gibt. In einem weiteren Beitrag von Turygin und Minowskaya (Turygin/Minowskaya 2018, 27ff.) werden Makarenko, Blonskij und Kapterew als russische Wegbereiter der Erlebnispädagogik genannt. An der Universität Wladimir fanden mehrere Kongresse zu erlebnispädagogischen Themen statt (Michl 2013), die zu einer langjährigen Partnerschaft zwischen der Universität Wladimir und der Technischen Hochschule Nürnberg führten, mit Austausch von Studierenden und Dozenten.

Die Initiativen aus Osteuropa haben eines gemeinsam: Sie haben kaum finanzielle Mittel zur Verfügung. Das führt dazu, dass sie auch touristische Veranstaltungen anbieten müssen, oder dass sie zum Teil mit finanzkräftigen Firmen des westlichen Auslands zusammenarbeiten, um sich auf diese Weise die wirtschaftlichen Grundlagen für ihr Fortbestehen zu sichern.

Outward Bound Rumänien feierte im Juni 2018 den 25. Geburtstag. Bereits in den 1990er Jahren nutzten deutsche Erlebnispädagogik-Träger die ursprüngliche Landschaft der Karpaten für Fortbildungen in Zusammenarbeit mit ihren rumänischen Kollegen. Inzwischen verfügt die Organisation über eigene Seminar- und Übernachtungshäuser sowie ein großes Trainingsgelände, in dem auch viele internationale Kurse angeboten werden. Neben Outward Bound fassen in den osteuropäischen Ländern immer mehr Träger des handlungsorientierten Lernens Fuß, so wurde z. B. 1990 das 4H-Programm in Ungarn (Juhàsz 1999, 9ff.) implementiert. Das deutsch-tschechische Jugendwerk „Tandem“ und das deutsch-polnische Jugendwerk (vgl. e&l 5/1999 und 6/1999) sorgen für Möglichkeiten des internationalen Jugendaustausches und bilaterale erlebnispädagogische Aktivitäten. Erziehungsheime und erlebnispädagogische Träger in Ostbayern, wie das St. Vinzenz-Kinderheim und das KAP-Institut in Regensburg oder das Wichernhaus in Altdorf, nutzen bereits seit einigen Jahren die osteuropäischen Landschaften mit ihren einsamen Flüssen und Gebirgen. Vor allem in der Tschechischen Republik, bei und im Umfeld von Outward Bound, ist eine bemerkenswerte Entwicklung zu verzeichnen. Nicht nur im Bereich des Rollenspiels, des Planspiels und der Szenarien, auch in anderen Methodenfeldern spürt man einen kreativen Schub. Der „Czech way" wurde von Andy Martin, Dan Franc und Dana Zounková (2004) beschrieben.

In Polen ist eine erlebnispädagogische Bewegung erst in den letzten zehn Jahren entstanden. Rafal Ryska (2013, 5) betont, dass zuerst einige Impulse aus Deutschland kamen. Zum einen bot seit 2004 der Cottbuser Verein „Aktion Umwelt für Kinder" (AKU) in Zusammenarbeit mit Michael Jagenlauf eine Modulreihe Erlebnispädagogik für Studenten der Universität Posen und Mitarbeiter der Caritas in Zielona Gora an. Zum anderen wurde das Buch „Erlebnispädagogik" von Werner Michl ins Polnische übersetzt (Michl 2011). Zwei weitere Quellen sind die angelsächsische Fachliteratur und das Pfadfindertum in Polen. Als Fazit einer Tagung zur Erlebnispädagogik in Polen wurden 2012 die Ergebnisse als Buch veröffentlicht (Ryska 2013, 5). In der pädagogischen Praxis haben sich erlebnispädagogische Methoden bewährt, an den Universitäten konnten sie noch nicht Fuß fassen.

„Türkei: Asien oder Europa? Natürlich Europa!" 2006 wurde dieses Buch ins Türkische übersetzt: „Yaşamak ve Öğrenmek. Yaşanti Pedegojisine Giriş". Zu den Fakultäten Sozialwesen an der Başkent und Hacettepe Universität in Ankara bestanden beste Beziehungen und erste Versuche auf dem Gebiet der Erlebnispädagogik, ebenso wie an der Sportfakultät der Ege Universität in Izmir. Einige deutschsprachige Träger der Erlebnispädagogik nutzen die unerschlossenen Landstriche der Türkei, die einsamen Gebirge des Taurus und Pontus mit vielen unbekannten Flüssen, einsamen Höhenwegen und Berggipfeln. Auch im Bereich des Outdoor-Trainings sind einige Firmengründungen zu vermelden. Trotzdem sind das nicht mehr als erste Gehversuche. Akin Kanat, der Übersetzer des vorliegenden Buches (Heckmair/Michl) meinte im persönlichen Gespräch, dass die Erlebnispädagogik in der Türkei wohl so unbekannt sei wie in Westeuropa vor 30 Jahren.

In den skandinavischen Staaten gibt es eine alte Tradition pädagogischen Handelns in den „Outdoors". So spielt in Finnland die Erlebnispädagogik in der Jugendarbeit und auch in der Ausbildung von Sozialpädagogen eine bedeutende Rolle. Etablierte Träger wie die Adventure School Tornio und Outward Bound Finnland sowie die „School of Culture and Youth Work" der Mikkeli University of Applied Sciences können auf eine gewachsene Kultur des Lernens in den Outdoors bauen. Zwischen ihnen und Anbietern und Lehrenden aus dem deutschen Sprachraum konnte sich inzwischen ein reger Erfahrungsaustausch mit regelmäßigen gegenseitigen Besuchen etablieren. Mit Unterstützung des „Internationalen Jugendprogramms e.V." wurde 1999 in Finnland der „Duke of Edinburgh Award", „Avartti", eingeführt[12]. Tommi Pantzar von der Mikkeli University hat nicht nur in Finnland durch die Praxis und Theorie seiner Wildniserfahrungen in Lappland eine Position als Nachfolger von Matti Telemäkki (Universität Oulu) eingenommen, sondern ist auch in Deutschland durch Vorträge und Publikationen bekannt geworden.

Seit 2003 findet ein regelmäßiger Austausch zwischen deutschen und finnischen Studierenden und Dozenten statt. Seit etwa 2005 gibt es für Studierende der Hochschulen Nürnberg, Linz und Mikkeli im Rahmen des Programms „Adventure Education“ die Möglichkeit, in Lappland an einem einwöchigen Hike teilzunehmen, in den österreichischen Bergen Einblicke in die alpine Erlebnispädagogik zu bekommen und bei GFE | erlebnistage eine Projektwoche zu erleben. Das Programm wird in dreijährigem Turnus in jeweils einem Land angeboten. Bei erlebnistage Harz arbeiten Studierende der Mikkeli University of Applied Sciences regelmäßig im Rahmen ihres Praxissemesters. Umgekehrt haben Teamer von GFE | erlebnistage die Möglichkeit, Praxiserfahrungen bei der Finnish Youth Centre Association zu machen. Diese Vereinigung ist mit 13 Standorten der größte Anbieter von pädagogischen Klassenfahrten in Finnland.

Immer mehr Wissenschaftler in Finnland nehmen sich diesem Thema an. Sie konzentrieren sich hauptsächlich auf zwei Bereiche. Erstens auf die Frage, warum es so wenig eigenständige finnische Wege gibt, und zweitens, wie sich die nordamerikanische Dominanz in diesem Erziehungsfeld erklären lässt. Steve Bowles stellt fest, dass es bei Studenten und jungen Pädagog/innen ein zunehmendes Interesse an philosophischen Themen gibt. Aktive und basisdemokratische Teilnahme, etwa an der Organisation einer Expedition, wird von Studenten ebenso geschätzt wie die ökologischen und philosophischen Aspekte einer solchen Aktion. Kunst und Ästhetik, in der Natur in Form von Land-Art, werden in ihrer Bedeutung für die Erziehung (Theater, Video, Musik) anerkannt. Aber es muss sich erst herausstellen, ob das Interesse an der Spiritualität und der tiefen Philosophie der Finnen, am Wald und der wilden Natur, an den Samen im hohen Norden Finnlands mehr ist als das oberflächliche Interesse einer Erlebnisgesellschaft. Das wird die Zeit zeigen!

In Norwegen ist „Freiluftleben“, wie man „friluftsliv“ wörtlich übersetzen könnte, ein identitätsstiftendes Kulturgut. Der Begriff geht auf den Dichter Henrik Ibsen zurück, der ihn erstmals im Jahr 1863 in seinem Gedicht „På Vidderne“ gebrauchte. Seit damals ist es in Norwegen üblich, viel freie Zeit in der Natur zu verbringen und sich darüber auch als Nation zu definieren. Es verwundert daher nicht, dass bereits 1922 im „Normalplanen for landfolkeskolen“ den Lehrkräften empfohlen wird, mit ihren Schülern in die Natur zu gehen. Erst 1994 wurde dann „Freiluftleben“ als eigenständiges Schulfach eingeführt. Mit der Akademisierung des „Freiluftlebens“ in den 1970er Jahren, als an der norwegischen Sporthochschule ein eigener Studiengang für das „Freiluftleben“ eröffnet wurde und bald auch weitere Hochschulen folgten, haben auch pädagogische Konzepte jenseits der Naturerfahrung und Vermittlung von technischen Fertigkeiten im „Freiluftleben“ Platz gefunden. Norwegische Schüler haben das Recht auf einen vom Staat voll finanzierten einwöchigen Aufenthalt in einer sogenannten „leirskole“ (Lagerschule), vergleichbar mit Angeboten von GFE | erlebnistage, Exeo oder Outward Bound in Deutschland. Seit den 1990er Jahren hat sich auch in Norwegen ein offenes Schulkonzept etabliert, die sogenannte „uteskole“ (Draußenschule). Darunter versteht man regelmäßigen Unterricht im Freien, in der Regel ein Tag alle zwei Wochen.

Noch weiter verbreitet ist das Konzept der Draußenschule in Dänemark. Nach neueren Schätzungen findet an etwa 20 % der dänischen Gesamtschulen 20 % des Unterrichts im Freien statt. Auch in Dänemark gibt es den Begriff „friluftsliv“, jedoch ohne die kulturelle Bedeutung wie in Norwegen. „Friluftsliv“ wird ähnlich wie in Norwegen staatlich gefördert. So werden erlebnispädagogisch ausgebildetes Personal und Materialdepots von den Kommunen vorgehalten, um Schulen für Aktionen unter freiem Himmel zu unterstützen. Mit seiner Küstenlinie von 7.400 km Länge ist es nicht verwunderlich, dass in Dänemark hauptsächlich maritime Angebote wahrgenommen werden.

Die Erlebnispädagogik in Schweden kann in drei Bereiche eingeteilt werden: Äventyrpedagogik, Friluftsliv und Utomhuspedagogik. Jede Aktivität in der Natur, das gilt für die skandinavischen Länder, baut auf dem „Allemansrett“ auf, das Zelten, Feuermachen sowie Beeren und Pilze sammeln überall erlaubt. Dieses Gewohnheitsrecht aus dem Mittelalter gilt nur für Einzelpersonen und funktioniert nach dem Motto „Nicht stören und nichts zerstören.“ Die Äventyrpedagogik wird vor allem an der Luleå Universität gelehrt und entspricht unserem Verständnis der Abenteuerpädagogik. Sie wendet sich an Lehrer und Freizeitpädagogen, hat implizit einen Gesundheitsauftrag, will Fächer verbinden und fachübergreifend sein. Friluftsliv (Liedtke/Lagerström 2007) dient ebenfalls der Volksgesundheit und beinhaltet körperliche Aktivität und den Aufenthalt in der Natur: Trekking, Kanufahren und vor allem Orientierung sind die beliebtesten Aktivitäten. Utomhuspedagogik, das an der Linköping Universität gelehrt wird, kann mit Naturerlebnispädagogik übersetzt werden.

In den Niederlanden wurden an Hochschulen bereits Mitte der 1950er Jahre Projekte durchgeführt, die man heute als Erlebnispädagogik bezeichnen würde (Kisters 2018, 138). Später entwickelte sich aus der Qualifizierung von Jugendleitern eine Fachlichkeit, die aktuell auch durch die „Hochschule von Arnhem und Nijmegen“ (HAN) repräsentiert wird. Die sozialpädagogischen Ausbildungsgänge an der HAN bauen auf erfahrungsorientierten Aktivitäten auf und integrieren dabei Grenzerfahrungen sowie die Reflexion von gruppendynamischen Prozessen (S. 138). Klassische erlebnispädagogische Elemente wie beispielsweise Klettern, Interaktionsaufgaben und „kooperative Abenteuerspiele“ kommen dazu. Zwischen den Niederlanden und Deutschland besteht seit langem ein intensiver Erfahrungsaustausch, v. a. durch Johan Hovelynck, Taktgeber des metaphorischen Ansatzes in der Erlebnispädagogik (Kap. 2.4), der immer wieder als Redner oder Workshop-Leiter auch in deutschen Landen auftritt. Die „Hochschule von Arnhem und Nijmegen“ bildet sowohl niederländische als auch deutsche Studierende zu Erlebnispädagogen aus (S. 139 f.).

Die Schweiz mit ihren ausdifferenzierten und finanziell gut ausgestatteten sozialen Sicherungssystemen bietet einen guten Nährboden für erlebnispädagogisch arbeitende Initiativen. Neben Fridolin Herzog von der Höheren Fachschule für Sozialpädagogik Luzern waren es zunächst Langzeitprojekte, die den Ton angaben: „Pro Juventute“, eine therapeutische Wohngemeinschaft mit einem ökologisch orientierten Programm, der Verein „Plus – Schweizer Jugendschiff zur See“, der 2003 den Betrieb einstellte, „BigTrail“ und „Trek“, die mit schwierigen Zielgruppen weite Reisen wagten. Die frühere „Wildnisschule“, die sich vor einigen Jahren zu „Planoalto“ umbenannt hat, bietet neben Projekten für schwierige Jugendliche auch Fortbildungen für Multiplikatoren und eine Zusatzausbildung an. Hans-Peter Hufenus und Astrid Kreszmeier haben mit mehreren Buch- und Zeitschriftenpublikationen zu unterschiedlichen Themen die Fachdiskussion bereichert. „Wakonda – Lernweg der Wildnis“ ist neben „Planoalto“ derzeit der aktivste Träger der Erlebnispädagogik in der Schweiz. „Stucki“ ist vor allem im Outdoor-Training tätig. 2003 wurde der „Schweizerische Verband der Erlebnispädagogik (SVEL)“ gegründet, der allerdings 2006 wieder aufgelöst und in „Schweizerischer Verband für Bildung, Erlebnis und Natur“ umbenannt wurde. Außerdem gibt es einige Veranstalter, die – mit Schwerpunkt Personalentwicklung – Outdoor-Trainings für Unternehmen und Nonprofit-Organisationen anbieten.

Österreich hat nicht nur aufgeholt, die Zahl der Personen und Institutionen in den Bereichen Erlebnispädagogik und Outdoor-Training ist fast unübersichtlich geworden. Gab es Anfang der 1990er Jahre nur wenige, meist kleinere Initiativen, so kristallisierten sich inzwischen einige regionale Zentren heraus. Erstens Wien: Um den Fachbereich Sportwissenschaft der Universität Wien und die Arbeitsgemeinschaft Outdoor-Aktivitäten ist es recht ruhig geworden. WienXtra, die Fachabteilung der Stadtverwaltung ist umso aktiver und stellt mit „Freiraum“ einen Anbieter für „erlebnisreiche Wochen“. Amesberger dokumentierte ausführlich Programme für zur Bewährung entlassene Straffällige, die der Wiener „Verein für Bewährungshilfe und soziale Arbeit“ durchführte. Zweitens Linz: Werner Ebner von der Fachhochschule Oberösterreich, Campus Linz als einer der Begründer der Erlebnispädagogik in Österreich und die Pädagogische Akademie im Akademienverbund der Pädagogischen Hochschule der Diözese Linz, die seit 2002 staatlich zertifizierte „Diplom-Akademielehrgänge Erlebnispädagogik / Outdoor-Training“ anbietet (seit Sommersemester 2005 in zwei Modulen verteilt auf drei Semester). Drittens Innsbruck: Die österreichische Alpenvereinsjugend bietet zahlreiche Lehrgänge für ganz Österreich an, eine Weiterbildung Erlebnispädagogik, die die Website www.erlebnispaedagogik.at zur Verfügung stellt, hat einige vorzeigenswerte Projekte durchgeführt – wie „risk'n fun" – und stellt eine wichtige internationale Plattform dar. Neben vielen engagierten Mitarbeitern ist es Jürgen Einwanger, der die Ergebnisse dieser Arbeit bündelt (Einwanger 2007). Alpine Mehrtages-Touren, Kletteraktionen und Initiativspiele wurden besonders gründlich vorbereitet und ausgewertet. Viertens: „Natur als Partnerin", ehemals Wildnisschule Österreich, in Werfenweng, die sich als Spezialistin für erfahrungsorientierte Bildungsangebote in der Natur bezeichnet. Sie bietet eine einjährige, berufsbegleitende Zusatzqualifikation Erlebnispädagogik in handlungsbezogener Arbeitsform an: „Handeln als Methode". Wichtige Entwicklungen gibt es derzeit vor allem bei den Einzelbetreuungen: Das Jugendintensivprogramm jip, an dem Martina Gasser maßgeblich beteiligt war, spannt inzwischen einen Bogen von Vorarlberg über Tirol, Salzburg nach Oberösterreich. Dort haben sich jeweils große Anbieter, z. B. die Spattstraße in Linz, auf ein sehr hochwertiges Konzept verpflichtet. Es gibt in Österreich bis heute keinen nennenswerten Dachverband und wenig Publikationen zu Themen handlungsorientierten Lernens.

Amerika

In den USA erhielt die Experiential Education oder Outdoor Education mit der Gründung von Outward Bound Colorado im Jahr 1961 einen ersten Entwicklungsschub. In den 1970er Jahren folgte dann mit dem Start von Project Adventure und der National Outdoor Leadership School (NOLS) eine länger andauernde Phase der Festigung und Differenzierung. Outward Bound setzte die Schwerpunkte auf intensives Erleben in der Natur, das mehrtägige Expeditionen miteinschloss, im Gegensatz zu Project Adventure, die ihre Programme in und rund um Schulen platzierte. Project Adventure konnte sich auch dadurch profilieren, dass sie in der Folgezeit zahlreiche Niedrig- und Hochseilgärten installierte (Dettweiler/Allison 2018, 126) und so die Attraktivität für Trainings erhöhte, die Industrie und Wirtschaft in Auftrag gaben. Das führte später zu einer Ausdifferenzierung und, wenn man so will, auch Spaltung in einen Nonprofit- und einen Profit-Sektor. Viele Erlebnispädagogen, die im amerikanischen Sprachgebrauch als *facilitator* bezeichnet werden, wechselten von Schule und Sozialarbeit in die wesentlich besser dotierten „Corporate Adventure Trainings". Etwa zur gleichen Zeit entstanden an den Colleges und Universitäten Studiengänge (S. 126), sodass die Anbieter von Outdoor-Programmen mit qualifiziertem Personal versorgt werden konnten. Simon Priest, der bereits Anfang der 1990er Jahre in Deutschland, Belgien und in den Niederlanden als „Outdoor-Methodiker“ Workshops für deutsche und niederländische Erlebnispädagogen leitete, hatte prognostiziert, dass sich die nordamerikanische Outdoor Education in die Abwärtsbewegung begeben würde.

Matthias Mokros und Ellen Harris, Outdoor-Trainer aus Boston, die wir um ihre Einschätzung zur aktuellen Entwicklung in den USA baten, sprechen von einem gesättigten Markt. Neben NOLS, Outward Bound und Project Adventure gebe es keinen weiteren „Big Player“. NOLS setzt auf technische Fertigkeiten und „wilderness leadership“, Outward Bound steht weiterhin für wochenlange Wilderness-Programme und arbeitet innerstädtisch in „urban centers“. Vor allem in sozialen Brennpunkten wird in Zusammenarbeit mit Schulen sogenanntes „Social Emotional Learning“ angeboten.

Project Adventure hat seine Angebote diversifiziert. Neben kürzeren Programmen für Schul- und Jugendgruppen liegt der Schwerpunkt auf Fortbildungen für Lehrer und Sozialarbeiter und der Ausbildung von Seilgartentrainern sowie Firmenprogrammen. Wie auch im deutschen Sprachraum wurden in den USA in den letzten Jahren vermehrt Lernprojekte in Team- und Führungskräfte-Trainings bzw. Organisationsentwicklungsprogramme integriert.

Auch im Hochschulbereich wird verbreitet mit erlebnispädagogischen Ansätzen gearbeitet. Viele Colleges und Universitäten nutzen entsprechende Angebote, um am Anfang des Studiums die kommunikativen und kooperativen Fähigkeiten ihrer Studenten zu verbessern (Stichworte Reflexion, Feedback und Transfer). Die Harvard Business School beispielsweise schickt ihre MBA-Studenten global auf „Field-Trips“, um vor Ort handlungsorientierte Projekte durchzuführen. Matthias Mokros und Ellen Harris sehen Serviceprogramme mit dezidiert sozialem Stellenwert wie zum Beispiel den Wasserleitungsbau in Nicaragua oder Aufräumarbeiten nach Wirbelstürmen in den USA als Alternative und Konkurrenz zu klassischen Outdoor-Kursen. Insgesamt kann man festhalten, dass sich handlungsorientierte Methoden über den Outdoor-Sektor hinaus ausbreiten und auf hohem Niveau stabilisieren konnten. Sie sind nicht länger exklusiv wenigen Spezialisten vorbehalten. Insofern ist es gut nachvollziehbar, dass der Markt für Outdoor-Anbieter nicht weiter expandieren konnte.

In Kanada wurzelt die Outdoor Education in der Tradition der großen Zeltlager zu Beginn des 20. Jahrhunderts. Pfadfinder, YMCA und das weibliche Pendant dazu, die YWCA, trieben in den 1930er Jahren Outdoor-Programme voran. Die nahezu unerschöpfliche Natur des Landes war wohl ausschlaggebend dafür, dass der Schwerpunkt der Aktivitäten auf dem Studium der Natur und der Ökologie gelegen hat und noch immer liegt. In den 1960er Jahren führte die Universität von Alberta die ersten Kurse in Outdoor Education durch (Asfeldt et al. 2013, 15); Outward Bound wurde im selben Jahrzehnt gegründet. Nach der „Blütezeit“ in den 1990er Jahren stagnierte die Entwicklung, da vielen standortgebundenen Zentren die Finanzmittel fehlten oder die Programme der Anbieter zu wenig in die Lehrpläne integriert waren (S. 16).

Die kanadischen „outdoor educators“ rekrutieren sich häufig aus einheimischen Ski-, Kletter- und Kanuvereinen und sind nach Einschätzung der kanadischen Outdoor-Experten Morten Asfeldt, Tom G. Potter und Bob Henderson weniger gut ausgebildet als ihre Kollegen in anderen angelsächsischen Ländern (S. 17), was sich wohl auf die (sozial)pädagogischen Kompetenzen bezieht. Selbstständige Touren in der Wildnis bilden den Kern der kanadischen Outdoor Education. Insofern sind Leiter der Projekte vor allem technisch-instrumentell gefordert – zum Beispiel im Umgang mit Kanu, Schneeschuh und Hundeschlitten. Insgesamt gesehen konnte sich die Outdoor Education in Kanada gut etablieren (S. 17).

Australien und Ozeanien

Die dünne Besiedelung und die weitgehende Ursprünglichkeit der Landschaften bieten in Australien und Neuseeland ideale Bedingungen für naturnahes Erleben ohne zivilisatorischen Ballast. Die Mehrzahl der erlebnispädagogischen Programme dauern anderthalb bis vier Wochen und werden weitgehend mobil durchgeführt. Es gibt Depots für Ausrüstung, Verpflegung und Logistik, jedoch so gut wie keine Gebäude mit Übernachtungsmöglichkeiten oder Küchen für die Teilnehmer. „Strong man – strong country“ heißt der typische Wahlspruch der Neuseeländer. Dass dieses Klischee zutreffen kann, zeigt eine E-Mail von Anke Hinrichs vom Februar 2006 an uns: „Der Kurs war Stress von A bis Z, obwohl er für Körperbehinderte – es waren drei Spastiker, davon eine Rollifahrerin, zwei Gehbehinderte und sieben Nichtbehinderte – ausgeschrieben war. 5.30 Uhr wecken, 6.00 Uhr Gymnastik, dann so schnell wie möglich vier Kilometer laufen, danach in vollen Klamotten ins kalte Wasser springen und natürlich den Kopf untertauchen. Die Trainer standen am Ufer und kontrollierten, dass alle auch wirklich ganz ins Wasser gingen. In fünf Minuten umziehen, dann Frühstück. Den ganzen Tag folgte dann eine Aktion auf die andere, auf nichts konnte man sich vorher einstellen, nichts wurde mittelfristig angekündigt. Über die Nacht im Freien wurde eine Stunde vor Abmarsch informiert, also in aller Eile Klamotten in den Rucksack und weg. Am anderen Morgen um 5.00 Uhr raus, um zur morgendlichen Gymnastik wieder zurück zu sein. Wenn die Gruppe zwei Minuten zu spät zum Essen erschien, musste sie so lange vor dem Speisesaal warten, bis alle anderen mit dem Essen fertig waren. Wir hatten keine Minute am Tag für uns alleine. Und als sie dann eine Dreitagesexpedition – 1. Tag Hinsegeln, 2. Tag: ein

Solo als Überraschung, 3. Tag alles zu Fuß zurück laufen – ankündigten, war bei mir der Ofen aus! Mir war kotzübel, und als ich das meinem Trainer sagte, kam nur als Antwort: ‚Anke, spring unter die kalte Dusche, und dann geht's schon wieder!'" Die Reste der Ideologie des „Consequential Learning" – also: „Wer nicht hören will muss fühlen" – sind ohne Zweifel auch heute nachweisbar. Besonders während der Mehrtagestouren zu Fuß, per Segelkutter oder Kanu sind die physischen und psychischen Anforderungen an die Teilnehmer hoch. Geschlafen wird auf dem Boden, auf Isoliermatten oder in einfachen Zelten. Vor Regen und Wind sollen Planen schützen. Die neuseeländische Outward Bound Schule liegt im Malborou Sound am Nordzipfel der Südinsel. Dort herrscht zwar angenehmes Klima, aber eine sehr starke Niederschlagstätigkeit. Und wer nass wird, dem ist es auch schnell zu kalt. Heiße Duschen sind die große Ausnahme.

Diese, im Vergleich zur mitteleuropäischen Kultur fast schon paradiesisch anmutenden Bedingungen für erlebnisorientiertes Lernen basieren zum einen auf einer historisch gewachsenen Forscher- und Entdeckermentalität der dortigen Mittel- und Oberschicht und zum anderen auf einem Bildungssystem, das auch außerhalb von geschlossenen Räumen Lernchancen sieht. So ist, man höre und staune, „Outdoor Education" Pflichtfach in der Schule: Entweder verfügen die Schulen selbst über das entsprechende Know-how, Personal und Equipment oder sie engagieren Outdoor-Spezialisten von außen für ihren handlungsorientierten Unterricht in der Natur. Eine ganze Reihe von deutschen Pädagogen haben seit Beginn der 1990er Jahre für längere Zeit in Australien und Neuseeland bei dort ansässigen Veranstaltern gearbeitet. Übereinstimmend berichten sie, dass der Schwerpunkt vieler Kurse in Richtung körperliche Herausforderung und Durchhaltevermögen zielt. Bei den Instructors dominiere der Typus des technisch-instrumentell ausgerichteten Charismatikers. Pädagogische und psychologische Kompetenzen seien dagegen „down under" oft unterentwickelt oder – legt man europäische Maßstäbe zugrunde – zumindest gewöhnungsbedürftig.

Allerdings hat die Bedeutung von Outward Bound in Neuseeland abgenommen. Nationales Trainingszentrum und größter außerschulischer Anbieter ist das 1973 gegründete Sir Edmund Hillary Outdoor Pursuits Centre (SEHOPC) (Lynch et al. 2007, 49). Neben der zunehmenden Bedeutung der Werteerziehung und des traditionellen Wissens der Maori im Bereich der Outdoor Education wird die Erlebnispädagogik in der Schule immer populärer und hat einen festen Platz im neuseeländischen Schulsystem.

Asien

Es mag vielleicht überraschen, dass körper- und bewegungsorientiertes Lernen in Asien relativ weit verbreitet ist. Dies hängt mit den Einflüssen zusammen, die das United Kingdom auf viele Länder des Erdteils hatte. Unter anderem wird in Singapore, Malaysia, Indonesien, Hongkong sowie in Japan „Adventure Programming“ angeboten.

Stärker als andernorts bestimmen in Asien das Aufeinandertreffen verschiedener Kulturen und die daraus resultierenden Umformungen, Konflikte und Entwicklungen die Lernprogramme unter freiem Himmel. Während die westeuropäischen und nordamerikanischen Anbieter auf eine gewisse Unabhängigkeit von staatlichen Institutionen bauen können (dabei allerdings finanzielle Risiken zu bewältigen haben), ist es in Asien der Staat selbst, der die „freien Träger“ beauftragt, Lern- und Erziehungsprogramme für bestimmte Zielgruppen anzubieten. Vielfach besteht eine enge Verquickung von Staat und Anbietern, die zwar einerseits Sicherheiten erbringt, aber auch andererseits mit Abhängigkeiten erkauft werden muss. Das Beispiel Malaysia ist typisch für Asien, auch wenn Verallgemeinerungen für diesen riesigen Kontinent natürlich immer problematisch sind. Malaysia ist ein Staat mit vielen unterschiedlichen ethnischen Gruppen. In sich geschlossene soziale Gebilde rivalisieren um wirtschaftliche und politische Macht. Es ist leicht vorstellbar, dass sich daraus große Konfliktpotenziale ergeben. Der Staat unterstützt nun, als eine unter vielen Maßnahmen, Outdoor-Trainings zur Förderung von Toleranz und Integration. Die Kurse selbst finden in faszinierenden Handlungsräumen statt, etwa auf der Insel Borneo, in Ost-Malaysia, mit Dschungel, Bergen mit bis zu 1000 Meter hohen Felswänden, Flüssen, die direkt in den Pazifik münden … Die Kurse werden von einer bunten Mischung von Schülern, Studenten, kleinen Angestellten bis hin zum (weißen) Fabrikdirektor besucht. Wie in so vielen Ländern ist die Klientel auf die Mittel- und Oberschicht konzentriert, auch wenn verhältnismäßig viele Schulklassen staatlicher Schulen die Gelegenheit haben, an Kursen teilzunehmen.

Ein Boom der Erlebnispädagogik bahnt sich in Japan an. Das kapitalistische Musterland Asiens steckt nicht nur in einer konjunkturellen Krise, sondern hat zunehmend Schwierigkeiten mit gewaltsamen und aggressiven Jugendlichen. Das moderne Japan mit seinen traditionellen Wertesystemen wird so von den Jugendlichen nicht mehr akzeptiert; vermutlich steht Japan vor dem bedeutendsten Paradigmenwechsel der letzten hundert Jahre. Neben den klassischen Trägern der Erlebnispädagogik wie Outward Bound und Project Adventure sucht man vor allem von Regierungsseite nach Lösungen. So hat das japanische Ministerium für Erziehung, Kultur, Sport, Wissenschaft und Technik – Monbusho – schon mehrfach internationale Tagungen durchgeführt, bei denen weltweit Expertinnen und Experten der

Adventure Education teilgenommen haben. Zwei empirische Studien analysieren vergleichend die Situation von Kindern und Jugendlichen (Hirano 2000 und 2001). Japanische Wissenschaftler, wie Toshiki Doi von der University of Hiroshima und Taito Okamura von der Nara University, informierten sich vor Ort über die bundesdeutsche Praxis der Erlebnispädagogik und nahmen als Experten an der im Jahr 2000 größten deutschsprachigen Fachtagung „erleben und lernen: Hemmungslos erleben?“ im November 2000 in Augsburg teil. Auch gibt es Bemühungen, den „Duke of Edinburgh Award“ in Japan zu begründen. Wenig bekannt ist, dass Japan neben der immensen Bevölkerungsdichte der küstennahen Städte auch über hohe Berge, steile Schluchten, weites Meer und auf Hokkaido auch sehr einsame Landschaften verfügt, die natursportlich kaum genutzt werden.

Afrika

Bereits 1951 wurden in Nigeria kurzzeitpädagogische Kurse durchgeführt, die in ihrer Konzeption auf die Elemente der Hahnschen Erlebnistherapie zurückgingen. Besonderen Wert legte man in der Aufbauphase auf das Hahnsche Element „Dienst“. Unter dem Stichwort „Community Development“ halfen die Kursteilnehmer beim Aufbau von lokaler Infrastruktur. Die natursportliche Komponente wurde dagegen erst später entwickelt. In Kenia begann man ein Jahr später mit einem ähnlichen Konzept, Sambia und das heutige Zimbabwe bauten Anfang der 1960er Jahre nationale Organisationen auf, die Experiential Education anboten (Schwarz 1968, 104). Überall dort, wo totalitäre Staaten zurückgedrängt wurden und sich die Demokratie nach amerikanischem bzw. europäischem Muster verbreitete, konnten sich im Laufe der letzten Jahre und Jahrzehnte reformpädagogische Erziehungs- und Bildungsansätze mehr und mehr ausbreiten. In Südafrika, das 2006 den Outward Bound Weltkongress ausrichtete, steht Erlebnispädagogik hoch im Kurs. Bereits vor dem Ende der Apartheid gab es seit den frühen 1950er Jahren die so genannten „Veld and Vlei“ Outdoor Centers, die sich an der Outward Bound Philosophie orientierten. 1983 wurde eine Variante des „Duke of Edinburgh Award“ in Südafrika begründet und nach dem Ende der Apartheid 1994 in „President’s Award“ umbenannt. An der University of Pretoria (Department of Social Work) hat Janine Hansen ihre Master Thesis über „Guidelines for Intervention through Adventure-Based Programmes for Youth-at-Risk“(2002) geschrieben. Eine weitere sehr interessante Forschungsarbeit wurde von Jacqueline Leslie Roberts über „Wilderness, a Circle of Courage and the Wisdom of Elders“ (2001) verfasst. Educo Africa besteht seit 1994 und ist der Vorreiter in der Wildnistherapie, in der Fort- und Weiterbildung von Erziehern und Sozialarbeiterinnen im Bereich Wilderness und Leadership. Für straffällig gewordene Jugendliche werden in der Wildnis „Rites of Passage“ durchgeführt. Außerdem gibt es in Südafrika seit 2001 ein „National Qualifications Network“, das Standards in allen Bereichen festlegt. Derzeit wird eine Nationale „Qualification“ zum „Adventure-based experiential Educator“ akkreditiert.

3 Einblicke: Grundlegung der Erlebnispädagogik

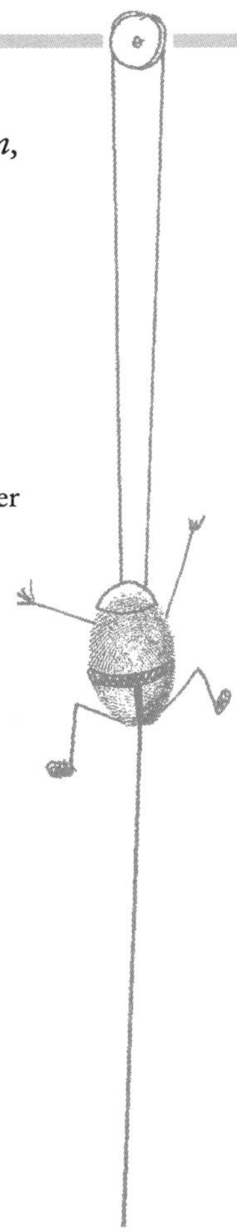

Verzicht auf Wagnis, einmal zur Gewöhnung geworden,
bedeutet im geistigen Bezirk ja immer den Tod,
eine gelinde und unmerkliche,
dennoch unaufhaltsame Art von Tod,
etwas Geistloses in dem Sinn,
wie ein Mensch stets geistlos wird,
wenn er nicht mehr das Vollkommene will …

Max Frisch, Stiller

3.1 Das Wort in den Büchern: Ein Blick in Lexika, Handbücher, Nachschlagewerke und Einführungen

Wie bedeutsam die Erlebnispädagogik in den letzten Jahrzehnten geworden ist, spiegelt sich vor allem in neuen Veröffentlichungen wieder. Durch einen vergleichenden Blick in Nachschlagewerke und Lexika möchten wir dies nun aufzeigen. So sind die Beschreibungen von Erlebnispädagogik im „Wörterbuch der Pädagogik“ (Hehlmann 1971, 131) und im „Kleinen Lexikon der Pädagogik und Didaktik“ (Zöpfl 1973, 55f.) in der Tat einseitig und veraltet. Hehlmann stellt zwar fest, dass es seit 1910 die Erlebnispädagogik gibt, enthält sich aber sonst weiterer historischer Anmerkungen. Waltraud Neubert als Schöpferin dieses Begriffes zu bezeichnen und gleichzeitig Kurt Hahn nicht zu erwähnen (S. 55f.), das war auch schon 1973 ein Fauxpas! Erstaunlicherweise hat sich 32 Jahre später, in der inzwischen 15. Auflage (Böhm 2005), fast nichts geändert. Das Stichwort Erlebnispädagogik wird zwar erwähnt, die Kunsterziehungsbewegung als eine Wurzel bezeichnet, Waltraud Neubert und Kurt Hahn werden genannt. Auch wird Erlebnispädagogik unter Vorbehalt und mit Anführungszeichen als moderne Methode bezeichnet. Kurt Hahn hat auf „natursportlichen und kriegsverwandten Erlebnissen“ gebaut, „die unter die Haut gehen.“ Ist die Pädagogik wirklich eine Wissenschaft, die auf neue Erkenntnisse Wert legt? Die natursportliche Prägung der Erlebnispädagogik wird nicht angesprochen, vielmehr setzt der Autor Erleben und Emotion gleich. So verwundert es kaum, dass abschließend gewarnt wird vor einer „Pädagogik des Erlebens“, die „sehr schnell dadurch an eine unüberwindliche Grenze (stößt), weil sie Irrationales rational aufbereiten will“ (S. 55).

Sehr aktuell klingt dagegen die Annäherung der „Deutschen Gesellschaft für Freizeit“ (1986, 69f.), die Kurt Hahn, seine Verfallserscheinungen und Therapien als Ursprung der Erlebnispädagogik beschreibt. Mit der Outward Bound-Bewegung, den Kurzschulen, der Jugendarbeit und mit dem Martinspass – einem Vorläufer des „Internationalen Jugendprogramms e. V.“ – werden Entwicklungslinien aufgezeigt.

Albert Reble beschreibt in seiner „Geschichte der Pädagogik“ (1989) einige bedeutsame historische Entwicklungslinien, wie die Kunsterziehungsbewegung, die Jugendbewegung und reformpädagogische Ansätze (S. 293f.), in deren Mittelpunkt das Erlebnis steht. Kurt Hahn und seine Erlebnistherapie finden jedoch in seiner Geschichte der Pädagogik keine Beachtung. Waltraud Neuberts Dissertation „Das Erlebnis in der Pädagogik“ wird als Grundlage eines erlebnisorientierten Lernens und Unterrichtens hochstilisiert (S. 358).

Dass „Erlebnispädagogik ein später Ausläufer von Jugendbewegung und Reformpädagogik“ (ist), erfahren wir im „Handbuch Sozialpädagogik“ (Buchkremer 1995, 260). Immerhin findet die Hahnsche Erlebnistherapie eine breite Würdigung, wenngleich die Wirkung der Landerziehungsheimbewegung von Hermann Lietz auf Kurt Hahn überbetont wird. Buchkremers Einordnung der Erlebnispädagogik in ein didaktisches „Cubiculum“ verbleibt eine Trockenübung (S. 262).

Ausführlich hat sich Michael Galuske in seinem „Methodenbuch der sozialen Arbeit“ (2013, 253ff.) mit dem Terminus Erlebnispädagogik auseinander gesetzt. Etwas zu grob gerät dabei die Beschreibung von Outward Bound-Seminaren: Längst sind sie nicht mehr vierwöchig – und auch sonst haben sie sich von der Hahnschen Erlebnistherapie weit entfernt. Ansonsten fasst er sehr fundiert wichtige Positionen zusammen, nimmt kritisch Stellung zu manchen Meinungsverschiedenheiten und führt in die Prinzipien des handlungsorientierten Lernens ein. Zu Recht stellt er fest, dass es sich sehr oft um „hochgradig allgemeine Zieldimensionen“ handelt – freilich hat dies ein breites Spektrum von Zielgruppen zur Folge! Tendenziell werden diese allgemeinen Ziele durch die Ansätze des metaphorischen Lernens nun durch maßgeschneiderte und sehr persönliche Zielsetzungen ersetzt. Gerade die metaphorischen Lerntheorien, so Galuske, entschärfen den langwierigen Streit um den Transfer des Gelernten. Die fachlich fundierten Ausführungen sind leider etwas veraltet.

An anderer Stelle stellen Galuske und C. W. Müller (in: Thole 2014, 496) fest, dass sich die Jugendbewegung am besten durch Verben charakterisieren lässt: „Wandern, singen, spielen, abkochen, gemeinsam ums Lagerfeuer sitzen, Abenteuer erleben (daraus wurde später die so genannte ‚Erlebnispädagogik‘) […]“ Wir interpretieren diese Folgerung als Ignoranz oder Fehlleistung, trotz der bzw. neben den vier weiteren marginalen Anmerkungen in diesem Buch (Thole 2014).

Jörg Ziegenspeck führt im „Pädagogik-Lexikon“ (Reinhold et al. 1999) sein Verständnis von Erlebnispädagogik aus. Dabei greift die Definition dieses versierten Experten doch etwas zu kurz: „Erlebnispädagogische Programme – orientiert man sich an den vielfältigen vorfindbaren Angeboten – beziehen die natürliche Umwelt mit ein und verfolgen damit meist zugleich einen ökologischen Bildungsanspruch.“ Im historischen Rückblick beschreibt er die historischen Wurzeln, die in der von ihm herausgegebenen Reihe „Wegbereiter der Erlebnispädagogik“ (edition erlebnispädagogik) ausführlich beschrieben wurden. Allerdings ist der Einwand berechtigt, dass diese Wegbereiter wohl besser der Reformpädagogik zuzuordnen sind. Zutreffend merkt Ziegenspeck an, dass die Wurzeln der Erlebnispädagogik in der Schule lagen und sie nun ihren Schwerpunkt in der außerschulischen Pädagogik hat. Dabei entwickelt er ein Endzeitszenario („Jugendarbeitslosigkeit, Alkohol- und Drogenproblematik, familiale Leere … Politikverdrossenheit, Korruption, Machtmissbrauch … Rechtsextremismus“) (S.137), das die Erlebnispädagogik in eine Position der Lösung dieser Probleme stellt. Die „Kopernikanische Wende“ der Lernprozesse (S. 139) wird sie wahrlich nicht leisten können. Im „Lexikon der Sozialpädagogik" von Franz Stimmer (2000) werden diese Ausführungen wiederholt.

In ihrer Einführung in die Pädagogik verorten Badry, Buchka und Knapp (1999, 339ff.) die Erlebnispädagogik als Methode der Jugendarbeit. Hans-Georg Bauer und Jörg Ziegenspeck werden als Autoren hervorgehoben, die in der Weiterentwicklung von Kurt Hahn die erlebnispädagogische Bewegung unterstützen. Dabei rekurrieren die Herausgeber auf veraltete Modelle: „Das Erleben … wirkt für sich, ohne daß es deswegen in klugen Diskussionen und Reflexionen vertieft werden müßte" (S. 339). Die Unterteilung erlebnispädagogischer Aktivitäten in „Abenteuerpädagogik" („… die Herausforderung des Unbekannten, letztlich nicht Kalkulierbaren anzunehmen, die Grenze des bisher Bekannten, vermeintlich Sicheren zu überschreiten …") (ebd.), „Pädagogik der Faszination" („… die Fähigkeit des Menschen … sich beeindrucken zu lassen …") und die „Geselligkeitspädagogik" (S. 140) ist so abwegig, dass sich weitere Anmerkungen erübrigen.

Nach Wöbcke (in: Kaller 2001, 108) – der Name ist in der Erlebnispädagogik nicht bekannt – richtet sich die Erlebnispädagogik „an Kinder und Jugendliche mit diversen Formen abweichenden Verhaltens." Der Autor versteht dann auch als Gegensatz zum Alltag vor allem „Meer, Dschungel und Wüste." Zwei Bücher werden zitiert; zumindest Wolfgang Eichingers „City Bound" ist längst überholt. Fazit: sehr dilettantisch.

Wesentlich differenzierter ist die Darstellung von Dirk Nüßing (in: Gernert 2001, 141ff.). Natürlich freut es uns, dass unser Konstrukt der Vordenker der Erlebnispädagogik, Rousseau und Thoreau, Eingang in die Wörterbücher gefunden hat. Wir glauben das inzwischen auch. Peter Sommerfeld ist ein ausgewiesener Experte und hat durch umfangreiche Studien tiefe Einblicke in das erlebnisorientierte Lernen gewonnen. Dies spiegelt sich auch in seinem ausführlichen Beitrag im Handbuch Sozialarbeit / Sozialpädagogik wider (Otto/Thiersch 2005, 394–401). Ein wenig zu kurz kommt die aktuelle Literatur, vor allem die Tagungsberichte des „Internationalen Kongresses – erleben und lernen" an der Universität Augsburg hätten zu Gunsten der umfangreichen historischen Ausführungen erwähnt werden sollen.

Zum pädagogischen Grundwissen (Gudjons 2006, 101) scheint die Erlebnispädagogik noch nicht zu gehören. Nur unter dem Stichwort „Landerziehungsheimbewegung" werden in Nebensätzen Kurt Hahn, Minna Specht und die „Zeitschrift für Erlebnispädagogik" kurz erwähnt. Mehr scheint da nicht drin zu sein für die Erlebnispädagogik.

Gerd Stüwe (2017, 274 ff.) beklagt im „Wörterbuch Soziale Arbeit" (Kreft/Mielenz 2005) zu Recht, dass Erlebnispädagogik häufig mit spektakulären und exotischen Aktionen verbunden wird. Zudem diskutiert er die Zuschreibung als „finales Rettungskonzept" für schwierige Jugendliche – beides Konnotationen, die nicht mehr aktuell sind. Der Klage um den inflationären Gebrauch des Begriffes Erlebnispädagogik kann man eher zustimmen. „Dass ‚Outward Bound' (sieben) Bildungsstätten hat und eine Zusatzqualifikation" anbietet, ist falsch bzw. veraltet, ebenso wie die Aussage, dass es „Erlebnistage im Harz" gibt (Stüwe 2017, 276). Für Petra Mund (2016, 240), so im „Fachlexikon der sozialen Arbeit" (Deutscher Verein für öffentliche und private Fürsorge), will die Erlebnispädagogik „durch das bewusste Initiieren und Begleiten von psychischen, physischen und sozialen Grenzerfahrungen" die Persönlichkeitsentwicklung fördern. Dazu zählt sie auch „Extremklettern". Das ist nicht veraltet; es hat niemals so stattgefunden! Als Bereiche nennt sie Jugendarbeit (§ 11, SGB VIII), Jugendsozialarbeit (§ 13, SGB VIII) und die Hilfen zur Erziehung (§§ 27ff., SGB VIII). Drei Zielgruppen werden nicht erwähnt: Schüler, Auszubildende und Studierende. Im „Handbuch Soziale Arbeit" beschreibt Jochem Schirp (2018b, 17ff.) die „Abenteuer- und Erlebnispädagogik". Diese Verbindung ist ein Spezifikum des gleichnamigen Masterstudiums an der Universität Marburg, die sich außerhalb Marburgs nicht in der erlebnispädagogischen Fachwelt durchsetzen konnte. Jochem Schirp muss man in seiner Bewertung zustimmen, dass die Erlebnispädagogik eine Erfolgsgeschichte geschrieben hat. Seine Ausführungen zu Outward Bound sind gänzlich veraltet. Wenn es um Qualität geht, muss man auch aktuelle Entwicklungen innerhalb des Bundesverbandes Individual- und Erlebnispädagogik (be) erwähnen. Im „Handbuch Offene Kinder- und Jugendarbeit" hat Jochem Schirp ebenfalls einen Beitrag verfasst (Schirp 2018a). Michael Galuske (2015, 75f.) hat im „Taschenwörterbuch Soziale Arbeit" kurz und präzise die Erlebnispädagogik beschrieben. Eine kurze Einführung in die Erlebnispädagogik hat Werner Michl (2017a) für die „Methodenlehre in der Sozialen Arbeit" (Kreft/Müller 2017) geschrieben, ebenso für das umfangreiche „Lexikon der Schulsozialarbeit" (Michl 2018a, 161f.), in dem die Bedeutung der Erlebnispädagogik für die Schulsozialarbeit herausgearbeitet wird.

Das derzeit wohl meistgenutzte deutschsprachige „Nachschlagewerk" ist „Wikipedia". Der erste Eintrag zur Erlebnispädagogik im Jahr 2004 beginnt bezeichnenderweise mit den Worten „Hier ist meine Facharbeit zum Thema »Erlebnispädagogik«. Es wäre jetzt unfair, daraus auch schon ein Werturteil zum Inhalt abzuleiten. Nur soviel: Etwas „interessant" zu finden, qualifiziert noch nicht zur Autorenschaft. In der Version vom 04. Mai 2018 werden als Vordenker Rousseau, Thoreau, Oerweg, Baden-Powell, Luserke und Hahn genannt, was – den Formulierungen nach zu schließen – vornehmlich diesem Buch entnommen wurde. Auch die aktuelle Fassung genügt in keiner Weise wissenschaftlichen Kriterien; sie ist veraltet, setzt falsche Schwerpunkte und ist aus diversen Versatzstücken zusammengesetzt, die weder zueinander passen noch deutlich zitiert werden. So werden Segeln, Live Action Role Play (LARP) und Tauchen als Praxisbeispiele hervorgehoben. Die Diskussion zu Lernmodellen und Transfer entspricht in etwa dem Stand Mitte der 1990er Jahre.

3.2 Die Innenwelt der Außenwelt der Innenwelt – Zur Psychologie und Soziologie des Erlebens

Nach dem Boom erlebnispädagogischer Methoden in der Praxis der Erziehung fand eine Renaissance des Erlebnisbegriffes in der Psychologie und Soziologie statt. Gerhard Schulze (2005) hat es mit seinem Titel: „Die Erlebnisgesellschaft" auf den Punkt gebracht. Nicht nur die Praxis hat damit auf die Erlebnisarmut einer reglementierten und durchorganisierten Welt reagiert, in der sich Jugendliche ihre Kicks durch Drogenkonsum, waghalsige Autofahrten, kleinere Brüche, Schlägereien und S-Bahn-Surfen holen, auch in der Wissenschaft hat man realisiert, dass es ein Streben nach Risiko und Abenteuer gibt, bzw. dass der Erlebniswert der Dinge nun wichtiger geworden ist als der Gebrauchswert. Die Intensität des Augenblickes, die Unmittelbarkeit als Prinzip, ist eben nicht nur von Jugendlichen erkannt worden, die dabei Risiken eingehen, die sich kaum kalkulieren lassen. Sie sind auch in der Wissenschaft salonfähig geworden.

In der modernen Gesellschaft sind individuelle Risiken beinahe ausgeschlossen worden. Dem stehen aber andere globale Risiken entgegen, die um so unberechenbarer sind. In schriftlosen Kulturen gehörte das individuelle Risiko zum alltäglichen Lebensablauf. Diese Gefährdungen waren im Unterschied zu heute sinnlich wahrnehmbar, und damit konnte das Risiko sofort identifiziert werden. DIN-Norm, TÜV und Lokalbaukommission sorgen mit anderen Mechanismen für große individuelle Sicherheit, sie reduzieren die persönlichen Gefährdungspotenziale. Der moderne Bürger hat sich um die Banalität der alltäglichen Gefahr nicht mehr zu kümmern. In seiner viel beachteten Studie „Risikogesellschaft. Auf dem Weg in eine andere Moderne" (Beck 1986) ist Ulrich Beck diesen gesellschaftlichen Entwicklungen nachgegangen. Die Risiken heute sind global und entziehen sich der menschlichen Wahrnehmung: Schad- und Giftstoffe, Radioaktivität wirken auf Luft, Boden, Wasser, beeinflussen Nahrungsmittel und schaffen damit latente und vor allem komplexe Belastungen für Pflanze, Tier und Mensch.

Politik und Wirtschaft reagieren auf diese globalen Risiken mit einer „symptomhaften und symbolischen Risikobewältigung" (S. 75). Die Individuen in solchen Gesellschaften legen sich logischerweise – so könnte im Anschluss an Beck gefolgert werden – Konzepte des „Risikomanagements" zurecht, die sich an eben diesem gesellschaftlichen Umgang mit Risiko orientieren. In seinem persönlichen Lebensumfeld neigt der „moderne Mensch" dazu, Risiken nicht wahrnehmen zu können oder zu ignorieren. Ein Beispiel: Bei einer Sportveranstaltung in einer winterlichen Großstadt betrat ein nicht unerheblicher Teil der Zuschauer die offensichtlich nur schwach gefrorene Eisfläche eines Sees. Auch als die ersten Personen durch die Eisfläche brachen und bis zur Hüfte im Wasser standen, ließ sich das

Gros der Zuschauer nicht beeindrucken und ging – selbst mit Kleinkindern in Kinderwägen – weiter auf das dünne Eis.

Auf den ersten Blick hat der hier beschriebene Umgang mit – globalen wie individuellen – Risiken einen Hang ins Irrationale. Erklärbar würden derartige Verhaltensweisen allerdings, wenn man die Ereignislosigkeit im Alltag des einzelnen Menschen in die Begründungskonstruktion mit einbezieht. Die Langeweile, Leere und Gleichförmigkeit des Alltags, die auch durch mehr als hundert Fernsehprogramme, Youtube, Facebook und Twitter nicht kaschiert werden kann, führt – sozusagen unter der Oberfläche der sinnlichen und sozialen Wahrnehmung – zu einer partiell gesteigerten Risikobereitschaft in banalen Situationen. Jugendliche, die in besonderer Weise unter der Ereignislosigkeit des Alltags leiden, kultivieren und erhöhen ihre Risikobereitschaft zu einer gesellschaftlich unerwünschten Selbstinszenierung.

Der Soziologe Gerhard Schulze hat mit seinem Buch „Die Erlebnisgesellschaft" (1992) großes Aufsehen erregt. Er stellt eine Änderung der Beziehung zu den Gütern und Dienstleistungen fest: Wichtiger als Nützlichkeit und Funktion ist der Erlebniswert der Dinge. Das Leben wird als Erlebnisprojekt verstanden. Diese Erlebnisorientierung interpretiert Schulze als die moderne Suche nach Glück. Erlebnis ist schließlich eine sehr subjektive Kategorie, und jeder ist für seine Erlebnisse selbst verantwortlich. Sein Leben auf Erlebnisse zu bauen, hält Schulze jedoch für ein unsicheres Unterfangen. Es besteht eine grundsätzliche Unsicherheit darüber, welche Ereignisse welche Erlebnisse bringen. Es besteht also ein großes Enttäuschungsrisiko, wie es Schulze formuliert. Im Zeitalter der Individualisierung spielt die Selbstentfaltung und die Ästhetisierung des Alltagslebens eine größere Rolle als der Dienst am Nächsten, als soziales oder politisches Engagement. Der moderne Mensch sieht sich einer bisher nicht gekannten Ausweitung von Handlungsmöglichkeiten gegenüber. Dies macht die Entscheidungen aber schwieriger, und der Weg in ein sinnvolles Leben wird komplizierter. Allzu häufig, so Schulze, misslingt das „Projekt des schönen Lebens". Problematisch wird es nach Schulze auch dann, wenn ein Erlebnis zu pädagogischen Zwecken vorgesehen, zur Absicht wird. Die Eindruckstheorie, die auf die prägende Wirkung des Ereignisses setzt und ihm daher eine pädagogische Funktion zuschreibt, die auch in der Erlebnispädagogik eine gewichtige Rolle spielt, beurteilt Schulze als zu einfach. Was sich als äußeres Erlebnis eindrückt, ist weniger wichtig als die Art und Weise, wie dieses Erlebnis nun verarbeitet wird. Die Verarbeitung der Erlebnisse wird durch drei Elemente bestimmt:

(1) Jedes äußere Ereignis wird immer erst durch die Integration in einen schon vorhandenen subjektiven Kontext zum Erlebnis. Es besteht also eine Interaktion zwischen Situation und Subjekt.
(2) Dazu kommt die Reflexion, mittels derer ein Subjekt versucht, sich ein Erlebnis anzueignen und auch festzuhalten.

(3) Dass Erlebnisse also für sich selbst wirken („The Mountains Speak for Themselves“), hält Schulze für nicht möglich. Weil sowohl das äußere Ereignis nur begrenzt kontrollierbar ist als auch die Verfassung des Subjekts nicht vorhersehbar, wird die Planung eines Erlebnisses zu pädagogischen oder sonstigen Zwecken immer zu einer gewagten Sache.

Die Erlebnisorientierung wurde notwendig, weil sich die Möglichkeiten der Wahl vermehrt haben. Viele Wahlentscheidungen jedoch haben eigentlich keinen Nutzwert, sondern müssen auf ästhetischen Kriterien basieren. Die Gebrauchswertunterschiede sind relativ bedeutungslos: Es ist letztlich doch wohl egal, welches Waschmittel verwendet wird. So wird Erleben vom Nebeneffekt zu einer Lebensaufgabe. Der moderne kategorische Imperativ lautet: „Erlebe dein Leben“. Soziale Milieus, so Schulze, können von Soziologen nun als Erlebnisgemeinschaften interpretiert werden. Es sind nicht mehr Verwandtschaft, Wohnort, Religion, Beruf, Schicht oder andere Kriterien der bürgerlichen Soziologie durch die eine soziale Gruppe definiert wird, sondern es ist die gemeinsame Erlebnisorientierung (Inline-Skater, Theaterbesucher, Briefmarkensammler, Bergwanderer, Computerfreak etc.).

Ein weiterer Aspekt der Erlebnisorientierung kommt dazu: Menschen unter schwierigen Lebensbedingungen wissen immer, was sie wollen und was sie zu tun haben. Personen, die den sozialen Aufstieg anstreben, haben Mittelkrisen – finanzielle Mittel und Bildungsmittel müssen beschafft werden. Menschen, die die gesetzten Wohlstandsziele aber erreicht haben, leiden an Sinnkrisen. Das Problem unserer Gesellschaft besteht eher im Gefühl der Langeweile. Wenn alle Voraussetzungen zum erfüllten Leben vorhanden sind, wird die Lebenslust zum Problem.

Während Schulze sozusagen den Weg von der Außenwelt zur Innenwelt geht, vollzieht Felix von Cube (1990) den umgekehrten Weg. Er geht davon aus, dass es ein Streben nach Risiko und Abenteuer gibt. Der Mensch sucht nach F. v. Cube das Risiko auf, um Sicherheit zu gewinnen. Das Unbekannte wird dann so zum Bekannten, zum Berechenbaren und zum Vertrauten. Felix von Cube folgert (S. 12): „Warum ist Klettern so lustvoll? Weil man bei jedem Schritt Unsicherheit in Sicherheit verwandelt.“ Weil der Mensch um seine totale Unsicherheit weiß, strebt er in allen Bereichen nach totaler Sicherheit. Nach F. von Cube vermittelt z. B. der religiöse Glaube das Gefühl totaler Sicherheit, auch ist Technik nichts anderes als der Versuch, Sicherheit zu gewinnen. Nach von Cube gibt es vier Stufen, vier evolutionäre Prinzipien der Sicherheit: Instinkt, Lernen, Denken, Neugier. Während der Instinkt eine gefühlsmäßige Sicherheit vermittelt, wird durch Lernen fremde Information abgebaut. Das Denken ist die logische Durchdringung der Wirklichkeit; der Neugiertrieb schließlich soll Unbekanntes in Bekanntes verwandeln.

Von Cube entdeckt dabei auch ein Lustprinzip bei seinem so konstatierten Neugiertrieb: Das „Flow"-Erlebnis. Er lehnt sich hier an das Buch von Csikszentmihalyi (1987) an, der bei Kletterern, aber auch bei Tänzern, Chirurgen, Schachspielern und Musikern einen psychischen Zustand festgestellt hat, den er als Flow bezeichnete. Flow ist nach seiner Definition „das holistische Gefühl beim völligen Aufgehen in einer Tätigkeit". Handlung erfolgt auf Handlung, der Handelnde erlebt ein einheitliches Fließen von einem Augenblick zum nächsten ..., kaum eine Trennung zwischen sich und der Umwelt, zwischen Stimulus und Reaktion, oder zwischen Vergangenheit, Gegenwart und Zukunft" (S. 58f.). Der flüchtige Zustand, der nur schwer über einen längeren Zeitraum durchgehalten werden kann, ist gekennzeichnet durch „das Verschmelzen von Handlung und Bewußtsein" (S. 61). Csikszentmihalyi hat nach einer ausführlichen Befragung von Kletterern feststellen können, dass offenbar die Gefahr selbst und ihre Überwindung kein hinreichendes Motiv für das Tun der Kletterer sind. Zahlreiche Kletterer haben dies bestätigt und von Cubes Thesen deutlich erweitert mit Thesen zum Wert gefährlicher Sportarten, mit philosophischen Analysen zu authentischen Klettererlebnissen und zu moralischen Aspekten des Risikos (Schmid/Reichenbach 2017).

In Anlehnung an Csikszentmihalyi konzentriert sich Schleske (1988) auf eine weniger leistungsbezogene Sinneserfahrung: Sein „Meditatives Laufen" ist nur denkbar, wenn die Aktivität ohne eine Leistungsabsicht, die im Vergleich zu anderen Personen steht, betrieben wird. Bezogen auf die klassischen erlebnispädagogischen Methoden bieten sich Assoziationen etwa zum Skibergsteigen an. Skitouren im Hochwinter mit einer tief eingeschnittenen Aufstiegsspur, die in steter Steigung mit großen Kehrabständen verläuft, können sicherlich zu meditativen Stimmungen animieren. Csikszentmihalyi und Schleske ergänzen sich in einem wesentlichen Punkt: Es ist die Intensität und Dichte im Erleben einer – im Allgemeinen kurzen – Zeitspanne in einer kleinräumigen Umwelt. Die handelnde Person konzentriert sich auf ihre Motorik und registriert sensibel jede Art von Rückmeldung. Die Welt ist überschaubar und steuerbar: Der Akteur ist nicht nur der Herr seiner Sinne, sondern sieht sich auch als den Beherrscher seiner unmittelbaren Umgebung an. Die Peripherie der Außenwelt verschwindet in der Wahrnehmung, mit ihr allerdings auch der Homo sociologicus.

Die Verbindung von Lust und Leistung im Rahmen von Natursportarten hat auch schon Ulrich Aufmuth (1984) erkannt. Der Bergsteiger und Psychologe Aufmuth betrachtet die Berge auch als „Herzenslandschaft" (S. 14). Er stellt sich die Frage, welchem Vergnügen die Menschen in den Bergen eigentlich nachgehen. Diese Landschaft ist doch letztlich eine einzige „grimmige Antithese des Lebens", die körperliche Schwerstarbeit verlangt, die uns großen Gefahren aussetzt, die uns mit Unberechenbarkeiten aller Art konfrontiert. Die Frage, warum viele Menschen in den Bergen glücklich sind, kann Aufmuth überzeugend beantworten: Für das Funktionieren unserer Gesellschaft sind viele Erlebnismöglichkeiten nicht mehr notwendig. Sie gehören aber zum Menschen, sind mit ihm verbunden und können beim Besteigen der Berge wieder ausgeübt werden. Wir entdecken hier den oft vergessenen Körper wieder, wir erleben, dass wir durch Anstrengung vorher nie gedachte Leistungen vollbringen, wir kämpfen gegen den Berg und gegen uns, bzw. gegen den Berg in uns, wir genießen das einfache Leben, wir wachsen zu einer Gemeinschaft von Gleichgesinnten zusammen und leben im Augenblick.

Schließlich – und hier nähert er sich, vermutlich ohne es zu wissen, der Theorie von Felix von Cube sehr an – stellt er einen engen Bezug zwischen Lust und Angst fest. Meistens besteht die Möglichkeit eines Rückzugs, falls die Gefahr übermächtig zu werden droht. Der Bergsteiger hat also die Möglichkeit, seine Angsttoleranz auszuprobieren und auszumessen. Es kann sogar so etwas Ähnliches wie eine Selbsttherapie geschehen. Das Extrembergsteigen ist nach Ansicht von Aufmuth in der Tat eine Selbsttherapie, jedenfalls ein Versuch.

Ähnliche Ergebnisse ergab auch eine Studie zur Persönlichkeit von Risikosportlern, die von Szcesny-Friedmann (zit. nach Schwiersch 1990) durchgeführt wurde und die Martin Schwiersch für die Erlebnispädagogik auswertete. Die Kernthese dieser Untersuchung lautet: Risikosportler denken und handeln in hohem Maße sicherheitsbewusst. Letztlich sind Risikosituationen für sie „subjektiv kontrollierbare Gefahren … kontrollierbar durch ein Höchstmaß an Handlungs- und Selbstkontrolle“ (Schwiersch 1990, 9). Risikosportler versuchen offenbar im Rahmen einer Situationsanalyse die Gefahrenmomente auf ihren rationalen Kern zu reduzieren und sie mit Kategorien der Leistung und Selbsteinschätzung bzw. der Selbstkontrolle zu operationalisieren. Bezogen auf die Erlebnispädagogik bedeutet das für Schwiersch, dass in dem Lernfeld „Risikosituation“ ein aktives, leistungsbezogenes, autonomes Selbstbild gefördert werden kann (ebd.).

Schließlich werden aber auch die Situationen und Handlungen hinsichtlich ihres Risikogehalts sehr unterschiedlich beurteilt. So gilt beispielsweise Sportklettern als überaus riskant. Objektiv gesehen sind die gängigen Spielformen des Sportkletterns, sieht man von Solobegehungen ab, jedoch relativ ungefährlich. Subjektiv aber wird der Anfänger in der Klettersituation mit hohen persönlichen Ängsten konfrontiert sein.

3.3 „Where the action is“ – Zum Verhältnis von Erlebnis und Erziehung

Viele Begriffe wollen das Verhältnis von Erlebnis und Erziehung beschreiben: Erlebnispädagogik, Abenteuerpädagogik, Aktionspädagogik, handlungsorientierte Methoden, Erfahrungslernen. Aus der englischsprachigen

Fachliteratur werden sie ergänzt durch Adventure Programming, „Outdoor Education“ und „Experiential Education“. Nach einer Begriffsdiskussion soll eine Definition versucht werden. Einige Charakteristika von Erlebnispädagogik schließen das Kapitel ab.

Relativ unverfänglich und kaum vorbelastet sind die Bezeichnungen „Erfahrungslernen“ und „handlungsorientierte Methoden“. Erziehung ist ja immer auch als Handlung oder als Erfahrungsangebot zu verstehen. Max Weber definiert *Handeln* als „ein menschliches Verhalten (einerlei, ob äußerliches oder innerliches Tun, Unterlassen oder Dulden)..., wenn und insofern als der oder die Handelnden mit ihm einen subjektiven Sinn verbinden“ (Weber 1972, 1). Handeln unterscheidet sich somit vom Terminus Verhalten, der lange Zeit mit der Theorie des Behaviorismus verbunden war, denn wer den subjektiven Sinn des Handelns erkennen will, muss die innere Erlebniswelt und Motivationsstruktur des Handelnden berücksichtigen. Das Subjekt selbst handelt meist unbewusst oder halbbewusst, und nur ein Bruchteil der Aktion prägt sich als Erlebnis auf der psychischen Leinwand ein. Der Grad der Bewusstheit der Handlung ist durch das pädagogische Setting beeinflussbar, so dass sie sich als entworfene, beabsichtigte oder intendierte Handlung deutlich vom reaktiven Verhalten unterscheidet. Ein solcher Handlungsentwurf beinhaltet Kenntnis der Ausgangslage, Definition der Ziele der Handlung und Vorstellungen über die Mittel, die zu diesem Ziel führen können.

Diese allgemeine Beschreibung des Handlungsbegriffes zeigt, dass Erlebnispädagogik nur eine unter vielen handlungsorientierten Methoden ist. In diese Reihe gehören alle kreativen Methoden der außerschulischen Bildungsarbeit, wie die Spurensicherung, das Planspiel, Selbsterfahrungsübungen, die Theater- und Reisepädagogik und viele andere mehr. Handlungsorientierte Methoden verstehen sich als Gegensatz zu den zahlreichen verkopften und rhetorischen Formen der politischen Bildungsarbeit.

Der Begriff *Erfahrungslernen* bezeichnet zunächst jene Lerneffekte, die nicht notwendigerweise pädagogisch intendiert waren. Ganz im Sinne Rousseaus gewinnt das Kind Erkenntnisse durch die aktive und selbst bestimmte Auseinandersetzung mit der Umwelt. Es „fährt“ sozusagen in die Welt und erschließt sich somit neue Lebens- und Lernfelder. Ein solches Verständnis von Erfahrungslernen ist für eine genauere Begriffsbestimmung von Erlebnispädagogik recht brauchbar.

Die Verwendung des Begriffes *Abenteuerpädagogik* ist aus zweierlei Gründen fragwürdig. Zum einen ist sein Gehalt durch die Abenteuerspielplätze und Kinderladenbewegung der 68er Generation schon vorgegeben. Richtigerweise – neben einigen grundfalschen pädagogischen Annahmen – erkannte man damals, dass dem Großstadtkind Spielräume fehlten und dass die vorhandenen Spielplätze der kindlichen Kreativität nicht genügten. Neben Abenteuerspielplätzen als pädagogischem Angebot zu neuen Erlebnissen entdeckten Kinder und Jugendliche selbständig neue Spielräume in der

Großstadt: Hinterhof, Straße, Bordstein, Park, Bürgersteig, Fußgängerzone, U-Bahn-Schacht, Kaufhaus, Abbruchhaus, Müllhalde, Bolzplatz. Der Terminus Abenteuerpädagogik ist schließlich zweitens abzulehnen, weil das Abenteuer pädagogisch nicht planbar und auch nicht als Ereignis mit vollkommen offenem Ausgang eingeplant werden sollte. Die romanischen Sprachen kennen zwei Formen der Zukunft. Eine berechen- und voraussehbare, „future" (frz.), und eine, die auf uns zukommt, eine nicht planbare: „l'avenir" (frz.). Wer sich als Pädagoge in Risikosituationen begibt, darf nur mit dieser ersten Kategorie der Zukunft operieren, denn die zweite kommt, wie gesagt, von selbst.

Die gelegentlich verwendete Bezeichnung *Aktionspädagogik* verbleibt auf einer zu oberflächlichen Ebene. Es geht ja in der Erlebnispädagogik nicht ausschließlich um Aktion oder „Action". Die Aktion ist zwar das sichtbare und auffallende, aber wohl kaum das essentielle Moment, eher schon die Kulisse, eine Art pädagogischer Dramaturgie. Die Anstrengung, Leistung, Überwindung soll längerfristig wirksam sein, die Persönlichkeit prägen, das Selbstwertgefühl heben. Kurzum, die Aktion ist einem pädagogischen Ziel unterworfen und ist womöglich nichts anderes als ein Rohbau, der in den Pausen, den Einzel- und Gruppengesprächen seinen Ausbau erfährt.

Auch wenn der Begriff *Erlebnispädagogik* nicht zufrieden stellt, so hat er sich doch mit einem bestimmten Bedeutungsgehalt eingebürgert, und vor allem verweist er auf eine historische Verbundenheit. *Erlebnis* ist kein Begriff der pädagogischen, sondern der psychologischen Fachsprache. Psychologie wird in der Regel definiert als die Wissenschaft des Verhaltens und Erlebens, ihre gegensätzlichsten Schulen sind der Behaviorismus (Verhalten) und die Tiefenpsychologie (inneres Erleben). Das systemische Denken und die systemische Therapie verbinden diese gegensätzlichen Schulen, indem sie die vielfältigen Wechselwirkungen zwischen Innenwelt und Außenwelt beachten und somit versuchen, den unterschiedlichen Blickwinkeln gerecht zu werden. Erlebnis wird als innerer, mentaler Vorgang gesehen, bei dem äußere Reize aufgrund von Wahrnehmung, Vorwissen und Stimmung subjektiv zu einem Eindruck verarbeitet werden. Das Erlebnis wird in der Regel verbal mitgeteilt, der Eindruck durch Sprache als Erlebnis geschildert. Aufgrund der Selektion unserer Sinnesorgane dringt nur ein Bruchteil unserer Wahrnehmung ins Bewusstsein ein, und auch davon beeindruckt uns nur wenig und scheint uns dann berichtenswert zu sein.

Der Tiefenpsychologe sensibilisiert seinen Klienten für seine innere Erlebniswelt durch die Aufforderung zur Introspektion. Auch wenn keine spektakulären Ereignisse vorliegen, so wird dann durch Selbsterfahrung das scheinbar Selbstverständliche zum Abenteuer. Die innere Erlebniswelt, die Träume, Tagträume und Fantasien betrachtet die Tiefenpsychologie als Kehrseite einer äußeren neurotisierenden Erlebniswelt. Inneres und äußeres Erleben hängen eng zusammen. Dieser Homöostase können auch die Pädagogen zustimmen. Wer sich tief in die Erlebniswelt des anderen Menschen hineindenken oder hineinfühlen will, ist Tiefenpsychologe, wer nur auf Wildheit, Leistung und Abenteuer setzt, ist und bleibt Abenteurer und Aktionist. Nur wer beide Seiten der Erfahrung, die innere Erlebnis- und die äußere Ereigniswelt, ins rechte Maß zueinander bezieht, darf sich zu den Erlebnispädagogen zählen.

Man könnte von einer erlebnispädagogischen Waage sprechen. In der linken Waagschale liegt das Ereignis, das wir als Pädagogen vermitteln. Das Standbein in der Mitte bildet die Persönlichkeit des Individuums, das diese Eindrücke zu einem Erlebnis verarbeitet. Die Position in der rechten Waagschale nimmt der Ausdruck des Erlebten ein, also Erfahrung, Reflexion und Transfer. Neigt sich die linke Waagschale, vernachlässigen wir also Reflexion und Transfer, so haben wir es mit Freizeit- und Ferienpädagogik zu tun, die ja in sich auch den Wert einer sinnvollen Freizeitbeschäftigung hat. Neigt sich die rechte Waagschale, so handelt es sich um den Bereich der Selbsterfahrung. Erlebnispädagogik tariert also das Gleichgewicht von Eindruck und Ausdruck aus. Peter Handke hat dieses Gleichgewicht für die Literatur beschrieben: „Gute Literatur kommt aus dem Erleben der Dinge und der Gerechtigkeit diesem Erlebnis gegenüber." Diese Aussage gilt in gleicher Weise für die Erlebnispädagogik. „... was mich packt, muß Dich noch kaum berühren und umgekehrt, was bei Dir Unschuld ist, kann bei mir Schuld sein und umgekehrt, was bei Dir folgenlos bleibt, kann mein Sargdeckel sein." (Kafka 1995, 48) In seinem Brief an den Vater beschreibt der sensible und wortgewaltige Franz Kafka den Begriff des Erlebens, zu dem, wegen der Subjektivität, der Ausdruck des Erlebten gehört.

Im nichtpsychologischen Sinne ist Erlebnis nichts anderes als das besondere Ereignis. Der Philosoph Anton Neuhäusler (1967, 56) definiert Erlebnis zunächst als „die Grundweise psychischen Seins, als Innesein von etwas überhaupt ... Erlebnisse sind also empfundene und gefühlte Vorgänge und Zustände der Seele überhaupt". Im engeren Sinn versteht er darunter ein „Erlebens-Ereignis oder ein Erlebnis-Ganzes, das im Fluß des Erlebens besonders hervorgehoben ist, sei es durch besondere Intensität oder Nachhaltigkeit, sei es auch nur durch besondere Eigenart." Erlebnis und Alltag sind also schon durch ihre Definition zwei schlecht verträgliche Dinge, es sei denn, dem Alltag sind neue, bislang unbekannte Qualitäten abzugewinnen. Erlebnisse verbindet man eben eher mit dem Neuen, Ungewohnten, Unbekannten, das sich vom Fluss des Alltags abhebt. Erlebnispädagogik schränkte diese Erfahrungen des Neuen ein auf Erlebnisse in der Natur. In Anlehnung an Kurt Hahn könnte man Erlebnispädagogik definieren als handlungsorientierte Methode, in der die Elemente Natur, Erlebnis und Gemeinschaft pädagogisch zielgerichtet miteinander verbunden werden.

Diese Definition schließt jedoch Entwicklungen wie Erleben in der Stadt

(„City Bound"), Sportpädagogik in eigens dafür gebauten Zentren, Spiel- und Erlebnislandschaften wie zum Beispiel Seilgärten usw. aus.

Lange Zeit haben wir uns auf folgende Definition geeinigt: Erlebnispädagogik ist eine handlungsorientierte Methode und will durch exemplarische Lernprozesse, in denen junge Menschen vor physische, psychische und soziale Herausforderungen gestellt werden, diese in ihrer Persönlichkeitsentwicklung fördern und sie dazu befähigen, ihre Lebenswelt verantwortlich zu gestalten. Im „Lexikon Erlebnispädagogik" (Zuffellato/Kreszmeier 2007) wird Erlebnispädagogik mit folgenden Merkmalen beschrieben: Begleitung von Lernprozessen, primäre sinnliche Erfahrung, Metaphern und Reflexion, neue Ressourcen entdecken. Solche Beschreibungen sind natürlich ein Lösungsweg aus der Definitionsfalle, allerdings bleibt die Frage im Raum: Was ist Erlebnispädagogik im Kern? Jochen Simek und Simon Sirch (Simek/Sirch 2014, 33) sprechen von einem theoretischen Konzept und einer erzieherischen Praxis. Es ist F. Hartmut Paffrath (2017, 21) zuzustimmen, wenn er von der Unmöglichkeit einer Definition spricht. Wenige Sätze nach seinen Bedenken legt F. Hartmut Paffrath eine anregende Definition vor, in der er von einem „Erziehungs- und Bildungskonzept" spricht. Die weiteren Merkmale der Definition ähneln sich unserer Begriffsbestimmung. Auch Thomas Eisinger (2016, 14f.) versteht Erlebnispädagogik als Konzept. Roland Abstreiter und Raffaela und Reinhard Zwerger (Abstreiter et al.2017, 16f.) stellen den Begriff der Handlungsorientierung in den Vordergrund und die eigenen Erfahrungen der Teilnehmer. Beeindruckt von diesen Definitionen wollen wir unsere Haltung aufgeben, Erlebnispädagogik als Methode zu sehen, sondern sie als Konzept betrachten. Die Erlebnispädagogik zeichnet sich letztlich durch den Beitrag vieler Wissenschaften aus: die Gruppendynamik, die Entwicklungspsychologie, die Erwachsenenbildung, die Lernpsychologie, die Hirnforschung, die Sozialwissenschaften u. v. a. m. werden dringend in Praxis und Theorie benötigt. Insofern ist sie interdisziplinär und ganzheitlich angelegt und braucht die Zusammenschau der Wissenschaften. Sie will die Menschen berühren, bewegen und begeistern. Hier unser Definitionsversuch: „Das Konzept der Erlebnispädagogik will als Teildisziplin der Pädagogik junge Menschen durch exemplarische Lernprozesse und durch bewegtes Lernen vor physische, psychische und soziale Herausforderungen – vornehmlich in der Natur – stellen, um sie in ihrer Persönlichkeitsentwicklung zu fördern und sie zu befähigen, ihre Lebenswelt verantwortlich zu gestalten". Was wir unter Konzept oder Konzeption verstehen, werden wir ausführlich in Kapitel 6.2 *Wiederentdeckung. Erlebnispädagogik als moderne pädagogische Konzeption* diskutieren.

Wie ist die Annahme begründbar, dass Erlebnisse eine pädagogische Wirkung erzielen? Wie hängen Erlebnis und Erziehung zusammen? Nicht wenige pädagogische Praktiker setzen im Rahmen der Erlebnispädagogik auf die prägende Wirkung. Der Teilnehmer einer Schlauchbootfahrt, einer Fahrradtour, einer Höhlenbegehung soll im geplanten Erlebnis vom Ereignis ergriffen werden, so wie das Kind im Spiel (Jensen 1942) und der Erwachsene im Ritual aufgeht. Es wird vermutet, dass eine geballte pädagogische Energie in besonderen Erlebnissen liegt, die lange nachwirkt oder nur ins Vorbewusste abgleitet und bei Bedarf ins Bewusstsein gerufen werden kann. Das Erlebnis wirkt also sozusagen von selbst, prägt sich – neurowissenschaftlich gesprochen – als molekulare Struktur in verschiedenen Hirnarealen ein und braucht nicht durch ein bewusstmachendes Gespräch oder andere Methoden verstärkt werden.

Wer in der Erlebnispädagogik auf die prägende Wirkung von Erlebnissen setzt, orientiert sich am Rousseauschen Ansatz einer Minimalpädagogik, verzichtet damit aber auch auf eine Reihe von pädagogischen Potenzialen und wohl auch gleichzeitig auf eine Kontrolle der Erziehungsziele, die ohnehin aus heutiger Sicht fragwürdig erscheint. Teilnehmer und Leiter sehen sich nicht selten zum ersten mal und unternehmen für ein Wochenende eine gemeinsame Kajakfahrt oder eine Fahrradtour. Mehr als Impulse und Anstöße, die dann nachwirken sollen, sind selten möglich. Andererseits sind Wirkungen erlebnispädagogischer Unternehmungen, auch im Rahmen der Kurzzeitpädagogik, nicht zu unterschätzen. Ein delinquenter Jugendlicher, der an einem dreiwöchigen Segeltörn teilnahm, schlug am Ende der Fahrt einen Erzieher krankenhausreif. Der Gefängnispsychologe berichtete später, dass der Jugendliche immer wieder vom Segeltörn erzählte und betonte, dass es die schönste Zeit in seinem Leben gewesen sei.

In anderen Arbeitsfeldern der Jugendarbeit, der Jugendverbandsarbeit und in den Einrichtungen der Jugendhilfe werden durch erlebnispädagogische Aktivitäten bestehende Beziehungen zwischen Jugendlichen und Pädagogen aufgegriffen, intensiviert und bekommen so eine neue Qualität. Erlebnispädagogische Methoden werden eingesetzt, um bestimmten Zielen wie etwa Steigerung des Selbstwertgefuhls, Förderung des Gemeinschaftsgefühls, Einübung von Selbstverantwortung näher zu kommen. Selbstverständlich müssen diese Ziele unter konstruktivistischer Perspektive, wie im Kap. 2.2 gezeigt, relativiert werden. Unzweifelhaft gilt indessen, dass die Erlebnispädagogik zur zwischenmenschlichen Begegnung und Beziehung beiträgt, weil sie durch die oft notwendige persönliche Nähe neue Sichtweisen der Fremd- und Selbstwahrnehmung eröffnet, weil bisher feste Einstellungen und Urteile ins Wanken kommen können. Erziehung bedeutet letztlich auch den Versuch der Einflussnahme. Der Erzieher hat dabei in der Regel die größeren Chancen, das Verhalten des zu Erziehenden zu beeinflussen, als umgekehrt.

Erlebnispädagogik kann schließlich auch explizit als Bildungsmaßnahme konzipiert werden. Wer mit dem Mountain Bike die Spuren Hannibals über die Alpen verfolgt, dabei im Reisegepäck seinen „Livius“ verstaut hat und beim abendlichen Lagerfeuer mit den Reisegefährten über den Feldzug Hannibals diskutiert, der befindet sich auf einer freilich sehr modernen Form der Bildungsreise. Wer die Wanderungen der Schwabenkinder verfolgt, diesen alljährlichen Weg der armen südtirolerischen Bauernkinder des 18. und 19. Jahrhunderts ins Schwäbische Land, um dort gegen Verköstigung zu arbeiten und so die Eltern finanziell zu entlasten, begibt sich auf historische Spurensicherung und macht Alltagsgeschichte begreifbar. Wer in oder nach Höhlentouren auf Grundfragen des menschlichen Lebens stößt, kommt der klassischen Definition von Bildung vermutlich näher als so mancher seminaristische Ansatz an Bildungsstätten. Wenn Bildung definiert wird durch Merkmale wie Muße, Reife, sich Zeit lassen, neue Zeit- und Raumperspektiven entwickeln, heraustreten aus dem zweckbestimmten Alltag, dann kann Erlebnispädagogik zu einem wichtigen Mosaikstein in den Programmen der Bildungsstätten werden. Michl (2015b) hat darauf verwiesen , dass die Erlebnispädagogik die Praxis der Erziehung bereichert hat, weil sie verdrängte und vergessene Werte und Grundhaltungen, wie Verantwortung, Leistung, Führung, Handlungsorientierung, zu Tage gefördert hat.

Programmtypen[13] und Lernmodelle

Simon Priest hat auf der Basis von vier Programmtypen („program designs") sechs methodische Wege herausgearbeitet und zueinander abgegrenzt (1994), die wir hier vorstellen wollen. Als Programmtypen definiert Priest die vier Bereiche

- Freizeit und Erholung („recreational programs") mit Akzent auf affektiven Zielen („change the way people feel")
- Bildung („educational programs") mit Akzent auf kognitiven Zielen („change the way people think")
- Training („developmental programs") mit Akzent auf verhaltensbezogenen Zielen („change the way people behave") und
- Therapie („therapeutic programs") mit Akzent auf therapeutischen Zielen („change the way people misbehave").

Die Kategorisierung mag auf den ersten Blick etwas konstruiert, vielleicht sogar banal erscheinen. Sie eröffnet jedoch bei näherem Hinsehen interessante Perspektiven: Greift die Dichotomie „Erlebnispädagogik als Beziehungsarbeit" einerseits und „Erlebnispädagogik als Bildungsarbeit" andererseits nicht zu kurz? Kann mit dieser Einteilung die Diffusion oder gar das Erklärungsdefizit von der Erlebnispädagogik genommen werden?

Es wäre übertrieben zu behaupten, der „Stein der Weisen" sei nun gefunden worden. Allerdings kann festgehalten werden, dass diese Typisierung Arbeitsfelder integriert, die bislang latent von Ausgrenzung bedroht waren:

Von erlebnisorientierten Programmen der offenen Jugendarbeit bis zu therapeutischen Langzeitmaßnahmen lässt sich ein großes Spektrum handlungsorientierter pädagogischer Praxis subsumieren. Gemeinsamer Nenner ist die unterstellte Entwicklungsidee („change the way people feel, think, behave, misbehave“), die sich einen größeren Spielraum als die etwas einengende Definition „Erziehung“ schafft. Um Missverständnissen vorzubeugen: Priests Typisierung zerstückelt nicht etwa das ganzheitliche Erfahrungs- und Lernverständnis, das handlungsorientierte Erziehung immer kennzeichnet. Wenn er bei der Beschreibung der jeweiligen Programmtypen eine Zielkategorie akzentuiert, dann heißt das nicht, dass die anderen Kategorien damit ausgeblendet werden. Das Schema ist als Modell, als Hilfestellung zu begreifen, um Konzepte mit definierten Zielrichtungen besser fassen und einordnen zu können.

Bleiben wir noch einmal bei der Kategorie „Ziel“, die in der amerikanischen Theoriebildung unbefangen angewandt, bei uns jedoch häufig mit Vorbehalten oder sogar Ablehnung bestraft wird: Es sei unkritisch, Ziele in Bezug auf die Adressaten zu formulieren. Man würde die Teilnehmerinnen in eine Objektrolle drängen und eine besänftigend-sozialintegrative Position beziehen – so eine fiktive Stimme aus dem „non-direktiven Lager“ der Sozialarbeit. Unser Klärungsvorschlag dazu ist eine offene, den Entwicklungsmöglichkeiten des Individuums angemessene Interpretation, die den Begriff Ziel*setzung* durch Ziel*richtung* – oder noch offener: *Entwicklungsthema* – ersetzt. Orientierungsrahmen ist dabei das von Schulz von Thun herangezogene und weiterentwickelte Werte- bzw. Entwicklungsquadrat (Schulz von Thun 2010, 38). Diese Hilfskonstruktion unterstellt einen Spannungszustand von Werten bzw. Tugenden, der von Individuum zu Individuum variiert. Nehmen wir beispielsweise den Wert „Vertrauen“. Der positive Gegensatz dazu wäre „Vorsicht“, entwertende Übertreibungen wären die „naive Vertrauensseligkeit“ (bezogen auf „Vertrauen“) und das „paranoide Misstrauen“ (bezogen auf „Vorsicht“).

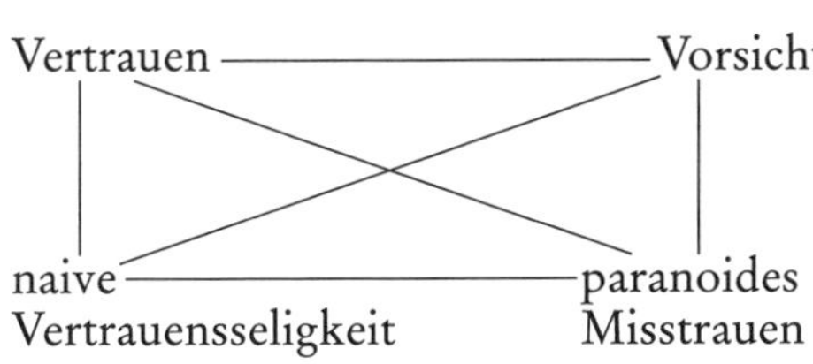

(Schulz von Thun 2010, 42)

Für die Erlebnispädagogik hieße dies, dass eindimensional definierte Ziele wie z. B. „Aufbau von Vertrauen“ neu formuliert werden müssten. Nicht eine fixe Ziel*setzung*, sondern eine offene Entwicklungs*richtung* wird bestimmt. Nimmt man beispielsweise die Initiativübung „Pendel“[14] oder die alpine Abseilvariante „Ablassen“[15], die beide häufig mit der Formel „Aufbau von Vertrauen“ versehen werden, dann würde – übersetzt in die Denkfigur des Entwicklungsquadrats – ein veränderter Fokus notwendig: Anstelle des statischen Postulats „Aufbau von Vertrauen“, bei dem die Persönlichkeitsstrukturen der Adressaten ausgeblendet oder zumindest über einen Kamm geschoren werden, müsste es das Ziel sein, die Pole „Vertrauen“ und „Vorsicht“ auszubalancieren. Dieser Ansatz steht natürlich quer zu Lernzieltaxonomien, wie sie die traditionelle Schulpädagogik auf dem Gewissen hat. Urahne dieses offenen und dynamischen Ansatzes wäre der an anderer Stelle bereits ausführlich gewürdigte Dewey mit seiner radikalen Auffassung von Wachstum und Entwicklung.

Doch zurück zu Priests Thesen. Stephen Bacon hat 1983 das sog. „Metaphorische Modell“ entwickelt (Bacon 1983) und einige Jahre später mit einem Vergleich der erlebnispädagogischen Praxis im Wandel der Jahrzehnte Fundamente gesetzt, auf die man heute – nicht nur in Nordamerika – aufbauen kann. Die Arbeit von Outward Bound USA analysierend und innovativ fortschreibend, unterschied er drei methodische Ansätze („curriculum models“), die – als offene oder auch geheime Lehrpläne – die Grundlage des pädagogischen Handelns bilden (vgl. vor allem Schad 1993 sowie Kap. 2.4 dieses Buches). Priest greift Bacons Terminologie auf und präsentiert – unter Einbeziehung einer zwischenzeitlich fortentwickelten Theorie und Praxis – eine weiter ausdifferenzierte Struktur.

Er unterscheidet zwei große Blöcke, die sich auf das Wechselspiel von Aktion und Reflexion, Erfahrung und Entwicklung beziehen. Die ersten drei methodischen Ansätze streben Verhaltensmodifikationen (change the way people …) *nach* den Aktivitäten an, während die Modelle vier, fünf und sechs die entwicklungsfördernden Kräfte bereits *vor*, *während* und *durch* die Lernsituationen nützen.

- Handlungslernen pur (learning and doing)
- Kommentiertes Handlungslernen (learning by telling)
- Handlungslernen durch Reflexion (learning through reflection)
- Direktives Handlungslernen (direction with reflection)
- Metaphorisches Handlungslernen (reinforcement in reflection)
- Indirekt-metaphorisches Handlungslernen (redirection before reflection)

Da schon eine Übersetzung der amerikanisch geprägten Begriffe ins Deutsche sich schwierig gestaltet, sollen die folgenden Erläuterungen das Besondere der einzelnen Ansätze verdeutlichen.

Handlungslernen pur wurde und wird in vielen erlebnisorientierten Programmen praktiziert. Die Teilnehmerinnen genießen (mehr oder weniger) die verschiedenen Aktivitäten, sie lernen neue Techniken wie beispielsweise das Abseilen. Ob sie etwas über sich selbst lernen, über ihre Beziehungen zu anderen oder wie sie mit den Herausforderungen des Alltags umgehen können, wird in keiner Weise thematisiert und gehört auch nicht zum Arbeitsbereich des Pädagogen, der sich auf organisatorische Aspekte, Sicherheitsfragen und die Vermittlung neuer (technischer) Fertigkeiten konzentriert.

Ganz anders gestaltet sich die Aufgabe des Pädagogen beim kommentierten Handlungslernen. Im Anschluss an die Aktivität fasst er (als Experte) die wesentlichen Lernziele zusammen und erläutert den Teilnehmern, wie sie die Erfahrungen umsetzen sollen. Nach einer Bergtour könnte sich das etwa so anhören: „Ihr habt gelernt, dass gegenseitige Rücksichtnahme notwendig ist, um das Ziel zu erreichen. Eure Planung war schlecht, die Etappen zu lang und das Material nicht gut auf alle verteilt. Achtet beim nächsten Mal auf eine gute Vorbereitung und gemeinsame Durchführung, dann geht es bestimmt besser." Da diese Form der Nachbereitung von den Teilnehmern eher als besserwisserisches Gehabe denn als stimmiges Feedback aufgenommen wird, wirkt sie in der Regel demotivierend.

Beim Handlungslernen durch Reflexion werden im Unterschied zu den beiden anderen Ansätzen die Teilnehmer aktiv an der Aufarbeitung der Lernerfahrungen beteiligt. Zum Nachdenken anregende Fragen wie beispielsweise „Wie ist es euch dabei ergangen? Was habt ihr daraus gelernt? Was würdet ihr beim nächsten Mal anders machen? Kennt ihr vergleichbare Situationen aus eurem Alltag?" sollen die Teilnehmer ermuntern, Gedanken und Gefühle zu äußern und über sich und die anderen mehr zu erfahren.

Das direktive Handlungslernen unterscheidet sich von den bis hierhin vorgestellten Lernmodellen eklatant: Wurden bei den vorherigen Modellen die Erfahrungen *hinterher* ausgewertet, werden jetzt mögliche Entwicklungsrichtungen bereits *vor* der Aktivität thematisiert; während der Aktivität sollen dann die Dispositionen praktisch erprobt werden. Folgende Aspekte können thematisiert werden:

- Rückblick: Was wurde bei den vergangenen Aktivitaten erreicht und gelernt?
- Bezug: Was kann bei der folgenden Aktivität gelernt werden?
- Motivation: Warum ist diese Erfahrung wichtig, welchen Bezug hat sie zum Alltag?
- Funktionsweise: Welches Verhalten bringt voraussichtlich den größten Erfolg?
- Hindernisse: Welches Verhalten wird eher hinderlich/kontraproduktiv sein?

Der Pädagoge führt zum einen ganz gezielt in die Aktivität ein: „Beim Abseilen lässt sich der Einzelne, durch Seil und Klettergurt gesichert, die Wand hinunter. Dazu ist ein Zutrauen zur eigenen Person genauso von Bedeutung wie Vertrauen zum Partner, der die zusätzliche Sicherung übernimmt." Mit gezielten Fragen arbeitet er die seiner Meinung nach wesentlichen Entwicklungsthemen bereits vor der Aktivität heraus: „Was könnte man aus dieser Aktivität lernen? Warum ist es wichtig, dies zu lernen? Welche Vorteile bringen solche Erfahrungen für die Zukunft?"

Auch beim Modell des metaphorischen Handlungslernens wird die Verhaltensänderung bereits vor bzw. während der Aktivität angestrebt. Im Gegensatz zum vierten Modell erfolgt hier eine Einführung, die den Teilnehmern die Aktivität „isomorph" – analog zur Lebenswirklichkeit der Teilnehmer – darstellt. Beim Schlauchbootfahren einer Heimgruppe könnte das etwa so sein: „Wir leben gemeinsam auf engem Raum (Boot) und sind aufeinander angewiesen (alle in einem Boot). Zwar gibt es unterschiedliche Aufgaben (Steuermann, Schlagmann usw.), aber wenn jeder macht, was er will, klappt es bei uns nicht (Boot ist nicht manövrierfähig). Wenn jemand aus unserer Wohngruppe aussteigt (das Boot verlässt), wird das für die anderen schwierig – es darf nicht unvorbereitet geschehen (Sprung über Bord)." Eine solche Anpassung erfordert vom Pädagogen eine gute Kenntnis der Lebensumstände der Teilnehmer; gelingt diese Anpassung, ist der Lerneffekt groß, weil die Übertragung unmittelbar erfolgen kann.

Nur sehr selten wird das Modell des indirekt-metaphorischen Handlungslernen angewandt. Gerade weil es am ehesten dann eingesetzt wird, wenn andere Lernmodelle scheitern, kommen hier im Interesse der Teilnehmer verschiedene Paradoxien zum Zuge: „double-bind-Situation", Symptomverschreibung, Symptomverlagerung, Vorspiegelung von Alternativen. Unter dem Aspekt „double-bind-Situation" könnte bei einer Gruppe, die große Kommunikationsschwierigkeiten hat, die Einleitung zur Übung „Seilquadrat" – bei dieser Übung soll die Gruppe mit verbundenen Augen ein an den Enden zusammengeknotetes (Kletter-)Seil so auf den Boden legen, dass sich daraus ein großes Quadrat ergibt – so aussehen:

„In den meisten Gruppen gibt es bei der Übung Seilquadrat verschiedene Lösungsstrategien, die die Teilnehmer unterschiedlich laut äußern. In der Regel hört keiner auf den anderen, es kommen nicht alle Vorschläge zur Sprache. Irgendwann setzt sich einer durch, und viele Teilnehmer wissen im Endeffekt nicht, was eigentlich abläuft. Bei einer Nachbesprechung stimmen alle überein, dass die Kommunikation der Gruppe schlecht war, und sind damit unzufrieden. Es gibt auch andere Möglichkeiten, an diese Aufgabe Seilquadrat heranzugehen ..."

Durch diese Einführung entsteht eine Situation, in der die Gruppe nur gewinnen kann. Denn wenn sie sich genauso verhält wie beschrieben, werden ihre Kommunikationsschwierigkeiten allen noch bewusster und können im Anschluss an die Übung intensiv besprochen werden. Lösen sie die Aufgabe allerdings, indem sie gut miteinander kommunizieren, so zeigen sie damit, dass sie sich auch anders verhalten können, und werden möglicherweise in Zukunft besser miteinander kommunizieren.

Ähnlich wie das fünfte Modell erfordert das indirekt-metaphorische Handlungslernen beim Pädagogen weitgehende Kompetenzen: profundes Wissen über die Teilnehmer und ihre Lebenswelt(en) sowie über therapeutische Verfahren.

So weit die sicherlich verkürzte Darstellung der sechs Lernmodelle. Auf den mechanistischen Duktus dieser typisch amerikanischen Theoriebildung sind wir in den Abschnitten 2.2, 2.4 und 2.5 ausführlich eingegangen. Wir wollen Priests Typologien an dieser Stelle als Anregungen begreifen, die nicht nur sprachlich, sondern auch inhaltlich erst noch in die einschlägigen sozio-kulturellen Milieus übersetzt werden müssen. Gewiss gibt es einige Vorreiter, die ihre erlebnispädagogischen Arrangements auf Isomorphien gründen oder Metaphern der Teilnehmer, die während der Aktionen oder unmittelbar danach entstehen und artikuliert werden. Sie können begriffen werden als Ressourcen für persönliches Wachstum und gemeinsame Entwicklung.

Priests Vorschlag zur Kategorisierung der Programmtypen kann uns hier weiterbringen, ohne einzelne Ansätze vorschnell auszugrenzen. Seine Lernmodelle haben wir noch vor einigen Jahren als „griffige Haltepunkte" bezeichnet. Vor allem Johan Hovelyncks und Cornelia Schödlbauers Einlassungen brachten uns zwischenzeitlich auf mehr Distanz zum Lernparadigma von Simon Priest.

3.4 Lernt man nie aus? – Dimensionen des Lernens in der Erlebnispädagogik

Die Erlebnispädagogik hat gegen Vorurteile wie romantischer Rückzug, Entpolitisierung, Minimalpädagogik, ahistorisches Denken zu kämpfen. Hinter der scheinbaren Banalität erlebnispädagogischer Aktivitäten ist jedoch eine Fülle von Lernchancen, hypothetischen Konstrukten, Analysen und Dimensionen verborgen, die im Folgenden angesprochen werden sollen.

Am Anfang der Erlebnispädagogik stand die Bildbetrachtung

Die Geschichte der Erlebnispädagogik wird nicht selten als Steinbruch benützt, aus dem das für die jeweilige Theorie passende Gestein geschlagen wird. Im Folgenden soll kurz einem bedeutenden und bisher vernachlässigten Wurzelstrang der Erlebnispädagogik nachgegangen werden, der Bildbetrachtung.

Die Kunsterziehungsbewegung entstammt der Reformpädagogik. Mit der Bildbetrachtung wollte der Begründer der Kunsterziehungsbewegung, Alfred Lichtwark (1852–1914), die schöpferischen Kräfte des Kindes, seine Gefühlswelt, seine Fantasie wecken. Nicht die objektive künstlerische Bedeutung eines Bildes und dessen ehrfürchtige Bewunderung sollte vermittelt werden, sondern die subjektive Befindlichkeit des Kindes stand plötzlich im Mittelpunkt. Was bewirkt das Bild in mir, was löst es aus? Warum gefällt mir das Bild, warum nicht? Woran erinnern mich die Farben? Was hätte ich anders gemalt? Wenden wir diese ursprüngliche Methode der Erlebnispädagogik, die Bildbetrachtung, an und werfen wir einen Blick auf ein Bild in der Höhle von Lascaux, der „Sixtinischen Kapelle der Urzeit“:

> *Rechts oben im Bild steht ein Wisent, dem die Bauchdecke aufklafft, aus der die Eingeweide heraushängen. Der Wisent blickt auf die vor ihm stehende Gestalt, ein großer schlanker Mann, der nach hinten umkippt. Mit aufgesetztem Vogelkopf und erigiertem Penis fällt er zu Boden. Daneben liegt die Jagdwaffe des Mannes, Speer oder Pfeil, links neben dem Mann ein stilisierter Vogel, daneben ein flüchtendes Nashorn.*

Abbé Breuil, der Entdecker vieler südfranzösischer Höhlenzeichnungen, spricht hier von einer Kampfszene, bei der der tote oder sterbende Jäger den Wisent tödlich verwundet hat; den Vogel auf der Stange interpretiert Breuil als Totempfahl. Wir wollen diesem vielgedeuteten Bild keine weitere Interpretation anfügen, sondern uns lediglich dazu inspirieren lassen, Dimensionen des Erlebens zu finden. Freilich steht hier „Man, the hunter“ (Lee/De Vore 1968) im Mittelpunkt, obwohl der Ethnologie längst klar ist, dass die Frau durch ihr Sammeln bis zu 80% der Nahrung bei Sammler- und Jägergesellschaften einbringt. Trotzdem:

- Ist nicht das Jagen, das Reisen und das Töten, um leben zu können, wenngleich schuldig, da man in den Schöpfungsplan eingegriffen hat, eine Grundform menschlichen Erlebens?
- Dazu gehört das Sammeln: die Sicherheit, Nahrung zu finden, versehen mit einer hohen Erfolgsgarantie. Erst die Sammeltätigkeit der Frau ist der Garant für die Ernährung und damit die Grundlage der menschlichen Familie.
- Das Sterben, der Tod – im Bild Lascaux in dramatischer Weise dargestellt – ist sozusagen das Negativum der Jagd; heute ist Sterben das am meisten verdrängte menschliche Erlebnis. Erlebnispädagogik ist im weitesten Sinne immer eine Annäherung an subjektive Grenzen.
- Dagegen steht die männliche Sexualität: Der erigierte Penis zeigt den Zusammenhang zwischen Sexualität, Macht, Kampf, Aggression und Sterben. Sieht man Sexualität – man kann sie sicher auch anders sehen – als den Versuch des organischen Lebens, die Unvergänglichkeit der anorganischen Welt zu erreichen, so ist Heldentum und Ruhm das männliche Prinzip, Gebärfähigkeit das weibliche Prinzip der Unsterblichkeit. Sicher: Sexualität ist mehr, bedeutet Liebe und Partnerschaft, allemal aber gehört Sexualität zu den Grundformen des menschlichen Erlebens.
- Der Vogelkopf des Jägers und der Vogel auf dem Pfahl, so verschieden sie gedeutet werden, sie versinnbildlichen die religiöse Dimension des menschlichen Erlebens, die Fragen woher komme ich, was bin ich, wohin gehe ich.
- Letztes Erlebnis: sich mitteilen. Was wüssten wir über menschliches Erleben, wenn nicht darüber geredet, gemalt, geschrieben, Musik komponiert und ge-

spielt worden wäre? Erleben und Ausdruck ermöglichen Erlebnispädagogik erst. Und weil man intensives Erleben schwer in Worte oder Begriffe fassen kann, ist Erlebnispädagogik auf Malerei, Musik und Dichtung ebenso angewiesen wie die Statistik auf Zahlen.

Jagen und Sammeln, Sexualität, Tod, Geburt, Religiosität, Kunst als Dimensionen des menschlichen Seins und Erlebens!

Die anthropologische Dimension

Bei der Bestimmung der natürlichen Voraussetzungen der Erziehung haben sich zwei wissenschaftliche Disziplinen hervorgetan: die Verhaltensbiologie und die Ethnologie (Harari 2015). Die Verhaltensbiologie sieht beim Menschen eine Vielzahl angeborener Verhaltensweisen, die durch besondere Reize ausgelöst werden. Die Ethnologie befasst sich mit menschlichen Verhaltensweisen in unterschiedlichen Kulturen. Nach einem transkulturellen Vergleich wird dann jener Anteil menschlichen Verhaltens deutlich, der zu Lasten kultureller Bedingungen geht, ebenso wie jener Anteil, der auf angeborene Verhaltensprogrammierungen zurückzuführen ist.

„Man, the hunter": Seit 2 Millionen Jahren lebt der Mensch auf der Erde, zu fast 99 % dieser Zeit ernährte er sich vom Sammeln und Jagen. Das Zeitalter des Jagens und Sammelns dauerte nicht nur am längsten, sondern war die erfolgreichste Anpassung an die Lebensbedingungen dieser Erde.

Zurück auf die Bäume? Nein, das kann kein Ziel von Erlebnispädagogik sein! Aber der Weltkontakt über den Körper vermittelt Reste unseres Gefühls als Sammler und Jäger, zeigt uns den Reiz von Einsamkeit und Einfachheit. Unsere biologischen Ursprünge können so bewusst werden. Die Sinnesorgane helfen, den Weg zu finden, sich in der Dunkelheit tastend zu orientieren, den murmelnden Fluss zu hören, den Rauch des Lagerfeuers zu riechen. Unsere Gliedmaßen werden gebraucht zum Gehen, Laufen, Springen, Schwimmen, Klettern, Kriechen, zum Bauen des Nachtlagers, zur Zubereitung der Mahlzeit. Erlebnispädagogik kann auf unsere biologischen Wurzeln verweisen, uns zeigen, dass wir eigentlich darauf programmiert sind, täglich 10 bis 20 km zu gehen oder zu laufen, um unsere Nahrung zu erwerben.

Den modernen Menschen fehlt nach Konrad Lorenz das Abenteuer, und weil es das Konzentrat des Lebens ist (Ernst Jünger), werden das Abenteuer und dessen Derivate mit aller Macht gesucht. Besonders von Jugendlichen, denn Risiko, Bewährung, Wagnis, Überwindung, Grenzen sind Bestandteile einer Pädagogik der Pubertät, die Jugendlichen tiefes Erleben ermöglicht, Grenzen auf der Suche nach Identität aufzeigt, zur Entdeckung des

Subjekts verhilft, zur Abgrenzung von der Außenwelt beiträgt, beim Abstecken zwischen Ich und Außenwelt behilflich ist.

Die religiöse Dimension

Wenn das Jugendalter ein Alter der ersten und bedrängenden Sinnfragen ist, dann bietet die Erlebnispädagogik Annäherungen an diese Grundfragen menschlichen Lebens, denn sie kann uns aus unserem Raum- und Zeitverständnis hinausführen. Die Erlebnispädagogik bringt uns lebensfeindliche Räume nahe wie Berge, Felsen, Höhlen, Schluchten, wildes Wasser. Sie sind die Antithese des Lebens, wie die Wüste. Und doch suchen die Menschen die Wüste bzw. menschenleere unwirtliche Gegenden und die Einsamkeit.

Erlebnispädagogik soll unseren schnelllebigen Alltag entschleunigen, die Langsamkeit wieder entdecken lernen, die Vergänglichkeit vermitteln, die Ewigkeit spüren lassen, den von Gott gegebenen rechten Augenblick – kairos – ermöglichen. Bei Höhlentouren wird unser Zeitverständnis brüskiert: Was bedeutet eine Stunde beim Anblick eines tausendjährigen Stalagmiten? Das ferne Rauschen des Höhlenbaches, das stille und stetige Tropfen, die tiefe Dunkelheit, die durch unser Licht für wenige Minuten erhellt wird – überall Stein gewordene Zeit. Ein Hauch von Zeitlosigkeit und von Ewigkeit, dem wir in diesem öden Lebensraum Höhle ausgesetzt sind und der die Hektik unseres Alltags, unser Bedürfnis nach Zeit als Hilfskonstruktion unseres Daseins entlarvt.

Wer solche Lebensräume aufsucht, sich von den Menschen und der Zivilisation kurzzeitig verabschiedet, kann sich auf Wege und Weisen einlassen, über Sinn und Bedeutung des Lebens nachzudenken, und sich auf die Suche nach Gott begeben. Den heiligen Orten aus Menschenhand entsprechen die heiligen Orte der Natur, die gleichsam geladen sind mit spiritueller Energie.

Die Dimension des sozialen Lernens

Schlauchbootfahrten und Segeltörns sind geradezu Archetypen des Gruppenlernens in der Erlebnispädagogik. Der Spaß mit der Gruppe und die Auseinandersetzung in der Gruppe, die Rollenverteilung, all dies eröffnet eine Vielzahl von Feldern sozialen Lernens. Bei Planung, Durchführung und Nachbereitung wird jeder einzelne Teilnehmer in einer bestimmten Rolle, einer meist selbst bestimmten, manchmal notwendigerweise verordneten, gebraucht. Gut zusammenarbeitende Bootsinsassen haben die Chance, in einem Wir-Gefühl eine echte Gemeinschaftsleistung zu erleben.

Die Gruppe gibt dem Einzelnen Sicherheit und Entlastung, sie kann integrierend wirken oder wertvolle Konflikte schaffen: „Die Krise ist ein produktiver Zustand, man muß ihr nur den Beigeschmack der Katastrophe nehmen“ (M. Frisch).
Die moderne Lebenswelt bietet immer weniger Möglichkeiten des sozialen Lernens an. Wir leben in einem Zeitalter der gefährdeten Gemeinschaften und der Individualisierung der Lebenslagen. Die Kinderspielgruppe wird im städtischen Leben ihrer Grundlage beraubt, die Vorschule leidet unter Leistungsansprüchen, die Schule wird nur noch als Zweck- und Übergangseinrichtung angesehen. Das soziale Netz wird durch die Ein-Kind-Familie, den Schwund der nachbarlichen und verwandtschaftlichen Beziehungen auf einige wenige bedeutungsschwere Stränge reduziert. In Vorträgen, Diskussionen und Publikationen versucht der Hirnforscher Manfred Spitzer (2017) leidenschaftlich zu beweisen, wie krank und einsam das Smartphone Kinder macht. Nicht selten geht der Mangel an sozialem Lernen einher mit materieller und emotionaler Verwöhnung.

Die Praktiker wissen, dass während erlebnispädagogischer Maßnahmen verwöhnte Lebensstile ungewöhnlich rasch aufgedeckt werden. Unter den realen Anforderungen einer Schlauchbootfahrt bilden sich wie im gruppentherapeutischen Prozess Rollen und Beziehungsgeflechte, verläuft die Gruppenentwicklung in bekannten und viel besprochenen Phasen, sind Konflikte und Krisen zu meistern, geht es um Identität und Gruppengefühl, um Selbstbestimmung und Einfühlungsvermögen, um Rücksichtnahme und Hilfsbereitschaft. Den Wattebausch der Verwöhnung behutsam bewusst zu machen und das Lernziel Solidarität zu stecken, müssen Herausforderungen der Erlebnispädagogik sein.

Erleben und ökologisches Lernen – Umwelt als Dimension

Natursport und Naturschutz miteinander zu vereinbaren ist eine schier unlösbare Aufgabe. Die ökologische Verträglichkeit ist aber heutzutage der Gradmesser jeglicher Erlebnispädagogik. Der handelnde Mensch hinterlässt mehr oder weniger bleibende Spuren in der Natur. Weil der Schaden größer sein könnte als der Nutzen, fordern engagierte Umweltschützer menschenfreie Gebiete oder den Rückzug aus der Natur. Sie übersehen dabei die pädagogische Herausforderung und Chance der Erlebnispädagogik! Nur wer den Wert der Natur am eigenen Leibe erfährt, nur wer sie schätzt, schützt sie auch. Nirgendwo kann die ökologische Problematik deutlicher vor Augen geführt, nirgendwo können die ökologisch-praktischen Fertigkeiten besser eingeübt werden. Keinen Müll zu hinterlassen ist eine Selbstverständlichkeit, fremden Müll mitzunehmen eine verständliche Maßnahme. Bei der Befahrung von Flüssen sind die Brutpflegezeiten zu beachten, von Höhlenerkundungen sollte nicht mehr übrig bleiben als der Fußabdruck unserer Schuhe im Lehm, bei Bergwanderungen lässt sich die Bedrohung der Natur aufzeigen, bei Fahrradtouren kann deutlich gemacht werden, dass es kein effektiveres Fortbewegungsmittel gibt, das zudem so schonend mit der Umwelt umgeht.

Naturferne soll zu Naturnähe werden, „Fernstenliebe“ zur Nächstenliebe, Interesse für Natur zu Naturschutz. Die ökologischen Herausforderungen an die Erlebnispädagogik sind Teil der ethischen Dimension: Die Teilnehmer sollen lernen, Verantwortung für sich selbst, für die anderen und für ihre Umwelt zu übernehmen.

Charaktererziehung und Persönlichkeitsbildung als Dimension der Erlebnispädagogik

Was bewirkt Erziehung, was sind die Wirkungen erlebnispädagogischer Aktivitäten? Wenn man Erziehung als den mehr oder weniger gelungenen Versuch betrachtet, Kinder und Jugendliche einem Erziehungsziel näher zu bringen, so wird man die folgenden Ausführungen mit der gebotenen Vorsicht aufnehmen.

Durch die Leitsätze „Learning by doing“ und „Lernen durch Kopf, Herz und Hand“ versteht sich die Erlebnispädagogik als ganzheitliches Bildungskonzept. Kurt Hahn, der Begründer der Erlebnistherapie, hoffte auf die charakterbildende Wirkung des Natursports und auf die Prägung der Persönlichkeit durch das Erlebnis. Sein Erziehungsideal war der tatkräftige, humanitär gesinnte Mensch, dessen Beziehungsraum Gemeinschaft und Staat sind. Die bildende Kraft von Erlebnissen in und mit der Natur lässt sich in der Tat dreiteilen.

Lernen durch den Kopf meint die kognitive Funktion, also Zusammenhänge erkennen, Wissen erwerben, Informationen verarbeiten. Am Beispiel Bergsteigen heißt dies: Wissen über Klettertechniken, Wetterkunde, Geologie, erste Hilfe, Gebrauch von Karten, Bergrettung, Landschaftskunde usw. Lernen mit Herz meint die senso-motorische Dimension. Die innere und äußere Natur sinnlich begreifen, erfahren, ertasten, erfühlen, d. h. die Oberfläche eines Baumes blind ertasten, ein Schlammbad nehmen, die Strukturen einer verwitterten Wurzel nachzeichnen. Wenn wir im Umgang mit unserer natürlichen Umwelt dann wieder Staunen lernen, Freude spüren, Dank ausdrücken, Angst und Bedrohung an uns heranlassen, so begegnen wir der affektiven Dimension. Dazu gehört die kreative Dimension, der schöpferische Umgang mit kritischen Situationen, mit der Natur und unseren Mitmenschen, die praktische Schulung unserer Fantasie. Lernen durch Handeln und mit der Hand bedeutet im Denksystem Kurt Hahns die zentrale Rolle der Handwerker und der handwerklichen Tätigkeit. Im Landerziehungsheim Salem soll es nach dem Konzept Kurt Hahns Bauern und Handwerker geben; dem Verfall der Sorgfalt stellt Kurt Hahn die Methode des Projekts gegenüber, in dem die Fähigkeiten, Interessen und Hobbys der Schüler und Jugendlichen – Kurt Hahn sagte dazu „Grande Passion" – gefördert werden sollen.

Charakterbildung und Ausformung der Persönlichkeit galten schon immer als die wichtigsten Ziele der Erlebnispädagogik. Fasziniert von den englischen Internaten, baute Kurt Hahn das System der Kurzschulen auf, in denen Jugendliche zu verantwortungsbewussten demokratischen Menschen erzogen werden sollten: „... junge Menschen heranzubilden, die argumentieren, ohne sich zu zanken, sich zanken können, ohne sich zu verdächtigen, sich verdächtigen können, ohne sich zu verleumden" (Ziegenspeck 1986, 3).

Die therapeutische Dimension – Erlebnis in Pädagogik, Prävention und Psychotherapie

Kurt Hahn sprach zeit seines Lebens von Erlebnistherapie. Sie sollte gegen die vier Verfallserscheinungen – Verfall der körperlichen Leistungsfähigkeit, Verfall der Sorgfalt, Verfall der Initiativkraft, Verfall der Nächstenliebe – gesetzt werden. Hahn war ein Romantiker, beseelt von der Idee des Helfens und Heilens, überzeugt von den reinen Ursprüngen, auf die man zurückgreifen muss. Die Urväter der Tiefenpsychologie, Freud, Jung und Adler, hatten unabhängig von Hahns Erlebnistherapie die therapeutische bzw. krankmachende Wirkung bestimmter Erlebnisse festgestellt. Hans Zulliger, ein an Freuds Theorien orientierter Lehrer und Therapeut, unternahm mit seinen Schülern therapeutische Spaziergänge, Bergwanderungen und Höhlentouren. Freud hat den Stellenwert des Erlebnisses im psychischen Haushalt erkannt und stand mit seinen Gedanken ganz nahe am Theoriegebäude der Erlebnispädagogik: „Ich sage, das Leben verliert an Gehalt und Interesse, wenn der höchste Einsatz des Lebens, das Leben selbst, in seinen Kämpfen ausgeschlossen ist. Es wird so leer und schal wie ein amerikanischer Flirt, bei dem von vornherein feststeht, daß nichts vorfallen darf ... . Wir sind genötigt, uns für diese Verarmung des Lebens zu entschädigen und wenden uns hierfür an die Welt der Fiktion, der Literatur, des Theaters" (Freud 1915).

In der Tat enthalten erlebnispädagogische Aktivitäten großen therapeutischen Nutzwert. Persönlichkeitskrisen, die erst nach zahllosen Analysestunden vom Therapeuten definiert werden können, treten bei einer gemeinsamen Schlauchbootfahrt womöglich offen und schnell zutage. Gemeinsame Erlebnisse können nicht nur der Anamnese dienen, erlebnispädagogische Settings wirken nicht selten auch therapeutisch. Das Vertrauen erweckende

Flackern des Lagerfeuers, die Stille der sternklaren Nacht, das gemeinsame Schweigen bei langer Wanderung, die Überwindung einer schwierigen Situation, all das kann von heilender Wirkung sein.

3.5 Abenteuer als ein Weg zur Jugend – Ist die Erlebnispädagogik eine Pädagogik der Pubertät?

Nicht mehr Kind sein und noch nicht erwachsen, so lautete einstmals die klassische Definition des Jugendalters von Friedhelm Neidhardt. Heute ist Jugend zu einer eigenständigen und langen Altersphase geworden, deren obere und untere Grenzen sich grundlegend verschoben haben. Die Machtbalance zwischen Kindheit, Jugend und Erwachsensein hat sich zugunsten der Jugendphase verändert. Diesen Veränderungen, die von der Jugendsoziologie festgestellt werden, entspricht eine altersmäßige Verschiebung jugendpsychologischer Probleme.

Je mehr Jugend als eine eigenständige Phase im Leben des Menschen anerkannt wird, umso mehr bemühen sich Erwachsene darum – Jugendarbeiter, Sozialpädagogen, Psychologen, Pädagogen –, Zugänge zu dieser Altersphase zu finden. Wird die Jugend, je mehr sie sich selbst bestimmt, den Erwachsenen fremd? Vielleicht ist die Zahl der Jugendstudien dafür ein Indikator. Arthur Fischer, der Verfasser der Shell-Studie, antwortete einem eiligen Journalisten auf die Frage, wie denn die Jugend definiert werden könne, lapidar, dass die Jugend erstens jung und zweitens sehr verschieden sei.

Kann die Erlebnispädagogik bzw. das Abenteuer ein Weg zur Jugend sein, wie es die Veranstalter mehrerer bundesweiter Fachtagungen formulierten? Ist die Erlebnispädagogik nicht generell eine jugendgemäße Methode, eine Pädagogik der Pubertät? Ist sie ein Schlüssel zum Verständnis Jugendlicher und leistet sie möglicherweise einen besonderen Beitrag zur Vertiefung des pädagogischen Bezuges, gerade weil durch erlebnispädagogische Aktivitäten das Verhältnis von Distanz und Nähe neu definiert werden muss? Mit einigen jugendsoziologischen Daten und mit jugendpsychologischen Erkenntnissen sollen die oben genannten Fragen diskutiert werden.

Jugendsoziologische Daten bieten einen Einblick in die Jetztsituation, sie stellen ein historisches Segment dar. Erst der Vergleich jugendsoziologischer Studien aus mehreren Jahrzehnten zeigt den Wandel der Altersphase der Jugend auf. Sowohl Allerbeck und Shell-Studie, als auch der 15. Kinder- und Jugendbericht (BMFSFJ 2017) arbeiten durch diese Vergleichsmethode die Charakteristika der heutigen Jugendgeneration heraus. Im Folgenden sollen einige Daten, die im weitesten Sinne einen Bezug zur Erlebnispädagogik haben, thesenartig dargestellt werden.

These 1: Jung sein heißt Schüler sein.

Das Verhältnis zwischen den Generationen ist zwar enger, aber auch krisenhafter geworden. Schüler sein heißt auch, sich in einer besonderen Lebenswelt aufzuhalten, fern der Realität der Erwachsenen – und Berufswelt. Es ist, als lebe man „fast wie im richtigen Leben". Eine zweite Welt des Lernens und der Prüfungen, in der sicherlich entscheidende Weichen für den weiteren Lebensweg gestellt werden, die sich aber doch in einigen Aspekten von der Erwachsenenwelt unterscheidet.

Die Erlebnispädagogik kann einen wertvollen Beitrag dazu leisten, dieses Auseinanderdriften der Generationen zu kompensieren. Zum einen fordert sie vom Pädagogen nicht nur Wissen, sondern auch Erfahrung und den ganzen Einsatz der Persönlichkeit. Erfahrung hat mit Reifung, Entwicklung, Zeit und Persönlichkeit zu tun und nicht allein mit Fachwissen. Zum anderen stehen in der erlebnispädagogischen Aktion alle Beteiligten vor der gleichen Herausforderung. Erlebnispädagogik hat also eine demokratische Eigenschaft, das hat bereits Friedrich Nietzsche (1962, 302) erkannt: „Einige Stunden Bergsteigens machen aus einem Schuft und einem Heiligen zwei ziemlich gleiche Geschöpfe. Die Ermüdung ist der kürzeste Weg zur Gleichheit und Brüderlichkeit – und die Freiheit wird endlich durch den Schlaf hinzugegeben." Drittens schließlich kann man sich in den erlebnispädagogischen Aktionen mit realen Herausforderungen messen. Fast alle Handlungen haben sicht- oder spürbare Folgen. Zwar haben diese Erlebnisse zunächst mit der Alltags- oder Schul- oder Berufswelt wenig zu tun. Sie bilden aber Eigenschaften heraus, die sich dann im Alltag nutzbringend einsetzen lassen. Darüber hinaus führt uns die Erlebnispädagogik zu neuen Perspektiven und Wahrnehmungen, so dass wir danach unseren Alltag mit anderen Augen betrachten können als vorher.

These 2: Neben Eltern, Schule und Peer-group sind die Medien zu einem neuen Sozialisationsagenten geworden.

„Google" und Smartphone, „You Tube", „Twitter" und „Facebook" – die Medien durchdringen die Freizeit von Jugendlichen und Erwachsenen. Sport, Musik und Lesen werden in den Hintergrund gedrängt. Nicht selten führt der Medienkonsum zu einer Mangelerscheinung: Die durch Medien vermittelten Erlebnisse aus zweiter Hand, die durch das Fernsehen verstärkte Überbetonung des Fernbereichs, der Verlust der Unmittelbarkeit, die körperliche Passivität rufen ein Bedürfnis nach direktem Erleben, nach Unmittelbarkeit, nach Erfahrungen im Nahbereich, nach Erlebnissen, die überschaubar, verlässlich, eindeutig und berechenbar sind, hervor – oder sie schaffen wenigstens einen guten Nährboden für diese Bedürfnisse. Auch hier kann die Erlebnispädagogik einen wichtigen Beitrag liefern.

These 3: Der Verlust der sozialen Lernmöglichkeiten muss pädagogisch aufgefangen werden.

Wenn die Bedeutung der prägenden sozialen Kräfte Familie, Verwandtschaft, Nachbarschaft, Konfession, Gemeinde u.a. abnimmt, dann wächst zwar der Freiheitsraum des heranwachsenden Individuums, gleichzeitig nimmt aber auch der Druck zu selbstverantwortlicher Lebensführung zu. Die Offenheit, die Pluralität der Werte stellt eine erhebliche Herausforderung an die junge Generation dar: Wenn viele Werte gleich gültig sind, so können sie sehr leicht auch gleichgültig werden. Komplexität und Vielfalt moderner Lebensformen, verbunden mit der Gefahr der Entsolidarisierung, können schnell zu einer Überforderung führen.

In den Hilfen zur Erziehung (SGB VIII, §§ 27ff.) ist inzwischen ein erziehungs- und therapieresistenter Typus von Jugendlichen bekannt, der sich durch eine Mischung aus Wohlstandsverwahrlosung, übersteigertem Selbstwertgefühl und Beziehungsunfähigkeit auszeichnet. In erlebnispädagogischen Aktivitäten wird die oben genannte Konstellation umgedreht: Die Intensität menschlicher Beziehungen nimmt oft notwendigerweise zu, die materiellen Ansprüche müssen zurückgeschraubt, soziales Lernen kann nachgeholt werden. Segeltörns und Schlauchbootfahrten, aber auch mehrtägige Wanderungen durch einsame Regionen zeigen recht schnell auf, auf welche materiellen Bequemlichkeiten verzichtet werden kann bzw. muss. Sie decken auch verwöhnte Lebensstile ungewöhnlich schnell auf und bieten so die Möglichkeit, diese Defizite zu bearbeiten.

These 4: Handlungsorientierte Methoden in der Jugendarbeit pendeln notwendigerweise zwischen Krise und Konjunktur.

Die Erlebnispädagogik liegt im Trend. Das galt auch für die ökologische Bildung. Obwohl deren Themen letztlich, so ist zu befürchten, weiter an Aktualität gewinnen werden, interessieren sich weder Jugendliche noch die Profis der Jugendarbeit in besonderer Weise für das Thema Ökologie. Es ist aber Teil des Bildungskataloges geworden. Der Erlebnispädagogik mag ein gleiches Schicksal bevorstehen, auch wenn sich im Rahmen der außerschulischen Bildungsarbeit Jugendliche durch die Angebote der Erlebnispädagogik ansprechen lassen. Solche Angebote, die als Korrektur und Kompensation der individualistischen Konkurrenz-, Konsum- und Leistungsorientierungen erwünscht und nötig sind, andererseits aber auf die gesellschaftlich unmodernen Werte wie Ganzheitlichkeit, Gemeinsamkeit, Gelassenheit, Langsamkeit, Entwicklung, Behutsamkeit, Eindruck und Erlebnis setzen, machen das Dilemma der modernen Jugendarbeit aus.

Ins erlebnishafte oder erlebnisorientierte Lernen darf, kann und muss eine ganze Reihe anderer Bildungsziele verpackt werden. Erlebnispädagogik muss sich messen lassen an ihrer ökologischen Verträglichkeit, an ihrer politischen Dimension, an ihren Ansprüchen an die Persönlichkeitsbildung. Auch so gesehen ist das Abenteuer ein Weg zur Jugend.

Freilich braucht die Erlebnispädagogik keine Defizittheorie zu ihrer Legitimation. Sie ist nicht nur dazu da, gesellschaftliche Fehlentwicklungen zu korrigieren, Mängel der Erlebnisfähigkeit zu kompensieren. Womöglich ist sie nur eine an die Psychologie des Jugendalters besonders gut angepasste Methode.

These 5: Das Jugendalter ist nach wie vor eine Phase psychischer Krisen, deren Lösung ins Erwachsenendasein führt.

Die Entdeckung des Ich, die allmähliche Entwicklung eines Lebensplanes und das Hineinwachsen in die einzelnen Lebensgebiete sind nach Eduard Spranger (1966, 46) die hauptsächlichen Aufgaben des Jugendalters. Diese von Spranger als genuine Aufgabe des Jugendalters betrachtete pubertäre Krise ist heute zu einer Teilaufgabe der Jugendphase geworden.

Neben den klar erkennbaren körperlichen Veränderungen spielen sich in der Psyche des Jugendlichen weniger sichtbare Prozesse ab. Die Entdeckung des Ich ist verbunden mit der Suche nach Orientierung, dem Wunsch nach Abgrenzung, der Abwendung von bislang gültigen Werten und Normen und einer zunehmenden Hinwendung zu außerfamiliären Gruppen, wie peergroup, Lehrer, Persönlichkeiten des öffentlichen Lebens und Idole. Auf dem Weg zu einem neuen Selbstbild schwankt das Selbstwertgefühl zwischen offener Angeberei und euphorischen Fantasien einerseits, Minderwertigkeitsgefühl und depressiver Niedergeschlagenheit andererseits. Wer sich selbst als Subjekt erkennt, erlebt damit auch die Trennung von der Außenwelt und damit womöglich erstmals das Gefühl der Einsamkeit und Verlassenheit. Das Spektrum der Gefühle bei Jugendlichen ist grundsätzlich sehr breit und wechselt von aggressiv bis apathisch, von dynamisch bis faul, von aufgedreht bis schüchtern, von fröhlich bis depressiv. Fast scheint es so, als solle im evolutionären Sinne aus einer Selektionsbasis der Gefühlswelt ausgewählt werden können, so wie die Lalllaute des Babys schließlich zur Sprache führen.

Erlebnispädagogik kann hier zweierlei bewirken. Erstens ist sie der Schlüssel zu neuen Lebens- und Erlebnisräumen. Im Film „Der Club der toten Dichter“ ist die Höhle im Wald, jenseits des Flusses und fern vom Internat zur eigentlichen Heimat der Schüler geworden. Dort haben sie eine Welt für sich geschaffen, eine Welt ohne Lehrer und Eltern und ohne die von Erwachsenen vorgegebenen Zwänge. Zu ihrer geistigen, psychischen und nun auch räumlichen Selbständigkeit sind sie von einem einfühlsamen Lehrer ermutigt worden. Erlebnispädagogik kann bei dieser Erschließung neuer Lebensräume behilflich sein, und sie kann dazu ermutigen, sie zu nützen.

Zweitens passen erlebnispädagogische Aktionen zum oben geschilderten pubertären Seelenleben wie ein Schlüssel zum Schloss. Sie führen zur Einsamkeit ebenso wie zur Gemeinschaft, sie tragen zur Abgrenzung zwischen Ich und Außenwelt bei, weil die Anforderungen des Natursports diese Grenzlinien spürbar aufzeigen. Die Lust nach körperlicher Leistung ist auslebbar, ebenso wie die Lust an der subjektiven Gefahr und zum subjektiven Risiko. Die Angst, nicht voll genommen zu werden, und die Sehnsucht nach dem Verstandenwerden können durch gemeinsames Handeln – von Pädagogen und Jugendlichen – besser angesprochen und einer Lösung näher gebracht werden.

Erst im Kontrast zur Normalität lässt sich die eigene Identität in einem psychischen Bezugssystem definieren, und außergewöhnliche Erlebnisse sind ein möglicher Katalysator zu diesem Prozess. Freilich führen auch andere Wege zu dem gewünschten Ziel der Ichfindung, wie z. B. die Meditation, die Selbsterfahrung, der religiöse Glaube, die weite Reise, die erste Liebe. Erlebnispädagogik ist eine von vielen Möglichkeiten, die sich aber für die Phase des Jugendalters besonders eignet.

These 6: Die Bedeutung des Abenteuers wird besonders sichtbar in jugendlichen Subkulturen.

Das Bewusstsein für Gefährdungen und das Gefühl, diesen Gefährdungen relativ machtlos gegenüberzustehen, und die Freiheit der modernen Jugendgeneration sind der Nährboden für die jugendlichen Subkulturen.

Subkulturen greifen die Sinn- und Wertemängel einer Gesellschaft auf und wollen diese vorhandenen oder nur vorgegebenen Lücken durch ein eigenes Sinn- und Wertesystem schließen. Die Defizite im jugendlichen Lebensgefühl, die von einem zahlenmäßig geringen Teil der Jugend so erlebt werden, können mit einigen Schlagwörtern wiedergegeben werden:

- leben ohne echte Gemeinschaft, „like a brick in the wall“, wie es Pink Floyd besungen hat;
- leben im „toten Herz der Städte“, in einer zweiten Wirklichkeit und in Erlebnisarmut;
- leben angesichts gefährdeter Hoffnungen, frei nach dem Spontispruch: „Die Zukunft ist auch nicht mehr das, was sie einmal war“;

- leben ohne wissenschaftliches oder logisches Weltbild und ohne Hoffnung auf generelle Verbesserungen in einer zukünftigen Welt.

Noch nie verfügte eine Gesellschaft über so ausreichende materielle Güter, besaß mehr Wissen oder Technik, noch nie gab es solche Optionen und Chancen. Ein Teil der jungen Generation steht dieser Welt aber eher verloren und fremd gegenüber, sieht die öffentliche Zukunft pessimistisch – im Gegensatz zur privaten, wie viele Jugendstudien zeigen –, sucht nach Orientierung und Halt. Wer von der Welt enttäuscht ist, zieht sich gerne nach innen zurück oder greift nach Unerreichbarem: Selbst- statt Welterfahrung, „Fernsten-" statt Nächstenliebe, Verschwörungstheorien statt Wissenschaft. In jugendlichen Subkulturen hat zum einen Neoromantik Konjunktur. Die Wiederverzauberung der Welt ist hier angesagt, die Reise zum Ich, die Sehnsucht nach fernen oder alten Kulturen und Mythen. Dahinter steckt das Bedürfnis, die Kompliziertheit der Welt zu vereinfachen bzw. einen politischen, philosophischen oder religiösen Führer zu finden, der den Weg weist. Zum anderen erleben wir immer wieder ein ungeahntes Aggressionspotenzial, das sich in Deutschland durch Gewalt gegen Flüchtlinge, in England durch Randale am Fußballplatz und in Frankreich durch Zoff in den Vororten der Großstädte auszeichnet. Gemeinsame Gewalt stiftet Identität, zeigt klare Feindbilder auf, ist medienwirksam und bewirkt endlich auch Widerstand bei der sonst so toleranten Pädagogengeneration. Jugendliche Subkulturen bieten für einige Jugendliche Notausgänge aus einer für sie unerträglichen Gesellschaft an, die sich dann als Sackgassen entpuppen.

Auf der oben beschriebenen Folie bekommt die Erlebnispädagogik im Spektrum der Methoden außerschulischer Bildungsarbeit zusammen mit anderen handlungsorientierten Ansätzen einen besonderen Wert. Das, was Jugendliche häufig suchen – Action und Abenteuer, Verwilderung und Verwegenheit, Einsamkeit und Gemeinsamkeit, Geborgenheit und Ausgesetztsein –, ist in der erlebnispädagogischen Aktion häufig enthalten, nicht als deren Ziel, sondern als Bestandteil. Über gemeinsames Handeln könnte man dann zum Reden kommen, über das Reden zu neuen Strategien und neuen Lebensentwürfen.

3.6 Erziehung zwischen Pädagogik, Prävention und Psychotherapie – Erlebnispädagogik in der Jugendhilfe

Eine Erziehung, die sich überflüssig gemacht hat, weil das Erziehungsziel erreicht wurde, ist eher ein Glücksfall als ein Unglück und leider viel zu selten in den klassischen Formen der Jugendhilfe, den Hilfen zur Erziehung.

Mehr denn je ist dort pädagogische, heilpädagogische, psychologische und therapeutische Unterstützung notwendig. Kann in diesem vielfältigen und engmaschigen Netz der Hilfen, in dieser Mixtur aus Pädagogik, Prävention und Psychotherapie, die Erlebnispädagogik ein sinnvoller Beitrag sein?

Ein Einblick in die derzeitige erlebnispädagogische Praxis im Rahmen der Hilfen zur Erziehung kann eine Antwort auf diese Frage erleichtern. Wer das SGB VIII mit den Augen eines Erlebnispädagogen liest (Michl 2015), dem eröffnen sich vielerlei Zugänge, die aufzeigen, dass die Vielfalt erlebnispädagogischer Praxis erste Spuren in der Theorie der Jugendhilfe hinterlassen hat.

Das Kinder- und Jugendhilfegesetz stellt ein differenziertes Leistungsangebot zur Verfügung, das Hilfe anbietet, bevor das Kind in den Brunnen gefallen ist. Junge Erwachsene, die Familie und das soziale Umfeld werden in das Hilfsangebot mit einbezogen. Es berücksichtigt dabei, dass mehr denn je Kinder andere Kinder brauchen. In mehr als der Hälfte aller Familien lebt nur ein Kind, daher fördert das SGB VIII die Erziehung durch die Gruppe der Gleichaltrigen. Dabei definiert das Gesetz neben dem Ausbau der pädagogischen Einrichtungen wie Krippe, Kindergarten und Hort, auch die Erschließung von Lebens- und Spielräumen für Kinder und Jugendliche als eine neue Aufgabe. Die Gestaltung des räumlichen und sozialen Umfeldes von Kindern und Jugendlichen wird als ursächliche Aufgabe der Jugendhilfe begriffen. Schließlich soll die Jugendhilfe nach § 1 Abs. 4 dazu beitragen, „positive Lebensbedingungen für junge Menschen und ihre Familien sowie eine kinder- und familienfreundliche Umwelt zu erhalten oder zu schaffen".

Erlebnispädagogik wird an keiner Stelle dieses neuen Gesetzeswerkes explizit erwähnt, sie steht aber als Konzept hinter einer ganzen Reihe von gesetzlichen Ausführungen. So z. B. beim § 11 Jugendarbeit, nach dem „jungen Menschen … die zur Förderung ihrer Entwicklung erforderlichen Angebote der Jugendarbeit zur Verfügung zu stellen" sind. Im 3. Absatz dieses Paragraphen werden Schwerpunkte der Jugendarbeit genannt, von denen einige eine unmittelbare Nähe zu erlebnispädagogischen Ansätzen zeigen: Naturkundliche Bildung, Jugendarbeit in Sport, Spiel und Geselligkeit, internationale Jugendarbeit, Kinder- und Jugenderholung. Auch bei der Jugendsozialarbeit im § 13 kann Erlebnispädagogik zur dort geforderten „sozialen Integration" beitragen. Im Herzstück des SGB VIII, den in den §§ 27–35 beschriebenen Hilfen zur Erziehung, lassen sich erlebnispädagogische Projekte vor allem im Rahmen der §§ 29, 30, 34 und 35 einsetzen, d. h. also im Rahmen der Sozialen Gruppenarbeit – hier auch im Rahmen Sozialer Trainingskurse –, der Erziehungsbeistandschaft und der Betreuungshilfe, im Rahmen der Heimerziehung und der sonstigen betreuten Wohnformen und vor allem im § 35, der Intensiven sozialpädagogischen Einzelbetreuung. Nach dem Stellenwert von Erlebnispädagogik in den Hilfen zur Erziehung zu fragen, ist eher eine rhetorische Übung. Eine kleine Auswahl aus zahlreichen Beispielen der Praxis wird verdeutlichen, dass die Erlebnispädagogik längst ein fester Bestandteil im erzieherischen Spektrum geworden ist.

Abenteuer und Action als Bestandteil der Sozialen Trainingskurse

Als Beispiel für eine ambulante Maßnahme, in der die Erlebnispädagogik eine wichtige Rolle spielt, seien die Sozialen Trainingskurse mit straffälligen Jugendlichen erwähnt. Der Soziale Trainingskurs dauert bei wöchentlichen Gruppenstunden in der Regel ein halbes Jahr und hat die Begleitung und Gestaltung des persönlichen Prozesses jedes Teilnehmers zum Ziel. Dabei zeigt sich die Erlebnispädagogik als ein inzwischen unverzichtbarer Bestandteil.

Bei den durch Soziale Trainingskurse angesprochenen Jugendlichen steht die Suche nach lustvollen und erlebnisreichen Höhepunkten, deren Erlebnisintensität mit der Zeit gesteigert werden muss, im Vordergrund. Dies kennzeichnet das persönliche Lebensgefühl dieser Jugendlichen. Das Ziel Lustgewinn überlagert aber die mangelnde Handlungskompetenz und senkt die Hemmschwelle. Bei erlebnispädagogischen Aktionen steht das subjektive Erleben des Einzelnen im gemeinsamen Tun im Vordergrund. Die Natur ist für diese Jugendlichen ein Kontrast zu ihrer sonst sehr hektischen Lebenswelt, die oft durch Drogen, Alkohol und Gewalt ausgefüllt ist. Hier können Zugänge zu einem emotionalen Bereich möglich werden, der vorher bei diesen Jugendlichen lange Zeit unter Verschluss gehalten worden ist. Da die Frustrationstoleranz sehr gering ist, muss bei der Tourenplanung berücksichtigt werden, dass Spaßelemente und erlebnispädagogische Highlights eingebaut werden. Dabei können die Teilnehmer nur schrittweise an die Eigenverantwortung hingeführt werden. Von einem sehr direktiven Handeln also geht es kontinuierlich zur Eigenverantwortung. Die Betonung von Gemeinsamkeit, z.B. im Sinne von „Lagerfeuerromantik", ist diesen Teilnehmern, die sich durch soziale Ungebundenheit auszeichnen, sehr wichtig. Dabei werden emotionale Bedürfnisse erfüllt ohne die Verbindung mit den illegalen Elementen ihrer Subkultur.

Zu beachten ist, dass die Teilnehmer zum einen nur sehr bedingt freiwillig an diesen Sozialen Trainingskursen teilnehmen, und zum anderen, dass die meisten Teilnehmer an einen sehr ausgeprägten Alkohol- oder Drogenkonsum gewöhnt sind. Daraus entstehen nicht selten Unlustgefühle und Verweigerungshaltungen, die auch verbunden sind mit einem geringen Durchhaltevermögen. Es ist bei diesen Maßnahmen daher wichtig, sehr schnell einen „point of no return" zu erreichen, einen Punkt also, von dem aus die Rückkehr in die Zivilisation sich sehr schwierig gestaltet.

Erlebnispädagogik in der Heimerziehung

Eine aus Sicht der Autoren gelungene Fortbildung zum Thema „Erlebnispädagogik" beschreibt die gleichnamige Broschüre des Evangelischen Erziehungsverbandes in Bayern e.V. (Ev. Erziehungsverband in Bayern e.V. 1989). Den Spuren der „Schwabenkinder", der Kinder und Jugendlichen von armen Tiroler Bauern, die im 17.–19. Jahrhundert im Sommer nach Bayern und Schwaben wanderten, um sich dort durch Arbeit freie Kost zu verdienen, sollten Erzieher mit ihren Heimkindern nachgehen. Die Parallelen zwischen Heimkindern und „Schwabenkindern" verführen zu Identifikationen der Teilnehmer mit den historischen Leitbildern: Die zweite Heimat der Schwabenkinder ist der fremde Bauernhof; das Zuhause muss verlassen werden, um überleben zu können; auf dem Weg von Zuhause ins fremde Land mussten bittere Not, Armut, Kälte und Hunger ertragen werden. Freilich stellt das Wandern von allen erlebnispädagogischen Medien die größte Herausforderung dar. Sein Reiz erschließt sich nur allmählich, es verspricht keine Sensationen und Abenteuer. Es galt also, die Lust am Gehen zu wecken, die Lust an der Leistung, das Gefühl der Freiheit. Fünf Gruppen starteten an unterschiedlichen Ausgangspunkten und trafen sich nach fünf Tagen am gleichen Zielpunkt. Das gemeinsame Erlebnis der Wanderung wurde zu einer guten Grundlage für das weitere Zusammenleben zwischen Jugendlichen und Erziehern. Einige Pädagogen bemerkten an ihren Kindern und Jugendlichen bislang unbekannte Fähigkeiten, andere stellten ein verändertes Beziehungsmuster fest – die Blickwinkel beider beteiligten Gruppen hatten sich verändert. Der historische Ansatz, „Auf den Spuren von …", wurde von den Praktikern der Heimerziehung im Rahmen von Ferienmaßnahmen in modifizierter Form weiterentwickelt.

Das Wandern, das von der bürgerlichen Jugend der Jahrhundertwende als Möglichkeit entdeckt wurde, sich von der Gesellschaft der Erwachsenen nicht nur physisch, sondern auch psychisch zu entfernen, ist sicherlich die archetypische Form der Erlebnispädagogik. Das klassische Medium jedoch war lange Zeit das Segeln. Mit dem Segelschiff „Outlaw" wurde das Segeln als pädagogisches und psychotherapeutisches Mittel für schwer verhaltensgestörte Kinder und Jugendliche wieder entdeckt. Der Segeltörn wird als therapeutische Maßnahme für verhaltensauffällige, psychisch gestörte, straffällige, drogen- und suizidgefährdete, für körperlich und geistig behinderte Jugendliche eingesetzt. Mehr als 100 Segelprojekte für diese Klientel hat der Lüneburger „Segelprofessor" Jörg Ziegenspeck gezählt. Die Träger dieser Projekte sahen im Segelschiff ein ideales therapeutisches und erzieherisches Medium, das intensive Begegnung und wenig Rückzugsräume bietet. Ein Ort, der frei von gesellschaftlichen Zwängen ist, aber keine Verdrängung von Konflikten erlaubt, bei dem nur Zupacken, Einsatz und Kooperation zum Erfolg führen und der Zusammenhang zwischen Fehlleistung und Misserfolg klar zutage tritt. Das Institut für psychosoziale Praxisforschung hat 27 Segeltörns von Einrichtungen der Hilfen zur Erziehung unter bestimmten Fragestellungen und Schwerpunkten untersucht (Stiemert/Gmür 1989).

Als Fazit halten die Autoren fest, dass Segeltörns erst dann zu einer erlebnispädagogischen Maßnahme werden, wenn die Erlebnisse und Erfahrungen fachlich genutzt, d.h. besprochen und gedeutet werden. Nicht der Kapitän steht im Mittelpunkt des Geschehens, sondern die Jugendlichen. Je nach Pädagogen/innen werden Schwerpunkte beim Segeln gesetzt, so die Autoren, die in drei unterschiedliche Richtungen tendieren: Entweder stehen körperliche und psychische Anstrengungen im Vordergrund, oder es geht um eine stufenweise, eher vorsichtige Annäherung an die jeweiligen Leistungsgrenzen, oder der erlebnispädagogische Segeltörn soll einen Raum für Selbsterfahrung und Gruppentraining bieten. Die wichtige Frage nach den Wirkungen erlebnispädagogischer Maßnahmen wird mit wenigen Stichworten beantwortet: Erfahrungen und Reflexionsprozesse, Steigerung des Selbstwertgefühls, Aktivierung der Jugendlichen, Segeltörn als Diagnostikum, das Gruppenklima verändert sich zu mehr Zusammengehörigkeit.

Es wird wohl selten ein Erziehungsheim zu finden sein, das nicht erlebnispädagogische Elemente in Freizeitangebote oder Ferienmaßnahmen integriert hat: Wandern, Bergsteigen, Segeln, Radtour, Schlauchbootfahrt, Höhlenbegehung – was als modernes Konzept der Jugendhilfe verkauft werden soll, das ist für die pädagogischen Praktiker nichts Neues, sondern schon ein immer vorhandener Mosaikstein im Spektrum der erzieherischen Bemühungen. Das Neue besteht nicht in den erlebnispädagogischen Methoden, die seit der Jugendbewegung die Jugend bewegen, sondern in der geballten Energie, mit der Erlebnispädagogik in die klassischen Bereiche der Hilfen zur Erziehung vordringt und in einigen Fällen schon zu einem elementaren Bestandteil von Konzeptionen von Heimerziehung wurde.

In erstaunlicher Konsequenz wurde dieser Ansatz etwa im Jugenddorf Rendsburg verwirklicht (vgl. Roeloffs, Reiter 1990). Schon zu Beginn der 1970er Jahre wurde dort im Prozess der Dezentralisierung ein Bauernhof von 4–6 Jugendlichen mit Betreuern renoviert und bewohnt, Segelschiffprojekte folgten, Auslandsreisen führten Jugendliche und Pädagogen bis nach Indien und Nepal, eine Klosterruine auf Mallorca wurde wieder aufgebaut, eine Landvilla wieder hergestellt. Eine stattliche Liste von Reisezielen, die von Afrika nach Alaska führen, von Renovierungsprojekten, von der Verzahnung von Lernen und Reisen, von Schule und Freizeit, die die Autoren dem Leser präsentieren. Ein gut Teil Skepsis verbleibt jedoch: Wie viele Tausende von Kilometern muss man wirklich fahren, um zu ursprünglichen Erlebnissen zu kommen? Oder genügt vielleicht auch das Abenteuer vor der Haustür, das treffend in dem Buch „Schwarzwaldeskimos" (Fuhrmann 1981) beschrieben wurde.

Friedrich Bschor, Arzt, Saharareisender und Drogenexperte, zieht an anderer Stelle (1989, 70) ein nüchternes Fazit seiner zahlreichen Reisen mit drogengefährdeten und -abhängigen Jugendlichen: „Für einige unserer Teilnehmer war es, rückschauend gesehen, wahrscheinlich eher vorteilhaft, einer stationären Langzeittherapie entgangen zu sein, anderen wäre möglicherweise in der damaligen Zeit des Experimentierens eher mit einem langen intensiv betreuten Ferienlager auf einer Nordseeinsel gedient gewesen."

Der Deutsche Caritasverband hat mit der Einrichtung der „Arbeitsgruppe Erlebnispädagogik" eine neue Ebene der Professionalität geschaffen. Unter Leitung von Peter Flosdorf und Hans Scholten führte dieser Arbeitskreis mehrere Fachtagungen zum Thema Erlebnispädagogik in der Heimerziehung durch (Flosdorf 2000). Den Stellenwert von Erlebnispädagogik in den katholischen Heimen untersuchte Hubert Perschke (2000, 48ff.). Von 381 Einrichtungen der Jugendhilfe bieten etwa 70% regelmäßig erlebnispädagogische Aktivitäten an. Dabei stehen Natursportarten deutlich im Vordergrund (61,2%), gefolgt von Projektarbeit. Inzwischen, so stellt Perschke fest, haben die Heime „erhebliche Investitionen in die materielle Ausstattung … getätigt" (S. 64) – und natürlich auch in die Qualifikation der Mitarbeiter. Im Untertitel heißt der von Flosdorf (Bundesverband kath. Einrichtungen und Dienste der Einrichtungshilfen e.V. 2000b) herausgegebene Band „Wir holen den Gipfel ins Heim". Dahinter verbirgt sich ein Trend, der weg führt von spektakulären Aktionen. Perschke (2000, 65f.) merkt dazu an: „Erlebnispädagogik benötigt nicht notwendiger Weise das Hochgebirge, wilde Flüsse, tiefe Schluchten und undurchdringliche Wälder. Gefragt ist die Kreativität in den Einrichtungen, innerhalb und außerhalb der Gebäude und des Geländes erlebnispädagogische Potenziale zu erkennen und zu erschließen …"

In diesem Sinne bietet der Band von Peter Flosdorf im zweiten Teil zahlreiche Praxisanregungen „innerhalb und außerhalb der Gebäude": von Anleitungen zum Bau von Kletterwänden und Boulderecken (Dahn) bis zu Kletterspielen (Korden) und dem Bau einer Seilbrücke (Müller), von „Problemgames" (Stieger) bis zu mobilen Erlebnisparcours (Mall), von „Tarzan in der Turnhalle" (Pfenning) bis zu einem Bike-Trainings-Parcours (Alberter). Die „Reflexionen" (von Walter Krug, Hubert Perschke und Franz Pfenning) als Fazit des Buches begründen die neue Dimension der Erlebnispädagogik, die jedoch die herkömmlichen Natursportarten nicht verbannen will (S. 123): „Nach wie vor zählen die Klettertour in den Hochalpen, die Wildwasserfahrt durch einen Canyon oder die Höhlenbegehung zu den Besonderheiten oder Höhepunkten erlebnispädagogischer Aktivitäten." Das ist mit großer Umsicht gedacht und formuliert! Und natürlich sprechen auch viele Argumente dafür, den „Gipfel ins Heim" zu holen: geringere Kosten, häufigere Verfügbarkeit, Entdeckung eigener Ressourcen,

Lust zu Fantasie und Improvisation, Nähe zum Alltag, Vermeidung ökologischer Schäden, Fremdnutzung fest installierter Erlebnisparcours.

Ein mindestens ebenso hohes Verdienst hat die „Arbeitsgruppe Erlebnispädagogik“ erworben durch die Diskussion um „Sicherheitsstandards in der Erlebnispädagogik“(Mastalerz/Brünner 2012).

Abenteuer als der letzte pädagogische Versuch?

Dass die Reihenfolge der Hilfen zur Erziehung im Kinder- und Jugendhilfegesetz keine Rangfolge sein soll, wird immer wieder betont. Das scheint auch nötig zu sein, denn dem unbedarften Leser suggerieren die Hilfeformen, die von der Erziehungsberatung (§ 28) bis zur Intensiven sozialpädagogischen Einzelbetreuung (§ 35) reichen, in der Tat ein Konzept, das die Bandbreite von unverbindlich bis intensiv, von billig bis teuer, von leichten bis schwierigsten Problemlagen ausfüllt.

Im § 35 KJHG heißt es: „Intensive sozialpädagogische Einzelbetreuung soll Jugendlichen gewährt werden, die einer intensiven Unterstützung zur sozialen Integration und zu einer eigenverantwortlichen Lebensführung bedürfen.“

Anders als bei den übrigen Hilfen zur Erziehung schreibt der § 35 weniger die gängige Praxis der Jugendhilfe fest – wenngleich auch hier einige Praxisbeispiele zu nennen sind –, sondern setzt neue Normen für neue Zielgruppen. Gemeint sind einerseits jene Jugendlichen, die sich allen anderen Hilfsangeboten entziehen, wie Punker, Skinheads, junge Obdachlose, rechtsradikale Jugendliche, andererseits sollten – positiv gewendet – Jugendliche gemeint sein, die über den Weg der Intensiven sozialpädagogischen Einzelbetreuung besonders ansprechbar sind. So z. B. Jugendliche mit stark antisozialem Charakter, die neuerdings in der Heimerziehung auffallen. Sie zeichnen sich durch enorme Frühreife aus, geben sich selbstsicher und unnahbar, weisen keinen Leidensdruck auf und zeigen auffallend narzisstische Beziehungsmuster. Konzepte für eine erfolgreiche Behandlung dieser Jugendlichen, sei es im heilpädagogischen oder im psychotherapeutischen Sinne, gibt es noch nicht. Hier könnte der § 35 neue Wege eröffnen.

In der sozialpädagogischen Praxis fächert sich der § 35 in fünf Formen auf: Betreuung in Familien, Mobile Betreuung (MOB), kurzfristige Kriseninterventionen, längerfristige Reiseprojekte und längerfristige Standprojekte. Neben dem Abenteuer zwischen Alltag und Alaska – diese spektakuläre Seite des § 35 ist in der Öffentlichkeit unter dem polemischen Motto der bezahlten Urlaubsreise bekannt geworden – ist es vor allem die Intensität der Betreuung, die aus der Erziehungsbeistandschaft, aus der Betreuungsweisung oder aus der Sozialpädagogischen Familienhilfe eine Intensive sozialpädagogische Einzelbetreuung macht.

Bei der Betreuung in Familien wird der Sozialpädagoge sehr schnell zum Teil einer oft explosiven Kleinfamilie, der diese Zeitbombe dann entschärfen soll. Die Mobile Betreuung ist letztlich nichts anderes als Sozialpädagogisch betreutes Wohnen bzw. Sozialpädagogische Familienhilfe mit geringerer Fallzahl. Kurzfristige Krisenintervention durch den § 35 ist offenbar mit kurz- und mittelfristigen Reiseprojekten (6 Wochen bis 3 Monate) gleichzusetzen, im Gegensatz zu längerfristigen, oft sehr spektakulären Reiseprojekten.

Bei diesem „letzten Versuch organisierter Pädagogik" (S. 20) sollten Kriterien wie ökologische Verträglichkeit und soziale Nützlichkeit zukünftig strenger angesetzt werden. Reisen allein bildet und heilt schon lange nicht mehr!

Nicht nur die Zielgruppe ist schwierig, auch eine gerechte Behandlung der beteiligten Pädagogen ist eine vertrackte Sache, der weder das Bundesangestelltentarifrecht noch das AVR des Deutschen Caritasverbandes oder ein anderes Gesetzeswerk gerecht werden können. Zur Durchführung dieser Hilfsmaßnahmen ist viel Vertrauen von Seiten des Arbeitgebers und des Arbeitnehmers notwendig.

Vor fast 30 Jahren hat Jean-Luc Godard in dem Film „one plus one" die Entstehung des Songs „Sympathy for the Devil" der Rolling Stones beschrieben. Fast 1000 Jugendliche sind jährlich mit Sozialpädagogen/innen one plus one unterwegs, und es wäre auch ein Kunststück, wenn Jugendliche, an denen Eltern, Psychologen und die gesammelten Hilfen zur Erziehung mindestens 16 Jahre lang versagt haben, nach einem solchen Trip vollkommen integrierbar wären. Der § 35 KJHG (Intensive sozialpädagogische Einzelbetreuung) ist eben der letzte Drahtseilakt der Jugendhilfe, danach beginnt der Abstieg in die Obdachlosigkeit, in die Psychiatrie oder in die JVA.

Der „Spiegel" berichtete in dem Artikel „Kamelritt ins Glück" (Spiegel Nr.36/1996) eher hemmungs- als schonungslos, aber jedenfalls scheinheilig, von fünf bis zehn erfolglosen Fällen. Es mag ausnahmsweise zutreffen, dass Pädagogen nur ihre spätpubertären Träume ausleben wollen oder die Jugendlichen schlichtweg therapieresistent sind. Es trifft aber auch zu, was der „Spiegel" nach der massiven Kritik einige Sätze später zugeben muss: „Die Jugendlichen, die auf solche Trips geschickt werden, sind so verstört und traumatisiert, so aggressiv oder depressiv, dass alle konventionellen Therapiemethoden bei ihnen versagt haben."

Dabei übernimmt der „Spiegel" mit seinen Argumenten kampflos die Lufthoheit über alle Stammtische. Hier hinterlassen flotte Journalisten einen Scherbenhaufen, ohne nur annähernd pädagogische Auswege aus dem Dilemma der Nichterziehbarkeit aufzuzeigen.

Die Diskussion um die intensivpädagogischen Auslandsprojekte wurde mit harten Bandagen geführt und beide Seiten – Jugendhilfe gegen Presse und Politik – haben sich eher durch Gerüchte, Vermutungen, Projektionen als durch unterschiedliche Interpretation von Fakten ineinander verbissen. Monika Flückiger hat mit „Die Wildnis in mir“ (1998) ein wirklich lesenswertes Buch verfasst hat. Schließlich folgte eine erste empirische Studie von Willy Klawe und Wolfgang Bräuer (1998). Witte und Sander (2006) haben damals die aktuellen Entwicklungen zusammengefasst. Dem Vorschlag der Autoren, diese Bemühungen als „Intensivpädagogik“ zu bezeichnen (S. 13), kann man nur zustimmen. Abenteuer- oder Erlebnispädagogik ist das nicht, und dieser Terminus bringt nur unheilvolle Verwirrungen.

Junge Menschen mit Fluchterfahrung – traumatische und heilende Erlebnisse

Ab dem Jahr 2015 wuchsen die Flüchtlingsströme und auch die Erlebnispädagogen wurden nach ihrem Beitrag angefragt. Thomas Eisinger und Detlef Hiller (Eisinger/Hiller 2016, 4ff.) haben die neuen Herausforderungen unter die Lupe genommen. Eine solche Herausforderung sind Sprachbarrieren, die in der praktischen Erlebnispädagogik leichter überwunden werden können als in der außerschulischen und schulischen Bildung, wenngleich Reflexion, Sicherheit, Absprachen und Konflikte Hindernisse darstellen, die oft nicht ohne Übersetzer zu meistern sind. Kulturelle Unterschiede sind nicht gleich wahrzunehmen, müssen aber bedacht werden. Nähe und Distanz, Belehrung oder Spiel, Instruktion oder freie Entscheidung, Hierarchien und Offenheit und der Umgang der Geschlechter untereinander können sehr schnell Verunsicherung und Krisen auf beiden Seiten auslösen. Traumatische Erlebnisse können wieder ausgelöst werden durch strukturähnliche Übungen und Aktivitäten. Christiane Thiesen (2016) gibt Hilfestellung mit dem „Circle of Courage“ einem „Kompass für die Arbeit mit unbegleiteten minderjährigen Geflüchteten“ und Andrea Scholz (2016) und ihr Team setzen sich mit den „sensiblen Themen“ in der Arbeit mit jungen Menschen mit Fluchterfahrung auseinander. In Heft 3&4/2016 der Zeitschrift „e&l – erleben und lernen“ kann man sich unter dem Schwerpunktthema „Draußen lernen, drinnen ankommen. Erlebnispädagogische Arbeit mit jungen Flüchtlingen.“ in Theorie und Praxis der Arbeit mit jungen Geflüchteten vertiefen.

3.7 See me, feel me, touch me, heal me – Erlebnis als Therapie

Wenn sich die Erlebnispädagogik abdrängen lässt in die Randbezirke der Erziehung und in die Grauzone zwischen Pädagogik und Psychotherapie, wie dies auch im Kinder- und Jugendhilfegesetz im Trend zu spüren ist, dann wird bald ein genuin pädagogischer Bereich in eine therapeutische Richtung einmünden. Allerdings gibt es berechtigte Gründe für die Annahme, dass Handeln und Heilen zusammenhängen.

Kurt Hahn wandte sich dem Erlebnis und dem Abenteuer zu und versprach sich heilende Wirkungen für die kranke Gesellschaft. Der Begriff Therapie ist hier als Metapher zu verstehen. Auch ist die erlebnispädagogische Aktivität durchaus mit dem therapeutischen Prozess vergleichbar: (Über-)Identifikation mit dem Pädagogen oder Therapeuten inklusive Übertragung und Gegenübertragung, Widerstände und deren Überwindung, Zusammenbrüche und neue Hoffnungen, Trotz und Trauer, Egozentrik und Wir-Gefühl. Körperliche und psychische Prozesse sind nicht selten miteinander in den therapeutisch nutzvollen Einklang zu bringen. Die Bergtour, die Schlauchbootfahrt, die Höhlenerkundung, der Segeltörn können dann Aufbruch im doppelten Sinn sein: Lange verdrängte Verletzungen, verleugnete Gefühle der Minderwertigkeit, schmerzliche Erinnerungen, unbekannte Ängste brechen urplötzlich in das sonst so geordnete Leben ein und bieten sich einer therapeutischen Bearbeitung an.

An zwei therapeutischen Richtungen sollen die Verbindungsmöglichkeiten zwischen äußerem Erlebnis einerseits, Anamnese und therapeutischen Ansätzen andererseits aufgezeigt werden: der Individualpsychologie Alfred Adlers (Michl 1991) und der Grenzsituationstherapie von Helmut Schulze (1971).

Erleben zwischen Minderwertigkeits- und Gemeinschaftsgefühl

Im Gegensatz zu Freud sah Adler den Menschen nicht getrieben, sondern vielmehr gezogen, gleichsam magnetisch angezogen von selbst gesteckten Zielen, bewussten oder unbewussten, nützlichen oder unnützen. Adler sieht den Menschen als handelndes Wesen, das Ziele erreichen muss, soll oder will. Adler war kein großer Theoretiker – und hierin ähnelt er Kurt Hahn –, ihm war die Praxis wichtiger als die Theorie, er bewertete Ziel und Zweck des Handelns wichtiger als Ursache und Grund. Auf den Lebensleitlinien strebt der Mensch seinem meist unbewussten Lebensziel zu, und alles Handeln dient dazu, dieses gesteckte Ziel zu erreichen. Die Parallelen zwischen Erlebnispädagogik und Individualpsychologie sind erstaunlich, es erscheint gleichsam, als sei diese Psychologie der Gemeinschaft – das ist sie nämlich in Wirklichkeit – für die Pädagogik des Erlebens erfunden worden. Dies lässt sich an einigen individualpsychologischen Konzepten aufzeigen.

Die Minderwertigkeit und deren Überwindung, die Kompensation, sind durch Adlers Lebensweg vorgezeichnet. Das Hinauswachsen über die scheinbar begrenzten Fähigkeiten, die Überwindung durch Anstrengung, sensationelle Wendungen, wurden von Adler mit Vorliebe zitiert und selbst erlebt. Es war Adlers unerschütterliche Überzeugung, dass jeder Mensch über ungleich bessere Möglichkeiten, Fähigkeiten, Leistungsreserven verfügt, als er es selbst von sich vermutet und weiß. Das Gefühl der Minderwertigkeit kann nach Adler überwunden werden durch besondere Leistungen auf einem anderen Gebiet. Individualpsychologie und Erlebnispädagogik haben beide einen teleologischen Charakter: Sie definieren sich vom Ziel her. Es dominieren die Fragen nach Ziel, Zweck und Folge. Adler gesteht dem Individuum eine schöpferische Kraft zu, mittels derer es die Zukunft gestalten kann, Hahn schafft dafür den Begriff „Grande Passion". Zwischen dem Denken Adlers und dem Ansatz von Hahn gibt es eine ganze Reihe von Parallelen:

- Beiden geht es um „Heilen und Bilden", wie es Adler in einem Buchtitel formuliert hat.
- Hahn setzt seine Ansicht von Erziehung gegen die Verfallserscheinungen und die Krise der Demokratie und will, wie Adler, mehr als heilen. Sein Ziel ist der politisch mündige Bürger.
- Hahn sieht den Verfall der körperlichen Tauglichkeit und setzt körperliches Training dagegen. Adler diagnostiziert als Fehlform der Erziehung die Verwöhnung bzw. die Verzärtelung.
- Als größte Gefahr sieht Hahn den Verfall des Mitgefühls und den Mangel an menschlicher Anteilnahme. Nichts anderes ist unter Adlers Gemeinschaftsgefühl zu verstehen.
- Hahn glaubt an ungeahnte Leidenschaften, die im Kind sind und die geweckt werden müssen, Adler konstruiert eine schöpferische Kraft im Menschen, deren Entfaltung die Aufgabe des Erziehers bzw. des Therapeuten ist.

Zurück zu dem Gefühl der Minderwertigkeit. Auch der Erlebnispädagoge geht von Defiziten soziologischer, psychologischer und/oder personlicher Natur aus. Vor allem natürlich von Defiziten des Erlebens, denn elementare Erlebnisse sind für das Funktionieren der modernen Gesellschaft nicht mehr notwendig. Der Ausgangspunkt also ist eine Mangelsituation. Was Ulrich Aufmuth in seinem Buch „Die Lust am Aufstieg" anführt (1984, 114), ist die Verbindung von Individualpsychologie und Erlebnispädagogik in Reinform. Der extreme Alpinist sucht nach Aufmuth die „Situation des äußersten Leidens und der potenziellen Lebensgefahr". Er sucht gleichermaßen nach Machterlebnissen, weil er sich behaupten muss gegen Minderwertigkeitsgefühle: „Macht über sportliche Schwierigkeiten, Macht über die Widrigkeiten der Natur, Macht über die Qualen des gemarterten Leibes, Macht über die Angst, Macht über die Regungen der Bequemlichkeit, Macht über den hautnahen Tod". Die Polarität zwischen Macht und Minderwertigkeit wird deutlich am Beispiel der Absturzgefahr des Bergsteigers. Abstürzen bedeutet: Ich habe keinen Halt mehr, ich bin völlig hilf- und machtlos, ich werde wohl sterben. Nicht stürzen heißt dann: Ich habe festen Halt und spüre es am ganzen Körper, ich bin mächtig und stark, ich bin dem Tod überlegen.

Als wohl erster Psychologe hat Adler auf die Gefahr der Verwöhnung hingewiesen. Neben der Vernachlässigung, der Härte und Strenge in der Erziehung sah Adler in der Verwöhnung die wichtigste Ursache neurotischer Entwicklungen. Das Kind wird gleichsam in einen Wattebausch gepackt, Enttäuschungen, Prüfungen und Hindernisse werden fern gehalten. Das Kind wird überhäuft mit Zärtlichkeiten, mit Lob und Belohnung, mit Zuwendung und Unterstützung. Im Falle der Verwöhnung kann die Erlebnispädagogik einiges beitragen zur Korrektur des neurotischen Lebensstils. Das verzärtelte Kind zeichnet sich aus durch einen Mangel an Gemeinschaftsgefühl. Teilen, helfen, unterstützen, tolerieren hat es nicht gelernt, und sein Motto ist: „Ich bin die wichtigste Person und jeder Wunsch hat mir erfüllt zu werden." Die Verzärtelung soll erhalten bleiben, jede Veränderung beinhaltet die Gefahr, diesen Luxus zu verlieren. Das verzärtelte Kind lehnt sich an die Mutter an, es wird passiv, neue und ungewohnte Ereignisse sollen vermieden werden. In der Erlebnispädagogik kann gelernt werden, dass Handlungsausgänge vom eigenen Verhalten abhängig sind und schwierige Situationen bewältigt werden können. Diese Bewältigung gelingt durch eine gute Zusammenarbeit der Gruppe. Dabei muss jedes Mitglied der Gruppe, auch das verwöhnte Individuum, Selbstverantwortung übernehmen. Erlebnispädagogische Aktivitäten können dazu beitragen, dass Stück für Stück der Wattebausch der Verzärtelung entfernt wird.

Adler baute auf das Prinzip der Ermutigung. Wenn man davon ausgeht, dass dem neurotischen Lebensstil Entmutigung vorausgeht, dann bedeutet (Lebens-)Mut gewinnen einen Schritt zur Heilung. Der Münchner Individualpsychologe Rudolf Kausen (in: Pongratz 1977, 90) verbindet mit seiner Aussage zur Ermutigung Individualpsychologie und Erlebnispädagogik: „Auf dieser Basis (einer guten Beziehung zwischen Zögling und Erzieher; die Verf.) kann der Mut wachsen, wenn zunehmend Erfolge erlebt werden. Situationen, in denen eine Bewährung wahrscheinlich ist, lassen sich arrangieren, wobei auf den Grad der Ermutigung zu achten ist, um das Risiko weiterer Mißerfolge gering zu halten. Die heilsamen Erfolgserlebnisse, die das Selbstwertgefühl steigern, setzen echte Leistungen voraus. Dabei können allerdings Anforderungen, die für einen Gesunden gering sind, für seelisch Kranke hoch sein."

Ein weiterer Schnittpunkt dieser beiden Theorien liegt in dem Konzept des Gemeinschaftsgefühls von Adler. Erlebnispädagogik bietet zahlreiche Entwicklungschancen im Bereich des sozialen Lernens. Gruppenprozesse gehören als konstituierender Bestandteil zur Erlebnispädagogik. Ähnlich wie im gruppentherapeutischen Prozess bilden sich Rollen und Beziehungsgeflechte, verläuft die Gruppenentwicklung in Phasen, sind Konflikte und

Krisen zu meistern, geht es um Identität und Gruppengefühl. Einfühlungsvermögen, Rücksichtnahme, Hilfsbereitschaft, Verantwortungsbewusstsein sind weitere Teile des erlebnispädagogischen Lernziels Solidarität, das gleichzusetzen ist mit dem Adlerschen Begriff des Gemeinschaftsgefühls.

Heilen durch Handeln – Grenzsituationstherapie

Der Tiefenpsychologe Helmut Schulze hat in den 1970er Jahren die wohl engste Verbindung zwischen Psychotherapie und Erlebnispädagogik geschaffen. Er nannte seinen Ansatz Grenzsituationstherapie. Dabei knüpft er zum einen an dem Konzept des Selbstwertgefühls von Adler an, zum anderen an der Verhaltensbiologie von Konrad Lorenz. Im Vorwort stellt Lorenz fest, dass das Selbstwertgefühl mit der Zahl der überwundenen Hindernisse steigt. Dem Zivilisationsmenschen, der den gefangenen Tieren im Tiergarten vergleichbar ist, fehlen aber die sichtbaren Gefahren und die tatsächlichen Gefahren, so Schulze. Atomkrieg und ökologische Katastrophen seien nur abstrakt erfahrbar.

Der Patient soll in der Grenzsituationstherapie in Situationen gebracht werden, in denen er sich bewähren kann. Objektlose Angst wird zu genau definierter Angst und kann so bearbeitet werden. Schulze stellt fest, dass jeder Patient die Grenzsituationstherapie erstens freiwillig und selbstverantwortlich akzeptieren muss, dass zweitens kein wesentliches objektives Risiko eingegangen werden darf und drittens, dass jedes Ereignis zu einem Erfolgserlebnis führen soll. Alles Handeln bewegt sich innerhalb des Grenzbereiches der subjektiven Leistungsfähigkeit der Patienten. Schulze ist ein begeisterter Segelflieger. Natürlich stößt er auf Antoine de Saint-Exupéry: „Die Erde schenkt uns mehr Selbsterkenntnis, weil sie uns Widerstand leistet. Und nur im Kampfe findet der Mensch zu sich selbst. Aber er braucht dazu ein Werkzeug …" (in: Wind, Sand und Sterne, zit. nach Schulze 1971, 3). Seine Erlebnisberichte der Segelflüge mit Patienten zeigen, dass diese zum einen als Diagnose dienen, zum anderen als Vorbereitung auf die eigentliche Psychotherapie, die sich dann doch in dem bekannten Rahmen abspielt.

Schulze definiert dabei Handeln als Dialog zwischen Ich und Umwelt. Grundlage des Handelns aber ist der menschliche Antrieb. Dieser Antrieb kann durch den Willen aufgeschoben, verstärkt oder auch umgelenkt werden. Das, was das Individuum fühlt und damit innerlich erlebt, ist nach Schulze nur ein Bruchteil dessen, was es tut. Daher macht gemeinsames Handeln mehr bewusst als miteinander reden. Vier große Triebe leiten unseren Antrieb und das Handeln an: Sexualität, Nahrungstrieb, Aggression und Flucht. Die Abhängigkeit des Individuums von diesen Trieben soll durch Psychotherapie in Unabhängigkeit verwandelt werden, Unfreiheit wird zur Freiheit. Dabei sieht Schulze die Handlungsunfähigkeit als eine moderne Form der Neurose, die aus seelischer Frustration und der materiellen Verwöhnung entsteht. In der Therapie setzt er dagegen die seelische Zuwendung und die materielle Askese. In der Grenzsituationstherapie werden die Klienten vor Konflikte gestellt, die durch Handeln gelöst werden können. Der Prozessablauf lautet: Konflikte erkennen, Lösungsmöglichkeiten abwägen, Bewältigung durch Handeln, therapeutische Sitzung.

Schulze bedient sich bei seiner Grenzsituationstherapie einiger bekannter erlebnispädagogischer Methoden. So nimmt er seine Patienten mit auf Segelflüge, unternimmt mit ihnen Gletscherwanderungen, er geht mit ihnen auf „therapeutische Hochgebirgsstation"und verbringt mit ihnen ein Wochenende auf der Berghütte. Er stellt seinen Patienten Mutproben, wie ein Sprung vom Felsen ins Wasser, ein Sprung in die Sandgrube, ein- bis zweistündiges Schweigen usw. Bei der von ihm entwickelten Grenzsituationstherapie gilt:

- das persönlich vorgelebte Beispiel durch den Therapeuten;
- der Patient ist vor eine Entscheidungssituation zu stellen, die er durch Handeln beeinflussen kann;
- der Patient muss sich freiwillig zum (subjektiven) Risiko, zur Angst, zum Unangenehmen, zur Entbehrung entscheiden;
- der ganze Mensch wird mit Kopf, Herz und Hand zum Handeln aufgefordert.

Zwischen Systemischem Denken und Vision Quest

Das Stichwort „systemisches Denken" löst in sozialen Kreisen die gleiche wohlgesonnene Zustimmung aus, wie früher die Floskel „ganzheitlich". Was ist unter systemischem Denken und systemischer Therapie zu verstehen und welche Verbindungslinien gibt es zur Erlebnispädagogik? Peter Senge beschreibt es als „Die Kunst, den Wald und die Bäume zu sehen" (1996, 158). Dann schreibt er: „Das Wesentliche an der Disziplin des Systemdenkens ist ein grundsätzliches Umdenken:

- die Wahrnehmung von Wechselbeziehungen statt linearer Ursache-Wirkungsketten und
- die Wahrnehmung von Veränderungsprozessen statt von Schnappschüssen."

Systeme zeichnen sich aus durch Holismus, also durch Verbundenheit der einzelnen Elemente, durch Untergliederung in Subsysteme und Eingliederung in übergeordnete Systeme. Es sind Ganzheiten, die mehr darstellen als die Summe ihrer Einzelteile. So sind Familien Systeme, Teams in Beruf und Sport und natürlich auch die Crew eines Segelschiffes oder die Gruppe, die mit dem Fahrrad unterwegs ist. Freilich sollte man die Dichotomie zwischen analytisch-dualistisch und ganzheitlich-systemisch nicht überzeichnen. Gerade in der Erlebnispädagogik ist es notwendig, beide Denkweisen zu pflegen. Linear-kausal zu denken ist manchmal pragmatischer als systemisch, ganzheitlich, ökologisch – und umgekehrt! Wie gesagt: es geht darum, den Wald und die Bäume zu sehen – und manchmal sind die Bäume wichtiger, manchmal der Wald – und oft beides zugleich!

Systeme als Ganzheiten befinden sich in einem steten Veränderungsprozess, entweder in Richtung Zerfall oder in Richtung Ganzheit und Systematisierung. Auf notwendige Veränderungen reagieren Systeme mit Regulierung und Homöostase, also mit einem Gleichgewicht, das eine bestimmte Zeit haltbar ist. Erlebnispädagogische Szenarien bringen, je nach Trainingsziel, diese Homöostase so aus dem Gleichgewicht, dass sich das System Schulklasse, Jugendzentrum, Heimgruppe oder Gruppe der Auszubildenden neu formieren muss, oder trägt dazu bei, dass aus einer Horde ein System wird. Das Denken in Netzwerken und Systemen, in komplexen Zusammenhängen, in Kreisläufen und Rückkoppelungen, ist, wie Gilsdorf anmerkt (1999, 39), auch in der Erlebnispädagogik auf Inseln beschränkt. Sicherlich können systemisches Denken und Erlebnispädagogik sich gegenseitig ergänzen, wie der Wald und die Bäume!

Im pädagogischen Feld haben Abstreiter, Zwerger und Zwerger (2017) die Grundlagen und Potenziale der systemischen Prozessbegleitung beschrieben. Das Gleiche gilt für die psychosozialen Handlungsfelder (Lindenthaler/Lindenthaler 2012).

Astrid Habiba Kreszmeier und Hans-Peter Hufenus (Kreszmeier/Hufenus 2000 und Thomas/Kreszmeier 2007) arbeiten seit geraumer Zeit mit den Techniken der szenischen Arbeit, darunter die systemische Aufstellung nach Bert Hellinger. Es ist Teil ihres besonderen Ansatzes der kreativ-rituellen Prozessgestaltung. Neben dem Rollenspiel werden Skulpting, Spotting und Aufstellungsarbeit eingesetzt (Kreszmeier/Hufenus 2000, 96f.), meist in freier Natur und unter Einbezug der Natur. Im Skulpting sind die Teilnehmer das Material, das ausgewählte Personen zum Ausdruck ihrer Stimmungen und Gefühle wie ein Bildhauer formen können. Im Spotting werden gegensätzliche Meinungen durch Aufstellung von Personen im Raum ausgedrückt. Anschließend können die Positionen gewechselt werden. Bei der Aufstellungsarbeit werden Problemlagen durch Positionierung und Haltungen von Menschen im Raum ausgedrückt. Diese an sich innovativen therapeutischen Techniken erhalten bei Planoalto durch die enge Verbindung und Einbindung in die Natur eine neue Dimension. Hier öffnen sich neue Räume der Erlebnistherapie!

Seit wenigen Jahren geistert der Begriff der Erlebnistherapie durch die Fachliteratur. Neuland betrat Rüdiger Gilsdorf mit seiner Dissertation (Gilsdorf 2004). Der Autor ist nicht nur im deutschsprachigen Raum bestens bekannt, er ist auch in der Fachliteratur der englischsprachigen Länder zu Hause. Gilsdorf geht den historischen Wurzeln auf den Grund, zeichnet den Weg von der Pädagogik zur Therapie nach und zeigt auf, dass eine Erlebnistherapie nur als fruchtbare Synthese unterschiedlichster therapeutischer Ansätze gedacht werden kann, die als Ergänzung in einem Spektrum therapeutischer Maßnahmen dient. Adventure Therapy hat eine weitaus längere Tradition als die Erlebnistherapie. Dass Wildnis und Rituale, Einsamkeit und Einfachheit therapeutisch wirksam sind, ist im deutschsprachigen Raum eine relativ neue Erkenntnis. Die Wilderness Therapy dagegen baut auf einem Fundament auf, das tief verankert ist in der amerikanischen Kultur. Nicht nur der Wilde Westen, auch die gesamte Lebensphilosophie ist eng mit Wildniserfahrungen verbunden, zudem natürlich inspiriert durch rituelle Techniken der indianischen Ureinwohner. Der deutsche Bildungsbegriff dagegen beinhaltet geradezu das Gegenteil. Der Prozess, in dem das „Es“ zum „Ich“ wird, findet in den USA nicht mehr auf der Couch, sondern in der Wildnis statt. Die klassischen Methoden der Adventure Therapy setzen auf die den Erlebnispädagogen hinreichend bekannten Medien der Natur(sport)aktivitäten, auf Problemlöseaufgaben und Seilgärten. Doch Vorsicht: manchmal ist die Lösung das Problem. Die Experiential Therapy integriert humanistisch orientierte Therapien wie den nondirektiven Ansatz und die Gestalttherapie und baut auf der Erfahrungswelt der Klienten auf. Hier entfernt sich das Konzept weit von den klassischen Ansätzen der Erlebnispädagogik und versucht, den Emotionen und Kognitionen, dem Erleben und Handeln auch mit Hilfe der neueren Gehirnforschung auf den Grund zu kommen.

Die Klinik Wollmarshöhe ist in den letzten 20 Jahren zu einem Zentrum erlebnistherapeutischer Bemühungen gewachsen. Nun hat Kilian Mehl, Chefarzt der Klinik Wollmarshöhe eine Studie mit einem sehr gelungenen Titel herausgegeben: „Erfahrungsorientierte Therapie“(Mehl 2017). Geschickt vermeidet er dadurch den etwas vorbelasteten Begriff der Erlebnistherapie. Erfreulich ist die therapeutische Haltung, die sich dahinter verbirgt und die vergleichbar ist mit der aktuellen pädagogischen Diskussion: ganzheitlich, systemisch, nah dran an aktuellen Forschungsergebnissen aus Lern- und Gehirnforschung und nah dran an der Praxis. Die Erkenntnis, dass Körper und Psyche eng zusammengehören und eine Spirale der Er- oder Entmutigung begründen können, unterlegt Mehl mit vielen Forschungsergebnissen. Die Zusammenhänge zwischen Psyche und Körper sind dicht und vielfältig und wurden bislang in der deutschsprachigen Psychotherapie nahezu ausgeblendet. Dieses Buch könnte der Anfang von ganz neuen psychotherapeutischen Konzepten werden.

Das therapeutische Klettern ist scheinbar besonders in Mode gekommen, was allein schon die Vielzahl an veröffentlichten (Abschluss-/MA-/BA-) Arbeiten zeigt, die in entsprechenden Verlagen veröffentlicht wurden. Ganz anders muss man die Publikation von Thomas Lukowski (2017), ein erfahrener Facharzt für Psychiatrie und Psychotherapie und ein begeisterter Kletterer, einordnen. Es geht dabei um neurobiologische Grundlagen, um psychologische, psychotherapeutische und pädagogische Theorien und um einen Überblick zu wissenschaftlichen Studien zu „Bewegung/Klettern und Psyche“ (Lukowski 2017, 32ff.). Therapeutisches Klettern, so Lukowski, wird nur erfolgreich sein, wenn der Patient motiviert ist. Wenn er eine deutliche Abneigung gegen das Klettern zeigt, dann müssen andere therapeutische Wege eingeschlagen werden. Emotionen spielen beim Klettern eine wichtige Rolle: die Angst zu versagen, vor der Höhe, vor dem Ablassen, die Herausforderung, der Mut, die Erfolgserfahrungen auf dem Weg nach oben, das Vertrauen in das Material und in den Sichernden. In diesem emotional aufgeladenen Setting ist der Therapeut in besonderem Maße gefordert, denn sehr schnell kann es zu Irrwegen kommen. Der Therapeut Lukowski (2017, 83) beschreibt eindringlich Depression und mögliche therapeutische Ansätze beim Klettern:

> „Depression bringt den Horizont zum Verschwinden, der Blick ist auf den Boden gerichtet. Sich aufzurichten, den Kopf zu heben und aufzublicken ist also ein antidepressiver Bewegungsvorgang par excellence.“

Das Buch „Vision Quest“ (Koch-Weser/v. Lüpke 2009) ist auch ein wichtiger Schritt auf dem Weg zu einer Erlebnistherapie, denn in der Visionssuche werden existenzielle Grundmuster des Menschen zum Katalysator des Heilens. Vier Tage und vier Nächte Einsamkeit, der Nahrungsentzug, die Reduktion der Bedürfnisse auf das Allernotwendigste, die Natur oder die Wildnis – das alles kann helfen, den Weg zu sich selbst zu finden. Diese elementare Herausforderung, der sich der Einzelne stellt, wird begleitet von erfahrenen Therapeuten; freilich ist bei solchen Therapien die Grenze zwischen Genie, Scharlatan und Schamane fließend. Früher oder später sollten die Experten eine Selbstverpflichtungserklärung oder ein gemeinsames Leitbild formulieren, um Missverständnisse und Misstrauen zu vermeiden.

Vision Quest ist ein Ritual, das durch drei Merkmale gekennzeichnet ist: absolute Einsamkeit – ohne doppelten Boden, wie Handy etc. –, kein Zelt, erlaubt ist lediglich ein kleine Plane als Sonnen- und Regenschutz – und kein Essen. Wenngleich dies beachtliche körperliche und psychische Herausforderungen an jeden Quester – so nennt man jene Teilnehmer an einer Visionssuche – stellt, so geht es sicherlich nicht „ums Überleben“. Vielleicht ist auch der modische Begriff der Vision etwas zu hoch gegriffen, denn nicht jeder findet in diesen Tagen und Nächten die Visionen, die er sucht. Der Terminus „Solo“, den Erlebnispädagogen bestens bekannt, beschreibt die Herausforderung der Einsamkeit und der Einfachheit etwas neutraler.

Ohne Zweifel ist die „Vision Quest“ bestens zur psychischen Prophylaxe, zur Besinnung, zur Sammlung der Kräfte geeignet und nicht nur zur

Lösung von Lebensproblemen einsetzbar. Vision Quest ist ein wichtiger Meilenstein auf dem Weg zu einem neuen Therapieverständnis, unentbehrlich für alle, die sich der Besinnung und Vertiefung, der Persönlichkeitsbildung, der Selbsterfahrung und der Therapie verschrieben haben. Ja, es könnte ein Türöffner für neue, revolutionäre Therapieformen und -methoden werden. Der Zauber der Idee von Vision Quest liegt in seiner überzeugenden Einfachheit. Zu wünschen ist dieser Idee, dass sie nicht im esoterischen und mystischen Gewaber und Gelaber untergeht, sondern sich als eine wichtige Therapiemethode etablieren kann.

Zunehmend werden heilige Orte in der Natur, vor allem Labyrinthe, und die initiatorische Macht der Erlebnispädagogik entdeckt. Mit Initiation und Ritual stößt die Erlebnispädagogik in das religiöse Vakuum und füllt es mit Pseudoethnologie und Naturmystik. Natürlich gibt es besondere Orte in der Natur, die eine Kraft auszustrahlen scheinen: Höhlen, Berggipfel, Steinformationen, Bäume, Lichtungen, Orte am See oder am Fluss. Wie werden Berggipfel, Wasserfälle, Höhlen, Ebenen, Felsen zu so genannten heiligen Orten? Diese Orte haben zuerst etwas mit unserer Erinnerung zu tun, sie bergen uns in vertrauter Umgebung. Diese Orte haben auch mit uns zu tun, mit unserer Geschichte, mit Ereignissen und Bedeutungen – bzw. mit kollektiven Erfahrungen. In der altgriechischen Sprache meinte Topos den physikalischen Aspekt des Ortes, Chora die geheimnisvolle Ortseigenschaft. Der Ort wird zur Kraft, strahlt eine Aura aus, vermittelt Spiritualität. Der große Religionsethnologe Mircea Eliade meinte, ein Ort sei heilig, weil die Menschen in ihm eine Hierophanie, eine Offenbarung des Heiligen, verkörpert sahen. Ob der Mensch die reine Spiritualität dann empfängt, wenn er der Natur näher ist, kann als fragwürdige Behauptung gelten. Nicht wenige Mystiker haben sich ganz in ihr Inneres und in die dunkle Zelle zurückgezogen, bewusst die Antiwelt aufgesucht, um zwischen sich und Gott den geringsten Abstand zu finden. Wer kann beweisen, dass die Verzückung am heiligen Ort tiefer geht als die Trance im modernen Tanztempel?

Labyrinthe, Irrgärten, Spiralen und Kreise sind uralte Symbole, die weltweit und zu allen Zeiten von Menschen hergestellt wurden und Menschen von jeher faszinieren. In den allermeisten Fällen dienen sie religiösen und rituellen Zwecken, vorchristlichen und christlichen. England ist für seine Heckenirrgärten bekannt, in Japan werden hölzerne Stellwände favorisiert, und Amerika ist das Ursprungsland der Maisirrgärten. Aber auch die (erlebnis-) pädagogischen Möglichkeiten werden entdeckt. In Amerika gibt es sogar tragbare Labyrinthe für Gefängnisse, um Inhaftierten diese Erfahrung zu ermöglichen. Und natürlich wimmelt es von Irrgärten in Kinder- und Jugendbüchern, in Mythen und Sagen; wir sehen sie in Filmen und auf Jahrmärkten in Form von Spiegelkabinetten. Es muss eine ungeheure Lust bereiten, sich zu verirren, sich zu orientieren, ein System zu durchschauen und dann den Ausgang zu finden. Maisirrgärten schließlich lassen der Fantasie freien Lauf. Sie lassen sich so individuell gestalten, dass sie zu Themenirrgärten werden. Darin liegen sicherlich noch viele ungenutzte pädagogische Potenziale. So gibt es Geschichten wie „Alice im Wunderland“, die Wiedervereinigung der Königreiche von Schottland und England, die Schlacht von Trafalgar, die als Irrgärten gehend erfasst und erlebt werden können. Spiegelkabinette sind ab 1889 in Europa nachzuweisen, darüber hinaus gibt es Irrgärten mit Wänden, von denen Wasser rinnt, und sogar aufblasbare Irrgärten. Hier ergeben sich natürlich auch die Möglichkeiten von Rollenspielen und Fantasy-Geschichten. 1986 wurden „Sieben goldene Regeln für den Bau des Irrgartens“ verfasst. Die siebte Regel lautet: „[...] Sie werden unserer rauen Realität und unserer Welt der hirnlosen Geschwindigkeit eine Oase der Zeitlosigkeit geschenkt haben, ein Paradies der Ruhe, den Stoff für einen Traum.“ (Fisher 2006, 181) Irrgärten und Labyrinthe sind besondere Orte der Besinnung, der Nachdenklichkeit, der Meditation.

3.8 Leben gewinnen: Erlebnispädagogik in der Behindertenhilfe

Das Wasser und der Fels

Stundenlang
schlägt die Welle gegen den Fels
der groß dasteht
und ihr den Weg versperrt
den Weg aufs offene Land
in einen anderen Teil der Welt.
Und mit jedem Schlag
scheint's als hätt' sie's geschafft
und ein kleines Stückchen Felsen
bricht ab.

Doch mit jedem Schlag
verliert sie auch ein Stück
von sich selbst
und es bleibt zurück in dem Fels.

Und das könnte auch das Geheimnis sein
das Wellen
und Felsen vereinen
denn jeder trägt in sich
ein Teil vom andern.

Behinderte und Nichtbehinderte gehören zusammen wie das Wasser und der Fels. Bei einer internationalen Jugendbegegnung in Estland hat die 22-jährige schwer behinderte Marion (Name geändert) dieses und viele weitere Gedichte geschrieben, die die deutschen und die estnischen Jugendlichen sehr beeindruckten. Die Reise hatte Marion offensichtlich sehr inspiriert, aber auch die Jugendlichen machten ganz neue Erfahrungen. Einige haben diese Reise fast aus der Perspektive eines Rollstuhlfahrers nachvollziehen können. Und bevor Marion an einem der letzten Abende ihre Gedichte vorgetragen hat, haben einige Jugendliche gemurrt. Ein sonst sehr offenes und nettes Mädchen meinte: „Musste die denn eigentlich nach Estland mitfahren? Die hätte doch auch in einem behindertengerechten Haus ihren Urlaub machen können. Überall müssen wir auf die warten. Alles ist so kompliziert mit der. Beim Essen kann man gar nicht zuschauen und wenn sie was sagt, dann versteh' ich sie meistens sowieso nicht. Die behindert uns nur!"

Einige waren der gleichen Meinung, andere enthielten sich der Stimme, und es gab auch einige Gegenstimmen. Bald waren wir bei der grundsätzlichen Frage angelangt, ab wann ein Mensch eigentlich als behindert gilt? Wenn er einen Schwerbehindertenausweis bekommt? Wenn er nicht so intelligent ist wie der Durchschnitt? Wenn er besonders hässlich ist? Wenn er besonders hilfsbedürftig ist? Wenn er einen Körper besitzt, der nicht dem Durchschnitt entspricht? Wenn er immer spontan seine Gefühle wie Angst, Traurigkeit, Freude oder Liebe zeigt? Wenn sein Denken unnormal ist? Wenn sein Verhalten außergewöhnlich ist? Wenn er soziale Normen nicht einhält? (Vgl. Karl 1991, 4)

Schnell stellten sich weitere neue und bedrängende Fragen und riefen Antworten hervor: Was ist eigentlich normal? Ist das vielleicht nichts anderes als die Mehrzahl der Bevölkerung? Würden die meisten Menschen mit dem Rollstuhl fahren, wäre dann zu Fuß gehen eine Behinderung? Wer bestimmt denn, was normal ist? Ist das vielleicht eine mächtige Mehrheit? Ab wann ist man eigentlich behindert? Wenn man eine Allergie hat, einen steifen Fuß, einen Tic? Was behindert eigentlich? Ist das womöglich nur die Reaktion des sozialen Umfelds? Wer behindert wen und warum? Wäre es nicht denkbar, dass ein Missbrauch von Macht eine latente Behinderung offen legt? Und schließlich: Ist unser Leben nicht ein dauerndes Überwinden von Hindernissen, ein Umgang mit Behinderungen? Sind wir so gesehen nicht alle irgendwie behindert?

So schnell bildet Reisen, durch offene Fragen, durch Thesen, durch Herausforderungen, vor die uns – in diesem Falle – behinderte Menschen stellen. Eine solche Reise mit behinderten und nichtbehinderten jungen Menschen sollte wiederholt werden. An der Georg-Simon-Ohm Hochschule (seit 2013: Technische Hochschule Georg Simon Ohm) erfüllte sich durch das Projekt Radel-Rollfiets-Tour dieser Wunsch (Michl/Riehl 1996).

Verbindungslinien in Praxis und Theorie

Eigentlich ist es eine Selbstverständlichkeit, Behindertenhilfe und Erlebnispädagogik miteinander zu verbinden! Die deutschsprachige Fachliteratur allerdings ließ hier viel zu wünschen übrig: Entweder gibt es so wenig praktische Erfahrungen oder die in der Behindertenhilfe tätigen Pädagoginnen und Pädagogen sind etwas schreibfaul. Ganz anders ist die Situation in den USA. Eine Dia-Show über „Ropes Courses“ in den USA (Irmelin Küthe, damals Outward Bound Deutschland) zeigt behinderte Menschen mit großer Selbstverständlichkeit in Aktion. Da schwingt sich ein Rollstuhlfahrer wie Tarzan von Ast zu Ast, ein anderer klettert Bäume hoch, zieht sich über eine wackelige Hängebrücke, balanciert mit dem Rollstuhl von Baum zu Baum. Andere Artikel berichten von Behinderten, die mit Huskies und Hundeschlitten das winterliche Amerika durchqueren.

Aufsehen erregte ein Mann, der mit seinem Hund die Appalachen von Nord nach Süd durchquerte. Eine der härtesten Fußwanderungen der Welt! Der Mann war nicht nur allein unterwegs, konditionsstark und zäh, sondern auch blind. Es ist fast müßig, weiter zu überlegen, denn fast alles ist möglich. „Der Rollstuhl bleibt an Land“ so beschreibt Andreas Kling (1989) seine Segelerfahrungen mit körperbehinderten Jugendlichen in der „Zeitschrift für Erlebnispädagogik“, und Gustav Harder, Leiter der Outward Bound Bildungsstätte in Baad/Kleinwalsertal, berichtet von seinen Erfahrungen über eine Erlebniswoche mit geistig behinderten Jugendlichen in „Jugendschutz heute“ (Aktion Jugendschutz 1990, 14f.). In Heft 5/94 der Zeitschrift e&l wurden die Ergebnisse einer Fachtagung des Forum Erlebnispädagogik Bayern festgehalten. Werner Michl führte Höhlentouren mit lernbehinderten Jugendlichen durch. Franz-Josef Wagner (1995) hat sich als einer der Ersten dieses verwaisten Themas angenommen. Wieso auch sollen geistig, körper- oder lernbehinderte Jugendliche nicht Schlauchboot- oder Kajakfahren, eine Rad- oder Höhlentour unternehmen, klettern oder Skitouren gehen?

Radel-Rollfiets-Tour von Linz nach Wien

In diesem Projekt fuhren Studierende der Georg-Simon-Ohm Fachhochschule Nürnberg, Fachbereich Sozialwesen, mit schwerstbehinderten Jugendlichen aus dem Wichernhaus in Altdorf mit besonderen Fahrrädern, so genannten Rollfietsen, von Linz nach Wien (Michl/Riehl 1996). Dabei stellten sich grundsätzliche Fragen. Lässt sich die Erlebnispädagogik überhaupt mit der Sonderpädagogik verbinden, wo doch für Rollstuhlfahrer jede Fahrt in die Stadt zum unwägbaren Abenteuer wird, wo jede Bordsteinkante eine fast unbezwingbare Herausforderung darstellt, wo ein

Haus ohne Lift unbetretbares Terrain bleibt und eine Straßenbahn ohne Hilfe kaum bestiegen werden kann? Endet da nicht jeder Gedanke an natursportliche Aktivitäten im konkreten Debakel des Alltags, in der schmerzlichen Erkenntnis, dass vieles auf der Welt für behinderte Menschen für immer verschlossen sein wird? Und bestehen nicht berechtigte Zweifel an der so ganz anderen Erlebnisfähigkeit von Menschen mit einer Behinderung? Wo bleibt der Sinn des ganzen Aufwands, wenn das Erlebte, die Mühen, die Leiden und die Freuden, wie im Falle einer behinderten Teilnehmerin mit Erinnerungsschwierigkeiten, nach Tagen wieder gänzlich vergessen wird? Und was bleibt, wenn die Jugendlichen wieder zurückgekehrt sind ins Wichernhaus, wo die Grenzen der Bewegung und des Erlebens allzu deutlich abgesteckt sind? Wird nicht die Enttäuschung über die notwendigen Verzichte und Versäumnisse im Alltag eines behinderten Menschen verstärkt durch die Erinnerung an die Erlebnisse einer solchen Radtour?

Oder sind das alles womöglich nur vorgeschobene Ausreden, Hilfsargumente, die sich damit begnügen, dass behinderte Menschen im Alltag versorgt sind, dass sie bestens betreut, gewissenhaft gepflegt, und schließlich auch erzogen und gebildet werden? Das Gegenteil einer blinden Aktionspädagogik ist eine pädagogische Haltung, die so lange aus Unsicherheit, theoretischen Einwänden, vermeintlichen Unwägbarkeiten mit dem Handeln zögert, bis ihr die Qualität „pädagogisch" verloren geht und die Haltung zur Unbeweglichkeit erstarrt. Mit welchem Recht werden behinderten Jugendlichen jene Erlebnisse vorenthalten, die den nichtbehinderten Jugendlichen von der Erlebnisgesellschaft und der Erlebnispädagogik mit großer Selbstverständlichkeit geboten werden? Die Frage nach dem erfüllten Leben führt zum Kernpunkt jeglicher sozialen Arbeit.

Diese These greift aber zu kurz, denn letztlich ist es eine Frage der pädagogischen Ethik, die von der sozialpädagogischen Fachkraft einen Standpunkt bezüglich ihrer Werteskala verlangt. In der Sonderpädagogik, so könnte man behaupten, ist die Antwort darauf zunächst etwas leichter zu geben als in der Jugendarbeit oder im Bereich der Hilfen zur Erziehung. Denn hier sind die Defizite klarer zu definieren und daher die Ziele deutlicher vor Augen: Leben in Selbständigkeit, sich allein versorgen können, sinnvolle Arbeit und eigene Wohnung. Die Arbeit in den Werkstätten für Behinderte, im Wohnheim und in den Wohngruppen, in den Außenwohngruppen, aber auch im Rahmen der Frühförderung, den Schulen für Körperbehinderte oder geistig Behinderte, den heilpädagogischen Kindergärten und Tagesstätten, den mobilen Betreuungsangeboten, legt täglich davon Zeugnis ab.

Letztlich unterscheidet sich der Zielkatalog nicht von dem der Jugendhilfe, er ist nur klarer, dringlicher, deutlicher, und alle Beteiligten – Kinder, Jugendliche, Eltern, pädagogische und psychologische Fachkräfte – sind sich einig darüber, was erreicht werden soll.

Das Projekt Radl-Rollfiets-Tour wurde verwirklicht. Es war wohl die richtige Idee zum rechten Zeitpunkt; die Studierenden entwickelten ein beispielloses Engagement. 1996 dann folgte das Projekt „Pentathlon“, 1997 ein internationales Projekt mit Jugendlichen aus Deutschland, Österreich und Tschechien. Beim Projekt „Pentathlon“ probierten sich die Jugendlichen aus dem Wichernhaus mit Studierenden der Georg-Simon-Ohm Fachhochschule ohne Leistungszwang in fünf Natursportarten aus: Klettern, Höhlentouren, Radel-Rollfiets-Tour, Flusswandern mit Kanu und Segeln. Durch das Projekt Radel-Rollfiets-Tour von Linz nach Wien wurde bestätigt, was man vorher nur annehmen konnte: Das Lernen an der Wirklichkeit enthält ungeahnte Möglichkeiten, auch und gerade für Jugendliche mit schwerer und mehrfacher Behinderung. An einigen Prinzipien, die auch Innovationen für pädagogisches Handeln bedeuten können, soll das verdeutlicht werden.

„Leben im Griff“ gab es auch 2007 noch und ist fast zu einer festen Einrichtung geworden. Jedes Jahr fährt der Sonderschullehrer Jochen Riehl mit seinen Schülern mit Behinderungen und mit Studierenden der Sozialen Arbeit der Technischen Hochschule Nürnberg in die Welt. Bislang sind diese Reisen in jedem Jahr dokumentiert worden, durch Vorträge, Bachelorarbeiten und Filme.

Erinnerung an Kulturen des Lernens

Die Rollfietstour von Linz nach Wien war in der Tat eine Herausforderung und eine Grenzerfahrung, schwierig, aber nicht unüberwindbar. Freilich sind es subjektive Grenzerfahrungen und freiwillig gewählte Herausforderungen. Niemand wurde gezwungen, alles war freie Entscheidung. Und doch wachsen der Ehrgeiz und die Lust an der Leistung:

- bei den schwerstbehinderten Jugendlichen, die einfach durchhalten wollen, auch wenn Wind und Regen ins Gesicht peitschen und die Hände zu Eiszapfen erstarren;
- bei den jugendlichen Selbstfahrern (zum Teil auf behindertengerechten Fahrrädern), die trotz Sturz und Erschöpfung die Strecke schaffen wollen;
- bei den Studierenden, die sich nur wenige Atempausen gönnen, von morgens sieben bis abends zehn Uhr schuften und trotzdem bester Laune sind.

Hätten die Studierenden mehr über Gruppenpädagogik lernen können als bei dieser Unternehmung? Sicherlich nicht! Alle Themen der Gruppenpädagogik haben sie live erlebt: Kommunikation und Kooperation, Ich und die anderen, Konflikte und deren Lösungen, Methoden und Motivation, Kennenlernen und Trennung, Machtkämpfe und Außenseiter. Aus dem Konsum des Wissens in der Lehre, aus der mehr oder weniger intensiven Partizipation am Unterricht entwickelte sich ein aktives Lernmodell der Aneignung, in dem die Gruppe selbst ihre Ziele definiert und in dem im mehrfachen Sinn alles erfahren wird. In der Tat war es sowohl für die Studierenden als auch für die Jugendlichen ein Zugewinn an Erfahrungen, an unwiederholbaren und einmaligen Erlebnissen. Die Vielfalt und Ganzheitlichkeit dieses Eindruckes entfaltet sich in der Ernstsituation. Vielleicht ist das auch zu ernst gesagt: Gemeint ist nur, dass die Lerninhalte nicht aufgesetzt sind, sondern sich als Herausforderung stellen. Der Reifen muss repariert und irgendwie müssen die „Rollis" in ihr Zimmer im zweiten Stock gebracht werden, auch wenn kein Aufzug im Haus ist und die Türen zu schmal sind – dies alles lässt sich nicht wegdiskutieren. Ist die Herausforderung Radel-Rollfiets-Tour angenommen, dann sind die täglichen Aufgaben und deren Lösungen authentisch. Ist es nicht ein Verdienst der erlebnispädagogischen Bewegung, dass sie eine Problemlösekultur eingeführt hat?

Der Blick von außen auf unsere Unternehmung zeigt, dass die Fahrt von Linz nach Wien sicherlich der Kristallisationspunkt aller Bemühungen war. Der zeitliche Aufwand für Vor- und Nachbereitung war jedoch unverhältnismäßig größer. Um eine solche Aktion gewissenhaft vorzubereiten, braucht es Fantasie und Antizipation. Wie im Planspiel werden Probleme vorweggenommen und Lösungen ausprobiert. Zwei Studenten sind in drei Tagen die Strecke vorher abgefahren, um alle Unwägbarkeiten zu klären.

Was Nichtbehinderte von Behinderten lernen

Man kann fast die These aufstellen, dass die Nichtbehinderten mehr als die Behinderten von gemeinsamen erlebnispädagogischen Aktionen lernen können. Durch die unmittelbaren und unausweichlichen Herausforderungen der Radel-Rollfiets-Tour wurde einiges sehr deutlich.

Krankheiten und Behinderungen sind keine Minusvarianten menschlicher Existenz, sondern sind uns als Lebens-, Erlebens- und Lernchancen anvertraut. Es gilt, sie wie eine fremde Sprache zu entschlüsseln und zu verstehen. Behinderte Menschen sind aufgrund ihrer persönlichen Lebenserfahrungen für Nichtbehinderte unverzichtbare Zeichen der Orientierung auf einem Lebensweg hin zu mehr Sinn und Eigentlichkeit. Behinderungen sind aber auch Verdeutlichungen dessen, was nichtbehinderte Menschen alles kennen und leben müssen, aber sehr gerne verdrängen und vergessen: das Phänomen der Grenze und der Umgang mit ihr. Wünsche und Erwartungen von Nichtbehinderten gegenüber Behinderten darf diese nicht verfremden, und die Bemühungen von Nichtbehinderten um behinderte Menschen dürfen nicht zur Ausübung von Macht und Gewalt in Form von Unterdrückung oder von fürsorglicher Belagerung verkommen.

Es ist schlichtweg eine Herausforderung, andere Menschen partnerschaftlich zu behandeln. Behinderte stellen Nichtbehinderte gehörig in Frage, verunsichern deren Werthaltungen und normativen Einstellungen, ihre fraglosen Gewissheiten und weisen auf andere Dimensionen menschlichen Seins hin, die man sonst landläufig und zu geradlinig verfolgt. Menschen mit einer geistigen oder körperlichen Behinderung haben wie alle Menschen ein Recht auf Erleben, auf Bildung, Bewegung und Begegnung. Weder Emanzipation noch Intelligenz noch Selbstverwirklichung führen allein zum so genannten Lebensglück, sondern auch die Tatsache, dass wir mit einem Körper in der Welt sind und mit unseren Sinnen die Welt erfassen wollen. Das ist nicht nur unser genetisches Programm, es vermittelt auch Sinnhaftigkeit. Nicht allein die Raschheit des gelebten Lebens oder der Luxus garantieren erfülltes Leben. Auch die „Schritt für Schritt Kultur" eines Beppo Straßenkehrer (Ende 1973) als eine weiterentwickelte Form der Langsamkeit und ein neues Zeitverständnis sind unverzichtbare Elemente einer Lebensperspektive, zunächst selbstverständlich für behinderte und bei genauerem Blick auch für nichtbehinderte Menschen. Behinderte und Nichtbehinderte gehören zusammen wie das Wasser und der Fels.

Grenzen überschreiten – No limits, Trekking am Limit und Churchtown

Herausforderungen wollen bewältigt werden. Die Jugend des Deutschen Alpenvereins (JDAV) versucht seit 2000 mit ihren No Limits-Kursen, diese Möglichkeiten erfahrbar zu machen. Eine Woche lang suchen behinderte und nichtbehinderte junge Menschen gemeinsam nach Erlebnissen durch Natursport und Problemlösungsaufgaben. Das Tandem- Prinzip soll sowohl Hilfe für die behinderten Teilnehmer garantieren als auch die Bereitschaft der Nichtbehinderten fördern, für andere Gruppenmitglieder Verantwortung zu übernehmen. Die Tandem-Partner wechseln täglich. So soll ein gleichberechtigtes und partnerschaftliches Verhältnis unter den Teilnehmerinnen entstehen, nicht das von Betreuern und Betreuten. Seit 2003 wird der Jugendkurs „No Limits" auch als Jugendleiterfortbildung beim DAV angerechnet. Der Teilnehmerkreis der nichtbehinderten Jugendlichen hat sich verändert. Waren es am Anfang überwiegend Interessenten aus sozialen Berufen bzw. sozialpädagogischen Ausbildungsgängen, sind es heute auch junge Erwachsene, die mit behinderten Menschen sonst nichts zu tun haben. Und das ist erwünscht. Durch die JugendleiterInnen wird neues Potenzial freigesetzt, es ergeben sich aber auch neue Anforderungen an die Kursleitung. Es hat sich als sehr günstig erwiesen, dass im Leiterteam eine behinderte Person vertreten ist. Die gute Zusammenarbeit und die gegenseitige Ergänzung von behinderten und nichtbehinderten Teamern bietet der Gruppe ein gutes Vorbild, an dem sich die Teilnehmer orientieren können. Erfolgreich startete im Sommer 2006 der erste Mobilkurs: Zehn nichtbehinderte Teilnehmer und fünf Teilnehmer mit Behinderung durchquerten eine Woche lang gemeinsam das Allgäu; übernachtet wurde in einfachen Bergunterkünften. Es ist auffallend, dass einige behinderte Teilnehmer/innen während dieser Woche große Fortschritte in ihrer Selbständigkeit und in ihrem Sozialverhalten machen. Viele von ihnen verlassen erstmals den Schonraum des Elternhauses oder einer sonderpädagogischen Einrichtung, und daher ist es für sie eine ganz neue Erfahrung, dass auch sie in einer Gemeinschaft Verantwortung tragen müssen. Auch 2018 finden wieder No Limits-Kurse statt.

Die Idee des Projektes „Trekking am Limit“ von Procap (CH) und der Strafanstalt Witzwil (CH) entstand 1993. Der stellvertretende Direktor der Strafanstalt Witzwil, René Faietti, griff die Idee eines Pfarrers aus dem Elsass auf, mit strafgefangenen Menschen und Rollstuhfahrer/innen gemeinsam mehrtägige Trekkingtouren durchzuführen. Die Beteiligten, also die Trekkingleitung, die Betreuer und die Insassen, halten vor der Tour schriftlich Zielvereinbarungen fest. Diese sind ganz individuell und werden von den Beteiligten unterschrieben. Das kann bei einem Drogenabhängigen beispielsweise heißen, dass er sich verpflichtet, auf harte Drogen zu verzichten. Gemeinsam wird vereinbart, dass zur Überprüfung nach dem Trekking in unregelmäßigen Abständen Urinproben genommen werden. Eine sehr gute organisatorische Vorbereitung ist für dieses Projekt unabdingbar. Um jedes Risiko zu vermeiden, müssen die einzelnen Routen mehrmals abgelaufen und begutachtet werden, bevor eine bestimmte Trekking-Strecke festgelegt wird. Bei vielen Passagen wird die Beratung von Bergführern in Anspruch genommen. Die Auswahl der behinderten Teilnehmer/innen übernimmt Procap. Ein „Hauptprobetag“ vor der Tour ist für alle Teilnehmer verpflichtend. Die Strafgefangenen werden auf die extremen körperlichen Anforderungen durch organisiertes und kombiniertes Konditions-, Trage- und Marschtraining vorbereitet. Die Erfahrung zeigt, dass diese Trekkingwochen für beide Seiten sehr wertvoll sind. Die behinderten Teilnehmer berichten, dass diese Erfahrung für sie wertvoller ist als eine Kur. Und für die Insassen ist dieses Trekking eine große Chance: „Das ist unglaublich, wie diese Wanderwoche meine Leute prägt“, sagt René Faietti. „Wir profitieren noch Monate danach von dieser Woche. Sie zeigen ein ganz anderes Verhalten gegenüber unserer Institution, gegenüber der Arbeit und sie sind „aufgestellt“, wie man auf schweizerdeutsch sagt! Arbeit ist eine sehr gute Therapie, und das ist wichtig für die Resozialisierung.“ Aber für ebenso wichtig hält der Initiator eine sinnvolle Freizeitgestaltung, die viele Insassen nie kennen gelernt haben. Auch das soll in Witzwil vermittelt werden, und die Trekkings sind ein ideales Mittel dazu. „Trekking am Limit“ wurde inzwischen beendet.

Die Deutsche Gesellschaft für Muskelkranke in Freiburg startete im Sommer 2005 und 2006 mit Fahrten nach Churchtown in Cornwall/ England. Ziel der Reise war es zum einen, das Angebot einer Ferienmaßnahme für Jugendliche zu schaffen, die einen hohen Pflegeaufwand benötigen, d. h. Outdoor-Aktivitäten als Erlebnismöglichkeit trotz schwerer körperlichen Beeinträchtigung, Kennenlernen eines anderen europäischen Landes, Lösung vom Elternhaus, Erfahrung von Selbstständigkeit und Selbstbestimmung sowie Auseinandersetzung mit der eigenen Krankheit bzw. Begegnung mit anderen, die das eigene Schicksal teilen. 14 Jugendliche mit Muskelkrankheiten im Alter zwischen 13 und 18 Jahren sowie 17 Betreuer im Alter zwischen 20 und 55 Jahren traten gemeinsam diese Reisen an. Das Betreuerteam war interdisziplinär zusammengesetzt und bestand aus Krankenschwestern, Physiotherapeuten, Orthopädiemechanikern, Ergotherapeuten, einem Feuerwehrmann und Amateurhelfer im Rettungswesen (Rentner), einem Familienvater sowie Studenten der Fachrichtungen Sozial- und Sonderpädagogik, Medizin und Pflegewissenschaften. Die Diplompädagogin Anke Hinrichs war die Projektleiterin. Churchtown, das „Outdoor Activity Center for all", wurde vor ca. 30 Jahren von der englischen Spastikergesellschaft gegründet, um Menschen mit schweren körperlichen Beeinträchtigungen auf einer barrierefreien Farm den unmittelbaren Zugang zur Natur zu ermöglichen. Im Laufe der Jahre kamen erlebnispädagogische Angebote hinzu. Folgende Aktivitäten wurden u. a. angeboten: Ropes Course (Flying Fox) im Faltrollstuhl, Klettern an der Kletterwand, Abseilen im Rollstuhl, Orientierung auf dem Gelände, Kanufahren auf einem Fluss, Fahrt auf einem Motorboot an der Südküste und eine Wanderung durch eine Moorlandschaft. Die Einrichtung „Churchtown" eignet sich für eine Gruppe mit schwer pflegebedürftigen Menschen bestens. Ein entsprechendes Angebot in Deutschland ist nicht bekannt.

Behindert, benachteiligt?

Das Projekt „roots respect" wurde im Jahr 2000 ins Leben gerufen: Der gemeinnützige Verein für Seminare und erlebnispädagogische Angebote „roots e. V." führt seitdem maßgeschneiderte Programme für Menschen mit Behinderungen durch. Die professionelle Organisation und Verwaltung des Unternehmens kommt auch der Betreuung der roots respect-Projekte zu Gute. Jedes Training bei „roots outdoortrainings & seminare" unterstützt die Arbeit bei „roots respect".

In Ausgabe 3&4 / 2007 hat die Zeitschrift „e&l – erleben und lernen" das Thema „Behindert, benachteiligt?!" als Schwerpunkt gewählt. Dies ist sicherlich nur ein Ausschnitt aus den vielfältigen Aktivitäten, die in diesem Heft vorgestellt werden. Tanja Kinne berichtet dort, wie erlebnisorientiertes Lernen Einzug hält in den Unterricht für Schülerinnen und Schüler mit geistiger Behinderung. Auch Alexander Häfele zeigt an vielen Unterrichtsbeispielen den Mehrwert von erlebnis- und handlungsorientierten Methoden auf. Häfele hat seine Aktivitäten und Erfahrungen in dem Buch „Trau ich mich?" (2007) festgehalten. „Klettern macht schön stark", „Klettern macht gute Gefühle", „Ich hatte einen Alpentraum," so kommentieren die geistig behinderten Kinder und Jugendlichen ihre Erlebnisse beim Klettern und Bergwandern in dem Buch von Holger Boecker (2004). Inzwischen also ist die erlebnispädagogische Arbeit mit behinderten jungen Menschen aus den Kinderschuhen heraus gewachsen, sie ist bestens dokumentiert und wurde bzw. wird von einigen herausragenden Persönlichkeiten wie Anke Hinrichs, Jochen Riehl und Andrea Szabadi im deutschsprachigen Raum getragen. Erfreulich sind die oben erwähnten Weiterentwicklungen im schul- und sportpädagogischen Bereich.

3.9 Handlungsorientiertes Lernen in der betrieblichen Personalentwicklung – Outdoor-Training

Die „Zweite industrielle Revolution", die mit Automatisierung, Rationalisierung und Computerisierung das Innere der großen Industrie- und Wirtschaftsunternehmen grundlegend veränderte, hatte und hat ihre größten Wirkungen auf die Menschen, die in diesen Unternehmen arbeiten.

Von der Blütezeit des Taylorismus bis weit in die 1960er und 1970er Jahre hinein wurde die menschliche Arbeitskraft lediglich als störungsanfällige Variable in der arbeitsteiligen Produktion angesehen. Industrie- und organisationssoziologische Studien konnten nachweisen, dass sich mit den weit reichenden Umwälzungen in der Produktion, aber auch in Verwaltung und Dienstleistung, ein Wandel in den sozialen Beziehungen vollzog (vgl. z. B. Kern/Schumann 1986 und Zündorf/Grunt 1980). Mit dem „Ende der Arbeitsteilung" (Kern/Schumann) – also dem allmählichen Verschwinden einer Arbeitsorganisation, in der kleinste betriebliche Einheiten ein hohes Maß an „repetitiver Teilarbeit" verrichten – entstand also, sozusagen unter der Oberfläche technologischer „Quantensprünge", eine neue Qualität in den Sozialgefügen der Unternehmen.

Lange Zeit ignorierten die Bildungs- und Personalentwicklungs-Abteilungen diese Entwicklung. Es waren beinahe ausschließlich die fachlichen Qualifikationen der Beschäftigten, die interessierten. Einfühlungsvermögen, Toleranz oder Kooperationsfähigkeit sollte der Mitarbeiter „von Natur aus" mitbringen. Was die Sozialisationsinstanzen Elternhaus, Schule und Freundeskreis versäumt hatten, glaubte man auf dem Betriebsgelände nicht mehr nachholen zu können. Es sind bis etwa 1980 nur sehr wenige Versuche dokumentiert, bei denen die außerfachliche Interaktion Gegenstand einer betrieblichen Bildungsmaßnahme war. Zu Beginn der 1990er Jahre erhielten Arbeitsgruppen Freiräume in der Prozessgestaltung eingeräumt und sollten fortan Verantwortung für Qualität und Produktionszeiten übernehmen. Das führte zwar auf der einen Seite zu einer starken Identifikation mit dem Firmenprodukt und zu Teamgeist in den Arbeitsgruppen, brachte jedoch andererseits einen ungeheuren Leistungsdruck für die Mitarbeiter. Jedem war klar, dass seine Kollegen für ihn mitarbeiten mussten, wenn er krank werden würde … Wettbewerbsanreize der Unternehmensleitung („Das Team des Monats") heizten die Stimmung zusätzlich an.

Handlungskompetenz und Verhaltenssouveränität

Es sind im wesentlichen zwei Faktoren, die die „soziale Dimension" in der Binnenstruktur der Unternehmen so bedeutsam werden lassen: zum einen der nach oben geschnellte „Mechanisierungsgrad", der Arbeitsplätze mit „ganzheitlicherem Aufgabenzuschnitt" (Kern/Schumann 1986, 19) schuf, und zum anderen die Arbeitszufriedenheit der Beschäftigten, mit der die Unternehmen eine höhere Produktivität und damit mehr Profit erzielen können.

Aus- und Weiterbildung hat sich infolgedessen an einem umfassenden Qualifikationsbegriff auszurichten. Das Ideal des in allen Situationen handlungskompetenten und verhaltenssouveränen Mitarbeiters macht die Runde. Nicht nur in den Chefetagen ist der Generalist gefragt, ebenso in den Riegen der Facharbeiter, ungelernten Arbeiter usw. (S. 320).

In der Personalentwicklung wurde die Förderung so genannter „Schlüsselqualifikationen" als vordringlich angesehen. Darunter werden in erster Linie „personale" und „interpersonale" Qualifikationen wie Initiative, Selbstvertrauen, Vertrauen zu anderen, Kommunikations- und Kooperationsfähigkeit, Verantwortungsbewusstsein, Durchhaltefähigkeit etc. verstanden (Stössel 1989, 45). Fachliche und methodische Stärken eines Beschäftigten können also erst dann im Interesse des Unternehmens zur Geltung kommen, wenn das „psychosoziale Setting" stimmt. Kommt dann noch die Identifikation mit dem Betrieb hinzu, was gegenwärtig im Werbeagentur-Deutsch „Corporate Identity" genannt wird, dann scheint garantiert zu sein, dass der Mitarbeiter „funktioniert". Damit ist nicht gemeint, dass er/sie sich widerspruchslos in vorhandene Strukturen einfügt. Gefragt ist vielmehr der kritische Typ, der in der Lage ist, verkrustete Strukturen aufzubrechen und – im Verbund mit Kollegen/innen mit „Querschnittsaufgaben" – starre Positionshierarchien in dynamischere Funktionshierarchien zu verwandeln. Angekurbelt werden sollen diese innerbetrieblichen „Evolutionen" von den Personalentwicklern und Weiterbildnern, die in der Regel weniger stark in die vertikal gegliederte Unternehmensstruktur eingebunden sind, sondern oft als Unruhestifter und Erneuerer horizontal in die einzelnen Abteilungen eingreifen können.

Das Personal- und Bildungsmanagement wird im Allgemeinen durch Mitarbeiter repräsentiert, die ein hohes Maß an Kreativität und Innovationsfähigkeit einbringen können und aufgeschlossen sind für unkonventionelle Methoden. Damit hätte sich der Kreis zu unserem Thema geschlossen, das in der Sozialpädagogik und Jugendarbeit Erlebnispädagogik heißt, in der Personalentwicklung aber als Outdoor-Training firmiert.

Jahrzehntelang konzentrierte sich die Erstausbildung (früher Lehrlingsausbildung) auf die Vermittlung technisch-instrumenteller Fertigkeiten. Vor allem in den großen Konzernen wurden die Auszubildenden von der Produktion isoliert und in eigenen Lehrwerkstätten auf ihre künftigen Jobs vorbereitet. Das führte dazu, dass sie die „Wirklichkeit der industriellen Produktion“ erst nach ihrer Ausbildung, dann jedoch umso heftiger, mitbekamen. (Die kaufmännischen Ausbildungsgänge verliefen im Allgemeinen stärker praxisorientiert.)

Die Neuordnung der industriellen Metall- und Elektroberufe war u.a. eine Reaktion auf diese Defizite. In den veränderten Rahmenrichtlinien wird dann auch die Facharbeitertätigkeit als komplexe Handlungsfähigkeit selbständiger Mitarbeiter definiert, die im Rahmen der Aus- und Fortbildung entsprechend zu fördern sei.

In den großen Unternehmen entstanden Konzepte, die einerseits eine engere Verzahnung von Ausbildung und Produktion mit Hilfe projektorientierter Lernformen gewährleisten und auf der anderen Seite personale und interpersonale Kompetenzen stärken sollten.

Management unter freiem Himmel: Outdoor-Trainings für Teams und Führungskräfte

Eine etwas bizarre Branche, bestehend aus Weiterbildungsfirmen, Trainingsinstituten und freiberuflichen Trainern, hat sich seit etwa 1990 mit der Fortbildung von Fach- und Führungskräften einen wirtschaftlich expandierenden Markt schaffen können. Weiterentwickelte, zum Teil auch nur neu eingekleidete, Methoden und Theorie-Versatzstücke aus den Erziehungs- und Sozialwissenschaften, wie z.B. Gesprächsführung oder Coaching, sollen die Führungskraft in ihrem Leitungsverhalten stärken. Die charismatische Führungskraft, die ihre Mitarbeiter fördert, fordert und lenkt, wird offenbar nicht (mehr) geboren, sondern erst zur selbigen gemacht. Die Generalisten und Spezialisten der großen Konzerne verfügen zwar über ausreichende Fachkenntnisse; defizitär scheint es dagegen um die individuellen Potenziale bestellt. Dort wo Kooperationsfähigkeit und Einfühlungsvermögen gefragt sind, ist Nachholbedarf angezeigt.

Die Branche ist inzwischen erwachsen geworden: Noch zu Beginn der 1990er Jahre hatten Trainings unter freiem Himmel den Touch des Exotischen – zumindest im deutschen Sprachraum (vgl. Heckmair/Wagner 1997). Inzwischen erkannten auch die Entscheider in den Strategieabteilungen der großen Konzerne, dass handlungs- und erfahrungsbezogene Lernverfahren besonders geeignet sind, wenn es darum geht, Unternehmen neu auszurichten. Zusätzlichen Rückenwind erhielten die Veranstalter von Outdoor-Trainings von den inzwischen nicht mehr ganz neuen Themen in der Management-Entwicklung. Peter Senges Bestseller über die Vorzüge „lernender Organisationen" (1996) sowie C. Otto Scharmers „Theorie U" (2009) waren Türöffner: Die in die „outdoors" verlegten Szenarien fungieren ganz im Sinne von Senge als „Mikrowelten" (S. 379ff.), um – abseits des Alltags im Unternehmen – mit neuem, ungewohnten Verhalten zu experimentieren und nachhaltige Lernerfahrungen zu sammeln.

Die Förderung personaler und interpersonaler Kompetenzen

Outdoor-Trainings unterscheiden sich elementar von jenen Planspielen, in denen in einem konstruierten Arrangement – sozusagen unter Laborbedingungen – die (betriebliche) Wirklichkeit simuliert wird. Damit soll natürlich keine Wertung vorgenommen werden. Die Manager werden in Outdoor-Trainings mit einem für sie weitgehend unbekannten Umfeld konfrontiert, in dem sie, gemeinsam mit anderen, ungewohnte Aufgaben erfüllen sollen.

Ebenso wie im klassischen erlebnispädagogischen Lernprozess wird mit einem, zugegebenermaßen ebenfalls konstruierten Wechselspiel zwischen Individuum, Gruppe und Natur ein spannungsreiches Lern- und Erfahrungsfeld geschaffen, voll von physischen, psychischen, sozialen und intellektuellen Herausforderungen. Diese Ganzheit soll einen möglichst eindringlichen Kontrast zum beruflichen wie privaten Alltag schaffen, um so alternative Verhaltensweisen zu provozieren. Es geht weniger darum, dass der Manager – von Strapazen gezeichnet – „seine Maske fallen lässt" und sein „wahres Ich" freilegt, vielmehr soll das tradierte Verhaltens- und Handlungsrepertoire der Führungskräfte erweitert werden. Es sind im Wesentlichen Spielräume, in denen sich der Einzelne in einem unbekannten Umfeld, meist mit fremden Menschen neu ausprobieren kann.

Konstitutiv ist weiter das Wechselspiel von Einfachheit und Komplexität. Intensive Natureindrücke sowie Körpererfahrungen, die aus Ausdauerleistungen resultieren, stehen komplementär zu hochkomplexen Lernprojekten, bei denen mit – beinahe ausschließlich elementarer – Technik Gruppenleistungen eingefordert werden: den Oberlauf eines Flusses mit Hilfe einer selbst konstruierten Seilbrücke zu überqueren; eine Klamm kletternd, schwimmend, von Stein zu Stein springend begehen; mit selbst gebautem Floß einen See befahren ...

Die Reflexion hat bei Outdoor-Trainings für Führungskräfte zentrale Bedeutung. Kölblinger schätzt die Reflexionsdauer bei Management-Kursen in Deutschland und Großbritannien auf ca. 40% der Zeit, die für Aktivitäten aufgewendet werden. In den USA würde sie sogar ein Mehrfaches der Aktionszeit betragen (Kölblinger 1992, 11). Zum Teil arbeiten die Outdoor-Trainer während dieser Auswertungsphasen mit Personalentwicklern des auftraggebenden Unternehmens oder mit anderen externen Spezialisten zusammen. Je nach Zielsetzung des Kurses kommen dabei sozialpsychologische und organisationssoziologische Modelle, eingebettet in ausdifferenzierte Feedback-Methoden, zum Einsatz (vgl. Renner/Strasmann 2000).

Waren Outdoor-Trainings noch vor einigen Jahren kontrastreiche, aber auch entbehrliche Farbtupfer in der Erstausbildung oder in Führungsnachwuchs-Programmen, so sind sie heute mehr und mehr Instrumente der Organisationsentwicklung bzw. des Change Managements, die auch Vorstand und oberste Führungsebene mit einschließen. Die Trainings sind in der Regel in mittel- und langfristige Projekte eingebettet. Die Frage des Transfers stellt sich nicht mehr in der Form, wie das noch vor einiger Zeit der Fall war. Denn: Es ist das Gesamtprojekt, das stimmig aufgebaut sein muss – von der Auftaktveranstaltung, die von der obersten Entscheidungsebene getragen werden muss, über Klausuren, Workshops, Seminare etc. bis zum förmlichen Abschluss. Die Outdoor-Trainings haben ihre besondere Funktion und sind ein Teil des Ganzen. Die Prozessverantwortlichen aus den Abteilungen Unternehmensstrategie, Organisations- und Personalentwicklung sowie Bildung werden – unterstützt von externen Beratern – den Outdoor-Anbieter so weit vorinformieren, dass er in der Lage ist, ein Programm zu entwickeln, das auf die spezifischen Anforderungen abgestimmt ist (vgl. Kaltenecker 2006).

Vor nicht allzu langer Zeit dominierten noch natursportliche Aktivitäten wie Bergwandern, Klettern, Schlauchbootfahren und Segeln die Outdoor-Seminare. Oft wurden Übernachtungen in einfachen Hütten oder Zelten bzw. im Freien integriert. Heute haben Lernprojekte an Terrain gewonnen (Schad/Michl 2004). Der urwüchsige Charakter der Kurse geht damit zwar verloren, andererseits spart man Zeit für technisch-instrumentelle Unterweisungen ein und vermeidet die früher üblichen Materialschlachten und in gewisser Weise auch den hemdsärmeligen Pathos männlich geprägter Natureroberung. Kaum mehr eine Rolle spielen Seilgärten, auf die wir im Abschnitt 4.12 eingehen. Lernprojekte (Heckmair 2008) lassen sich streng genommen nicht mehr unter der Registerkarte „Outdoor" einordnen, da sie sowohl unter freiem Himmel als auch in Räumen durchgeführt werden können. Ebenso wie Heckmair haben inzwischen viele Trainer und zunehmend auch Berater die Settings differenziert, die Komplexität der Aufgaben erhöht und die Reflexionen verfeinert. Die Lernprojekte und -szenarien sind – so ausgestattet – schlanke und effiziente Werkzeuge für die Diagnose und Analyse sozialer Systeme, bergen aber auch große Veränderungspotenziale. Sie produzieren nicht selten eine hohe Eigendynamik und sind hinsichtlich ihrer Wirkungen kaum zu kontrollieren, was konstruktivistische Pädagogen in der Regel inspiriert, instruktionistische hingegen eher irritiert (vgl. Kap. 2.5).

Die seriösen Veranstalter von Outdoor-Trainings verwenden viel Zeit auf die Vorbereitung der Veranstaltungen. Der verantwortliche Kursplaner verschafft sich in ausführlichen Gesprächen mit dem Auftraggeber einen Einblick in die betrieblichen Strukturen, in die Unternehmenskultur und in die Arbeitsbereiche der künftigen Teilnehmer. In einem zweiten Schritt werden die Zielsetzungen des Auftraggebers aufgenommen, interpretiert sowie präzisiert und auf ihre Operationalisierbarkeit hin überprüft. Nicht jede Zielsetzung eines Unternehmens ist mit den Instrumenten des Outdoor-Trainings angehbar. Der dritte Schritt besteht darin, ein auf die spezifischen Zielsetzungen zugeschnittenes Kursdesign zu erstellen und dem potenziellen Auftraggeber vorzuschlagen. Es kommt dabei weniger auf die Aktivitäten an als auf die methodische Konstruktion und die didaktische Einbettung derselben.

Ein Beispiel: In einem Unternehmen bestehen seit kurzem interdisziplinär besetzte Arbeitsgruppen aus Ingenieuren und Technikern unterschiedlicher Fachrichtungen, Designern, Betriebswirten, Juristen etc., die an einem gemeinsamen Projekt arbeiten. Das Problem besteht nach Auffassung des Bildungsverantwortlichen nun darin, dass die Handelnden in besonderer Weise voneinander abhängig sind, dass sie Informationen einholen oder einbringen müssen, dass sie die Gesamtaufgabe aus unterschiedlichen – jedoch nicht vertikal, sondern horizontal gegliederten – Perspektiven betrachten. Im Kursdesign müsste also diese Zielsetzung in adäquater Weise, „isomorph" wie Bacon sagt (s. Abschnitt 2.3), umgesetzt werden. Es müsste gelingen, den Umgang mit Abhängigkeiten, die Verfügbarkeit und den Transfer von Informationen sowie die verschiedenen Betrachtungsweisen einer Sache transparent zu machen.

Die Abhängigkeit ließe sich beispielsweise mit einer Orientierungstour operationalisieren, bei der eine Kleingruppe ohne jegliche Informationen von einer zweiten Kleingruppe mittels Funkgerät „geführt" wird. Die zweite Kleingruppe verfügt über alle notwendigen Informationen (topographische Karte, Höhenmesser, Fotos von wichtigen Punkten) und weist die 30 Minuten früher gestarteten Kollegen und Kolleginnen mit vorher definierten Funkkontakten (Anzahl und Länge) im – nicht markierten – Gelände ein. Mit einem Diktiergerät werden die Gespräche in den Kleingruppen und bei den Funkkontakten aufgenommen und hinterher ausgewertet.

Eine andere Möglichkeit bestünde beispielsweise darin, aus bereitgestellten Materialien Flöße zu bauen. Mehrere Teams müssten sich über die Verwendung der beschränkten Ressourcen verständigen mit dem Ziel, Flöße zu konstruieren, die alle Beteiligten tragen. Strukturen, Funktionen und Abläufe, die in einem Unternehmen im Laufe eines Change-Prozesses neu definiert wurden (zum Beispiel unter dem Leitbegriff „Neue Welt“), werden in solch einem Lernszenario unter freiem Himmel dargestellt: Die beteiligten Fach- und Führungskräfte besetzen die Positionen Forschung und Entwicklung, Produktion, Qualitätssicherung, aber auch Querschnittsaufgaben wie Programmsteuerung und Monitoring. Die Kommunikation der Funktionsträger untereinander, aber auch die mit dem Auftraggeber des Lernszenarios, wird damit konkret und hautnah erlebbar. Natürlich bereitet man solche Szenarien sorgfältig vor und reflektiert sie hinterher. Andererseits besteht der Auftraggeber häufig auf einem Eventcharakter der Veranstaltung. Ob sorgfältig geplant und solide gebaut wurde, zeigt sich spätestens dann, wenn die Schwimmfähigkeit der Gebilde samt ihrer Besatzung im Ernstfall, also auf dem Wasser, getestet wird. Das kann Spaß machen, aber auch frustrierend sein.

Alle Aktivitäten werden in einem Programmvorschlag zusammengefasst, zeitlich aufgegliedert und in den angestrebten Zielsetzungen erfasst. Ein Kursdesign mit dem Schwerpunkt Teamentwicklung könnte beispielsweise wie folgt aussehen:

Zielgruppe:
Nachwuchsführungskräfte
Inhaltlicher Schwerpunkt:
Führung

	Methodik/Charakteristik	Themen
1. Tag		
Vorstellungsrunde; Erwartungen der Teilnehmer; Regeln und Rollen; Programmvorstellung und -diskussion		gegenseitiges Kennenlernen
Problemlösungsaufgabe „Spinnennetz“ (vgl. Kölsch/Wagner 2004, 79ff.	herausfordernde Teamaufgabe mit intensivem Körperkontakt; in der Reflexion: Leitfragen des Trainers; Diskussion	Abbau von Berührungsängsten; Balance Vertrauen/Kontrolle

Thema: Führungsstile (Teil 1)	– Intro(duktion) – Einzelarbeit/-berichte	„Kann man sich Führungsstile antrainieren?" „Gibt es *den* Führungsstil?"
Problemlösungsaufgabe „Ein Glas Wasser" (vgl. Heckmair 2008, 68 ff.)	kognitiv und sensorisch anspruchsvolle Aufgabe für Führungskräfte und ihre Kleingruppen; in der Reflexion: Selbstkundgabe der Akteure; Ergebnisse der Beobachter; Diskussion	Kommunikation und Kooperation unter schwierigen Rahmenbedingungen
Thema: Führungsstile (Teil 2)	– Kleingruppenarbeit – Berichte im Plenum und Diskussion	Auswertung der Beobachtungen im Anschluss an die Problemlösungsaufgabe und Prüfen obiger Fragestellungen

	Methodik/Charakteristik	**Themen**
2. Tag		
Orientierungstour zu Selbstversorgerhütte oder Biwak	Informationsbeschaffung und -weitergabe mittels Funkgeräten; wechselseitige Abhängigkeit in unbekanntem Terrain erfordern eine besondere Qualität der Zusammenarbeit (Wechsel der Führenden); in der Reflexion: Auswertung der Tonbandmitschnitte in den Kleingruppen; Berichte und Diskussion im Plenum	Umgang mit Abhängigkeiten; emotionale Intelligenz; Teamarbeit; Nachhaltigkeit ergebnisorientierte Teamarbeit; Nachhaltigkeit
Übernachtung in Selbstversorgerhütte oder Biwak	Gemeinschaftserlebnis; auf engem Raum zusammenleben	Organisationsfähigkeit; Improvisationsvermögen; Toleranz

	Methodik/Charakteristik	**Themen**
3. Tag		
Lernprojekt „Triangel" (siehe Heckmair 2008, 62ff.)	Produktion und Auslieferung eines Objekts unter schwierigen Kommunikationsbedingungen	vorausschauend denken und handeln; eigene Prämissen überprüfen; einfühlend informieren

Neurobiologie / „Emotionale Führung" (vgl. Goleman 2003)	– Intro(duktion) – Verständnisfragen – Diskussion	Aufbau und Funktionsweise des Gehirns; das limbische System; die Wirkung von Neurotransmittern; welche Rolle spielen Emotionen im Führungsalltag?; Golemans Konzept der „Emotionalen Führung"
Thema: eigene Stärken und Entwicklungsthemen in Bezug auf Führung	Experiment „Esel und Eseltreiber": jeder Esel ist anders – jeder Eseltreiber auch – Auswertung – Intro: Führen von Teams – Kleingruppenarbeit – Berichte und Diskussion im Plenum	Entwicklung einer differenzierten Haltung zum Führungshandeln; Sensibilität für Individuen und Situationen in und mit Teams; Selbsterfahrung

Natürlich ist dieser Ablaufplan nur ein mehr oder weniger beliebiges Beispiel aus einer Vielzahl unterschiedlicher Konzepte und Programme.

Versuch einer Zwischenbilanz

Während in den 1980er Jahren die ersten Outdoor-Trainings exotische Farbtupfer in die noch sehr konventionell ausgerichteten Weiterbildungslandschaft setzen konnten, wurden in den 1990ern die Produkte standardisiert und professionalisiert, die Märkte etabliert und ausgebaut. Inzwischen kann man eine Differenzierung und zum Teil auch eine Entstrukturierung feststellen. Drei Entwicklungsrichtungen zeichnen sich deutlich ab:

„Outdoor-Classic": Einen stark abnehmenden Marktanteil hat der „Klassiker": Natursportliche Aktivitäten werden mit – zum Teil komplexen – Lernprojekten kombiniert. Reflexionen sind breit angelegt; Theorie-Intros, Einzel- und Kleingruppenarbeit und Feedback-Runden schnüren die Bausteine zusammen.

„Outdoor Exotik": Da hierzulande Natur selten und Wildnis höchstens noch in der Uckermark zu finden ist, verlegen manche Veranstalter ihren Trainingsraum in ferne Länder. Touren mit Geländewägen in der Wüste, Segeltörns im Mittelmeer und Trekkings in Norwegen sind zum Teil Incentives, zum Teil ernsthafte Trainings an animierenden Orten.

Outdoor als Option: Eigentlich sind es keine Outdoor-Trainings, die mehr und mehr den Seminarmarkt durchdringen: Je nach Jahreszeit, Wetter und Umfeld setzen Lernprojekte (vgl. Heckmair 2008) – zum Teil drinnen, zum Teil draußen – Akzente in Seminaren, Workshops und Großveranstaltungen.

Anfang der Neunziger zeichnete sich eine vierte Entwicklungsrichtung ab, die den kommerziellen Sektor erlebnisorientierten Lernens eigentlich prägen hätte sollen: City Challenge oder City Bound. Doch die urbane Variante ist bislang (noch) nicht in Fahrt gekommen. Abgesehen von einzelnen Projekten scheiterten die Programmvorschläge meist am Preis. Denn die Vorbereitung dieser Trainings ist zeitaufwendig und damit teuer. Wenn ein zweitägiges Seminar für zwanzig Personen rund 15.000 Euro kostet, dann bekommen selbst hartgesottene Personalentwickler kalte Füße.

Erlebnispädagogik als Methode der Sozialen Arbeit vs. Outdoor-Training als „Spielform" der Betriebspädagogik

Die Grenzen zwischen Erlebnispädagogik und Outdoor-Trainings schienen noch in den 1990er Jahren starr und unabänderlich zu verlaufen. Übergänge gab es so gut wie keine. Die Sozialpädagogik und ihre „Disziplinen" auf der einen und die Personalentwicklung auf der anderen Seite haben sich erst in den letzten Jahren angenähert: Seminare und Zusatzausbildungen, die den Lockruf „Management" enthalten, wurden in der Sozialpädagogik hoffähig; Absolventen sozialpädagogischer Studiengänge drängen in die Bildungsabteilungen der großen Unternehmen; Methoden der Jugendarbeit erleben eine ungewöhnliche Renaissance in den Trainings der Weiterbildungsveranstalter. Die Moralisten in der Sozialarbeit sind auf dem Rückzug. Galt die Liaison mit der Wirtschaft noch vor wenigen Jahren beinahe als obszön, so ist es heute chic geworden, einen Sponsor präsentieren zu können („Sozialsponsoring") und sich einen Marketing-Experten zu leisten.

Ob Sozialpädagogen kompetent genug sind, als Outdoor-Trainer zu arbeiten, ist nicht unumstritten. Wenn Management-Erfahrung vorausgesetzt wird, die im Führungskreis eines Unternehmens erworben worden ist, dann wird in der Tat über das eigentliche Ziel hinausgeschossen. Auf der Gegenseite kann mit dem psychologischen und soziologischen Handwerkszeug argumentiert werden, mit dem interaktive und gruppendynamische Prozesse in jedwedem sozialen Gebilde durchleuchtet werden können, vorausgesetzt Ausbildung, Erfahrung und menschliche Reife des Pädagogen sind auf hohem Stand. Außerdem ist jedes Unternehmen im Leitungszirkel anders beschaffen. Nur die intime Kenntnis der Binnenstruktur eines Betriebs würde einen direkten Transfer in die Leitungsebene sicherstellen können – eine Bedingung, die am besten durch die Mitarbeit eines internen Personalentwicklers oder Trainers erfüllt werden kann. Insofern gehen Forderungen nach Management-Qualifikationen der Trainer am Kernproblem, einer möglichst umfassenden sozialpädagogischen bzw. sozialwissenschaftlichen Bildung, die allein mit einem Fachhochschulstudium kaum abgedeckt werden kann, vorbei.

Unternehmen erwarten von einem Weiterbildungsveranstalter, den sie mit der Durchführung eines Outdoor-Kurses beauftragen, ein hohes Maß an Professionalität. Diese beginnt bei der Präsentation des Produkts und reicht über Vorgespräche, in denen ein individuelles Kursdesign entwickelt werden soll, bis zur Evaluation. Vor allem im Marketing wird es Anbietern aus den klassischen Feldern der Jugend- und Sozialarbeit schwer fallen, mit der kommerziellen Konkurrenz mitzuhalten. Um Outdoor-Seminare für Teams oder Führungskräfte kompetent leiten zu können, ist eine breite Qualifikation und profunde Erfahrung in der Weiterbildung erforderlich. Viele Pädagogen und Psychologen, die sich in den letzten Jahren als Quereinsteiger in die Personalentwicklung wagten, durchliefen eine Trainerausbildung, um sich auf die spezifischen Bedingungen besser einstellen zu können.

Orientiert man sich am Reader von Schad/Michl (2004) und den im Internet allgegenwärtigen Seminarbörsen, dann scheint es bislang nur wenigen gemeinnützigen und „kleinkommerziellen“ Veranstaltern gelungen zu sein, sich auf dem deutschen Markt zu behaupten. Zyniker mögen dies als bezeichnend für die immer noch bestehenden Berührungsängste der Sozialarbeit/Sozialpädagogik hinsichtlich einer Zusammenarbeit mit der Wirtschaft interpretieren. Dabei kann der Einstieg in dieses Arbeitsfeld innovative Wirkungen bringen, die Qualitätssteigerungen auch auf der Non-Profit-Ebene erzielen:

- Mit dem Zwang, durchgehend professionell arbeiten zu müssen, können verkrustete Strukturen abgebaut, tradierte Lösungen überprüft und nicht mehr zeitgemäße Standards verändert werden.
- Die Zusammenarbeit mit Trainern aus der Wirtschaft bringt vielerlei Zugewinne. Verfahren und Werkzeuge aus dem methodisch-didaktischen Bereich, die in der Personalentwicklung der letzten Jahre (weiter-)entwickelt wurden, können adaptiert werden.
- Der finanzielle Spielraum, der mit einer zumindest kostendeckenden Kalkulation geschaffen wird, kann genutzt werden für bessere Ausstattung, Material etc.

Häufig wird eingewandt, eine gemeinnützige Organisation begebe sich bei einer Zusammenarbeit mit einem Industrieunternehmen in ein Abhängigkeitsverhältnis, das die Politik der Organisation notwendigerweise verändere oder zumindest Identitätskrisen hervorrufe. Die Argumentation erscheint zwar auf den ersten Blick plausibel, verkennt jedoch andere Abhängigkeiten, die ohnehin bestehen: Die öffentlichen Hände sind bei der

Vergabe von Zuschüssen oder Sachmitteln nicht selten restriktiver in ihren Auflagen, Bedingungen und Einschränkungen als manches dynamische Industrieunternehmen, dessen „Entscheider“ sich auf etwas Neues einlassen wollen. Unabhängig davon sind die Programmacher gut beraten, höchst sensibel mit den Vorstellungen, Wünschen und Änderungsvorschlägen des Geschäftspartners umzugehen. In jedem Fall sollte das verabschiedete Kursdesign inklusive der angestrebten Ziele mit der Politik und dem Selbstverständnis der Organisation übereinstimmen. Wenn hier Kompromisse erwogen werden, gerät das Profil und damit die Glaubwürdigkeit in Schieflage, was sowohl die „Geschäfte“ im angestammten Feld als auch auf dem kommerziellen Markt behindern dürfte.

3.10 Schule als Lernbelästigung und Erkläranlage? Erlebnispädagogische Praxis in der Schule

Mit dem „PISA-Schock“ wurde eine längst fällige Debatte über die Leistungsfähigkeit der Schule losgetreten. Die Öffentlichkeit konnte vor allem deshalb so enorm mobilisiert werden, weil Ranglisten über den Stand der Länder befanden. Die Forscher nahmen die Fähigkeiten und Fertigkeiten 15-jähriger Schülerinnen und Schüler in den Bereichen Mathematik, Lesekompetenz und Naturwissenschaften unter die Lupe und fortan wurden die Ergebnisse so diskutiert, als gäbe es in der Schule nichts anderes zu lernen. Kritiker sprachen deshalb von den „blinden Flecken der PISA-Debatte“. So wurden Körper, Gemeinschaft und Werte – ob bewusst oder nicht – ausgeblendet. Der Fokus der Bildungsforscher auf die drei „Kernkompetenzen“ spricht eigentlich schon für sich. Der Körper wird auf seine Funktion als „Schreibkraft und Meldemaschine“ reduziert und die tägliche Begrüßungsformel bringt es auf den Punkt: „Guten Morgen! – Setzen!“ (Frohmann 2004, 12). Bleibt zu hoffen, dass die (Wieder-)Entdeckung des Körpers durch die Neurowissenschaftler eine Wende hin zu einem Lern- und Bildungsverständnis einleiten kann, in dem der Körper – auch als Kraftwerk der Emotionen – zu seinem Recht findet. Statt Gemeinschaft steht zumeist immer noch Konkurrenz im „hidden curriculum“ der Institution Schule. In nahezu allen gesellschaftlichen Bereichen wird Teamarbeit eingefordert, während in der Schule über singuläre Zensuren Druck auf den Einzelnen ausgeübt wird. „Was ist Dir wichtig?“ ist eine der zentralen Fragen, die Führungskräfte an ihre Mitarbeiter stellen (sollen), wenn es ihnen darum geht, deren Werte und Glaubenssätze zu erkennen. Werden diese nun lässig in den Religions- oder Ethikunterricht abgeschoben oder als „Querschnittsaufgabe“ ernst genommen, der jede Lehrkraft nachzugehen hat? Wir wollen kurz zurückblicken auf die Reformpädagogik, die der Erlebnispädagogik Wege gezeigt und gebahnt hat, nicht ohne auf Fehlentwicklungen hinzuweisen, deren Konsequenzen fatal sein können. Des Weiteren wollen wir die Mitte der 2010er Jahre eskalierte Diskussion um eine so genannte „digitale Bildung“ kommentieren. Außerdem geht es in diesem Abschnitt um die Integration erlebnispädagogischer Elemente in den Schulunterricht und um den „Duke of Edinburgh's Award“. Schließlich folgt ein kurzer Weg von Hahn zu Hentig.

Wandervögel, Wegbereiter, Wissenschaftler: historischer Rückblick

Kurt Hahn starb 1974. Als Leiter des Internats in Salem hat er die vielen Gedankenfäden der Reformpädagogik zu einem Netz verbunden, das er als Erlebnistherapie bezeichnete. Eine Therapie freilich der Gesellschaft, bei der er mehrfache Verfallserscheinungen diagnostizierte. Die Wurzeln der modernen Erlebnispädagogik sind also in der Schule zu finden. Das Leiden an und die Leiden in der Schule waren ein Ursprung der reformpädagogischen Bemühungen. Die Persönlichkeiten der Reformpädagogik, geprägt von der Wandervogelbewegung, oft Wegbereiter neuer Ideen und Mitbegründer einer Pädagogik als Wissenschaft, beklagten die Erlebnisarmut der Schule. So versuchte der Bremer Volksschullehrer Fritz Gansberg, das Leben in die Schule zu holen (Bienzeisler 1987). In seinem Buch „Streifzüge durch die Welt der Großstadtkinder“ stellte er das Großstadtleben in den Mittelpunkt des Unterrichts – und ist somit ein noch zu entdeckender Wegbereiter der Erlebnispädagogik in der Stadt, die sich hinter dem Wortspiel „City Bound“ verbirgt. Aus diesen Streifzügen will Gansberg Unterrichtsstoff für möglichst alle Fächer ziehen, für Heimatkunde ebenso wie für den Deutschunterricht, für die Physik in gleicher Weise wie für die Biologie. Ein früher ganzheitlicher Ansatz also.

Andere Pädagogen – eine Geschichte der Reformpädagoginnen harrt dringend der Aufbereitung – führten ihre Schüler ins „wahre Leben“, das sich ihrer Meinung nicht in der Großstadt abspielen konnte, sondern auf dem Lande oder gleich in der Natur. Viele Namen wären zu nennen, an denen die Wurzeln der Erlebnispädagogik in der Schule festzumachen sind: Hermann Lietz, Martin Luserke, Gustay Wyneken, Berthold Otto, Hermann Nohl, Peter Petersen, Hugo Gaudig. Die Machtergreifung 1933 hat auch die Pädagogik entmachtet, und der Umgang mit pädagogischen Methoden, die nur auf das Erlebnis setzen, ist verständlicherweise schwierig geworden, weil die Vernachlässigung der Vernunft bzw. die Diffamierung des Denkens dem Missbrauch Tür und Tor öffnet.

Nach dem Zweiten Weltkrieg konnten sich reformpädagogische Ansätze in der Schullandschaft nur punktuell durchsetzen. Anfang der 2010er Jahre erschütterte die Szene der relativ wenigen Landerziehungsheime zudem ein, wenn man so will, weiterer Missbrauchsskandal, was letztlich zur Schließung von einigen dieser Bildungsstätten führte.

Die Odenwaldschule, die Minna Specht einige wenige Jahre nach dem 2. Weltkrieg leitete, stand im Zentrum des Missbrauchsskandals. Während 1999 die Berichterstattung in der Frankfurter Rundschau über Missbrauchsfälle an der Odenwaldschule weitgehend ohne Folgen blieb, sorgten im Jahr 2010 Beiträge in der Wochenzeitung „DIE ZEIT" und anderen Leitmedien für empörte Reaktionen im gesamten deutschen Sprachraum. Das Ausmaß der Missbrauchsfälle war gewaltig. Zentraler Akteur war Gerold Becker, bis zum Jahr 1985 Schulleiter der Odenwaldschule, dessen Biografie gemeinhin als ‚schillernd' bezeichnet werden konnte (Heekerens 2010, 28). Der Vorwurf lautete, dass Becker in seiner Zeit als Lehrer und später als Schulleiter zahlreiche Übergriffe auf Schüler begangen hatte. Es konnte sich – das ergab eine langwierige Aufarbeitung – ein äußerst stabiles System von Missbrauch etablieren, in dem die Täter walten konnten wie sie wollten, die Opfer aus Scham stumm blieben während der Rest bagatellisierte, wegschaute oder das Geschehene ignorierte. Auch in anderen Schulen, meist Landerziehungsheimen, gab es gehäuft Vorfälle dieser Art. Jürgen Oelkers, einer der renommiertesten deutschen Erziehungswissenschaftler, der in der Schweiz lehrte, dokumentierte und kommentierte das System der Übergriffe minutiös und schlug einen Bogen zu Gründervätern der Reformpädagogik, in dem er diesen auf recht drastische Weise Abwege und Verfehlungen vorwarf:

> „Die Schulgründer der ersten Generation waren oft gefallene protestantische Theologen, die nach Glaubensersatz suchten und ihn in ‚Landerziehungsheimen' fanden. Zu ihnen zählten ein bekennender Päderast und Antisemit (Gustav Wyneken), ein antisemitischer Chauvinist (Hermann Lietz) und ein selbsternannter pädagogischer Seher (Paul Geheeb), dessen Schule seine Frau geführt hat" (Oelkers 2010).

Die Erlebnispädagogik ist durch diese Diskussion nur indirekt betroffen, wäre aber gut beraten, wenn sie Settings, die durch physische oder/und psychische Nähe geprägt sind, mit entsprechenden Grundsätzen und Verhaltensregeln „entschärft". Hans-Peter Heekerens fordert in diesem Zusammenhang, dass die Erlebnispädagogik-Anbieter ihre Sicherheitskonzepte, die vorwiegend technisch und ökologisch ausgerichtet sind, entsprechend ergänzen müssten (Heekerens 2010, 30).

Digitalisierung – das Ende der „Kreidezeit"?

Die Bildungsministerin Johanna Wanka stellte im Oktober 2016 einen „Nationalen Bildungspakt" vor, mit dem die Digitalisierung flächendeckend an den Schulen Einzug halten sollte. Einen Monat später eröffnete der damalige Vizekanzler Siegmar Gabriel einen „Nationalen IT-Gipfel", bei dem das Projekt in den Foren „Bildung für die digitale Gesellschaft" präsentiert wurde. Vertreten waren 13 Personen aus der Politik, zwölf aus der Wirtschaft, drei aus den Gewerkschaften – Schule, Jugend- und Erwachsenenbildung sowie Wissenschaft blieben außen vor. Das gibt schon erste Hinweise darauf, welche Interessen hinter dem Schlagwort „digitale Bildung" stehen. Unternehmen kooperieren mit wirtschaftsnahen Stiftungen (Bertelsmann) und Forschungseinrichtungen, um eine „digitale Bildungsrevolution" (Draeger/Müller-Eiselt 2015) auszurufen. Das Bundesbildungsministerium formuliert ganz offen, wer von seiner „Bildungsoffensive" profitiert: „Das ‚BMBF' unterstützt (...) u.a. private Bildungsanbieter dabei, sich mit attraktiven Angeboten auf dem globalen Bildungsmarkt zu positionieren" (BMBF 2016, 28). Mit der auf dem ersten Blick erstaunlich großen Summe von 5 Mrd. Euro wollte der Bund innerhalb von fünf Jahren Schulen mit IT-Netzwerken ausstatten, während auf die Eltern die Kosten für Notebooks und Tablets unter dem Motto „BYOD" – „Bring Your Own Device" abgewälzt werden sollten. Wirtschaftsverbände und Politiker sprechen unisono von der „digitalen Zukunft". Dabei sind allenfalls die technischen Geräte und Netzwerke digital, während „die Zukunft der Menschen (hoffentlich) human und demokratisch" ist (Langkau 2017, 13). Informationen lassen sich speichern. Aber erst in ihrem Kontext und in ihrer Interpretation können sie sinnvoll genutzt werden (ebd.) Unscharf und bedenklich wird es indessen, wenn Marketing-Slogans auf Bildungsthemen projiziert werden. Angelehnt an „Industrie 4.0" benutzt das BMBF die Metapher „Schule 4.0" und „Berufliche Bildung 4.0". Wenn im Wirtschaftsgeschehen von weitgehend selbst organisierten Prozessen die Rede ist, bedeutet das, übertragen auf die Bildung, dass der Lernende zum Werkstück mutiert und über Algorithmen auf ein entsprechendes Kompetenzniveau gehievt werden soll (S. 26).

Betrachtet man den Konsum digitaler Medien von Kindern und Jugendlichen insgesamt, also sowohl in der Schule als auch außerhalb, so findet man sehr stark voneinander abweichende Zahlen. Die Spanne reicht am oberen Ende bis zu 7,5 Stunden täglich (Spitzer 2018, 344). Einig sind sich die Experten darin, dass die zum Teil extensive Nutzung von Smartphones, Tablets, Playstations etc. vielfältige Auswirkungen auf die körperliche und mentale Entwicklung sowie das Sozialverhalten von Kindern und Jugendlichen hat. Die 2016 veröffentlichte BLIKK-Studie (Bewältigung, Lernverhalten, Intelligenz, Kompetenz, Kommunikation) ergab, dass die Nutzungsdauer digitaler Medien bei Kindern mit Sprachentwicklungsstörungen, schulischen Leistungen, einem hohen Body-Mass-Index, Lese- und Rechtschreibschwäche, Aggressivität und Schlafstörungen korreliert (Langkau 2017, 126f.).

Generell wird unterstellt, dass digitale Technik die richtigen Werkzeuge liefert, um Lernprozesse zu optimieren. Dabei gibt es keine wissenschaftlich abgesicherten Studien über den Nutzen von Computern und IT im Unterricht (Lembke/Leipner 2015; Lankau 2016; Spitzer 2018). Man müsste parallel zum Einsatz von Digitaltechnik Kontrollgruppen bilden, die mit klassischen Medien arbeiten oder handlungsorientierte Methoden (Bewegung, Handwerk, Theater, Musik ...) integrieren. Erst dann käme man zu validen Ergebnissen. Die Befürworter einer digital zentrierten Bildung argumentieren häufig damit, dass jeder Schüler sein eigenes Lerntempo wählen kann. Dabei braucht gerade der schwächere Schüler eine Anleitung und die ermutigende wie geduldige Begleitung durch die Lehrkraft. Denn in ihren Herkunftsmilieus wird dieser kaum auf selbstständiges Arbeiten vorbereitet (Felten 2018).

Die Euphorie in Sachen Digitaltechnik erinnert an die 1960er Jahre, als Sprachlabore in den Schulen Einzug hielten. Der sechsstellige Betrag, der dafür pro Schule aufgewandt werden musste, erwies sich bald als Fehlinvestition. Das Equipment verstaubte mangels Nutzung und wurde meist entsorgt. Dazu wird es bei den neuen digitalen Techniken nicht kommen, da die Macht von Politik und Wirtschaft ein Scheitern wohl verhindern wird. Für die Politik ist es jedenfalls verlockend, auf die digitale Karte zu setzen. Damit kommt man den Lobbyisten aus der an Bedeutung ständig zulegenden IT-Branche entgegen und schafft von der Industrie finanzierte neue Arbeitsplätze, während man gleichzeitig – begünstigt durch die „demografische Dividende" – Lehrerstellen einsparen kann.

Die Hattie-Studie, die ein Jahrzehnt vor der Digitaleuphorie den Faktor Mensch, also die Lehrkraft, als wichtigstes Kriterium für guten Unterricht identifizierte (Hattie 2017), scheint bei den Verfechtern digitaler Technik auf wenig Wohlwollen zu stoßen. Das vermeintlich altmodische Zusammenspiel vom Lehrer und der viel geschmähten Kreidetafel kann indes gewinnbringend eingesetzt werden: Der Lehrer oder der Dozent entwickelt Inhalte *live* an der Tafel. Anstatt vorgefertigter Schaubilder oder Grafiken entstehen Unikate mit der ganz eigenen Handschrift der Lehrkraft. Der größere Zeitaufwand sorgt für Entschleunigung. Die Schüler oder Studenten können die Inhalte mitnotieren oder sogar nachzeichnen.

Natürlich wäre es unsinnig, das Thema digitale Medien aus dem Unterricht zu verbannen. Facebook, Instagram, Snapshot und Co. durchdringen so gut wie alle Lebensbereiche vieler Kinder und Jugendlichen vom Aufwachen bis zum Schlafengehen – und auch in der Nacht werden Youtube-Videos und anderes konsumiert. Insofern ist es wichtig, vor allem die sogenannten „sozialen Medien" zu thematisieren und die Schüler für die damit verbundenen Risiken zu sensibilisieren.

Wenig begeistert von den (nicht mehr ganz) neuen Medien sind die meisten Vertreter der Neurowissenschaften. Denn die Aneignung von Raum durch unseren Körper ist mit entscheidend für die Reifung des Gehirns. Raumkoordinaten werden „buchstäblich in die Hirnrinde einprogrammiert“ (Teuchert-Noodt 2015, 221). Fingerspiele, das Greifen nach Bauklötzen, Zeichnen und Malen mit Kreide und Stift modulieren Hirnareale. Wer nur Wischbewegungen gelernt hat, versäumt Wichtiges. Lerninhalte können dann gut aufgenommen und abgespeichert werden, wenn sie in authentischen Situationen eingebunden sind. Wasserfarben selbst anmischen und dabei klecksen prägt sich anders ein als ein Klick auf den Farbcode eines Computerprogramms. Und die „flüchtigen Digi-Händchen“ vernachlässigen die Feinmotorik, was zu einer „geringer ausgeprägten Vernetzung (des Gehirns) führt“ (S. 224). Darüber hinaus ist es nicht nur eine Alltagserfahrung, sondern auch durch die Forschung belegt, dass Handgeschriebenes besser im Gedächtnis bleibt als Getipptes (Spitzer 2018, 347). Vielfältige körperliche Aktivitäten wie balancieren und sich bewegen in unterschiedlichen Umgebungen sorgen dafür, dass das Gehirn gesund reifen kann (Teuchert-Noodt 2015, 222). Stundenlanges Hantieren mit dem Smartphone und dem Tablet verhindert demgegenüber wertvolle Lernerfahrungen. Was in einer wichtigen sensomotorischen Entwicklungsphase versäumt wird, kann später kaum nachgeholt werden. Und auch der Pausenhof ist ein wichtiger Lernort! Die Fülle an Face-to-Face-Kontakten sowohl zwischen Lehrkraft und Schülern als auch von den Schülern untereinander, bleibt mit der Technikfixierung auf der Strecke. Eine Gemeinschaft ist dann am stabilsten, wenn sich Menschen direkt begegnen und keine Technik als Katalysator nötig ist. Emotionalität als motivierendes Element und „Lernkraftverstärker“ erwächst zuvörderst dann, wenn Menschen sich in Bewegung begegnen (Kap. 2.6 „Spuren im Gehirn“, ausführlicher in Heckmair/Michl 2013).

An den Hochschulen wurden Anfang der 2010er Jahre sogenannte MOOC (Massive Open Online Courses) propagiert. Präsenzvorlesungen sollten auf diese Weise überflüssig werden. Vorlesungen herausragender Dozenten würden überall auf der Welt über das Internet in die Studierstuben gelangen. In den anschließenden Tutorien könnten dann Fragen gestellt werden und Diskussionen moderiert werden. Die Resonanz war erst mal groß, die Anmeldezahlen schossen in die Höhe. Aber schon bald zeigte sich, dass die direkte zeitliche und räumliche Begegnung von Dozent und Student nicht so einfach zu ersetzen ist. Die Anmeldezahlen gingen zurück, die Abbruchquoten schossen in die Höhe, was „Die ZEIT“ zum Titel „Massiv gescheitert“ (Beck 2015) inspirierte. Bei Lehrern und Hochschullehrern breiten sich Ängste aus, dass sie durch digitale Medien ersetzt werden könnten. Unser Fazit lautet: Wer durch digitale Medien ersetzt werden kann, der hat es verdient.

Sport, Spiel und Spannung

Die allermeisten Beiträge zum Verhältnis von Erlebnispädagogik und Schule setzen im Sportunterricht an. Wolfram Schleske hat sich dazu schon 1977 geäußert. Vom Schulsport fordert er „vielfältige, kindgemäße Risikosituationen der exponierten Raumerfahrung und der ungewöhnlichen Lokomotion, des spielerischen und explorativen Umgangs mit Medien, Geräten und Partnern und allerlei wagemutige Unternehmungen in der freien Natur“ (1977, 153f.). Im Einzelnen könnte das zunächst im Indoor-Bereich bedeuten:

„...exponierte Raumerfahrung...“: Die Möglichkeiten der Erfahrung des Raumes fehlen in modernen Sporthallen weitgehend. Wohl aus Sicherheitsgründen sind Geräte wie Sprossenleitern, Kletterstangen und Taue, die in das Erlebnis der dritten Dimension führen, aus Turnhallen weitgehend verbannt worden. In die Höhe klettern, in der Raumdiagonalen kriechen, wie Tarzan am Seil durch die Halle schwingen, aus unterschiedlicher Höhe abspringen, das Treiben in der Turnhalle von einem ruhigen Punkt und von oben zu betrachten, das alles sind lange vergessene und kaum mehr mögliche Erfahrungspotenziale, die aber wieder entdeckt wurden. Findige Sportpädagogen haben pfiffige Lösungen gefunden, in Schulturnhallen entstehen Kletterwände. Das Bildungsreferat der Stadt München lässt zwei mobile Seilgärten im Monatsrhythmus von Schule zu Schule „wandern“ (Randl 2016). Die Seilgärten bestehen aus jeweils vier Leichtmetallträgern, die mit Schienen in etwa fünf Meter Höhe verbunden sind. An den Schienen hängen verschiedene Seile, Trittleitern sowie mit Griffen ausgestattete Platten, an denen geklettert werden kann. Ein raffiniertes Schienensystem ermöglicht die zeitgleiche Einbindung aller Schüler einer Klasse. Während ein Teil der Schüler am Boden sichert, klettert und balanciert der andere Teil der Schüler in luftiger Höhe. Sportlehrkräfte, die eine Ropes-Course-Trainerausbildung absolviert haben, werden von der Stadt dazu freigestellt, die Schüler sicher durch die Parcours zu geleiten und gemeinsam mit den Klassenlehrern die Sequenzen auszuwerten.

„...ungewöhnliche Lokomotion...“: Nicht nur Gehen, Laufen, Sprinten oder Springen sind Möglichkeiten der Bewegung, sondern auch Balancieren, Wippen, Schleudern, Schaukeln, Drehen und Rollen, um nur einige Beispiele zu nennen. Dabei ist der Kreativität nur eine Grenze gesetzt: die Sicherheit.

Mit Skateboards kann man sich beispielsweise sowohl selbst fortbewegen als auch andere ziehen bzw. gezogen werden. Bei den Festen der Jugendarbeit sind Skateboards zum beliebten Spielzeug der Kinder und Jugendlichen geworden. Durch die Sporthalle zu balancieren, auf einer

Tibetbrücke oder den aufgehängten Turnbänken, auf Brettern mit wackligem Untergrund, mit Schwimmflossen auf dem Barren, das alles hat einen besonderen Aufforderungscharakter. Sein Gleichgewicht zu behalten, das bedeutet dann, sich erfolgreich zu bewegen. Unterschiedliche Schwierigkeitsgrade garantieren (fast) allen Kindern Erfolg. Als Gruppe oder als Schulklasse auf einer Wippe im Gleichgewicht zu stehen, ist schon eine Leistung, sich dann aber nach Körpergröße, Alter, Entfernung Schule – Zuhause oder anderen Kriterien auf dieser Wippe zu ordnen, ist eine wirkliche Problemlösungsaufgabe. Eine Wippe ist schnell zum Schleuderbrett umgebaut, mit dem sich zuerst Bälle und Medizinbälle, dann auch Personen in die Luft katapultieren lassen.

Argwöhnisch betrachten es manche Sportlehrer, wenn Taue und Ringe als Schaukeln genützt werden. Neidisch kann man vor allem auf die Freude der Kinder am Schaukeln werden – eine offensichtlich ungemein lustvolle Tätigkeit. Dabei ist es keine große Schwierigkeit, mit Ringen, Matten und Schläuchen Schaukelgeräte zu basteln (Miedzinski 1990, 41ff.; Trebels 1983). Viele dieser und anderer Ideen lassen sich oft mit noch viel mehr Spaß in der Schwimmhalle verwirklichen: ins Wasser schwingen, von einer Wippe ins Wasser geschleudert werden, eine Tauchlandschaft unter Wasser erfinden, Geräte für die Fortbewegung auf der Wasseroberfläche bauen. Das Sportprojekt „Traumfabrik“ (Kösterke/Stöckle 1989) und der Verein bsj in Marburg (Becker et al. 1995) hatten hier Pilotfunktion.

„...allerlei wagemutige Unternehmungen in der freien Natur ...“: Auch draußen – out of doors – kann die Methode Erlebnispädagogik vielerlei Impulse und Anregungen geben: neue und wieder entdeckte Spiele und Sportarten auf dem Sportplatz, Erkundungen der noch unbekannten Teile der Stadt, Spiele, Aufgaben und Übungen in der freien Natur. Freilich tun sich hier zunächst mehr Hindernisse auf. Schon der gewohnte Weg zum Sportplatz ist zeitaufreibend und nervtötend, der nächste See, Wald, Fluss, Klettergarten unerreichbar entfernt, und die dort geplanten Abenteuerarrangements sind gewissenhaften Schulbeamten und ängstlichen Eltern suspekt. Alles Gründe, mit den weniger aufwendigen und eingreifenden Aktivitäten zu beginnen: Small is beautiful und Everything goes.

Auch das scheinbar sture Laufen kann neu entdeckt werden. Dies wurde in einem „Laufprojekt“ beschrieben: „Im Vordergrund steht dabei, Spaß und Freude am Laufen zu entwickeln, Selbsterfahrungen und Körpererfahrungen zu machen; Laufen bewußt koordinieren zu können; die eigenen ganz persönlichen läuferischen Fähigkeiten zu erfahren und zu verbessern.“ (Hiltensberger 1994, 7) Dabei wurden Bewegungs- und Wahrnehmungsaufgaben eingesetzt, unterschiedliche Laufuntergründe und Geländeformen getestet und miteinander verglichen, Zeit- und Streckengefühl geschult, Lauferlebnisse verbalisiert und diskutiert.

Der Sportplatz wird zum Spielfeld: Mitte der 1970er Jahre wurden neue Spiele wieder entdeckt: New Games. Heute sind die „New Games" schon wieder alt geworden, den Studenten/innen der Sozialen Arbeit jedenfalls sind sie unbekannt. Die Spiele jedoch sind es immer noch wert, gespielt zu werden, sei es der Gordische Knoten (jeder sucht mit verschlossenen Augen zwei Hände, die er festhält; zwei Mitspieler entwirren die Gruppe zu einem Kreis), das Turmbauspiel, bei dem eine Gruppe zu etwa 15 Personen einen möglichst hohen Turm aus Menschen bauen soll, oder das Fließband, bei dem Personen durch eine Allee von verschränkten Händen transportiert werden. Die Erlebnispädagogik kennt viele aktionsreiche Spiele, Problemlösungsaufgaben oder Initiativspiele genannt, die der Einstimmung, der Vertiefung oder der Reflexion dienen (vgl. dazu: Reiners 2013 und Gilsdorf/Kistner 2016). Die Lösungen sind sehr unterschiedlich, je nach den kreativen Möglichkeiten der Gruppe. Die Spiele bieten dem erfahrenen Pädagogen auch gute Einblicke in die Dynamik der Klasse, präsentieren wie im Brennglas die Gruppenstruktur: den Führer, den Opponenten, die Mitläufer, die Außenseiter. Auch fordern diese Problemlösungsaufgaben nicht selten bislang ungewohnte Fertigkeiten heraus, so dass die Dynamik des Gruppenprozesses von neuem beginnen kann.

Natur erfahren und erleben: In den 1980er Jahren reagierte die außerschulische Bildungsarbeit mit mehrfachen Innovationsschüben auf die ökologischen Probleme und Herausforderungen (vgl. dazu Michl 1992 und Schlehufer/Kreuzinger 1997). Die Natur bewusst erleben, sich Zeit nehmen, spielerisch erleben, entdecken und erfühlen, Pflanzen begreifen, riechen und Geräusche der Natur hören: die vergessenen Kimspiele wurden zusammen mit den New Games – und vielen alten vergessenen Spielen – zu Naturerfahrungsspielen umgewandelt.

Diese Übungen können selbstverständlich auch Inhalt von anderen Unterrichtsfächern werden, zum Beispiel des Deutschunterrichts. Gedichte sind im Wald, in der Höhle, am Berggipfel – darum gibt es ein Gipfelbuch –, am Meer, auf dem Segelboot mindestens so gut verortet wie im Klassenraum. Hier drei Anregungen: Auf den Spuren von Oskar Maria Graf (oder eines anderen Schriftstellers; einer Heimatschriftstellerin oder einer Kinderbuchautorin): so könnte man zu Fuß oder mit dem Fahrrad Schülern Literatur nahe und beibringen. Oder gewagter: Mit dem Mountain-Bike auf den Spuren Hannibals, Livius im Gepäck. Auch für Kinder geeignet: Auf den Spuren der Schwabenkinder, jenen Kindern der armen Südtiroler Bauern, die im Frühjahr von Südtirol ins schwäbische Land wanderten, um dort gegen Kost und Logis auf den Bauernhöfen zu arbeiten. Werden die „Hymnen an die Nacht" von Novalis, das „Höhlengleichnis" von Platon, eine Szene aus „Die Reise zum Mittelpunkt der Erde" oder aus einem Kinderbuch, wie „Die rote Zora", „Die Höhlenkinder" etc., in einer Grotte gelesen, nicht besonders beeindrucken?

Gamification, Abenteuer Schule und Schule draußen

Gamification ist das neue Zauberwort der Bildungsdebatte (Hartung 2018). Regeln und Rahmenbedingungen, Belohnungen und Disziplinierung werden mit Spielelementen versehen. Schüler schlüpfen, wie beim Live-Rollenspiel in Figuren aus Fantasy-Welten. Der Ursprung dieser spielerischen Reform kommt aus den USA. Pädagogen und Lehrer sind sich sicher, dass „Der Einsatz von Spielelementen (...) die kognitive und kreative Leistungsfähigkeit und das Wohlbefinden von Menschen erheblich steigern (kann)." (Hartung 2018, 68). Auch Erlebnispädagogen wissen das schon längst, allerdings ist unter Gamification auch der Einsatz digitaler Spielvarianten zu verstehen, wobei es sicherlich noch Aufholbedarf gibt. Manche Pädagogen glauben, dass Gamification Auslöser einer umfangreichen Schulreform sein könnte.

Ganz neu ist der Gedanke nicht, denn Begriffe wie Animation oder Edutainment hatten ähnliche Konnotationen. Natürlich entfernen wir uns mit solchen Aktionen zunehmend vom strikten Lehrplan und einer minutiösen Didaktik.

Handlungsorientiertes Lernen in der Schule überbrückt wenigstens zeitweise die Kluft zwischen Schule und Alltag: „... man verfolgt komplexe Anliegen, man muß aus der Schule hinaus, man braucht außerschulische Kompetenz in der Schule." (Bönsch 1994, 8) Von projektorientierten Ansätzen berichtet beispielsweise der Schulpsychologische Dienst, Beratungsstelle Bad Kreuznach: von Wandertagen mit Übernachtung im Freien bis zu einem Konzept „Ein Jahr Erlebnispädagogik". Die „Initiative Praktisches Lernen e. V." geht davon aus, dass die so genannten Schlüsselqualifikationen wie Kreativität, Eigeninitiative, Problemlösungsfähigkeit in Schulen durch das Korsett des Lehrplans immer weniger vermittelt werden. Die Begründer des Projekts – allesamt Lehrer, Hochschullehrer, Sozialpädagogen – wollen das praktische Lernen in allen seinen Facetten unterstützen, den Lebensbezug der Schule stärken, Kopf, Herz und Hand verbinden, Schule als lust- und leistungsorientierten Lern- und Lebensraum verstehen, durch Learning by Doing die Schüler zu den Hauptakteuren machen (Wenzel 1994, 48).

Rüdiger Gilsdorf, Kathi Volkert u. a. haben in „Abenteuer Schule" (2004) erstmals die Verbindung zwischen Schule und Erlebnispädagogik versucht. Das Buch bietet nicht nur für jeden Schultyp Anregungen, die auf Erfahrungen aufbauen, es gliedert die Impulse auch nach Zielen, Anlässen, Methoden. So werden im Rahmen von Kurzzeitprojekten neue Ideen vom Kletterprojekt bis zur „Eroberung der Burg Manda" vorgestellt. Zum altbekannten Wandertag und zur Klassenfahrt werden Spurensuche und Kanuexpedition und vieles mehr als Alternativen vorgeschlagen. Das Kapitel Langzeitprojekte ist besonders wichtig, weil die Projektidee in vielen deutschen Schulen durch langweilige Projekttage – meist an einem der letzten Schultage – kompromittiert wurde.

Draußenschule

Gerhard Trommer (2012, 38f.) berichtet, dass es in Thüringen schon im 18. Jahrhundert eine Draußenschule gab. Auch in dem Buch von Jakob von Au und Uta Gade (Au/Gade 2016) geht es um Schulunterricht draußen in der Natur. Eine ganze Reihe von Projekten wurde wissenschaftlich begleitet. Drei Heidelberger Schulklassen eines Gymnasiums, die einen Tag der Woche im Wald verbrachten, wurden dabei besonders aufwändig untersucht. Es wurden Speichelproben genommen, um den Cortisol-Level, also das Stressniveau zu messen. Dies war zu Beginn des Waldtages hoch, sank gegen Mittag ab, während es in der Kontrollgruppe den ganzen Tag über konstant hoch blieb. Mit Sensoren konnte man das Bewegungsverhalten bestimmen. Wie nicht anders zu erwarten, bewegten sich die Waldschüler deutlich mehr als die Kontrollgruppe, die konventionellen Unterricht genoss. Vor und nach dem Schuljahr wurde mittels Magnetresonanztomographen nach hirnorganischen Veränderungen gefahndet (Ergebnisse lagen bei Drucklegung noch nicht vor). Weitere Tests ergaben, dass sowohl die Lernmotivation als auch die Konzentrationsfähigkeit der Schüler im Draußenunterricht höher war als in der Kontrollgruppe (Becker 2018, 22). Initiator und Treiber der Forschungsprojekte ist Ullrich Dettweiler. Er lehrte an der Technischen Universität München und wechselte 2017 als Associate Professor für Pädagogik an die Universität Stavanger/Norwegen. Er glaubt, dass mit den Draußenschulen ein großer Wurf gelingen könnte. Seiner Meinung nach sei das regelmäßige Unterrichten von Naturwissenschaften eine geeignete Strategie, um die Herausforderungen des 21. Jahrhunderts zu meistern und eine Lösung, um die noch bestehende Kluft zwischen naturwissenschaftlichem Unterricht und Umweltbildung zu überbrücken (Dettweiler 2017). Warum nicht mal in Visionen denken? Die Herausgeber haben sich für die Bezeichnung Outdoor Education entschieden, weil sich viele Beiträge in diesem Buch auf das europäische und englischsprachige Ausland beziehen, vor allem auf Skandinavien. An der Universität Edinburgh führt ein engagiertes Forscherteam, das der schulischen Praxis sehr nahesteht, nicht nur regelmäßige Studien durch, sondern unterstützt vor allem Vor- und Grundschulen dabei, Teile ihres Curriculums nach draußen zu verlegen. In der „Udeskole“, die in Norwegen, Schweden, zum Teil in Finnland und vor allem in Dänemark zu einer festen Einrichtung geworden ist, findet einen Tag pro Woche (oder in zweiwöchigem Rhythmus) der Unterricht draußen statt. Das kann in Wald und Wiese sein, oder auch in der „Gemeinde, in Fabriken, landwirtschaftlichen Betrieben, Galerien und Theatern.“ (S. 51). Das Modell der Outdoor Education in Iowa (USA) ähnelt weitgehend dem Konzept der erlebnispädagogischen Klassenfahrten, das in Deutschland eine lange Tradition hat. Die Forschungsergebnisse zur Draußenschule (Dettweiler/Becker 2016, 101 ff.) bestätigen diesen erlebnisorientierten Ansatz des Lernens.

Ohne Zweifel sind die skandinavischen Länder im Bereich der Outdoor Education weiter entwickelt als Deutschland, allerdings wird das Potenzial im deutschsprachigen Raum ziemlich unterschätzt. In der Zeitschrift „e&l. erleben und lernen“ finden sich zahlreiche Hinweise zu erlebnis- und handlungsorientierten Methoden zum Deutsch-, Biologie-, Religions-, Mathematik, Physik- und Sprachenunterricht, zur Schulerlebnispädagogik und zu Project Adventure (Fandrey 2013). Ergänzt wird dies durch Buchpublikationen wie „Expeditionary Learning Outward Bound“ (Udall/Mednick 2000), „Montanalingua – Sprachenlernen“ (Montanalingua 2007) oder „Naturerlebnispädagogik. Im Wald kann man mit allem RECHNEN. Mathematik im Wald“ (Luger-Linke 2013a), „Erlebnispädagogik im Klassenzimmer“ (Minkner 2014) und durch die „Erlebnispädagogik in der Grundschule“ (Weber 2017). Das „Werkbuch Diakonisches Lernen“ (Fricke/Dorner 2015) und „Sinn gesucht, Gott erfahren“ (Schaderer et al. 2018) bereichern (vor allem) den evangelischen, „Erlebnispädagogik und Spiritualität“ (Muff/Engelhardt 2013) den katholischen Religionsunterricht.

Vom „Martins-Pass“ zum „Internationalen Jugendprogramm“

1956 begründeten Kurt Hahn, Prinz Philip, der Herzog von Edinburgh, und Lord Hunt, der Leiter des ersten Teams, das den Mount Everest bezwang, den „Duke of Edinburgh's Award“ bzw. den „Award for Young People“. Er wurde bald zu einer internationalen Bewegung. Etwa 130 Länder auf der ganzen Welt bieten diese Auszeichnung an. Auch in Deutschland gab es engagierte Versuche, mit dem Martins-Pass dieses Konzept zu realisieren (Kowalsky 1989, 48).

Diesen Bemühungen folgte das vom Förderkreis Jugend und Freizeit e. V. in Nürnberg verliehene „Kurt-Hahn-Diplom“. Es verstand sich als notwendige Ergänzung zur schulischen Ausbildung: „Das ‚Kurt-Hahn-Diplom‘ (Arbeitstitel) ist ein solches zweites Zeugnis, nämlich die subjektive Ergänzung zum genormten Pflichtzeugnis in Schule und Betrieb“ (Hofmann 1994, 29). Die internationale Award-Asssociation hat aber das im Juni 1994 gegründete „Internationale Jugendprogramm e. V.“ bevorzugt. Im „Handbuch Internationales Jugendprogramm“ hat Klaus Vogel die allgemeinen und besonderen Bedingungen zum Erwerb der Auszeichnungen in den drei Leistungsstufen Bronze, Silber und Gold und in den vier Leistungsbereichen Gemeinschaftsdienst, Naturunternehmungen, spezielle Interessen und Talente und sportliche Betätigungen beschrieben.

Das Programm ist keine weitere Jugendorganisation, sondern ein für alle offenes Angebot. Jugendgruppen und Jugendclubs, Schulen und Einrichtungen der Jugendhilfe können eine Lizenz als Programmanbieter erhalten. Sie greifen bei der Programmarbeit auf die örtlichen Möglichkeiten zurück, die sie für die Teilnehmer erkunden und vernetzen. Schulen betreuen weltweit die größte Zahl an Programmteilnehmern. Sie haben mit dem Jugendprogramm eine vielfältig gestaltbare Möglichkeit für ganzheitliches Lernen und für die Förderung von Schlüsselqualifikationen. Mit dem Programm als Strukturierungshilfe werden in Kooperation mit Vereinen und anderen Kooperationspartnern außerschulische Lernfelder erschlossen. Jugendgruppen wie Jugendrotkreuz oder Pfadfinder gehören auf der ganzen Welt zu den Jugendprogramm-Pionieren.

Im Bereich der Jugendhilfe ist die Arbeit für das Jugendprogramm oft die erste freiwillige Tätigkeit, die die jungen Leute jemals auf sich genommen haben. Ob im Dienst der Clubraum betreut oder bei der Heimfeuerwehr gearbeitet, in der Expedition Teamwork und Rücksicht auf die Natur gelernt, bei Talente die dauerhafte Beschäftigung mit einem persönlichen Hobby geübt wird oder beim Sport der Umgang mit dem eigenen Körper – überall ist das Programm eine wichtige Unterstützung für den Erziehungsauftrag solcher Einrichtungen. Und dies praktisch ohne zusätzlichen finanziellen Aufwand.

In Unternehmen ergänzt das Programm die schulische und betriebliche Ausbildung. Über ein breites Spektrum an Aktivitäten bietet es Möglichkeiten für Teamwork, freiwilliges Engagement und Initiative. Auf der Website www.jugendprogramm.de kann man den Jahresbericht 2016 einsehen. Er zeigt, dass die deutsche Variante des Duke of Edinburgh Award sowohl qualitativ – Qualitäts- und Organisationsentwicklung, Dokumentation, interne Bibliothek, Handbuch etc. – als auch quantitativ steigende Zahlen vorweisen kann. So hat sich die Zahl der neuen Teilnehmer von 2010 (607 TN) bis 2016 mehr als verdoppelt (1317 TN). Auf der neuen Website www.dofe-germany.de wird die bisherige Bezeichnung „Internationales Jugendprogramm“ eher vermieden, stattdessen wird von „The Duke of Edinburgh‘s International Award – Germany“ gesprochen.

Von Salem zum Sprachenlernen

„Die Schule fühlt sich für die erste Hälfte des Tages und die ‚obere Hälfte‘ des Menschen verantwortlich.“ (von Hentig 2006, 45) Zwei Vorschläge macht Hartmut von Hentig (2004): die „Entschulung“ der Mittelstufe sowie einen Dienst am Nächsten, ein Jahr lang zwischen der Beendigung der schulischen Ausbildung und dem Berufsantritt. Längere Zeit sollte sich eine Schulklasse irgendwo in einem Haus in einer verlassenen Gegend aufhalten, einer pädagogischen Provinz also, und dort leben und lernen, gemeinsam den Alltag bewältigen, handwerklich tätig sein, die Natur erforschen, im Wald leben, Sport betreiben, Zirkus und Akrobatik üben, Projekte durchführen. Den jungen Menschen sollten Räume zur Verfügung stehen, in denen sie gebraucht werden, Tätigkeiten, die sinnlich sind und Sinn machen, Aufgaben, an denen sie sich bewähren können und durch die sie wiederum Anerkennung finden. Bewährung statt Belehrung lautet das Motto. Der Lehrer wird zum Coach, der Lernen ermöglicht. Diese Vision könnte auch von Kurt Hahn stammen. Dessen Person und Werk haben von Hentig fast lebenslang zum einen fasziniert, zum anderen abgestoßen. Zudem war er zwei Jahre lang Lehrer in dem von Hahn begründeten Internat Birklehof. Und in der Tat verweist von Hentig auf die englischen Outward Bound-Schulen, die er als „Variation“ seines Konzeptes betrachtet (2006, 38) und auf die „Thor Heyerdahl“, die er allerdings als zu teuer für diese Idee einstuft. Dies alles hat wohl zu diesem pädagogischen Manifest und provozierenden Alterswerk geführt, das aber womöglich nicht umgesetzt werden wird, obwohl es alle wichtigen Pädagogen und manche Politiker gelesen haben. Seine Ideen warten immer noch auf ihre Verwirklichung. Sie würden die blinden Flecken der PISA-Studie angehen, ganzheitliches Lernen mit Kopf, Herz und Hand einer einseitigen Paukschule entgegensetzen.

Torsten Fischer hat durch seine umfangreiche Habilitation „Erlebnispädagogik. Das Erlebnis in der Schule“ (1999) zwischen diesen beiden pädagogischen Kontinenten eine Brücke gebaut. Die Erlebnispädagogik hat ihren Ursprung in der Schule und scheint zögerlich, aber unbeirrt wieder dorthin zurückzukehren.

4 Überblick: Erlebnispädagogische Aktivitäten im Vergleich

Genau in dem Augenblick, von dem an
wir nicht mehr geneigt oder befähigt sind zu lernen,
setzt unser psychisches Altern ein.

Manès Sperber,
Alfred Adler oder
das Elend der Psychologie

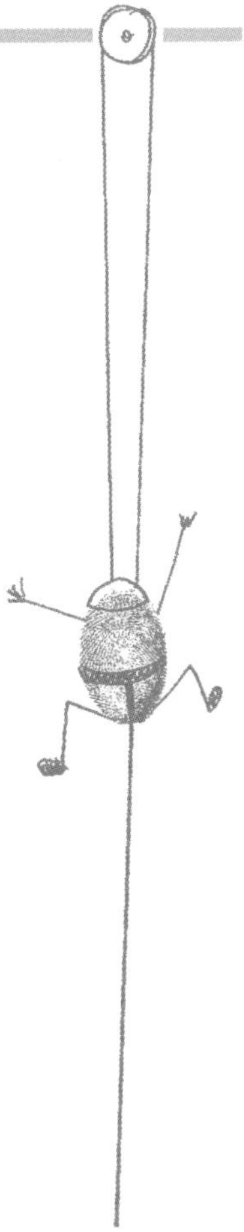

Der Vergleich ist eine wichtige und unentbehrliche Methode der Erziehungswissenschaft. Die Bedeutung des Vergleichs in der Erlebnispädagogik ist bislang kaum erkannt worden, obwohl er hier eine zentrale Rolle spielt. In der erlebnispädagogischen Aktion vergleicht man sich mit einem anderen, mit der Gruppe, mit außenstehenden Personen und fremden Gruppen, mit vergangenen Erlebnissen, mit den Herausforderungen des Natursports. Angesichts der Fülle der verschiedenartigsten erlebnispädagogischen Aktivitäten kann deren Vergleich fruchtbare Ergebnisse bringen, die sich auf die erlebnispädagogische Praxis nutzbringend anwenden lassen.

Vergleiche sind nur sinnvoll, wenn sie auf ein Ziel hin ausgerichtet sind und wenn Kriterien als Leitfäden zu diesem Ziel hinführen. Wir vergleichen in der Absicht einer größeren Transparenz erlebnispädagogischer Aktivitäten für Praktiker und skeptische Leser, um die Wirkungsweise von Erlebnispädagogik im Einzelnen nachvollziehbar und bewusst zu machen. Dabei legen wir folgende Kriterien und Fragen zugrunde: Charakteristik der Herausforderung, Anforderung an Ausrüstung, technisches Können der Teilnehmer, Lern- und Erfahrungsmöglichkeiten, Planung und Mitbestimmung von Rahmenbedingungen, Anforderungen an die Leitung, ökologische Verträglichkeit. Warum gerade diese Untersuchungskriterien? Bei der Auswahl der Kategorien, nach denen wir die erlebnispädagogische Praxis durchleuchten wollen, leiten uns folgende Überlegungen:

In den Kriterien „Charakteristik der Herausforderung" und „Anforderungsprofil" wollen wir die objektivierbaren Erlebnisfaktoren der verglichenen Natursportarten und die Bedingungen, die an Ausrüstung, technisches Können und Teilnehmer gestellt sind, beleuchten. Aufzeigen wollen wir, dass jeder der beschriebenen Aktivitäten ein ganz eigenes Wirkungs- und Anforderungsprofil zugeordnet werden muss. Erlebnispädagogik kann sowohl präventives Bildungsangebot sein, als auch gezielt die Persönlichkeitsentwicklung fördern. Dieser Einsicht wollen wir unter dem Stichwort Lern- und Erfahrungsmöglichkeiten gerecht werden. Gerade bei erlebnispädagogischen Maßnahmen wird die Kategorie der natürlichen und künstlichen Autorität stillschweigend übergangen. Die Beherrschung der Technik einer Natursportart und deren Anwendung im pädagogischen Feld mag je nach Situation eine nichtdiskutierbare Entscheidung legitimieren, sie rechtfertigt aber nicht einen prinzipiell autoritären Führungsstil. Jede Pädagogik sollte sich die Art ihrer Arbeitsbeziehungen (hierarchisch oder gleichberechtigt?) vergegenwärtigen, gruppenbildende Strukturen und die charakteristische Art der Leitung reflektieren. Dementsprechend fragen wir die Planungs- und Mitbestimmungsmöglichkeit der Teilnehmer bei Rahmenbedingungen und Strukturen ab. Im Gegenzug erörtern wir die Führungskompetenzen und Verbindlichkeiten, die unserer Meinung nach jeweils unverzichtbar sind für einen verantwortungsvollen Umgang mit Natur und Teilnehmern.

Welchen ökologischen Notwendigkeiten müssen Erlebnispädagogen gerecht werden, um die Natur als Bewegungs- und Erlebnisraum mitzuerhalten? Wir stellen die Frage, wie die einzelnen Maßnahmen möglichst ökologisch verträglich durchgeführt werden können.

Eine „Pädagogik der Härte", in der Muskelkater und Männlichkeit, wunde Füße und inszenierte Wildheit vorherrschen, lehnen wir nicht nur aus Gründen der historischen Unverträglichkeit ab. Sie ist eine der erlebnispädagogischen Sackgassen, weil sie auf einer eindimensionalen und oberflächlichen Ebene verbleibt und einfache Scheinlösungen für komplexe gesellschaftliche Grundmuster vorgibt: der scheinbaren Verweichlichung der Jugend durch körperliches Training entgegenzuwirken. Es gibt ganz subjektive Zugänge zu den Natursportarten, die wir beschreiben und die letztlich aus der Biographie der Teilnehmer zu erschließen sind. „Sich selbst herausfordern", sich neuen Situationen zu stellen, unvorhergesehene Risiken zu wagen, setzen die Motivation und den Mut voraus, die eingeschliffenen Denk- und Verhaltensmuster des Alltags zu verlassen. Neben der Maxime „die Aktion soll allen Beteiligten Spaß machen", gehen wir dennoch davon aus, dass Erlebnispädagogik den „Mut zur Überwindung" durchaus braucht und sich diesen „Mut", die subjektive Sicherheit des Alltags zu verlassen, für pädagogische Ziele zunutze macht.

Bei unserem Vergleich vertiefen wir dort, wo der Teufel im Detail sitzt, bestimmte Gedanken ganz bewusst. Dem Führungsstil der beteiligten Pädagogen/innen wollen wir ebenso wenig nachgehen wie der juristischen Verantwortung der Leiter/innen. Manche allzu bekannte Erkenntnis erlauben wir uns verkürzt darzustellen. Technik- und Ausrüstungsfragen handeln wir recht stiefmütterlich ab, weil es dazu eine Vielzahl guter oder brauchbarer Lehrbücher gibt. Die Auswahl dieser Kriterien ist also zugegebenermaßen subjektiv und nicht abschließend, sie spiegelt vielmehr einige Dreh- und Angelpunkte unserer erlebnispädagogischen Praxis wider.

Die wohl wichtigste pädagogische Kategorie haben wir beiseite gelassen: die Analyse der Zielgruppe. Wir haben diese Überlegungen ausgeklammert, weil wir die Erlebnispädagogik im Allgemeinen als Konzept der außerschulischen Pädagogik verstehen, das sich in unterschiedlichsten pädagogischen Bereichen anwenden lässt: Bildungsarbeit, Offene Jugendarbeit, Hilfen zur Erziehung – insbesondere Heimerziehung –, Lehrlingsausbildung, Prävention und Therapie. Insofern handelt es sich hier um den Versuch, einige Parameter, die sozusagen die Rahmenbedingungen erlebnispädagogischer Aktivitäten liefern, genauer zu bestimmen. Der Transfer auf die jeweilige Zielgruppe und die Ausdifferenzierung der Aktionen ist von den Praktikern vor Ort zu leisten. Jede der beschriebenen Natursportarten birgt in sich erstaunliche Möglichkeiten der kreativen Nutzung. Diese Ausdifferenzierung würde aber den hier gesetzten Rahmen sprengen.

4.1 Die Entdeckung der Langsamkeit – Bergwandern

Das Gehen, Unterwegs-Sein, Wandern erlebt eine Renaissance, glaubt man dem Wanderpapst Rainer Brämer von der Universität Marburg. Rosi Mittermaier und Christian Neureuther werben und schwärmen für das Nordic Walking, und immer mehr Publizisten und Literaten machen sich auf ihren Weg. Michael Holzach (2001) marschierte zu Fuß und ohne Geld durch ein Wohlstandsland. Wolfgang Büscher (2003) zieht auf der Landkarte einen Strich von Berlin nach Moskau und geht dann zu Fuß diese Strecke. Ein andermal umrundet er Deutschland (2005) und geht quer durch die USA (2011). Hape Kerkeling (2006) ist „dann mal weg" auf dem Pilgerweg. Christine Thürmer wandert, radelt und paddelt 12.000 Kilometer quer durch Europa (Thürmer 2018). Peter Handke, der große Geher der modernen Literatur – der aber auch in einer langen Tradition steht – berichtet in „Gestern unterwegs" (2005) von seinen Fußreisen. Er zeichnet seine erwanderten Erkenntnisse in einem Tagebuch auf. Diese Notizen stellen Anregung und Bereicherung für die Erlebnispädagogik dar. „Kann man nicht, statt ‚um eine Erfahrung reicher' manchmal sagen: ‚um eine Erfahrung ärmer'?" (S. 27) Wer zu Fuß so viel allein unterwegs ist wie Handke erfährt Ruhe und Sprachlosigkeit, in der sich die Welt ausbreiten kann. In der Tat ist das Schweigen das „Zeichen eines Erlebnisses, das seinen Namen verdient." (S. 153). Und dann ermahnt Handke sozusagen sich selbst: „Merke es dir, endlich: das Gehen ist (d)eine Erkenntnis – das lange, ausgreifende, vielfältige Gehen ... Also: Auf! Das Gehen als der Maschinist der Seele." (S. 458). Handkes Ruf nach dem Ernstfall erinnert an die Erlebnispädagogik: „Gebet um Befreiung von der Sorge: Laß endlich den Ernstfall eintreten, damit ich die Sorge los bin und handeln kann!" (S. 120).

Aber auch die Pädagogen ziehen nach, neue Wandervögel schwärmen aus. Gleich mehrere Heime mit schwer erziehbaren Jugendlichen waren und sind auf Pilgerreise nach Santiago de Compostela. Auf den Spuren der Schwabenkinder waren Erzieherinnen und Sozialpädagogen der Evangelischen Diakonie Nürnberg. Drei Versuche an der Georg-Simon-Ohm-Hochschule wurden von den Studierenden begeistert angenommen: vier Tage auf dem Pilgerweg von Nürnberg nach Rothenburg ob der Tauber, eine Woche quer durch Lappland oder einen Tag allein unterwegs sein, auf einsamen Wegen, von Sonnenauf- bis Sonnenuntergang. Das sind Lebenswege und Werdegänge, Diskussionsstoff für mehrere Tage, Erinnerungen und Gedächtnisanker für lange Zeit. Es muss nicht gleich eine mehrwöchige Trekkingtour sein. Ein gemütlicher Spaziergang tut es auch, jedenfalls: draußen lernen und nicht drinnen alles verpennen. Draußen lernen – nichts anderes heißt Outdoor-Training.

In den vergangenen Jahrzehnten assoziierten viele Jugendliche mit Wandern gähnende Langeweile, spießige Kleidung, ritualisierte Familienausflüge in gezähmter Natur. Das Image des Wanderns war unter Jugendlichen nicht immer so schlecht. In der Wandervogelzeit befreite sich die Jugend durch Wandern von den Zwängen der Zivilisation und der Erwachsenengeneration. Obwohl sich der Reiz des Gehens und Steigens nur langsam erschließt, meinen wir, dass diesem schlechten Image tatsächlich einiges entgegenzusetzen ist. Die Kleiderordnung, die per se den sich aufwärts bewegenden Menschen erst zum richtigen Bergsteiger machen soll, halten wir abgesehen von einigen Zweckmäßigkeiten für ein Klischee. Wandern mit Kindern und Jugendlichen ist eine große pädagogische Herausforderung, weil es im Gegensatz zu Segeln, Klettern und Raften wenig Spektakuläres und wenig Spannung verspricht! Setzen wir die Langsamkeit des Wanderns der Schnellebigkeit unserer Zeit entgegen! Leistung sollte beim Wandern nicht im Vordergrund stehen. Für wichtiger halten wir es zu zeigen, dass jeder seine eigene Geschwindigkeit und seinen eigenen Gehrhythmus hat und findet. Stimmt dieser Rhythmus mit der Atmung zusammen, so kann die Anstrengung minimiert werden und die Bewegung bekommt einen eher meditativen Charakter. In der Kultur des Zen-Buddhismus war bewusstes Gehen immer Teil der Meditationsausübung und – fast als denkwürdige Parallele zu den sitzenden Tätigkeiten der meisten Berufe heute – Ausgleich zur Versenkung in diversen sitzenden Haltungen.

Jeder Bergwanderer muss seine Kräfte richtig einteilen und wird versuchen, diese möglichst effektiv einzusetzen. Dazu gehört die Kenntnis der eigenen Leistungsfähigkeit oder der Erwerb dieser Kenntnis, die richtige Einteilung der Reserven, die individuell möglichst ökonomische Art des Bewegungsablaufes, gute Organisation (gut gepackter Rucksack, vollwertige Nahrung, vernünftige Zeiteinteilung) und eine realistische Selbsteinschätzung.

Das Training von Bewegungsabläufen kann in einer sehr spielerischen und experimentellen Form geschehen: z. B. gehen mit abwechselnd großen und kleinen Schritten, starker oder schwacher Standbeinwechsel mit schmaler Spur oder relativ breitbeinig, blind führen lassen. Nicht nur Kinder haben Spaß an solchen Übungen und Spielen, die Spaß vermitteln und auch dazu dienen können, sich eine gute Gehtechnik, eine vergessene und verlorene Selbstverständlichkeit, schnell, sicher und ohne schmerzhafte Erfahrungen anzueignen.

Wenig Beachtung wird in der bekannten Literatur einer bewussten Atmung geschenkt. Jugendliche leiden häufig unter Seitenstechen (Milzstechen, erhöhter Sauerstoffbedarf) und anderen Unzulänglichkeiten, die nicht selten auf eine falsche Atmung zurückzuführen sind. Die zweckmäßigste Atemfrequenz und -tiefe, im richtigen Takt ein- und ausatmen, das muss natürlich jeder selbst herausfinden. Die Leiter/innen können sensibilisieren und entsprechende Tipps geben. Die Art der Atmung bei dieser Form der körperlichen Anstrengung unterscheidet sich enorm von der Alltagsatmung, aber auch derjenigen anderer Belastungssituationen (z. B. Jogging).

Unter Anleitung können durchaus gezielte Atemtechniken ausprobiert werden, vor Experimenten muss jedoch gewarnt werden! Die Kenntnisse der Leiter/innen in für Teilnehmer angstbesetzten Situationen oder bei „schwindligen“ Gefühlen erweisen sich als sehr nützlich. Zeit und Muße sollten auch vorhanden sein, um Natur, Landschaft und Wetter genießen und beobachten zu können. Um die Eindrücke richtig wirken lassen zu können, die Stille zu hören, den unbeschränkten Blick wirklich bis zum Horizont schweifen lassen zu können, bietet es sich an, eine geraume Zeit schweigend aufzusteigen bzw. zu wandern.

Im Sinne ökopädagogischer Vorstellungen bietet der alpine Raum in seiner ganzen sichtbaren Bedrohtheit zahlreiche Möglichkeiten, die „Nebenprodukte“ der menschlichen Zivilisation wie Versiegelung und Verbauung der Landschaft, fortschreitende Verkarstung, Folgen des Bergtourismus konkret aufzuzeigen. Schulische Bildung kann in diesem Bereich wenig Betroffenheit und Handlungsfähigkeit erarbeiten. Anders unser Ansatz: „Nur was ich kenne und schätze, werde ich schützen“. Wir halten es für wichtig, der Naturnutz- und Bergsportpraxis die Forderungen des Naturschutzes gegenüberzustellen. Anlässe gibt es beim Wandern/Trekking genug, um z. B. Wegabschneider, sauren Regen, Müllproblematik zu thematisieren. Werden bestimmte Grundregeln eingehalten, so ist Wandern eine der ureigenen Formen des sanften Tourismus. Den Naturschutzgedanken zu transportieren, ohne schulmeisterhaft zu wirken, stellt bei dieser Art von Bildung – je nach Zielgruppe – eine große Herausforderung für die Leiter/innen dar.

Bergwandern/Trekking bietet vielfältigste Planungs- und Mitbestimmungsmöglichkeiten von Seiten der Teilnehmer. Das Spezialwissen hält sich in Grenzen und kann recht schnell erworben werden. Bei entsprechenden Voraussetzungen kann auf die dominierende Rolle eines Leiters/Führers gut und gerne verzichtet werden. Die Gruppe „rauft sich zusammen“, findet eigene Entscheidungs- und Regulationsstrategien. So entsteht die Chance für eine recht gleichberechtigte Gruppensituation. Mit dem Ausspruch „Jede Gruppe ist immer nur so gut wie ihr schwächstes Glied“ wird dieses schwächste Glied einseitig nur als Hindernis umrissen; andererseits bedeutet das Gruppenprinzip in der Regel Sicherheit für den Einzelnen. In einer „guten“ Gruppe, in der gegenseitige Rücksichtnahme geübt und jeder mit seinen Fähigkeiten und Möglichkeiten akzeptiert wird, sind Schwierigkeiten oder angstauslösende Situationen, vor denen ein Einzelner zurückschrecken würde, leichter zu bewältigen. Die Gruppe bedeutet natürlich auch eine Absicherung im Falle einer Verletzung oder nicht vorhersehbarer Umstände. Je nach Gruppe und Ausgangsposition wird in der Praxis entschieden werden, wer, wann, wo, allein gelassen werden kann. Entscheidend bei der Bewertung der realen Gefahren erscheint uns, dass es beim (Berg-)Wandern/Trekking in der Regel immer möglich ist, umzukehren oder Ziele neu zu stecken, wenn auch der bewusste Ausschluss von Rückzugsmöglichkeiten – z. B. im Rahmen Sozialer Trainingskurse – durchaus zum pädagogischen Konzept gehören kann (Streicher et al. 2015).

Die physischen Voraussetzungen, die die Beteiligten mitbringen müssen, sind vergleichsweise niedrig. Wandern oder Trekking erfordern weniger Kraft, sondern Ausdauer und Geschicklichkeit. Nach dem Grundsatz „Jeder mit seiner Geschwindigkeit" ist dieser Natursport keiner spezifischen Altersgruppe auf den Leib geschrieben.

Die benötigte Ausrüstung stellt in den meisten Fällen kein großes Problem dar, fast jeder besitzt Regenkleidung, Rucksack etc. Die leidige Problematik, Turnschuhe ja oder nein, soll hier nicht zur Sprache kommen. Die Materialfrage wird in der einschlägigen Wander- und Bergsportliteratur zur Genüge abgehandelt. Es gibt keine Natursportart, die mit so wenig Aufwand zu realisieren ist. Mit einem Minimum an Technik, Ausrüstung und Kondition besitzt jede Gruppe die Freiheit, aufzubrechen, wohin sie will. Das Abenteuer liegt vor der Haustür. Wer sich auf seine eigenen Füße und ein wenig Ausrüstung verlässt, dem stehen alle Wege offen.

4.2 Sich auf die Spitze treiben – Klettern und Abseilen

Felsklettern gilt, ebenso wie beispielsweise Gleitschirmfliegen, als spektakuläre Natursportart, die einer Leistungselite vorbehalten bleibt. Reportagen in der Boulevard-Presse über riskante Solobegehungen im alpinen Gelände und vor allem die bequem via TV in die Wohnstuben zu transportierenden Kletterwettkämpfe an künstlichen Wänden waren es, die in den letzten Jahren das jugendliche, draufgängerische, mit Thrill und Risiko assoziierte Image begründeten. Spätestens mit dem im Jahr 2007 erfolgreich in den Kinos gestarteten Dokumentarfilm „Am Limit" über einen Rekordversuch der „Huber-Buam" am „El Capitan" im Yosemite-Nationalpark erreichte das Sportklettern als Gegenentwurf zum klassischen Bergsteigen die breite Öffentlichkeit. Anders als das Bergwandern verspricht das Klettern den kurzfristigen Kick, der Adrenalinstöße freisetzt, „ordentlich törnt". Insofern ist es für den Pädagogen ungleich leichter, für eine Kletterei an einer (bequem zu erreichenden) Felswand zu motivieren, als eine mehrstündige, Anstrengung versprechende Wanderung zu vermarkten. Klettern ist eine natürliche, in der Grundform dem Gehen verwandte Bewegungsart, die – abgesehen von der Sicherungstechnik – keiner zeitintensiven Einführung bedarf. Entgegen der landläufigen Meinung ist Klettern in sportlichem Stil unter Berücksichtigung der entsprechenden Sicherheitsvorkehrungen objektiv relativ ungefährlich. Heute wird vor allem an künstlichen Wänden geklettert. Da so gut wie jeder Distrikt, Bezirk oder Landkreis im deutschen Sprachraum über Kletterhallen verfügt, wird das Klettern am natürlichen Fels, zumindest was die Quantität anbelangt, in die zweite Reihe abgedrängt.

Klettern heißt Widerstände bearbeiten: „Ich stemme mich einen senkrechten Riß hinauf. Ich verkeile mich mit meinen Beinen und meinen Händen fest im Fels. Zug um Zug schiebe ich mich nach oben. 70 Kilo hundertmal hinaufgeschoben, bis ich oben bin ... mein Gewicht beim Klettern hochstemmen, das ist schwer und ist doch ein weiches Dagegen-Arbeiten. Keines auf Biegen und Brechen. Ich kann den Widerstand regulieren. Ich kann langsamer oder schneller steigen ...“ (Aufmuth 1989, 127f.) Mit Widerständen flexibel umzugehen, elastisch deren Druckwirkung abzufangen, sie offensiv und entschlossen zu überwinden oder auch einmal zurückzuweichen und nach Auswegen zu suchen, erfordert im Alltag Kompetenzen, die manchen Jugendlichen überfordern. Klettern kann insofern ein Baustein eines Trainingsprogramms sein, in dem das Ausbalancieren von Widerständen – spielerisch – gelernt wird. Folgt man Bacons metaphorischem Ansatz (vgl. 2.4), dann müssten Kletterrouten, aber auch die dazugehörigen Sicherungsverfahren, methodisch auf die jeweiligen Lebenslagen der Teilnehmer abgestimmt werden können.

Die Ernsthaftigkeit der Situation wird den Teilnehmern bewusst, wenn die zu erkletternde Wand inspiziert wird. Bereits vorher werden sie mit der Ausrüstung (Seil, Klettergurt, Helm, Karabiner, Reepschnüre) und ihrer Anwendung vertraut gemacht. Intensiv geübt werden die Knoten, die zum Anlegen des Klettergurtes und zum Sichern notwendig sind. Die Anleitenden sorgen bereits im Vorfeld für eine ruhige, konzentrierte Atmosphäre, um zum einen die sicherheitstechnischen Abläufe zu garantieren und zum anderen die für das Klettern notwendige Symbiose aus Bewegungsgenauigkeit, Bewegungs- und Atmungsrhythmus und den entsprechenden Rückmeldemechanismen (Tast-, Gleichgewichts-, Muskelsinn) zu ermöglichen.

Die ersten Schritte sollten in leichtem, d. h. nicht sehr steilem und gut griffigem Gelände ausgeführt werden. Die Teilnehmer können sich so an Griffe und Tritte und an das erste Empfinden einer Exponiertheit gewöhnen. In der Regel bilden jeweils zwei Teilnehmer ein Tandem: Während der eine mittels Seil und spezieller Technik sichert, klettert der andere und umgekehrt. Da der Sichernde auf ein eventuelles Ausgleiten seines Partners reagieren muss, ist beim Ausgeben bzw. Einholen des Seils ständige Konzentration notwendig. Der Kletternde muss sich darauf verlassen können, dass das Seil straff gespannt ist und dass der Partner die Sicherungsvorrichtung richtig bedient. Voraussetzung für das Gelingen ist ein Vertrauensverhältnis zwischen den Handelnden, das sich nach anfänglichem Zögern und vorsichtigem Probieren nach und nach entwickeln sollte. Der Sichernde ist sich aufgrund der eindeutigen Situation seiner Verantwortung bewusst, der Kletternde vertraut auf die Konzentration des Sichernden. Falls sich dieses Vertrauen bei einem Paar nicht entwickeln sollte, ist eine Intervention des Anleiters oder zumindest eine Aufarbeitung im Rahmen der Nachbesprechung notwendig.

Nach einigen (einfacheren) Übungsrouten in eine offensichtlich schwierigere Route einzusteigen – vielleicht sogar als Erster der Gruppe – erfordert Selbstvertrauen: Es sind weniger Tritte zu finden, die Wand ist steiler, vielleicht sogar senkrecht oder überhängend. Sich auf einen abschüssigen Tritt zu stellen oder an einer fingerbreiten Leiste hochzuziehen erfordert nicht nur turnerische Qualitäten. Visuelles Wahrnehmungsvermögen und Bewegungskoordination sind genauso wichtig wie Selbsteinschätzung, Mut und Entschlossenheit. Das Potenzial und die Grenzen der eigenen physischen und psychomotorischen Leistungsfähigkeit werden intensiv wahrgenommen. Da eine Vielzahl von Routen unterschiedlicher Schwierigkeit vorhanden sein sollte, kann sich jeder Teilnehmer ein „Projekt“ suchen, das seinen Möglichkeiten entspricht.

Beim „Bouldern“, einer Sonderform des Sportkletterns, wird auf die klassischen Sicherungsmittel verzichtet. Geklettert wird ausschließlich in Absprunghöhe, das heißt maximal einige Meter über einer gut gepolsterten Matte. Bouldern gilt als besonders „coole“ Variante des Kletterns, das bedeutet im Umkehrschluss, dass es eher weniger gruppenbezogen ist. Jeder sucht sich „sein“ Projekt. Ähnlich wie beim Golfspielen ist ein Partner oder ein Team nicht unbedingt erforderlich. Übungs- und Spielformen an der Boulderwand wirken einer Individualisierung aber entgegen und können das Gruppenerlebnis fördern (Kittsteiner/Neumann 2004).

Als besonders herausfordernde Aktion, bei der der Umgang mit Angst im Vordergrund steht, gilt das Abseilen an senkrechtem oder überhängendem Fels. Bei dieser Übung, die technisch relativ einfach ist und keinen Kraftaufwand erfordert, lässt sich jeder Teilnehmer aus exponierter, luftiger Position mittels Seil und Bremsvorrichtung zum Boden ab und wird dabei zusätzlich von seinem Partner gesichert. Als signifikanter Augenblick ist dabei der Moment anzusehen, wo sich der Abseilende über die Felskante in die Tiefe manövriert. Er muss bei dieser Aktion mit dosiertem Händedruck die Geschwindigkeit des Abseilens selbst steuern und verfügt somit – anders als beispielsweise beim Bungee Jump, Swing oder Flying Fox[16] – über ein hohes Maß an Selbstkontrolle.

Auch diese Aktin ist, verglichen mit den spielerisch-riskanten Mutproben jugendlicher Cliquen, ungefährlich. Es gilt jedoch, sich zu überwinden, vielleicht sogar – subjektiv – persönliche Grenzen zu überschreiten und neu zu bestimmen.

Mitbestimmungsmöglichkeiten sind beim Klettern selbst stark eingeschränkt. Die Vorgaben müssen strikt eingehalten werden, um die Sicherheit aller Teilnehmer in jeder Phase zu garantieren. Vom (letzt)verantwortlichen Leiter wird ein hohes Maß an Erfahrung und zu jeder Zeit volle Konzentration gefordert. Der Leiter muss sein Metier souverän beherrschen. In jedem Falle sollte er neben faktischen auch formale Qualifikationen einbringen. Eine Übungsleiter-Ausbildung, die z. B. beim Deutschen Alpenverein absolviert werden kann, sorgt für entsprechende Sicherheitsreserven – auch im formalrechtlichen Sinne.

In Bezug auf Naturschutz sind die Kletterer in den letzten Jahren in die Defensive geraten. Naturschutzbehörden sperrten eine ganze Reihe von Klettergebieten außerhalb der Alpen ganzjährig oder zumindest während der Brutzeiten bedrohter Vogelarten. Aus Sicht der Sportler sind die Sperrungen vielfach überzogen. Beispielsweise wurden Steinbrüche, die lange Jahre als wilde Müllkippen genutzt wurden, von engagierten Kletterern in mühevoller Arbeit renaturiert und als Klettergebiete erschlossen. Nach getaner Arbeit war es für einige engagierte Naturschützer ein leichtes, unter dem Beifall der Öffentlichkeit Sperrungen zu veranlassen. Die Kletterer, meist ohne Lobby, hatten nur selten Erfolg beim Versuch, diese „Verwaltungsakte“ rückgängig zu machen.

Neben den Störungen der Fauna sind es vor allem die Zugänge zu den Felsen, die ökologische Probleme verursachen. Wenn die Gebiete intensiv genutzt werden, erodieren große Flächen im Umfeld der Kletterrouten. Die Felsen selbst sind relativ wenig störanfällig – sieht man davon ab, dass Haken gebohrt werden und dass (ökologisch unbedenkliches) Magnesia manche Griffe „verziert“. Selbstbeschränkungen und Renaturierungs- bzw. Sicherungsarbeiten – vor allem bei den Zustiegen – sollten für ein verbessertes Image der Kletterer sorgen und weitere Sperrungen verhindern helfen.

Zusammenfassend lässt sich feststellen, dass Klettern zum einen vielfältige Körpererfahrungen, verbunden mit hohen Anforderungen an die psychomotorische Kompetenz des Einzelnen, ermöglicht und ein relativ tiefes Vertrauensverhältnis zum sichernden Partner voraussetzt. Trotz dieser sozialen Komponente muss Klettern jedoch auch als eher individualistisch und – je nach Zielgruppe und Setting – narzisstisch eingestuft werden, da es das einseitig leistungsorientierte Verhaltensmuster begünstigen kann. Klettern und Abseilen sollte daher mit anderen, „weicheren“ Aktivitäten kombiniert werden.

4.3 Abseits des Pistenrummels – Schneeschuh- und Skitouren

Skifahren und Erlebnispädagogik wirken bei oberflächlicher Betrachtung wie unversöhnliche Gegensätze. Wenn man die „Kunstwelt Pistenskilauf“ als gebräuchlichste Form dieser Wintersportart mit Skifahren gleichsetzt, dann mag diese Einordnung gerechtfertigt sein. Wir konzentrieren uns jedoch auf die klassischen Formen des Winterbergsteigens. Noch Anfang dieses Jahrhunderts war Skifahren weder Sportart noch Massenbewegung. Skipionier Paulcke schrieb etwa 1905: „Abgesehen von seltenen Ausnahmen geht man nicht ins Gebirge, um Ski zu laufen – sondern um Touren zu machen, und man nimmt dabei den Ski nur als bald angenehmes, bald fast entbehrliches Hilfsmittel mit. Der Skilauf ist nicht sportlicher Selbstzweck, sondern Hilfskunst des Alpinismus." (Paulcke; zit. nach Ulmrich 1977, 9)

In jüngster Zeit ist eine Renaissance des Tourenskilaufs und des Schneeschuhwanderns festzustellen. So ist die winterliche Einsamkeit im Gebirge auch abseits der durch Bergbahnen und Lifte erschlossenen Regionen empfindlich bedroht. Dabei lebt das Faszinosum Winterbergsteigen von der Stille und dem unberührten Schnee, der nivellierend den größten Teil der Vegetation verkleidet und melancholische Stimmungen schafft. Die Kälte lässt – speziell im Hochwinter – alles Natürliche erstarren. Ihr wird die Bewegung des Körpers entgegengesetzt, der sich so Wärme verschafft. Die langsame, gleichmäßige Bewegung ermöglicht ein Erleben des Winters in seiner ursprünglichen Form.

Beim Tourenskilauf wird mit Fellen aufgestiegen, die an die Laufflächen der Ski geklebt oder gespannt werden. Die Technik des Aufsteigens ist zumindest in der Grundform leicht erlernbar. Weit schwieriger gestaltet sich für den Skianfänger das Abfahren in ungespurtem, nicht-präpariertem Schnee. Bevor sich eine Gruppe von Skianfängern gemeinsam mit ihrem Leiter ins Tourengelände wagen kann, sind mindestens vier bis sechs Tage intensiver Skiunterricht nötig. Um möglichst viel abfahren und damit große Bewegungserfahrungen sammeln zu können, bietet sich die Benutzung eines Schlepplifts an. Da die objektiven Gefahren der winterlichen Bergwelt im Tourengelände nicht, wie beim Pistenskilauf, durch professionelle Dienste quasi ausgeschaltet werden, muss die Gruppe entsprechend vorbereitet werden. Eine Einführung in die Schnee- und Lawinenkunde ist ebenso erforderlich wie ein praxisorientiertes Training zum Verhalten während des Aufstiegs und der Abfahrt. Ausreichend Zeit sollte für den Umgang mit Verschütteten-Suchgeräten verwendet werden, die bei einem – an sich auszuschließenden – Lawinenunfall die letzte Rettung sein können.

Als Alternative zum lern- und materialintensiven Tourenskilauf, der zudem ein Know-how erfordert, das nur wenige Erlebnispädagogen mitbringen, sind Touren mit Langlaufski überlegenswert. Allerdings sind Langlaufski nicht dafür geschaffen, steilere Anstiege und Abfahrten zu überwinden. Allenfalls Spezialisten finden hier ein Betätigungsfeld. Hinzu kommt, dass die gut geeigneten Tallagen meist durch Bebauung und Straßen versiegelt sind oder dass die Umzäunung der Weiden zum permanenten Hindernislauf zwingt. Der nordische Skilauf eignet sich als „erlebnispädagogisches Medium" am besten für Mittelgebirgslandschaften, wie sie beispielsweise in Skandinavien zu finden sind. Langlaufen auf gespurten Loipen wird hier ausgeblendet, da der Herausforderungscharakter im ganzheitlichen Sinne weitgehend fehlt.

Aus erlebnispädagogischer Sicht bieten sich zwei verschiedene „Stile" im Schneeschuh- und Tourenskilauf an: Entweder wird als fester Stützpunkt eine Hütte (möglichst Selbstversorgung) gewählt, von der aus an mehreren Tagen hintereinander verschiedene Touren unternommen werden, oder es wird im Hahnschen „Expeditionsstil" eine Route gewählt, bei der in unterschiedlichen Quartieren übernachtet wird. Letzteres ist meist spannender, allerdings sind die Rucksäcke dann größer und schwerer, weil man nicht an jedem Tag zum gleichen Ort zurückkehrt. Eine Variante zum gemütlichen Matratzenlager einer Hütte sind Biwaks in Iglus oder Schneehöhlen. Bei ausreichender Schneehöhe kann eine Gruppe in leeseitigen Mulden oder an Windkolken innerhalb einiger Stunden – je nach Schneebeschaffenheit – Schneeblöcke aussägen und ein Iglu bauen oder mit Lawinenschaufeln eine Schneehöhle graben. Eine gründliche Vorbereitung der Teilnehmer ist dann allerdings unerlässlich – nicht nur die Sicherheit muss jederzeit gewährleistet sein, auch die psychischen und sozialen Belastungen einer Biwaknacht im Schnee sollten bedacht werden. Nicht jeder Teilnehmer und nicht jede Gruppe ist in der Lage, eine derartige, doch recht extreme Situation für sich gewinnbringend zu nutzen. Die Belastungsfähigkeit der Gruppenmitglieder und die Stabilität der Gruppe müssen im Vorfeld abgewogen werden. Biwaks, bei denen die Hälfte der Teilnehmer vorher abspringt und sich die Mutigen anschließend als Helden feiern, sind kontraproduktiv.

Wie bei kaum einer anderen Natursportart wird der Zusammenhalt der Gruppe gefordert; da immer in einer Spur aufgestiegen wird, ist lässiges Überholen – wie z.B. beim Wandern – kaum möglich. Die Binsenweisheit „Die Gruppe ist so stark wie ihr schwächstes Glied" lässt sich nicht kaschieren. Die Partizipationschancen der Gruppenmitglieder sind besonders bei der Vorbereitung, aber auch bei der Ausgestaltung des täglichen Ablaufs relativ hoch – von der Einteilung der Zeit über die Festlegung täglicher Nahziele bis hin zum gemeinschaftlichen Kochen. Andererseits verlangen die winterlichen alpinen Gefahren, allen voran die Lawinengefahr, in manchen Situationen diszipliniertes Gruppenverhalten: Ob ein Hang als lawinengefährlich einzuschätzen ist oder nicht, kann nicht zur Diskussion gestellt werden. Insofern begrenzen objektive Risiken das Prinzip der Gruppenselbststeuerung.

Das Gütesiegel des „weißen Sports" hat der Skilauf bereits vor Jahren verloren, als nahezu alle Magazine in großem Stil über die Umweltzerstörungen des Wintertourismus berichteten. Es waren vor allem die großflächigen Planierungen, die damals unumgänglich schienen, um Skipisten anzulegen. Die natürliche Vegetationsdecke wurde vernichtet; in höheren Lagen würden mancherorts auch 150 Jahre Ruhe nicht ausreichen, um die „ursprüngliche" Artenvielfalt wiederherzustellen.

Der Tourenskilauf und das Schneeschuhwandern gerieten, wie fast alle anderen Natursportarten, erst in jüngster Zeit in die Kritik. Dass einzelne

Skibergsteiger rücksichtslos Schonungen durchpflügen, das Niederwild aufscheuchen oder mit den Stahlkanten ihrer Ski die Latschen der Krummholzzone verletzen, mag zutreffen. Der entscheidende Maßstab ist hier allerdings das individuelle Verhalten. Wenn die Spur bei Aufstieg und Abfahrt überlegt gewählt und bei ungenügender Schneelage auf Touren verzichtet wird, kann Skibergsteigen als ökologisch vertretbar eingestuft werden.

Es gibt nur sehr wenige gemeinnützige Organisationen, die Gruppen von Skitourenanfängern eine komplette Ausrüstung zur Verfügung stellen können: Ski mit einer Tourenbindung, die beim Aufstieg die Ferse freigibt, nicht zu harte Skistiefel, Felle, elektronische Verschütteten-Suchgeräte (obligatorisch abseits gesicherter Pisten), Lawinenschaufel etc. Schneeschuhwandern ist je nach Einsatzgebiet etwas weniger materialintensiv. Anstatt spezieller Tourenskistiefel können Wander- oder Trekkingschuhe verwendet werden. Felle sind ebenso wenig notwendig wie eine diffizile Anpassung der Bindung. Alpine Gefahren dagegen sind weitgehend unabhängig vom Gerät. Insofern erfordern Schneeschuh- ebenso wie Skitouren eine entsprechende Fachkompetenz des Leiters. Sinnvoll und relativ leicht organisierbar (und auch finanzierbar) ist für den Unkundigen die Zusammenarbeit mit einem Fachmann/einer Fachfrau (z. B. staatlich geprüfter Berg- und Skiführer). Wer hier an der falschen Stelle spart, geht unkalkulierbare Risiken ein.

4.4 Die Vertiefung im Dunkeln – Höhlenbegehung

Höhlen sind dunkel, erscheinen unerforscht und bedrohlich. Jeder kennt die faszinierenden Geschichten von Jugendbüchern, in denen als Spannungsmoment auf irgendeine Weise die Erforschung von dunklen Verliesen, Geheimgängen, Labyrinthen und Höhlen beschrieben wird. Tatsächlich sind alpine Höhlen in erster Linie Entwässerungssysteme, Trinkwasserreservate und sicherlich auch Naturdenkmäler. Für den Menschen und, bis auf wenige Ausnahmen, auch für Tiere stellen Höhlen mit ihrer Dunkelheit, Feuchte, Nahrungsknappheit und niederen Temperaturen einen sehr feindlichen Lebensraum dar. Grotten, Höhlen und Kavernen haben das Leben unserer Vorfahren geprägt, die sich wie Tiere damals in deren Eingangsbereichen versteckten. Aus dieser Zeit der Frühgeschichte stammen die meisten Felszeichnungen und -ritzungen.

Solche prähistorischen Zeugnisse existieren in den Höhlen, die im Rahmen erlebnispädagogischer Maßnahmen besucht werden, wohl kaum. Dennoch spürt man einen Hauch Ewigkeit – Tropfsteine als steingewordene Zeit – in den Hallen und Gängen, die sich seit Urzeiten kaum verändert haben. Eine in unserer Zivilisation nicht mehr existierende Stille, die allenthalben durch das Tropfen des gurgelnden Wassers unterbrochen wird, wechselt ab mit dem ohrenbetäubenden Lärm der Höhlenbäche. Die Wahrnehmung des Höhlenbesuchers ist ganz anders gefordert als draußen. Auch mit guten Lampen sind die Räume der Höhle nicht ganz ausleuchtbar, man sieht nur das, wohin man leuchtet. Die visuelle Wahrnehmung gewöhnt sich mit der Zeit an die geringe vorhandene Lichtmenge der mitgebrachten Leuchten. Der optische Reiz der Höhlen besteht nicht in deren Farbigkeit. Die vorhandene Farbpalette eher dezenter Schwarz-, Rot-, Weiß- und Brauntöne wird im weichen Licht der Lampen vereinheitlicht. Dafür sieht jeder Gang, jede Halle völlig anders aus, und ein schier unerschöpflicher Formenreichtum beschäftigt das Auge. Versinterungen und Tropfsteine der verschiedenen Farben und Formen bedürfen einer Erklärung, und ihre Bedeutung wird erst durch das Wissen über Entstehung und Alter nachvollziehbar.

Meist bringen die Teilnehmer einer Höhlentour geringe spezifische Kenntnisse, aber ein hohes Maß an Wissbegierde mit. Hierin besteht auch eine große Chance, die Verletzlichkeit dieses sensiblen Ökosystems und die Bedeutung von Karst und dessen Hydrologie zu erklären. Die unserer Erfahrung nach auftauchenden Fragen zu Entstehungsgeschichte, Fauna und Flora, Geologie u. a. sollten von den Leitern auch beantwortet werden können. Sind sie dazu in der Lage, so können sie anschaulich naturwissenschaftliches Wissen vermitteln und mit hoher Aufnahmebereitschaft der Teilnehmer rechnen.

Die Erfahrung der absoluten Stille und Dunkelheit wirkt auf Wahrnehmung und Bewusstsein. Dabei muss nicht unbedingt in einer Höhle übernachtet werden – wenige Höhlen eignen sich dazu –, auch einige Minuten Schweigen ohne Licht stellen ein ungewohntes Erlebnis dar, vermitteln einen Hauch von Zeitlosigkeit (Michl 1989). Den Leitern muss dabei bewusst sein, dass eine solche Erfahrung, die wir in unserer Alltagswelt mit ihrer Flut an Reizen nicht mehr machen können, für die Teilnehmer unter Umständen nicht ganz einfach zu bewältigen und zu verarbeiten ist. Das Begehen von Höhlen ist zwangsläufig auch mit einem intensiven Erde-Lehm-Kontakt verbunden. Die Fortbewegung in der Höhle kann durchaus als sportlich gelten. Beim Kriechen, Klettern und Spreizen kommt es allerdings weniger auf Körperkraft als auf Geschicklichkeit an.

Die Klettertechnik im Berg unterscheidet sich von der an der Oberfläche und muss von den Leitern sicher beherrscht werden. In kurzzeitpädagogischen Maßnahmen kann diese höchstens ansatzweise vermittelt werden. Die Aufgabe der Leiter besteht während der Begehung – abgesehen von der Gewährleistung der Sicherheit – vor allem darin, den Teilnehmern den Erlebnisraum Höhle nahe zu bringen. Dazu gehört die Sensibilisierung für die Ausstrahlung der so ungewohnten Umgebung, für Gefahren, für das eigene Wohlbefinden und das der anderen, für eine realistische Einschätzung der Leistungsgrenzen und für die relative Unberührtheit der Höhle. Lebt die

Spannung des Kajakfahrens von der Dichte und Verdichtung der Wahrnehmung, so macht gerade die Bündelung der Wahrnehmung, Vereinzelung und Entzerrung der sinnlichen Eindrücke, die Stimmung in der Höhle aus.

Die Leiter sollten in der Lage sein, mit den Reaktionen der Teilnehmer, die womöglich auf eine starke psychische Belastung zurückzuführen sind, umgehen zu können. Besonders Engstellen bedeuten einen erheblichen Stress. Die Leiter müssen stets binnen kurzem die einzelnen Exkursionsteilnehmer erreichen und intervenieren können. Neben diesen subjektiven Belastungen gibt es, abgesehen von den Risiken des Kletterns, eine Reihe objektiver Gefahren bei Höhlenbegehungen: Abgeschnitten werden durch Wassereinbruch oder Steinbewegungen, Verirren in Labyrinthen, Auskühlung. Hilfsmaßnahmen in Notfällen gestalten sich so aufwendig und langwierig, dass eigentlich nichts passieren darf. Trotzdem sollte ein Alarmplan nicht fehlen: Die Kontaktperson draußen verständigt bei nicht rechtzeitiger Rückmeldung der Gruppe Bergwacht oder besser Höhlenrettung des zuständigen Höhlenvereins.

Die Konstellation der jeweiligen Gruppe spielt eine große Rolle bei der Höhlenbegehung. Die Leitung prägt das Gruppenklima entscheidend mit: Im Vordergrund der Exkursion sollten nicht körperliche Leistung, Konkurrenz oder Rivalität stehen. Für entscheidend halten wir die psychodynamischen Vorgänge in der Gruppe und im einzelnen Teilnehmer. Mit therapeutischen Methoden muss das nichts zu tun haben. Die Gruppe hat bei der Begehung einer Höhle eine sehr große Bedeutung: Das Gepäck wird arbeitsteilig transportiert und weitergegeben. In vielen Situationen ist gegenseitige Hilfe wichtig und notwendig. Dabei sind gerade die individuell unterschiedlichen psychischen und physischen Fähigkeiten gefragt. Die Gruppe plant gemeinsam und entscheidet über den eingeschlagenen Weg, Alleingänge sind in den seltensten Fällen sinnvoll. Wie tief in die Höhle vorgedrungen wird, ist zweitrangig.

Beachtung verdient der Umstand, dass für den Rückweg ein großer Teil der Kräfte und Energien aufgespart werden muss. Der Rückweg erweist sich meist als schwieriger als das Eindringen in die Höhle! Aufgabe der Leiter bleibt es, diese Gesamtkräfte der Gruppe und die Grundrisiken einzuschätzen, die sich der Kenntnis oder Erfahrung der Teilnehmer entziehen. Die körperlichen Voraussetzungen, die die Einzelnen mitbringen sollten, sind in den meisten Fällen mit den für Bergtouren geltenden Anforderungen identisch. Die psychischen Anforderungen jedoch sind ungleich höher! Eine Umkehr mit einem oder mehreren Teilnehmern muss stets möglich sein.

Höhlen sind – wie schon an anderer Stelle bemerkt – höchst sensible Ökosysteme und zudem oft Trinkwasserspeicher: Eine „vergessene“ Batterie oder Karbidabfälle wirken in geringster Menge toxisch und gefährden Lebewesen, die sich durch eine Jahrtausende dauernde Evolution an den Lebensraum Höhle angepasst haben und für die kleinste Veränderungen

(Fackelrauch, Karbidreste, andere Hinterlassenschaften) existenzbedrohend sind. Ein abgebrochener Tropfstein braucht einen für menschliches Denken schwer nachvollziehbaren Zeitraum, um nachzuwachsen. Lehm-, Erd- und Knochenlager sind wichtige Forschungsgrundlagen für Paläontologen und Klimaforscher. Aufgeschreckte Fledermäuse verbrauchen ein hohes Maß an Energie für ihre Flucht. Im Winter müssen deshalb Fledermausquartiere wie Höhlen und Stollen, Bunker, Felsenkeller etc. gemieden werden. Ob und in welchem Rahmen sich eine Höhle für einen touristischen Besuch überhaupt eignet, muss vorher genau abgewägt werden. Von unserem Besuch in einer Höhle sollte schließlich nicht mehr übrig bleiben als die Abdrücke unserer Schuhe im Lehm! Nur wenn die Leiter die angedeuteten Zusammenhänge überschauen und eine schonende Behandlung des Ökosystems Höhle garantieren können, halten wir eine touristische Begehung überhaupt für sinnvoll. Erste Eindrücke und Vertiefungen vermittelt das Themenheft 2 / 2001 „Immer tiefer. Materialien für Höhlentouren" von „e&l – erleben und lernen". Und im Schwerpunkt von Heft 1/2011 dieser Zeitschrift geht es um weitere „Vertiefungen": „Unter der Oberfläche. Projekt-orientierte Höhlentouren". Andreas Bedacht ist der herausragende Experte, der als Bildungsreferent und Höhlenforscher seit mehreren Jahren die Diskussion belebt. Er hat sein besonderes Anliegen, die pädagogischen Potenziale der Höhlenforschung in einem Buch festgehalten (Bedacht 2004).

4.5 Der Tanz auf dem Wasser – Kajakfahren

Wir stellen hier das Kajakfahren im Wildwasser vor. Es gäbe natürlich noch andere Formen unter dieser Überschrift zu beschreiben: Kajakwandern auf ruhigen Flüssen, Kajakfahren an Meeresküsten … Wildwasser ist laut, bedrohlich und fordert die ganze Konzentration. Eine schnelle Einschätzung von Wasserbewegungen, Geräuschen und eine genaue Vorausschau und Beobachtung werden verlangt. Die Gruppe übt gegenseitige Rücksicht und sichert ab. Erfolg oder Misserfolg des Einzelnen hängen wesentlich von dessen Einsatz und Geschick ab. Hilfestellungen des Leiters bzw. der anderen Teilnehmer erfolgen als Einweisung vor schwierigen Passagen, genaue Fluss- und Streckenwahl oder Absicherung vom Ufer mit dem Wurfsack. Im Gegensatz zu anderen Natursportarten gibt es oftmals „kein Zurück": Eine einmal gefasste Entscheidung, den gewählten Fluss zu befahren, muss eingehalten werden, da oft eine Umkehr oder ein Weiterkommen zu Fuß (z. B. in einer Klamm, Schlucht) nicht möglich ist. Bei der Bewältigung schwieriger Passagen ist es unerlässlich, sich vorausschauend zu verhalten und gegebenenfalls eine genaue Einschätzung durch eine Erkundung vom Ufer aus vorzunehmen. Bei der Befahrung selbst muss sich der Kajakfahrer unmittelbar für eine Lösung entscheiden und diese mit aller zur Verfügung stehenden Kraft und Reaktionsfähigkeit ohne Zögern verfolgen.

Ein Beispiel: Walzen und Stromschnellen sind oft nur mit sehr schnellen, kräftigen und gezielten Paddelschlägen erfolgreich zu überwinden. Die Schnelligkeit des Bootes garantiert dessen Manövrierfähigkeit und lässt es nicht zum Spielball des Wassers werden. Die Situation fordert von Seiten des Teilnehmers Entscheidungsfähigkeit, konsequentes Handeln und ganzen Einsatz. Stromschnellen, Walzen und Verblockungen erfordern einige Überwindung und sollten als Fahrroute überlegt und dosiert gewählt werden. „Alles oder Nichts" heißt es da, der Jugendliche wird zur Entscheidung und zum Handeln gezwungen. Diese „Flucht nach vorne", glücklich eingesetzt, lässt den Einzelnen im gewaltigen Element Wasser gerade durch seinen persönlichen Einsatz Erfolge erleben. Der spielerische Umgang mit der Wassergewalt bedeutet ein intensives Hand-in-Hand-Gehen von kognitiven und motorischen Leistungen: Kehrwasser, Verblockungen, Stufen müssen rechtzeitig gesehen werden, anschwellende Wasserwucht oder Walzen kündigen sich durch starkes Rauschen an, sich ändernde Strömungsverhältnisse sind am Boot geradezu erspürbar.

In diesem Spiel zwischen Macht und Möglichkeit werden Boot und Paddel zum verlängerten Körperteil, verschmelzen Wasser, Boot und Mensch zu einer spielerischen Einheit. Die Wahrnehmungen erfordern eine richtige Einordnung und eine angemessene, der enormen Dynamik der Situation entsprechende Reaktion. Schnelligkeit und Dichte der Eindrücke sind maßgeblich für Spannung und Konzentration in schwierigen, nicht notwendigerweise gefährlichen Momenten. Wechseln diese mit der Entspannung in ruhigeren Flusspartien, so verzeiht das Element Wasser innerhalb des für erlebnispädagogische Zwecke gewählten gemäßigten Schwierigkeitsrahmens so manchen Fehler, deutet aber immer seine Gefährlichkeit und Wildheit an. Kajakfahren ist wohl eine der schönsten Arten, „baden zu gehen".

Das Erleben von Gemeinschaft bleibt im Vergleich zu anderen Natursportarten bei der Fahrt selbst zweitrangig. Es überwiegt die individualistische Erfahrung mit einem hohen Maß an Selbstverantwortung. Das eigentliche Gruppenerlebnis stellt sich in den Fahrpausen und in den Erzählungen und Erörterungen nach der Fahrt ein. Dem Ersten, der meist in die Strecke einweist, kommt die Rolle eines Vortasters zu, er soll die Ideallinie finden. Diese Person kann auch ein erfahrener Teilnehmer sein. Alle anderen nehmen ihre Aufgaben in einer vorwiegend gleichberechtigten Gruppensituation wahr.

Im Falle eines Kenterns beteiligen sich alle an der Bergung von Mann/Frau und Material. Diese gegenseitige Hilfe ist unbedingt notwendig und muss geübt werden, die Absicherung einer ganzen Gruppe kann und soll nicht durch einen oder zwei Leiter/innen alleine geleistet werden. Kajakfahren ohne Gruppenanschluss bedeutet ein erhöhtes Risiko für Leben und Material. Ein „Aussteiger" hat oft nicht mehr die Möglichkeit, „die davonschwimmenden Felle", also Paddel, Boot und andere Ausrüstungsgegenstände, selber zu retten. Die Gruppe muss aus Sicherheitsgründen klein gehalten werden. Selbst mehrere gekenterte Teilnehmer muss die Gruppe und die Leitung verkraften können.

Die Grundtechniken des Kajakfahrens sind nicht ganz leicht zu erlernen; dies erfordert sehr viel Zeit und Geduld. Zwar fährt das Boot schon nach ein paar Stunden einigermaßen in die vorgesehene Richtung; Paddelschläge, Einstieg in fließendes Wasser oder die Kenterrolle erfordern jedoch viel Übung. Die Bewegungsabläufe beim Kajakfahren sind komplex und können in der Regel nicht aus dem alltäglichen Körpergefühl oder aus anderen Sportarten abgeleitet werden. Unsicherheiten oder Ängste der Teilnehmer, vor allem anfangs, sind: „Kann ich das Boot überhaupt lenken? Was mache ich beim Kentern, komme ich aus dem Kajak heraus? Können die anderen mir überhaupt helfen? Welche Wucht hat das Wasser?" Mit entsprechenden Übungen sind die Ängste leicht abzubauen. Es gibt da eine Menge spielerischer und witziger Möglichkeiten (Birzele/Hoffmann 2010):

- Die häufige, aber angesichts großer Sitzluken unbegründete Angst, aus dem Boot nicht herauszukommen, kann rasch abgebaut werden, wenn die Teilnehmer sich selbst umplumpsen lassen und so das Aussteigen auf ruhigem Wasser ohne Spritzdecke üben. Beim kontrollierten Ausstieg mit Spritzdecke erfahren die Teilnehmer, dass sie über eine ganze Menge Luft verfügen, der Ausstieg selbst nur Sekunden dauert und leicht zu bewältigen ist. Bei den ersten „Fallübungen" steht möglichst ein anderer Teilnehmer daneben, um zu helfen und beim Üben Sicherheit zu vermitteln. Panische Gefühle beim Aussteigen hat in der Regel nur, wer dies nie richtig geübt hat.
- Beim Kajak-Wasserballspiel versuchen zwei Mannschaften von Bootsfahrern den Ball an ein jeweils gegenüberliegendes Ziel zu befördern.
- Schwimmen im bewegten Wasser kann – natürlich mit Neoprenanzug, Helm und Schwimmweste – geübt werden und lässt Wildwasser sozusagen aus erster Hand erfahren.

Die Bereitstellung des Materials, komplette Boote mit Auftriebskörpern und Spritzdecken, Paddeln, Schwimmwesten, Helme, Neoprenanzüge und Rettungssack, ist aufwendig. Die Ausrüstung muss auf die Teilnehmer abgestimmt sein (Körpergröße, Erfahrung), spezifische Bedingungen (Wassertemperatur, Schwierigkeitsgrad) müssen berücksichtigt werden. Voraussetzung auf Seiten der Beteiligten: gute Schwimmer, gute gesundheitliche Konstitution, Verlässlichkeit, Vertrautheit mit Wasser und den Tücken der Strömung eines Flusses, vorausschauendes Denken und Handeln.

Die Planung der Fahrt erfordert sehr konkrete Strukturen und Vorgaben von Seiten der Leitung. Die Teilnehmer sollten bei der Routenwahl und der nötigen Aufgabenteilung mit einbezogen werden: Welche Fahrdistanz wollen wir bewältigen? Welche Schlüsselstellen müssen wir vorher vom Ufer aus sichten? Wie organisieren wir den Transport der Boote? Diese wichtigen Detailprobleme sind nur einige der möglichen Fragen, die in der Gruppe diskutiert werden müssen. Ohne Teilnahme an diesem Prozess entsteht allzu leicht der trügerische Eindruck, Planung und Vorbereitung seien sekundär.

Die Absicherung und Einschätzung derjenigen realen Gefahren, die zu erkennen schon einige Erfahrung voraussetzt, ist Aufgabe der Leitung. Ihre Erfahrungen sollen weitergegeben werden, um Rahmenbedingungen für eigenes Lernen zu schaffen. In der Tat muss der/die Leiter/in nicht nur technisch souverän sein, sondern auch pädagogische Qualifikationen und Erfahrungen mitbringen. Eine Leitungskraft genügt nur in seltenen Fällen!

Noch vor nicht allzu langer Zeit wurden die nicht sehr zahlreichen Kajakfahrer mit ihrer oft improvisierten Ausrüstung als Exoten belächelt. Seither hat sich das Kajakfahren mit verbesserter Ausrüstung und kommerzieller Vermarktung zu einem Massensport entwickelt. Berechtigterweise wird zunehmend die ökologische Verträglichkeit dieser Sportart diskutiert. Auf einige wenige Flüsse in der niederschlags- und wasserreichen Jahreszeit angewiesen, sind Kajakfahrer vor allem Fischern und Vogelschützern ein Dorn im Auge, obwohl sich gerade die Kajak- und Kanuverbände in regelmäßigen Abständen gegen Gewässerverbauung und -verschmutzung einsetzen. Über die Auswirkungen einer verstärkten Befahrung liegen einige wenige wissenschaftliche Ergebnisse vor. Stein des Anstoßes sind im Kajakbereich besonders die Befahrung der kleinen Kehrwasser und die Häufung größerer Gruppen an einigen wenigen Wochenenden. Auf die Problematik Ökologie und Bootsfahren gehen wir in dem Kapitel 4.6 ein.

4.6 Alle in einem Boot – Schlauchbootfahren/Rafting

Beim Schlauchbootfahren überwiegt das Gruppenerlebnis. Die weniger erfreulichen Seiten werden, wenn es den Teilnehmern „nass hineingeht“, auch mit „wir saßen alle in einem Boot“ bezeichnet. Der Spaß der Gruppe überlagert beim Schlauchbootfahren die Möglichkeit nach individueller Leistung und Selbstbestätigung.

Eine Rollenverteilung ist notwendig: Die vorne Sitzenden und der Steuermann haben eine herausragende Funktion. Der Einsatz der einzelnen Teilnehmer bedarf einer gewissen Synchronisierung. Fehler des Steuermanns jedoch muss die ganze Gruppe „ausbaden“. Andererseits kompensiert sie einzelne Fehler bzw. unterschiedliche Kraft- oder Geschicklichkeitspotenziale. Die Gruppe gibt dem einzelnen Sicherheit, die Entlastung bedeuten kann. Einerseits wirkt sie integrierend, andererseits mag dies in bestimmten Konstellationen eher unangenehm, erzwungen und einschränkend wirken. Dies mag sich im positiven wie auch negativen Sinne als konfliktträchtig erweisen. Gut zusammenarbeitende Bootsinsassen haben die Chance, in einem Wir-Gefühl eine echte Gemeinschaftsleistung zu erleben. Die grundsätzliche Erfahrung mit dem Element Wasser ist ähnlich wie beim Kajakfahren, wobei das Grundgefühl, wenn es „den Bach runter geht", im Kajak viel direkter ist.

Schlauchbootfahren oder Rafting erfordern wegen des trägen Auftriebs der Luftkörper weniger körperliches Geschick, weniger Körperbeherrschung und weniger technisches Können. Auf langwierige Vorübungen kann verzichtet werden, wenn auch ein paar Techniken und Absprachen vorweg unentbehrlich sind. Das Leistungsgefälle der Gruppe kann größer sein als beim Kajakfahren. Im Gegensatz zum Kajakfahren kann eine Schlauchbootfahrt kurzzeitpädagogisch leichter eingesetzt werden. Die Materialschlacht hält sich in Grenzen, die Grundtechniken und der Umgang mit dem Material sind leicht erlernbar, unverbindlicher als beim Kajakfahren, bei dem man sich wesentlich konsequenter auf das Element Wasser einlassen muss und sich der ganz individuellen Herausforderung nicht entziehen kann.

Bei der Einschätzung realer Gefahren mag dies trügerisch sein. Dies sollte auch von den Leiter/innen vermittelt werden. Gefährliche Unfälle passieren mit Schlauchbooten häufiger als mit Kajaks. Rettungstechniken, das Wiederaufrichten eines gekenterten Bootes oder Kehrwasserübungen – notwendig für rechtzeitiges Anlanden – gehören zum Trainingsprogramm vor und während der Fahrt. Im bewegten Wasser bzw. Wildwasser schwimmen – an sorgfältig ausgewählten Flussabschnitten – vermittelt ein realistisches Gefühl für Strömung und Kraft des Wassers und die Möglichkeit, sich im Falle des Kenterns ans Ufer zu retten.

Die Planung der Unternehmungen und die Routenwahl können zu großen Teilen zusammen mit den Beteiligten erfolgen. Die körperlichen und gesundheitlichen Anforderungen sind niedriger anzusetzen als beim Kajakfahren. Die Bewegungsabläufe beim Schlauchbootfahren sind vergleichsweise weniger komplex. Außerdem spielt das Gleichgewicht zum Lenken und Steuern eine geringere Rolle. Das Boot reagiert wesentlich unempfindlicher, aber auch plumper, sowohl auf die Wasserbewegungen als auch auf die Manöver der Bootsfahrer. Kajakfahren ist filigrane Einzelarbeit, Schlauchbootfahren bedeutet Kampf von Gruppe und Boot gegen die Wildheit des Wassers. Der Sicherheitsstandard sollte dem beim Kajakfahren üblichen in etwa angeglichen sein. Ein Großteil der in den letzten Jahren gehäuften Unfälle ist auf Fehleinschätzungen, mangelnde Ausrüstung und Ausbildung zurückzuführen.

Kajak- oder Schlauchbootfahrten bieten die Möglichkeit, auch bei uns noch existierende Urlandschaften mit einer sehr üppigen und artenreichen Flora und Fauna zu erleben. Zum Teil sind diese Flusslandschaften Rückzugsgebiete für Arten, die sich nur noch hier behaupten können. Natursport und Naturschutz miteinander zu versöhnen ist eine schwierige, scheinbar unlösbare Aufgabe. Ökologisches Lernen in der Erlebnispädagogik setzt aber an diesen Fragen an. Eindeutige Antworten stehen im Verdacht der Einseitigkeit. Es ist wohl eine einmalige Chance, den Charakter so unberührter Natur gerade im Gegensatz zur Nutzlandschaft wieder einmal bewusst wahrzunehmen. Die Befahrung von Flüssen stellt einen klaren Eingriff in die Natur dar, auch wenn wir davon augenscheinlich – manche Vogelarten flüchten schon ab einer Distanz von über 100 Metern – nichts bemerken. Brutgebiete müssen unbedingt gemieden werden.

Nicht nur um weitere Befahrungsverbote zu verhindern, sondern um der oft einzigartigen Fauna und Flora willen, sollten wir versuchen, den Teilnehmern einen verantwortungsvollen Umgang mit der Natur zu vermitteln. Auch das kann ein erlebnispädagogisches Lernziel sein: bewusst zu machen, dass der handelnde Mensch mehr oder weniger bleibende Spuren in der Natur zurücklässt. Es sollte auch nicht vergessen werden, dass das ökologische Gewissen in den Veranstaltungen kommerzieller Anbieter oft den sportlichen und kaufmännischen Interessen völlig untergeordnet ist. Keinen Müll zu hinterlassen, Zeiten der Brutpflege zu beachten, sollte eine Selbstverständlichkeit sein.

Um für einen schonenden Umgang mit der Natur zu sensibilisieren, bieten sich beim Bootfahren trotz der meist halbwegs intakten Urlandschaften mannigfaltige Anlässe an: Erosionserscheinungen an den Steilhängen, Einleitung von Kanalisationsabwässern, unsinnige und naturschädliche Flussbegradigungen, Verbauungen, Aufstauungen. Was liegt näher, als bei der Flussbefahrung vor Ort, statt im Sonderraum Schule, in gewissen Abständen eine biologische Wassergütebestimmung und eine Art Tagebuch über den Zustand des Wassers und die Artenvielfalt am Ufer zu führen!

Ein besonders nachhaltiges Lernfeld für die ökopädagogischen Kajakfahrten ist sicher ein Fluss, auf dem man plötzlich im Boot eine wilde Müllkippe zwischen Kühlschränken und Autoreifen durchqueren kann. Ein herber Kontrast zwischen vermeintlich unberührter und „berührter" Natur, wie er leider noch allzu oft anzutreffen ist. Um Bootsfahrten ökologisch verträglich zu gestalten, müssen Befahrungs- und Anlandeverbote unbedingt eingehalten werden. Aufklärungsarbeit ist zu leisten, um sich in Praxis und Theorie vom Bierboottourismus abzugrenzen, um den Fluss weiterhin als Lernfeld nutzen zu können.

Beppo Birzele und Oliver Hoffmann (2010) haben ein Praxishandbuch für erlebnispädagogisches Handeln im und am Wasser, in Wellen und Stromschnellen, in Gischt und Walzen, in Schluchten und langsamen Flüssen verfasst.

4.7 Land und Leute erfahren – Fahrradtouren

Wir wollen mit einem Lob des Fahrrads beginnen: Es gibt keine Art der mechanischen Fortbewegung mit einer solch optimalen Umsetzung von Kraft in Bewegung. Für kürzere Distanzen eignet es sich im Alltag bestens, in fahrradfreundlichen Großstädten gibt es kein effektiveres Fortbewegungsmittel, das so schonend mit der Umwelt umgeht. Lautlos und ohne Auspuffgase rollen wir dem Ziel entgegen. Neben dem Alltagsgebrauch ist das Fahrrad auch ein festes Element im Ferienangebot vieler Jugendverbände und wird immer öfter als Transportmittel für erlebnispädagogische Reiseprojekte verwendet: Radtouren durch Holland, entlang der Loire, durch Sardinien, an der Donau bis nach Wien oder Budapest. Ähnlich wie beim Wandern wird eine mittlere Kondition vorausgesetzt, der Standard der Fahrräder sollte vergleichbar sein, ihr technischer Zustand in Ordnung. Die Technik des Fahrradfahrens wird vorausgesetzt. Allerdings handelt es sich bei Fahrradtouren mit Jugendlichen in der Regel nicht darum, in möglichst kurzer Zeit möglichst viele Kilometer zu strampeln. Land und Leute sollen erfahren werden.

Wer Begleitfahrzeuge mitnimmt, verleitet zur schnellen Resignation bei Konditionsschwächen, Steigungen oder Gegenwind und nimmt der Gruppe Konflikte ab. Zwei Wochen bei Wind und Wetter eine Landschaft sich zu erfahren, ist vor allem eine soziale Herausforderung. Immer wieder muss genauestens entschieden und Rücksicht genommen werden. Das Jugendlichen im Alltag so vertraute Medium Fahrrad führt sie in einer Reise zu neuen Erlebnissen. Gemeinsames Handeln ist ebenso angesagt wie die Artikulation der eigenen Bedürfnisse. Neben den Lernchancen durch Konflikte in und mit der Gruppe bieten sich Natur, Umwelt und Landschaft als Erfahrungsbereiche an. Obwohl die Landschaft an einem vorbeisaust, gibt es genügend Möglichkeiten, Natur zu erleben: die Kraft des Windes bei Gegen- oder Rückenwind, die glühende Sonne, den Regenguss, den Anstieg, mit dem man sich den Berg erarbeitet, die Abfahrt als Belohnung. Auch Halt zu machen in besonders schönen Landstrichen, dortzubleiben – entgegen dem Zeitplan –, die Routenwahl zu ändern, einfach ins „Blaue" zu fahren, Neugier auf die nächste Kurve entwickeln, Situationen am Rande des Weges wahrzunehmen gehören zur Charakteristik einer Fahrradtour.

Im Gegensatz zur konkreten ausgearbeiteten Radtour gibt es Dinge, die nicht planbar sind, die auf die Gruppe zukommen. Das Abenteuer ist nicht planbar, es kommt auf einen zu, wird sich ereignen (Lat.: advenire = herankommen, sich ereignen): ein doch nicht vorhandener oder überfüllter Campingplatz, der Regenschauer, der Sturz mit dem Fahrrad, die Panne, das defekte Zelt, mit wenigen Lebensmitteln ein genießbares Abendessen kochen. Solche Unterbrechungen und Störungen sind eine besondere Herausforderung: Raum für Improvisation als pädagogisches Mittel. Je mehr die Teilnehmer in Vorbereitung und Durchführung einbezogen werden, je mehr Verantwortung sie für sich selbst und für die Gruppe übernehmen können, um so nachhaltiger und prägender werden die Erlebnisse sein. Dabei ergeben sich aber auch Grenzen: Besonders im Stadtverkehr und auf gefährlichen Landstraßen haben die Leiter Regeln aufzustellen, am besten in Absprache mit den Teilnehmern, und ihre Einhaltung zu überwachen. Den Leitern wird auch ein Gespür für die sozialen Probleme abverlangt.

Wir haben es schon festgestellt: Beim Fahrradfahren wird unter optimalen ökonomischen und ökologischen Bedingungen mechanische Energie in Bewegung umgesetzt. Es gibt kein ökologisch verträglicheres Fortbewegungsmittel! Auch das ist Jugendlichen verständlich zu machen. Müllvermeidung und -trennung, vernünftige Ernährung und Verzicht auf den üblichen Luxus bei der Fahrt bieten weitere ökologische Lernchancen, die auch auf den Alltag der Teilnehmer übertragbar sind: Luxus und Komfort des Lebensalltags werden exemplarisch in Frage gestellt.

Noch ein Wort zu den Mountainbikes: Sie sind Risiko und Chance zugleich. Sie erweitern das erlebnispädagogische Spektrum („Mit dem Mountainbike auf den Spuren von Hannibal – quer durch die Alpen") einerseits, andererseits eröffnen sich auch neue Türen des Missbrauchs. Pädagogische Verantwortung und Vorausschau sind gefordert, nicht plakativer Verzicht (Simek/Sirch 2014)!

4.8 „We are sailing ..." – Kuttersegeln

Segeln ist das klassische Medium der Erlebnispädagogik, und das war sicher kein Zufall. Laurence Holt, ein Seefahrer und Reeder, gab die entscheidenden Anstöße für die Hahnsche Erlebnistherapie. Die Seefahrt mit ihrer schillernden Tradition, den Forschungs- und Eroberungsreisen eines Francis Drake und eines James Cook bietet ein, im buchstäblichen Sinne, unbegrenztes Bewegungs- und Handlungsfeld, voll von Wünschen, Hoffnungen und Sehnsüchten außerhalb einer bodenständigen, geregelten, versiegelten Welt. Dabei stehen die Offenheit und Weite des Meeres in einem scharfen Gegensatz zum Mikrokosmos Schiff, in dem die Normen und Regeln für die Besatzung – aus sachlichen Gründen – relativ starr und einschränkend erlebt werden. Eben dieser Gegensatz schafft jenen Spannungszustand, der gruppendynamische Prozesse so ungemein beschleunigen kann.

Es sind die Langzeittörns mit verhaltensauffälligen Jugendlichen, die gemeinhin für erlebnispädagogisches Segeln stehen. Auf hochseegängigen Barken oder Schonern fährt eine „Stammbesatzung" aus erfahrenen Seeleuten zusammen mit Jugendlichen und Pädagogen mehrmonatige Törns, bei denen viele Seemeilen zurückgelegt werden. An dieser Stelle soll jedoch das Kuttersegeln vorgestellt werden, das sich wegen des geringeren Aufwands an Material und Logistik besonders für kurzzeitpädagogische Unternehmungen eignet.

Die heute gebräuchlichen Segelkutter sind offene Zweimaster mit Fock-, Groß- und Besansegel. Ursprünglich als Beiboote von Kriegsschiffen genutzt, dienten sie später als so genannte Marinekutter zur seemännischen Ausbildung. Heute werden die ca. 8 m langen Schiffe mit einer Segelfläche von 35 qm als Jugendwanderkutter nachgebaut. Die Schiffe sind äußerst spartanisch ausgerüstet. Im Gegensatz zu modernen Jachten, bei denen Hightech und Feinmechanik Muskelkraft weitgehend überflüssig machen, ist die Verbindung zu Segel, Pinne und Schwert hautnah und direkt. Der Kuttersegler hat Wind und Wellen förmlich in den Händen. Da kein Außenbordmotor zur Verfügung steht, können die Schiffe bei Flaute nur unter Riemen (umgangssprachlich „Ruder") gefahren werden.

Die Segelkutter sind nur dann gut zu manövrieren, wenn mehrere Crewmitglieder – am besten die ganze Gruppe – die entsprechenden Handgriffe ausführen. Vor allem bei Anfängern sind alle an Bord mental und physisch gefordert, um Segel zu setzen, eine Wende oder Halse zu fahren oder anzulegen. Die Manöver müssen sowohl in zeitlicher als auch in räumlicher Hinsicht koordiniert und nahezu ständig korrigiert werden, etwa wenn Einzelaktionen fehlerhaft waren oder wenn der Wind auffrischt.

In der Anfangsphase wird der Bootsführer (Skipper) – nach einer ausführlichen Einweisung – höchst direktiv auf seine Besatzung einwirken und die Teilnehmer bei den, zum Teil sehr komplexen, Aufgaben unterstützen. Sukzessive wird er sich, wenn sich die Crew schon etwas eingespielt hat, zurücknehmen können, Teilnehmer an die „Pinne" lassen, Manöver der Crew überlassen und – ganz im (wörtlichen) Sinn der Gruppenselbststeuerung – sich auf sichernde Aufgaben zurückziehen. Im Gegensatz zum klassischen Segelkurs ist das Ziel weniger eine Optimierung der Einzelaktionen oder das perfekte Zusammenspiel der Crew, sondern die Übernahme von Verantwortung – gegenüber den Crewmitgliedern ebenso wie gegenüber dem Schiff. Insofern sind die in der Sportpädagogik gebräuchlichen permanenten Bewegungsanweisungen und Korrekturen hier deplatziert: Wenn ein Crewmitglied im Moment nicht weiß, an welcher Schot wann und wie stark gezogen werden muss, dann soll ihm die Möglichkeit eingeräumt werden, dies auszuprobieren, seine(n) Nebenmann/Nebenfrau zu fragen oder schlichtweg nichts zu tun. Da jedes Crewmitglied ähnliche Voraussetzungen mitbringt, können Fehler zugelassen und auch individuell verarbeitet werden. Es dürfte auch für den Nichtsegler nachvollziehbar sein, dass diese komprimierte Form der Zusammenarbeit gruppendynamische Prozesse intensiviert und beschleunigt.

Der Pädagoge, der auf dem Kutter meist gleichzeitig die Rolle des Skippers einnimmt, ist in Bezug auf sein Wahrnehmungsvermögen aufs höchste gefordert und muss sich – quasi nebenbei – noch um sein Schiff kümmern.

Intervenieren wird er dann, wenn die Sicherheit nicht mehr gewährleistet ist bzw. wenn es notwendig sein sollte, offene oder verdeckte Konflikte sofort aufzuarbeiten.

Der Materialaufwand ist beim Kuttersegeln höher als bei den meisten anderen Natursportarten. Umfangreiche Vorbereitungsarbeiten und relativ lange „Rüstzeiten" sind ohne die tatkräftige Mithilfe möglichst vieler Gruppenmitglieder kaum zu bewältigen. In der Tourenplanung sollten verlässliche Eckwerte in Bezug auf die technische Ausrüstung, die Kombüse (Schiffsküche) sowie auf die Routenwahl gesammelt und innerhalb der Vorbereitungsarbeiten umgesetzt werden. Erschwerend kommt hinzu, dass bei ungünstigen Wind- und Wetterverhältnissen feste Tagesziele unerreichbar sein können und dass man häufig Lebensmittel nicht beliebig „nachbunkern" kann. Der Stellenwert der Tourenplanung ist außerordentlich hoch, da von ihr das Gelingen der gesamten „Expedition" abhängen kann. Ein Versäumnis bei der Tourenplanung hat oft unmittelbare Folgen, die nicht mehr korrigiert werden können. Die Gruppe muss mit einem Handicap fertig werden (z. B. zu wenig Essen) und erlebt ihren „Fehler" direkt und konkret. Die Vorbereitungsarbeiten fordern Initiative, Planungskompetenz, Kreativität, körperlichen Einsatz und vor allem Konstanz bei den Teilnehmern ein. Kommunikation und Interaktion sind höchst vielschichtig. Die Rollenverteilung für den Törn wird bereits an Land ein Stück weit antizipiert – besonders dann, wenn sich die Teilnehmer vorher nicht kannten.

Das Prinzip der Einfachheit ist mit dem Fortbewegungsmittel Segelkutter in idealer Weise gegeben: Der Kutter ist mit „Duchten" – das sind quer zur Fahrtrichtung eingebaute Holzplanken – „möbliert". Jedes Crewmitglied hat seine persönliche Ausrüstung in einem Seesack oder – besser – in einer wasserdichten Tonne verstaut. Übernachtet wird an Deck unter einer Persenning (Plane). Die Situation an Bord ist für die Teilnehmer ein scharfer Kontrast zu ihrem Lebensalltag. Die Selbstverständlichkeiten unserer Wohnkultur fehlen ebenso wie Rückzugsmöglichkeiten in private Räume. Da die zivilisatorischen Raster wegfallen, kann, ja muss der Einzelne sowohl die Natur (Wasser, Wind, Gewitter, Sonne, Landschaft ...) als auch die Gruppe intensiv und unverstellt wahrnehmen. Die eigene Reaktion in dieser fast archaischen Situation und der Umgang mit den Grundbedürfnissen ist für viele Jugendliche eine neue, weil nie erlebte, Erfahrung. Das Prinzip der Unmittelbarkeit ermöglicht eine Konzentration auf das Wesentliche. Als Gegensatz zum zerstückelten Tagesablauf zu Hause steht Geschlossenheit und Dichte des Erlebens.

Kuttersegeln ist hervorragend geeignet für ökopädagogische Projektarbeit. Gerade die relativ kleinräumige Ostsee mit ihren in das Festland reichenden Förden ist als Segelrevier interessant, aber auch als „laienwissenschaftliches" Forschungsfeld. Mit Hilfe einfacher, vorwiegend physikalischer Methoden können Belastungen des Meerwassers gemessen und interpretiert werden. Die gewonnenen Ergebnisse sind zwar nicht im wissenschaftlichen Sinne verwertbar, weisen jedoch beispielsweise auf Überdüngung oder Schwermetalleintrag hin. Der Einfluss von Landwirtschaft, Industrie, Fremdenverkehr und militärischen Altlasten, die ein sensibles Ökosystem wie die Ostsee gefährden, kann mit recht simplen Mitteln transparent gemacht werden. Ein Erlebnispädagoge mit gutem ökologischen Basiswissen wird sich schnell in die Materie einarbeiten und die Gruppe bei ihren „Forschungen" anleiten und unterstützen können (Liedl et al. 1992).

Als Crew, die mit einem Segelkutter unterwegs ist, wird man vom Gros der Jachtsegler als aussterbende Spezies angesehen. Nicht selten schwingt ein gewisser Respekt angesichts des unermüdlichen Kreuzens eines nichtmotorisierten Kutters mit, während die Jachtsegler selbst mit niedergeholten Segeln auf Motorkraft „umgeschaltet" haben. Kuttersegeln erfordert ein hohes seglerisches Verständnis und viel Erfahrung. Aus formalen Qualifikationen können nur sehr bedingt brauchbare Kriterien für die Kompetenz des Skippers abgeleitet werden. Ein Segelschein allein reicht nicht aus, um das Schiff mit einer unerfahrenen Crew jederzeit zu beherrschen. Der mit dem Metier nicht vertraute Pädagoge wird sich im Vorfeld gut beraten lassen müssen, bevor er Schiff und Skipper chartert. Je nach Segelrevier und Verhältnissen wird häufig zusätzlich zu einem oder mehreren Kuttern ein hochseegängiges Begleitschiff eingesetzt, das Sicherungsaufgaben übernimmt.

Ein eigenes Thema ist die Kompetenzverteilung und Abstimmung zwischen Skipper und Pädagoge, wenn die Leitung eines Schiffes bzw. einer Crew doppelt besetzt wird. Es würde den Rahmen sprengen, dies hier besprechen zu wollen.

Segeltörns lassen die Gefühle auf- und abschaukeln wie der Wind das Wasser bei stürmischer See. Es sind nicht so sehr die physischen Kräfte, die herausgefordert und beansprucht werden, sondern vielmehr die psychischen Potenziale. Gemeinsam mit anderen auf einem kleinen Schiff, das nur mit der Kraft aller die gesteckten Ziele erreichen kann …

4.9 Die Einsamkeit erleben – Solo

Erlebnispädagogische Unternehmen sollten – quasi als Kontrast zur äußeren Dominanz von (körperlicher) Bewegung – immer auch kontemplative Phasen beinhalten. Das Solo bietet einen ausgezeichneten Rahmen hierzu. Wandernd, kletternd, paddelnd oder Fahrrad fahrend werden täglich Entfernungen, meist mit Muskelkraft, zurückgelegt, während die Besinnung auf innerpsychische Zustände und Bewegungen weitgehend auf angesagte oder zufällige „Reflexionseinheiten" beschränkt bleibt. Mit dem Solo wird Thoreaus Walden-Experiment als erlebnispädagogische Reise ins Innenleben in die Gegenwart hinübergerettet und – sozusagen in Pillenform – auf kurzzeitpädagogische Maßstäbe zurechtgestutzt.

Soli machen eigentlich nur dann Sinn, wenn sie in eine 1- oder 2-Wochen-Veranstaltung oder in eine noch länger dauernde Maßnahme eingebettet sind. Im Idealfall schließen sie an eine Mehrtagestour an oder sind in diese integriert.

Eine Zeitspanne von 12 bis 36 Stunden, eigentlich immer mindestens eine Nacht mit einschließend, verbringt jeder Teilnehmer allein an einem zugeteilten oder selbst gesuchten Platz, z. B. in einer gegliederten Buckelwiese, einem Wäldchen oder am Uferstreifen eines Sees. Sichtkontakte zu den anderen Gruppenmitgliedern, der Gruppenleitung sowie zu nicht-natürlichen Fixpunkten sollen, soweit möglich, ausgeschlossen sein.

Die Ausrüstung reduziert sich auf einige wenige Dinge: knapp bemessenen Proviant, eine Plane und ein paar Schnüre für den Bau eines Regenschutzes, Schlafsack und Ersatzwäsche sowie Papier und Schreibzeug. Uhren, Bücher, Zündhölzer und Genussmittel sind tabu. Mit den Einschränkungen bei der Ausrüstung sollten Ablenkungen „zum Zeitvertreib" vermieden werden. Die unmittelbare Umgebung mit einigen Gräsern, Bäumen, interessanten oder auch lästigen Insekten, dem Spiel der Wellen eines Sees oder Flusses, dem Wetter und dem natürlichen Wechsel des Lichts sollte in ihrer Reizarmut Raum zur Besinnung schaffen. Da zudem auf keine zeitlichen Schnitte reagiert werden muss, sind die Bedingungen für eine störungsfreie Reise ins Innere geradezu ideal.

Natürlich werden sich nicht alle Solisten auf dieses Experiment einlassen wollen. Das kunstvoll konstruierte Regendach zum x-ten Male zu optimieren oder eine originelle Insektenfalle zu bauen erübrigt die Mühen, sich mit sich selbst zu beschäftigen. Wenn auch diese Reize ausgeschöpft sind, kann es dem Anleiter beim täglichen Kontrollgang wie Hamish McIntosh, einem amerikanischen Instructor, gehen: „This solo sucks, man. I'm bored", war der Kommentar eines Jugendlichen nach den ersten 24 Stunden (McIntosh 1991, 28). McIntosh empfiehlt unter anderem deshalb eine gezielte Vorbereitung auf das Solo, bei der sich die Teilnehmer schon mental auf die sie erwartende Situation einstellen können. Eine weitere Möglichkeit besteht darin, mit der Wahl des Platzes, der ausgegebenen Ausrüstung und einer gezielten Instruktion kreative und handwerklich-technische Aufgabestellungen zu betonen und damit andere Zielsetzungen zu akzentuieren. In der amerikanischen Diskussion wird hier unbefangen von „survival oriented solos" gesprochen (S. 30).

Der hiesige Erlebnispädagoge, gestählt und abgebrüht durch die Erfahrungen unzähliger waghalsiger Touren, Treks und Fernreisen, hat mitunter Schwierigkeiten, sich die Ängste und Vorbehalte vorzustellen, die bei Teilnehmern in Erwartung eines Solos auftreten können. Um Überraschungen zu vermeiden und anvisierte Ziele erreichen zu können, ist von seiner Seite ein großes Maß an Einfühlungsvermögen nötig. Er wird die Situation aus der Sicht jedes einzelnen Teilnehmers antizipieren, sie gezielt vorbereiten, Sicherheitsvorkehrungen treffen und Verhaltensmaßregeln ausgeben müssen. Erleichterungen, wie z. B. ein geringerer Abstand zum nächsten Soloplatz, der eine schnelle Erreichbarkeit garantiert, können übermächtige Ängste einzelner Teilnehmer reduzieren. Übergroße Ängste einzelner Teilnehmer, die in einen Boykott münden können, sind so bereits im Vorfeld vermeidbar.

Drei bis sechs Stunden nach Beginn des Solos wird der Pädagoge auf einem „Kontrollgang" alle Teilnehmer besuchen und sich kurz erkundigen, ob alles in Ordnung ist. Bei langen Soli sind tägliche Besuche notwendig – unabhängig davon sollte gewährleistet sein, dass sich jeder Teilnehmer bei einer Gefahrensituation bemerkbar machen kann (z. B. mit einer Signalpfeife).

Aus ökologischer Sicht sind Soli – besonders wenn sie länger als 24 Stunden dauern – nicht ganz unproblematisch. Die Wahl des Platzes sollte in jedem Fall auch aus diesem Blickwinkel bedacht werden. Ein Waldstück ist in aller Regel weniger empfindlich als eine Uferfläche. Vor allem in Bezug auf den Bau des Nachtlagers und auf die Entsorgung müssen klare Regeln gelten.

4.10 Im Dickicht der Städte – City Bound

Berlin-Tiergarten: Die Paddel graben kleine Vulkankrater in das graugrüne Wasser des Landwehrkanals. In das gleichmäßige Glucksen der Paddelschläge mischt sich der Verkehrslärm von oben: Es ist Rushhour. Zehn Ostberliner Jugendliche sind auf grenzüberschreitender Entdeckungsreise und erleben den Westen aus unterschiedlichen Perspektiven. Zum Beispiel von unten: Aus ihren Kanus sind nur die Köpfe und Oberkörper der Fußgänger, die Aufbauten der Lastwagen und natürlich die Doppeldecker-Busse mit den Touristen zu sehen.

Vor drei Tagen trafen sich die Jugendlichen in der Greifswalder Straße mit den Moderatoren von City Bound Berlin e. V., die sie die nächsten Tage begleiten werden. City Bound, das ist das Markenzeichen für ein erlebnispädagogisches Konzept, das nicht die Natur- und Kulturlandschaft, sondern das Dickicht der Stadt als Handlungsfeld und – wenn man so will – als Spielraum begreift.

Das Unternehmen beginnt spektakulär mit der seilgesicherten Besteigung des Ernst-Thälmann-Monuments und einem „teach in" mit Kaffee und Berliner Pfannkuchen zwischen Ohr und Fingern des Arbeiterführers. Politisch ist die Aktion nicht besonders korrekt, zumal man sich in einer ehemaligen Hochburg des Realsozialismus befindet. Was dazu führt, dass die Jugendlichen mit abfälligen Bemerkungen einiger Passanten konfrontiert werden und damit über die Wertekonflikte der Nachwendezeit miteinander ins Gespräch kommen.

Die Kanutour ist Kernstück der Woche. In Kanadiern wird gut 45 Kilometer von Köpenick bis Tegel, also vom Südosten bis zum Nordwesten Berlins gepaddelt. In diese Expedition integriert sind verschiedene Aufgaben, die in Kleingruppen zu lösen sind: Zum Beispiel eine Befragung von Bewohnern einer Wagenburg hinter der „East Side Galery“, in der geschichtsträchtigen Zone zwischen West und Ost, dem ehemaligen „Todesstreifen“. Zweihundert Bauwagen und umgebaute LKW sollen in Kürze geräumt werden. Die Bezirksverwaltung will es so. Die Jugendlichen müssen ihren ganzen Mut zusammennehmen, um in diese fremde, chaotische Welt einzutauchen und Kontakt zu den Menschen am äußersten Rand der Gesellschaft aufzunehmen.

Die erste Nacht verbringt die Gruppe in den etwas angegammelten Räumen eines Kreuzberger Jugendzentrums. So ist die Tour hier auch ein Stück Zeitreise, zurück in die Jugendkultur der 1970er Jahre, die selbst im multikulturellen Schmelztiegel von Berlin seltsam fremd und unwirklich erscheint. Am nächsten Tag steht ein Experiment besonderer Art auf dem Programm: Unter dem Motto „Essen ohne Geld“ schwärmen die Jugendlichen jeweils zu zweit aus, um Lebensmittel für ein festliches Abendessen zu organisieren – mit legalen Mitteln natürlich. Der Berg an Essbarem spricht für sich – die Hemmschwellen waren nicht unüberwindbar. Kampiert wird auf einer Insel des Tegeler Sees, wo Stadt und Natur sich wie unversöhnliche Pole gegenüberstehen: In die fast kitschig anmutende Idylle der winzig kleinen Insel schneidet in regelmäßigen Intervallen das Dröhnen der Jets, die am nahen Flughafen landen.

Nach Ende der Kanutour stehen Projekte in verschiedenen Gegenden Berlins an: Etwa eine ganztägige Mithilfe in der Suppenküche der Franziskaner in Pankow, wo vormittags Unmengen von Gemüse geputzt und geschnitten werden, um mittags hungrige Obdachlose versorgen zu können. Oder die schwierige Aufgabe, fünfzig Passanten und drei Hunde am Alexanderplatz zu einem Gruppenfoto mit einer Polaroid-Kamera zusammenzubringen …

Erst am Ende der Woche ist ein wenig Zeit, Luft zu holen und Geschehenes zu verarbeiten. „Soli“ in abgelegenen S-Bahnhöfen sollen die entsprechende kontemplative Atmosphäre schaffen. Die Berliner Mädchen und Jungs sitzen einzeln an den Bahnsteigen, die Genehmigung der Berliner Verkehrsbetriebe zum dreistündigen Aufenthalt in den Taschen. Ohne Walkman und Zeitschrift, dafür mit Notizblock und Stift. In immer gleichem Rhythmus fahren Züge ein und spucken Trauben von Fahrgästen aus, die wiederum von dunklen Ausgängen aufgesogen werden.

Für die Auswertung der Woche ist der letzte Nachmittag eingeplant: Es entsteht eine Skulptur, in der die Essenz der Tage mit all den kleinen und großen Erlebnissen und Erfahrungen vergegenständlicht und eingefroren werden soll. Einer der Jugendlichen sieht die Woche als einen Film, in dem er selbst der Akteur ist. Es scheint klar zu sein: Die Erlebnisse wirken als solche in ihrer Direktheit und Authentizität. Natürlich können sie auch interpretiert und kontextual eingeordnet werden. Die Jugendlichen besorgen dies im Berliner Szenejargon auf ihre Weise. Was auf jeden Fall bleibt, ist der Stoff für Erzählungen: von dichten Momenten, von Situationen, die durch starke Gefühle beherrscht sind, von Begegnungen mit Menschen.

Die hier nur bruchstückhaft und oberflächlich skizzierte Dramaturgie einer Woche steht für das „Label" City Bound. Jugendliche aus sozialen Brennpunkten, junge arbeitslose Erwachsene, Migranten, Sozialarbeiter absolvieren Seminare diesen oder ähnlichen Zuschnitts: in Berlin, Leipzig, Jena, München, in Amsterdam, Antwerpen, in New York und in vielen anderen Städten. Seit etwa 2010 jedoch scheint City Bound, zumindest was den deutschen Sprachraum betrifft, rückläufig zu sein. In Berlin und München, vormals Hochburgen dieser urbanen Form der Erlebnispädagogik, sind allenfalls noch Aktivitäten im touristischen Sektor vorzufinden. City Bound Berlin e. V., die in den 1990er Jahren ein breites Programmspektrum abdeckten und auch deutschlandweit Fortbildungen durchführten, ist gänzlich von der Bildfläche verschwunden (Stand: Mai 2018). Trotzdem glauben wir an eine Wiederentdeckung des Ansatzes, zum Beispiel in Kombination mit der Trendsportart Parkour oder dem Geocaching, die wir in Kapitel 4.13 vorstellen.

City Bound ist mehr als die Aneinanderreihung von Aktivitäten wie die oben beschriebenen. Der Name repräsentiert zugleich einen Typus bzw. eine Variante der urbanen Erlebnispädagogik und steht ebenso wie diese in enger Verwandtschaft zum Ansatz persönlichkeitsbildenden Lernens in der Natur. Wesentliche Prinzipien der „Outdoor-Pädagogik" wie Herausforderung, Aktion und Reflexion, Gruppenselbststeuerung, Vielfalt und Ganzheitlichkeit wurden übernommen. Lediglich das Handlungsfeld wurde verlegt: Aus der Natur wurde die Stadt. Stellt sich die Frage: Sind Leitlinien und Prinzipien eines pädagogischen Ansatzes unter diametral entgegengesetzten Bedingungen noch angemessen? Begeben wir uns auf die Suche nach Parallelen, Analogien und Strukturähnlichkeiten zwischen der städtischen und natur(sportlichen) Form von Pädagogik unter freiem Himmel.

Rainer Treptow gebührt das Verdienst, den Begriff der „Bewegung" als Orientierungspunkt einer „ästhetisch-erlebnisorientierten Dimension der Sozialpädagogik" (Treptow 1993, 6) verortet zu haben. Bewegung ist eines der Leitmotive der Erlebnispädagogik und stützt sich dort im Allgemeinen auf ihre organisch-vitale Komponente. Bewegung ist zugleich ein zentraler Archetyp der mechanisch-technischen Welt – wenn auch mit gänzlich anderen Vorzeichen und moralischen Wertkategorien behaftet. Treptow bringt beides zusammen und fügt eine weitere Komponente hinzu: die ästhetische – mit Theater, Musik, Tanz etc. Vermeintlich unvereinbare Gegensätze erhalten so eine Klammer, einen gemeinsamen Bezugspunkt. Waren noch die meisten wichtigen Vertreter der Reformpädagogik, aus der sich die Erlebnispädagogik bekanntlich entwickelte, streng darauf bedacht, ihre Zöglinge vom Städtischen fernzuhalten und die pädagogische Provinz als schöpferische Insel zu begreifen – geographisch wie inhaltlich –, so werden nunmehr Pfade von der Natur- zur Kultur-, zur Stadtlandschaft gangbar: Hatte Lichtwark als wichtigster Protagonist der Kunsterziehungsbewegung mit seinem „ästhetischen Dilettantismus" Laien zu subjektiven Landschaftsfotografien ermuntert, so streifen hundert Jahre später Schülerinnen und Schüler in medienpädagogischen Projekten mit selbst konstruierten Fotowürfeln auf der Suche nach Lernorten durch die Großstadt (Treptow 1993, 82ff. u. 251f.). Nichts liegt näher, als Bewegungsgeräte wie Fahrräder, Skateboards oder Inline-Skates bei diesen Aktionen zu benutzen: Die ästhetisch-kulturelle und die technisch-praktische Komponente wird ergänzt durch die physisch-dynamische Komponente.

Exemplarisch lässt sich der Zusammenhang – oder besser – der Übergang von Natur- zu Stadterleben im erlebnispädagogischen Kontext an der Person Walter Benjamins nachzeichnen. Benjamin war als Schüler von Wyneken, dem wohl wichtigsten Ideengeber der Jugendbewegung, von dessen Reden und Schriften fasziniert. Eher widerwillig ertrug er den rigiden Erziehungsstil im Landerziehungsheim, arrangierte sich aber mit den körperlichen Zumutungen des Schulalltags und war auch noch in seinem späteren, städtisch geprägten Leben angetan vom pathetischen Idealismus des „Wandervogel". Mit dem Blick des Naturforschers, der sich vor allem für Insekten und winzige Pflanzen interessiert, durchstreifte er die Straßen von Berlin. Als Kind hatte er Schwierigkeiten, sich zu orientieren, und auch als Erwachsener fand er es spannender, sich zu verirren als sich zurechtzufinden. Das Ausprobieren, Ausloten eigenen Empfindens und Verhaltens reizten Benjamin (1988, 18f.):

> „Kein Zweifel jedenfalls, daß ein Gefühl, die Schwelle der eignen Klasse nun zum erstenmal zu überschreiten an der beispiellosen Faszination, auf offener Straße eine Hure anzusprechen, Anteil hatte. Stets war am Anfang dieses Überschreitens einer sozialen Schwelle auch das einer topographischen, dergestalt, daß ganze Straßenzüge so im Zeichen der Prostitution entdeckt wurden. Aber war es wirklich ein Überschreiten, ist es nicht vielmehr eher ein eigensinnig-wollüstiges Verharren auf der Schwelle, ein Zögern, das das triftigste Motiv in dem Umstand hat, daß diese Schwelle ins Nichts führt? Unzählig aber sind in den großen Städten die Stellen, wo man auf der Schwelle ins Nichts steht und die Huren sind gleichsam Laren dieses Kultus des Nichts und stehen in den Haustoren der Mietskasernen und auf dem sanfter schallenden Asphalt der Perrons. So wurden mir auf diesen Irrgängen ganz besonders die Bahnhöfe vertraut, die ihre Weichbilder wie die Städte haben: der Schlesische, der Stettiner, der Görlitzer, Bahnhof Friedrichstraße."

Die Analogien zum oben skizzierten City Bound-Kurs sind frappierend. Benjamin sucht auf seinen ziellosen Streifzügen durch die Großstadt als

Flaneur das, was – pädagogisch kolonisiert – die Aufgabenstellungen urbaner Kultur- und Erlebnispädagogik ausmacht. Wo in der Jugendkulturarbeit seit den 1980er Jahren „subjektive Stadtpläne" das Lebensumfeld und die wichtigen Bezugspunkte der Beteiligten spiegeln sollen, hatte sich Benjamin bereits ein halbes Jahrhundert früher ein Zeichensystem für seine Reviere ausgedacht . (S. 11f.):

> „... und auf dem grauen Grund solcher Karten ginge es bunt zu, wenn die Wohnungen meiner Freunde und Freundinnen, die Versammlungsräume der mancherlei Kollektiva von den ‚Sprechsälen' der Jugendbewegung bis zu den Versammlungsorten der kommunistischen Jugend, (...) die entscheidenden Tiergartenbänke, die Schulwege und die Gräber, deren Füllung ich beiwohnte, die Stellen, an denen Cafés prangten, deren Namen heute verschollen sind ... wenn all das dort deutlich unterscheidbar eingetragen würde."

Benjamin betrachtet und verarbeitet als sensibler Beobachter die Resultate dessen, was sich aufgrund von politischen, ökonomischen, stadtplanerisch-architektonischen, sozialen und kulturellen Veränderungen so entwickelt hat. Da ist zum Ersten die Segmentierung der Lebensräume, die im Laufe des 19. Jahrhunderts in den westlichen Großstädten ihren Anfang nahm (Sennett 1995, 398ff.). In den großen Metropolen sind inzwischen ganze Stadtgebiete voneinander abgeschottet. Der Bewegungsfluss und die soziale Durchlässigkeit ist gestört. Vorurteile, Ängste und Konflikte schaukeln sich auf. Stadtplanerische und vor allem sozial- und bildungspolitische Initiativen kämpfen gegen die Segmentierungen: City Bound New York führt seit 1987 Kurse für Schülerinnen und Schüler durch, die – meist als Kinder von zugezogenen Migranten – kaum einmal „ihren" Stadtteil verlassen haben. Es sind sozusagen „interkulturelle Expeditionen", die in unbekannte Räume führen, in denen Menschen anderer Ethnien, Schichtzugehörigkeiten leben oder arbeiten, die meist auch andere Sprachen sprechen.

Zum Zweiten bestimmt seit etwa 1850 eine – wie das Sennett ausdrückt – „neue Geographie der Mobilität" alle Aspekte des Stadtlebens: Das ging bereits damals so weit, dass in Paris für den Frachtverkehr von beladenen Fuhrwerken Schneisen in den Friedhof von Montmartre geschlagen wurden und die Angehörigen der Verstorbenen um den Preis für den entweihten Raum feilschten (S. 409). Es waren unter anderem die Verkehrsmittel, die die sozialen Beziehungen der Menschen veränderten: Ab 1840 wurden die Eisenbahnwaggons so gestaltet, dass die Passagiere in Fahrtrichtung sitzen und sich die Blicke in das Gesicht eines Mitreisenden somit reduzierten. Zu den *cafés intimes* der Arbeiterklasse kamen die großen Cafés in den Boulevards, wo die Besucher in Erwartung eintraten, in Ruhe gelassen zu werden (S. 424). In diesen Räumen konnte sich zunehmend ein Schutzwall individueller Privatheit herausbilden, der heute das Leben in der Großstadt kennzeichnet.

In City Bound-Kursen wird die Privatheit des öffentlichen Raums zur Disposition gestellt. Die Mitspieler sind immer wieder gefordert, etwas zu erfragen, zu fordern, zu tun, was im sozialräumlichen Kontext so nicht erwartet wird: die McDonald-Managerin um eine Flasche Salatsauce für das Abendessen anbetteln; den eiligen Geschäftsmann auffordern, in fünf Minuten zum Gruppenbild vor dem Brunnen zu erscheinen, dem „Outlaw" aus der Wagenburg einige Fragen stellen ... Gegen den Strich gebürstet ist auch der spielerisch-ironische Umgang mit Bewegung. Im Allgemeinen bewegt sich der Mensch in der Großstadt mit hoher Geschwindigkeit fort, wobei der Körper vorwiegend passiv bleibt. In U-Bahnen, Aufzügen, Rolltreppen hält sich die physische Bewegung in engen Grenzen, selbst in einer schnell gefahrenen Kurve auf der Stadtautobahn ist es allenfalls eine kurze Armbewegung und eine gewisse Anspannung der Oberarmmuskulatur beim Halten des Lenkrades, die körperlich abgefordert wird. Der City Bound-Kurs vermittelt das schiere Gegenteil: In drei Tagen mit Kanadiern und Gepäck in – den städtebaulichen Anforderungen angepassten – Flüssen und verwinkelten Kanälen nur mit eigener Muskelkraft unterwegs zu sein, das verlangt ausdauerndes Zupacken. City Bound stellt so das vermeintlich Selbstverständliche des Alltags permanent in Frage und schärft damit den Blick für die sozial-räumliche Umwelt, ist in gewisser Weise eine eulenspiegelhafte Kritik an den Banalitäten und Perversitäten des urbanen Alltags.

Der hier vorgestellte Ansatz städtischen Handlungslernens stellt das auf den Kopf, was Erving Goffman „selektive Reizunterdrückung" nennt: Menschen auf der Straße vergleichen das, was sie im Moment sehen, mit ihrem individuellen Bildrepertoire und positionieren sich dann so, dass sie möglichst keinen direkten Kontakt zu anderen Menschen „riskieren". Vereinfacht ausgedrückt: Kommt einem auf dem Bürgersteig ein Skin entgegen, wechselt man die Straßenseite. Goffman argumentiert, dass die Existenz dieser Repräsentationskategorien die Komplexität urbaner Erfahrung vermindere (vgl. Goffman 1971). Die Fassaden des Alltäglichen zu durchschauen, die Muster von gesellschaftlichen Ritualen zu interpretieren, die Chiffren des sozialräumlichen Mikrokosmos zu dechiffrieren – all dies sind Grundfiguren und Zielhorizonte einer handlungsorientierten Pädagogik, die zurückreicht bis zu Pestalozzi, Thoreau und Rousseau. City Bound ist in diesem Zusammenhang keine Erfindung, sondern nur die logische Weiterentwicklung verschiedener Lernmodelle, die sich national wie international aus und nach der Reformpädagogik entwickelt haben.

In der Nachkriegsgeschichte der (west)deutschen Jugendarbeit lassen sich eine ganze Reihe von Modellprojekten und inzwischen etablierten Initiativen aufspüren, die sich die Aneignung von Raum und Zeit in einem soziokulturellen Kontext zum Ziel setzen. Ausschnittshaft seien genannt die „Politische Kundschaft" der Pfadfinder, das Konzept der „Spurensicherung" und „laienwissenschaftlichen Erkundung" (s. Abschnitt 1.5) in den

Jugendhöfen, reisepädagogische Projekte („Stattreisen" etc.), das – schon in den 1920er Jahren entstandene und wieder entdeckte – „Soziale Wandern" der Naturfreunde (Isenberg 1987) und Formen ästhetischer Jugendkulturarbeit in der Stadt (z. B. Zacharias 1995).

City Bound baut ganz wesentlich auf die Wechselwirkung von „Fleisch und Stein" (Sennett), sprich Körper und Stadt, die Tradition des hedonistischen Flaneurtums (siehe Benjamin), die Geschichte des Handlungslernens (siehe Dewey) und jene ganzheitliche Betrachtung von Bewegung, auf die Rainer Treptow so nachhaltig hingewiesen hat. Die besondere Stärke am Ansatz City Bound liegt genau dort, an seiner Vielseitigkeit: Das Organisch-Vitale wird mit dem Technisch-Modernen und dem Ästhetischen verbunden und ist so, wesentlich bedingt durch den experimentellen Charakter des Unerwartet-Deplatzierten, ein unverwechselbares, also eigenständiges Konzept. Oder anders ausgedrückt: City Bound ist die zeitgemäße, vielleicht auch „zeitgeistige" Fortschreibung dessen, was in der Reformpädagogik zum einen vornehmlich naturalistisch und zum anderen tendenziell technikkritisch ausgerichtet war.

Körper und Stadt bilden – wie Alexander Mitscherlich das ausgedrückt hat – „Psychotope" (1965, 14) und sind in ihrem Zusammenspiel ein vernachlässigtes Thema der westlichen Zivilisation. City Bound ist in seiner Sprunghaftigkeit, räumlichen Variabilität und Flüchtigkeit eine mögliche pädagogische Antwort auf die bizarre Vielfalt des Phänomens Großstadt (vgl. dazu Crowther 2005 und Deubzer/Feige 2004).

4.11 „Spinnennetz", „Säureteich" und andere Zumutungen – Lernprojekte

Problemlösungsaufgaben sind die zeitgemäßen Formate einer Pädagogik, die eigentlich auf Einfachheit, Einsamkeit und Langsamkeit setzt. Sie sind Abenteuer in Pillenform: überwiegend kleine, überschaubare, zeitlich begrenzte Aktionen mit überraschenden Anforderungen und hohem Aufforderungscharakter. Ebenso wie die „New Games" erlebten sie in Nordamerika ihre Blüte, bevor sie über den Atlantik auf den alten Kontinent schwappten. Vor allem die Organisationen Project Adventure und Outward Bound waren es, die über Fortbildungen, Praktika und den Austausch von pädagogischen Fachkräften innovative Spiele und Übungen in den deutschen Sprachraum brachten. Inzwischen haben sie sich verbreitet wie eine Seuche: Kaum eine Veranstaltungsübersicht, die mit Erziehung und Bildung zu tun hat, in der nicht „Kooperative Abenteuerspiele", „Interaktionsübungen für Gruppen" oder Lernprojekte einen vornehmen Platz einnehmen. Der Erfolg kommt nicht von ungefähr: Lernprojekte taugen hervorragend für die kurzfristige Inszenierung gruppendynamischer Prozesse und sind so „Mikrowelten“ (Peter Senge), in denen sowohl direkt und unmittelbar, aber auch reflektierend und alltagsweltbezogen gelernt werden kann.

Das „Spinnennetz“ ist der Klassiker unter einer Vielzahl unterschiedlichster Spielformen. An ihm wollen wir ansatzweise und exemplarisch zeigen, was diese neuen interaktiven Verfahren auszeichnet und welche Potenziale darin angelegt sind.

Zwischen zwei Bäumen, die etwa vier bis sechs Meter auseinander stehen, wird mit Hilfe von Seilen, Reepschnüren und Karabinern eine Netzkonstruktion gespannt. Das Netz reicht von knapp über dem Boden bis in etwa einer Höhe von zwei Metern. Seile und Schnüre bilden ein Dutzend oder mehr unterschiedlich großer Öffnungen. Die Spieler, in der Regel eine Gruppe von acht bis zwölf Personen, erhalten die Aufgabe, das Netz ohne weitere Hilfsmittel von einer zu der anderen Seite zu durchqueren. Folgende Regeln müssen dabei eingehalten werden: Jede Öffnung darf nur einmal „begangen“ werden. Springen und „Hechten“ sind nicht erlaubt. Die beiden Bäume und die Netzkonstruktion dürfen nicht berührt werden. Zu keiner Zeit der Übung dürfen Teilnehmer anders als in der eingangs erwähnten Form auf die gegenüberliegende Seite der Netzkonstruktion gelangen. So weit Konstruktion, Aufgabe und Regeln.

Es ist kein Zufall, dass das „Spinnennetz“ sich besonderer Beliebtheit erfreut und zum Klassiker unter den Problemlösungsaufgaben avancierte: Planerisch-organisatorische Kompetenzen, Geschicklichkeit, Beweglichkeit und Kraft werden ebenso eingefordert wie kooperative und kommunikative Potenziale der Gruppe. Die Aufgabenstellung bringt es mit sich, dass alle Mitspieler quasi zwangsläufig an der Lösung beteiligt werden müssen. Eine Fülle von Variationen sind möglich: Der zeitliche Rahmen, die Rollenverteilung der Akteure, die Schwerpunktsetzung, die Sanktionierung von Regelverletzungen … – alles lässt sich auf die jeweilige Gruppe und den entsprechenden Kontext abstimmen. Wie das „Spinnennetz“ zielgerichtet „operationalisiert“ und auf bestimmte Aspekte der Persönlichkeits- und Teamentwicklung ausgerichtet werden kann, soll im Folgenden erläutert werden.

Im Rahmen eines Lehrgangs zur Ausbildung von ehrenamtlichen Jugendgruppenleitern wird mit Hilfe einer praxisbezogenen Lerneinheit das Thema „Leitung von Gruppen“ bearbeitet. Die verantwortlichen Referenten entscheiden sich dafür, das „Spinnennetz“ als Setting zu verwenden. Aus der Gruppe der zehn angehenden Jugendgruppenleiter werden zwei Freiwillige gesucht. Diese sind während der Problemlösungsaufgabe Leiter „ihrer“ Gruppe und als solche sowohl für den Prozess als auch für das Ergebnis verantwortlich. Sie bekommen die Aufgabe in schriftlicher Form (siehe oben) mit folgenden Zusätzen ausgehändigt:

> „Wer die Netzkonstruktion oder einen der Bäume berührt, darf seine Arme fortan nicht mehr als Hilfe einsetzen. Ihr habt jedoch auch die Möglichkeit, stattdessen ein anderes Handicap zu wählen: Jeweils ein frei zu bestimmendes Gruppenmitglied

bekommt bei einer Berührung die Augen verbunden. Was als Berührung zu werten ist, bestimmt ihr. Ihr habt dreißig Minuten Zeit zur Lösung der Aufgabe. Besprecht vorher eure Rolle als Leiter und euer Selbstverständnis als Prozessverantwortliche miteinander und informiert dann die Gruppe über das Gesamtprojekt. Die Zeit, die ihr dafür verwendet, wird nicht angerechnet. Wenn ihr jetzt noch Fragen habt, so werden wir diese – soweit wir das können – beantworten."

Der Schwerpunkt wird in unserem Beispiel auf das Thema „Leitung von Gruppen" gesetzt. Die beiden Probanden können sich in experimenteller Weise als Leiter praktisch erproben und haben die Gelegenheit, sich schon im Vorfeld auf die Situation einzustellen. Einige Fragen müssen abgeklärt werden. Versetzen wir uns dazu in ihre Lage: Legen wir zu zweit Strategie, Instruktion und Ablauf fest, um die Gruppe dann gut vorzubereiten und die Aufgabe strukturiert „durchzuziehen" (weil bei der Planung „viele Köche den Brei verderben")? Oder beziehen wir die Gruppe schon bei der Planung mit ein und verstehen uns fortan mehr als „Berater", die den Überblick behalten sollen und nur bei Bedarf intervenieren?

Auch bei der Durchführung sind die Leiter gefordert, sich immer wieder zu positionieren: Wie geht die Gruppe mit der Wahlmöglichkeit „blind" oder „ohne Arme" um? Wird jemandem, der sich bis dato nicht an der Lösung beteiligen wollte oder konnte, zwangsweise „das Augenlicht geraubt" oder nimmt man den vermeintlich Schuldigen als „Bauernopfer"? Was ist, wenn die Gruppe zwar ihren Spaß hat, dabei jedoch Sorgfalt und Präzision, also die Qualität aus dem Blick gerät? Wie verhalte ich mich (wir uns), wenn zum wiederholten Male eine klare Berührung „übersehen" wird? Eigentlich sind wir ja dafür zuständig, einen Fehler als solchen anzuzeigen. Aber wie reagiert die Gruppe darauf? Werde ich als „klein karierter Buchhalter" betrachtet, wenn ich auf Fehler hinweise? ... Und wie geht es mir im Leitungsteam? Setze ich mich mit aller Vehemenz dafür ein, „meine" Strategie durchzusetzen? Wie reagiere ich, wenn die Gruppe ständig den Kollegen fragt und mich als eigentlich gleichwertiges Mitglied des Leitungsteams nicht mehr wahrzunehmen scheint? Toleriere ich die immer barscher werdenden Anweisungen des Kollegen, der – zunehmend unter Zeitdruck – die Gruppe noch „irgendwie durchs Netz puschen" will? ...

Die Fragenkette ließe sich fast beliebig verlängern. Gezeigt werden sollte damit, dass Lernprojekte zu schade sind, als dass man sie – achtlos aneinander gereiht – als leicht konsumierbare Fastfood-Abenteuer verheizt. Problemlösungsaufgaben sind ideale Handlungs- und Lernfelder, um die Innenwelt von Interaktion, Kommunikation und Kooperation zu erkunden, um sich selbst und andere besser verstehen zu lernen, um die verschiedenen Seiten verbaler und nonverbaler Botschaften zu klären. Indes: Nur der kundige und sensibel beobachtende Anleiter wird die ausgebreiteten Selbstkonzepte, Selbst- und Fremdwahrnehmungen der handelnden Personen erkennen. Nur wer entsprechend ausgebildet und erfahren ist, wird eine

Auswertung moderieren können, bei der die Dynamik von Sache, Individuen und Gruppe entsprechend aufgearbeitet wird. Denn: Problemlösungsaufgaben sind – anders als zum Beispiel „New Games“ – kein Selbstzweck. Entscheidend ist (neben dem Spaß natürlich), dass die Lernerfahrungen für den Einzelnen gesichert und auf den Alltag – hier: die Praxis der Jugendgruppenarbeit – übertragen werden können.

Bis vor einigen Jahren waren die nur in Englisch verfügbaren Klassiker Karl Rohnkes (1984 und 1989) die einzig wirklich ergiebigen Fundgruben für den Praktiker zum Thema. Längst gibt es auch deutschsprachige Literatur, die empfehlenswert ist: Allen voran Hubert Kölschs und Franz-Josef Wagners „Erlebnispädagogik in der Natur“ (2004), Rüdiger Gilsdorfs und Günter Kistners „Kooperative Abenteuerspiele Bd. 1 (2016) sowie Annette Reiners „Praktische Erlebnispädagogik“ (2013).

Bernd Heckmair hat mit seinem Buch „20 erlebnisorientierte Lernprojekte“ (2008) den Versuch unternommen, Lernprojekte für das weite Feld der Erwachsenenbildung, insbesondere der betrieblichen Personalentwicklung und Weiterbildung speziell aufzubereiten. Dabei ging es ihm nicht um die vielstimmig geforderten „Punktlandungen“, also die Vorstellung, man könne Menschen durch geschickte Dramaturgien zu bestimmten, das heißt vom Management gewollten, Verhaltensänderungen bringen, sondern um sorgfältig arrangierte, aber dennoch offene Lernsituationen, die möglichst viele „Aha-Erfahrungen“ beinhalten sollen. „Konstruktiv lernen“ heißt der Ansatz unter anderem deshalb, weil die Metatheorie des Konstruktivismus (siehe Kap. 2.5) eine hervorragende theoretische Fundierung für diese Teamaufgaben liefert.

Bis etwa Mitte der 1990er Jahre wurden fast ausschließlich Elemente der Alpinausrüstung wie Seile, Reepschnüre oder Karabiner für die Lernprojekte verwendet. Wenn der inzwischen zum Klassiker gewordene „Vehikelbau“ anstand, ging das Trainerteam einmal durch das Seminarhaus und packte so ziemlich alles, was nicht niet- und nagelfest war, in einen großen Müllsack, um die gesammelten Utensilien dann den Teilnehmern als Arbeitsmaterialien zu präsentieren. Der nächste Baumarkt wurde nur aufgesucht, um die Utensilienkiste zu komplettieren. Es gab zwar damals schon den Materialkoffer des Schweizer Outdoor-Veranstalters Stucki. Nur fand dieser aufgrund des hohen Preises zumindest in der Szene der Erlebnispädagogik-Anbieter kaum Abnehmer. Zwischenzeitlich hat sich ein regelrechter Markt herausgebildet, und speziell in der betrieblichen Weiterbildung kommen immer hochwertigere „Tools“ zum Einsatz. Der „Informationsdienst Erlebnispädagogik“ bietet neben schlichten Augenbinden und einem mobilen „Spinnennetz“ einen „Trainingskoffer“ an, mit dem 16 Lernprojekte ausgerüstet werden können. Marktführer im deutschen Sprachraum ist zweifellos „Metalog training tools“: Rund 25 Lernprojekte, die sowohl in Innenräumen als auch unter freiem Himmel stattfinden können, werden mit hochwertigen, speziell gefertigten Utensilien ausgestattet. Die Firma Metalog mit Sitz in Olching bei München vertreibt ihre Produkte nach eigenen Angaben inzwischen auch in Großbritannien, Italien und der Türkei und ist dabei, ein weltweites Händlernetz aufzubauen.

4.12 Seilgärten

Im Kaleidoskop erlebnispädagogischer Aktivitäten haben sich in den 1990er Jahren Seilgärten in ihren verschiedenen Variationen zu einem viel genutzten Arbeitsfeld entwickelt. Anregungen aus den USA – stellvertretend sei hier auf die Organisation Project Adventure und den Autor Karl Rohnke verwiesen – haben in Europa zu einem regelrechten Boom geführt. Vielerorts wachsen Stangenwälder und Drahtseilverhaue in den Himmel, die unter dem Begriff „High Ropes Course“ oder „Hochseilgarten“ adrenalinhaltige Abenteuer in luftiger Höhe versprechen. Zwischenzeitlich haben kommerzielle Seilgärten rein zahlenmäßig die Oberhand gewonnen. Diese „Waldseilgärten“ oder „Kletterparks“ haben mit Erlebnispädagogik und Outdoor-Trainings kaum mehr etwas gemein. Manch gemeinnütziger Anbieter hat seinen Seilgarten in ein profitorientiertes Unternehmen ausgegründet und nutzt ihn für erlebnispädagogische Projekte nur mehr punktuell oder gar nicht mehr. Prinzipiell lassen sich Seilgärten in zwei Formen – nämlich mobile und stationäre Anlagen – unterscheiden.

Stationäre Anlagen

Dem Besucher solcher Anlagen bietet sich zunächst ein oft verwirrendes Bild von Drahtseilverspannungen und schwankenden Brücken zwischen Masten oder auch Bäumen, die auf engem Raum in unterschiedlichen Höhen fest installiert sind. Man unterscheidet hohe und niedere Elemente, wobei die Aktivitäten in acht bis zwölf Metern Höhe wegen ihrer Exponiertheit und dem hohen Aufforderungscharakter ungleich beliebter sind. Besonders gefürchtet ist (nomen est omen) zum Beispiel der „Pamper Pole“: Ein bis zu zwölf Meter hoher senkrechter Mast muss mit Hilfe von Eisenklammern oder ähnlichen Aufstiegshilfen – natürlich gesichert – erklettert werden. Auf der Spitze angekommen, muss sich der Proband frei aufrichten und danach – wiederum gesichert – ins Leere springen. Vor allem das Aufrichten auf dem Mast ist wegen des geringen Platzangebots und der fehlenden Haltepunkte oft mit Schweißausbrüchen verbunden. Auch der Sprung ins Leere ist trotz Sicherung und lauter Anfeuerungsrufe des Bodentrupps nicht jedermanns Sache. Aus pädagogischer Sicht könnte es hierbei um die Entwicklung eines Vertrauensverhältnisses zwischen „Pamperpolist“ und der Sicherungsperson/-mannschaft gehen – neben Mut und Initiative stehen dann Sorgfalt und Verantwortung im Vordergrund. Allerdings ist Skepsis angebracht: Oft genug geraten die verschiedenen Übungen infolge der aufgeladenen Atmosphäre zur Kulisse für den individuellen Kick.

Die ökologische Dimension kommt bei stationären Seilgärten dann zum Tragen, wenn die Anlage nicht freistehend aufgebaut, sondern direkt in einen Wald platziert wird. Diese Bauweise erfordert ein An- oder Durchbohren von Bäumen und/oder die Umschlingung der Stämme mit Drahtseilverankerungen und ist – neben statischen Problemen – schon aus Sicht des Naturschutzes diskussionswürdig.

Prinzipiell gilt, dass der Betrieb eines Seilgartens bei technisch korrektem Bau und qualifizierter Ausbildung der Betreuer auf hohem Sicherheitsniveau durchgeführt werden kann. Die „European Ropes Course Association“ (ERCA) zertifiziert seit 2009 Anbieter, die Seilgarten-Betreuer aus- und fortbilden. Die Qualifizierung der Betreuer wiederum übernehmen Ausbilder der ERCA. Daneben gibt es eine „International Adventure Parc Association“ (IAPA), die sich um Baustandards, Sicherheitssysteme, Notfallpläne und Durchführungsprozesse kümmert. Jeder erlebnispädagogische Anbieter ist gut beraten, wenn er sich an den qualifikatorischen und instrumentellen Standards dieser Organisationen orientiert. Während man sich in den Anfangsjahren damit behalf, einen staatlich geprüften Bergführer oder einen Übungsleiter des Alpenvereins zu engagieren, hat sich im Laufe der Jahre eine eigene Fachlichkeit herausgebildet, die auch von potenziellen Nutzern (Schulklassen, Jugendgruppen, Träger der Jugendhilfe etc.) explizit nachgefragt werden sollte.

Mobile Seilgärten

Im Gegensatz zu stationären Anlagen werden mobile Seilgärten meist auf die jeweilige Aktivität und das pädagogische Ziel abgestimmt und demzufolge speziell auf- und auch wieder abgebaut. Zum Einsatz kommen vor allem die aus der Höhlenforschung bekannten Statikseile; aber auch Stahlseile werden zusammen mit industriellen Lastgurten für die Aufbauten verwandt. Naturgemäß ist die Vielfalt im Vergleich zu den stationären Anlagen beschränkt. So handelt es sich in der Regel bei den niedrigen Elementen um Balancierstrecken, die einzeln oder mit Unterstützung der Gruppe absolviert werden müssen. Bei den hohen Aufbauten werden überwiegend verschiedene Formen von Seilbrücken und Seilrutschen (Flying Foxes) eingesetzt.

Im Vergleich zu stationären Anlagen sind die pädagogischen Möglichkeiten bei mobilen Aufbauten vielfältiger und in breiterem Umfang nutzbar. Die hier gegebene Chance, den Aufbau als zusätzliches Lernfeld zu integrieren, gestaltet die Durchführung komplexer und lässt aus pädagogischer Sicht äußerst attraktive Arrangements zu. So könnte die Anweisung zum Bau und zur Begehung einer Seilbrücke als Problemlöseaufgabe (siehe Kap. 4.11) für eine Gruppe von etwa zehn Personen folgendermaßen lauten: „Es ist eure Aufgabe, über diesen Fluss eine Seilbrücke zu konstruieren; dabei müssen alle sicherheitsrelevanten Systeme redundant aufgebaut werden. Alle Gruppenmitglieder und die gesamte Ausrüstung soll die andere Seite erreichen, lediglich eine Person darf dabei nass werden. Diese Person darf allerdings kein Material durch den Fluss transportieren. Aufgrund von Handicaps können vier Personen die Brücke nicht aktiv überqueren – es muss also ein System für eine passive Beförderung installiert werden. Für die Lösung dieser Aufgabe habt ihr anderthalb Stunden Zeit.“ Die Ausrüstung besteht aus einer definierten Anzahl von Statikseilen, Schlingen und Karabinern, einem Wollknäuel sowie Pfeil und Bogen.

Solche Settings verlangen von den Betreuern ein hohes Maß an pädagogischem Know-how, Erfahrung und Einfühlungsvermögen. Der Schwierigkeitsgrad lässt sich leicht über das Material und die zur Verfügung stehende Zeit steuern. Wichtig ist dabei, sich an der Situation der jeweiligen Gruppe zu orientieren. Fragen wie: „Kann die Gruppe jetzt ein Scheitern verkraften?“ oder „Welche Hilfen sind zu welchem Zeitpunkt sinnvoll?“ sind nicht immer eindeutig zu beantworten und ein ständiger Begleiter in derartigen Lernarrangements. Aus Sicht der Teilnehmer sind die Aufgaben meist subjektiv anspruchsvoll und mit potenziellen Gefahren (den Sturz in den reißenden Fluss) behaftet. Demzufolge „menschelt“ es gehörig beim Hantieren mit Seil und Karabiner: Theoretiker indoktrinieren erfolglos die Praktiker und die am Rande stehenden Skeptiker sehen schon die ganze Seilbrücke im Bach landen. Verschüttete wie akute Konflikte brechen auf und die dünne Tünche der Zivilisation bröckelt zuweilen angesichts schwindender Ressourcen an Zeit und Material.

Neben der pädagogischen Kompetenz benötigen Anleiter im Arbeitsfeld mobiler Seilgarten auch eine sicherheitstechnische Qualifikation, die sich an den Standarts der ERCA orientiert. Die speziellen Techniken, die beim Aufbau solcher Anlagen benutzt werden, sind als Spezialwissen durch keine fachsportliche Ausbildung – weder von einer Fachübungsleiterausbildung noch von der Ausbildung zum staatlich geprüften Berg- und Skiführer – vollständig abgedeckt. Wenn beispielsweise das oben beschriebene Setting zugrunde gelegt wird, ist es nicht damit getan, dass der Anleiter eine mobile Seilbrücke oder einen Flying Fox technisch korrekt aufbauen und betreiben kann. Denn die agierende Gruppe wird in der Regel einen Aufbau konstruieren, dem man die sicherheitstechnische Zuverlässigkeit nicht ohne weiteres ansieht. Der Anleiter muss dann in relativ kurzer Zeit entscheiden, ob zum Beispiel die Seilwicklung um den Baum und der verwendete Knoten sicherheitstechnisch in Ordnung sind und einen Absturz zuverlässig verhindern.

Ökologische Auswirkungen sind bei mobilen Seilgärten vor allem durch Trittschäden sowie der Verletzung von Baumrinden bei den Verankerungen an Bäumen gegeben. Es ist Aufgabe jedes Anleiters, die Ortswahl hierauf abzustellen und gegebenenfalls Schutzmaßnahmen zu ergreifen.

4.13 Geocaching, Parkour und Co.

Etwa seit dem Jahr 2000 haben sich einige neuere erlebnispädagogische Spielformen entwickelt, die wir an dieser Stelle kurz aufzeigen möchten. Weit verbreitet ist das Geocaching, eine Art Schatzsuche mit einem GPS-Gerät oder einem Smartphone. Allein in Deutschland sind mehrere Hunderttausend Schätze registriert, die darauf warten, gefunden zu werden. Viele der Schätze sind mit Rätseln verbunden, die man gemeinsam in der Gruppe lösen kann. Geocaching passt auch deshalb gut zur Erlebnispädagogik in der „digitalen Welt", weil Stadt- und Naturerleben mit moderner Technik verbunden wird (Senner 2016). Das Smartphone, welches das Leben vieler Jugendlicher in hohem Maße strukturiert, wird als Anreiz genommen, bekannte und unbekannte Räume zu erkunden. Auf dem Gerät erscheint die Landschaft oder die Stadt als abstrakte Kartendarstellung und muss von den Teilnehmern mit der räumlichen Wahrnehmung abgeglichen werden. Waldränder, Wiesen und Wege werden ebenso wie Straßenverläufe, Abzweigungen und markante Gebäude einerseits symbolisch vermittelt, andererseits sind sie sinnlich-konkret erfahrbar. Im Wechselspiel zwischen Gerät und Realität bewegt sich die Gruppe in Richtung Schatz, indem sie immer wieder den aktuellen Standpunkt mit dem Ziel abzugleichen hat. Da der Schatz selbst in der Regel sehr klein und sein Versteck gut getarnt ist, muss die Örtlichkeit am Ende intensiv „gescannt", ertastet und ergründet werden, um diesen zu finden. Gefordert sind Aufmerksamkeit, Achtsamkeit und Nachhaltigkeit, aber auch gute Kommunikation in der Gruppe.

Parkour ist eine Fortbewegungsart im (meist) urbanen Raum. Mit fließenden Bewegungen werden Parkbänke, Geländer, Treppen und Absätze als kurzfristige Stütz- und Haltepunkte genutzt, um in akrobatischer Weise Räume zu durchqueren. Aus erlebnispädagogischer Sicht kann Parkour als eine dynamische Weiterentwicklung von Bouldern und Seilgarten-Klettern betrachtet werden – mit dem Unterschied, dass die Infrastruktur nicht künstlich geschaffen, sondern im öffentlichen Raum schon vorhanden ist. Parkour beinhaltet auch künstlerische Aspekte: Es geht um eine Umdeutung von urbanen Räumen, wo scheinbar Eindeutiges einer neuen Funktion zugeordnet wird. Es wird sich alsbald zeigen, ob sich die Akteure von Parkour, die sich übrigens Tracteure nennen, auf die Popularisierung einer jugendlichen Trendsportart beschränken wollen oder ob sie pädagogische Implikationen integrieren und sich auch als Erlebnispädagogen verstehen.

Aikido ist eine traditionelle japanische Kampfkunst. Im Mittelpunkt stehen Achtsamkeit und die Wahrnehmung eines „Gegners/Partners", zu dem man sich neu positioniert, sich zentriert und „erdet" (Ackermann 2016, 19). Spielerisch wird Angriffen ausgewichen, werden Energien ins Leere geleitet (S. 23). Aikido wird von ihren Protagonisten als „gewaltfreie Kommunikation" verstanden. Die Übungen können helfen, Konflikte aufzulösen und die Konflikt- und Beziehungsfähigkeit von Jugendlichen weiterzuentwickeln (S. 25). Andere defensiv ausgelegte Kampfkünste oder Kampfsportarten beinhalten ebenfalls erlebnispädagogisches Potenzial.

Erlebnis, Handlung, Learning by Doing – auf den ersten Blick gibt es eine große Schnittmenge zwischen Erlebnis- und Zirkuspädagogik und in vielen Fällen eine sehr gute Zusammenarbeit. Bei erlebnispädagogischen Exkursionen findet neben dem Lagerfeuer eine Jonglage statt, mit Bällen, Steinen, Stecken, Pois oder artistische Übungen zum Balancieren oder Menschenturmbau. Die Zeitschrift „e&l. erleben und lernen" widmete sich in der Ausgabe 6/2010 ganz dem Thema Zirkuspädagogik: „Zirkus oder die Kunst der Bewegung". Angela Martin fasst die Vorteile zusammen: „Das Medium Zirkus bringt dabei einen Vorteil mit: Es kann mit wenig Material und nahezu an jedem Ort zum Einsatz kommen" (Martin 2018, 99). Ohne sich gegenseitig zu vereinnahmen, ergänzen sich Erlebnis- und Zirkuspädagogik in idealer Weise.

4.14 Zusammenfassung und Synopse

Die isolierte Betrachtung erlebnispädagogischer Aktivitäten, wie wir sie im Vorfeld unternommen haben, stellt kein Plädoyer für den einen oder anderen Natursport, die eine oder andere Aktivität dar. Auch die Auswahl basiert lediglich auf den praktischen Erfahrungen der Autoren und bedeutet keine Wertung.

Eine wesentliche Wirkung der erlebnispädagogischen Maßnahmen ergibt sich aus dem weniger offiziellen und alltäglichen Beiprogramm. Tatsächlich sind die weniger spektakulären Erlebnisse, wie zusammen kochen, biwakieren, am Lagerfeuer sitzen, zusammen einkaufen oder über die Erlebnisse während der Fahrt erzählen, wichtig und prägend, was Jagenlauf (1990) durch seine „Wirkungsanalyse Outward Bound" mit empirischen Methoden bewiesen hat.

Das „Nichtstun", z. B. am Lagerfeuer, steht in wohltuendem Kontrast zu einer fordernden Natursportart – ein möglicher Anlass zur nötigen Reflexion über das am Tag Erfahrene. Erleben, Erinnern und Erzählen stehen in entspannten Phasen, z. B. am Lagerfeuer, im Vordergrund. Diese Ruhephasen und die nötige Reflexion sind allen erlebnispädagogischen Aktivitäten gemein und gehören dazu, wie Anstrengung und der Mut zur Überwindung. Nicht selten wird die Wirkung und die Bedeutung dieser kontemplativen Verarbeitungsphase unterschätzt.

Gerade aus diesem Spannungsfeld zwischen sportlichen Anforderungen und der kreativen Pause entstehen aus funktionalen Beziehungen freundschaftliche Bindungen. Jugendliche bringen das Bedürfnis mit, sich an Gleichaltrigen zu „reiben“, zu „flirten“, Geborgenheit zu erleben und Erfahrungen mit der eigenen Standortbestimmung in der Gruppe zu machen. So bedeutet gerade das Übernachten auf einer Hütte, das Biwakieren im Freien und auch schon die Fahrt zum angestrebten Ort – für die Leiter oft Routine – für die Teilnehmer ein eindrucksvolles Erlebnis, das für sie untrennbar mit den anderen Eindrücken verknüpft ist.

Verpflegung, Fahrt, Einkaufen, Biwakieren etc. bergen viele Möglichkeiten, die Selbstorganisation und Selbstverantwortlichkeit der Teilnehmer zu wecken und zu fördern. Für sie ist es meist etwas völlig Neues, draußen zu übernachten oder auf einem offenen Feuer zu kochen, mit weniger Komfort als zu Hause. Den selbstverständlichen Umgang mit den Bequemlichkeiten und Abhängigkeiten der modernen Zivilisation für eine begrenzte Zeit auszublenden, bedeutet für die meisten Jugendlichen schon ein großes Abenteuer. Eine Hängematte aufhängen, ein Feuer zum Brennen bringen, sich geräuschlos durch den Wald bewegen zu lernen, und viele andere weit weniger spektakuläre Tätigkeiten draußen, machen Kindern und Jugendlichen viel Spaß. Die gemeinsame Freude darf nie zu kurz kommen, und gerade auf Hütten, beim Biwakieren, oder am Lagerfeuer kann ausgiebig gespielt werden.

Die Gruppe ist Mittelpunkt und Zentrifuge der täglichen Probleme: Sie bietet Geborgenheit und Diskussionsstoff, sie verteilt Rollen und Positionen, sie ist Ort der Reflexion und Planung. Aufwühlende Erlebnisse können hier aufgearbeitet oder angeglichen werden. Mit dieser Erkenntnis verbindet sich unser Plädoyer, auch für kurzzeitpädagogische Fahrten – direkt proportional zur Dichte der Eindrücke – genügend Zeit für die Verarbeitung des Erlebten einzuplanen.

Wir versuchen unsere Fahrten ökologisch verträglich zu organisieren, gerade weil einige Teilnehmer diese in eigener Regie wiederholen werden. Die von Pädagogen organisierten Unternehmungen sollen Vorbildcharakter haben! So sollte beispielsweise ein Biwakplatz nicht nur so verlassen werden, wie man ihn vorgefunden hat, sondern zu einem späteren Zeitpunkt auch von ehemaligen Teilnehmern und deren Freunden. Jeder von ihnen ist ein potenzieller Multiplikator für einen verantwortungsvollen Umgang mit der Natur.

Ein gewisses Maß an Führung in den Natursportarten ist unverzichtbar, um der Verantwortung im Umgang mit den realen Gefahren nachzukommen. Umso wichtiger ist es, dass die Pädagogen sich im Gegenzug zurücknehmen, Führung und Leitung nur dort ausüben, wo es notwendig ist. Anders als bei einer Bootsfahrt, einem Segeltörn oder einer Höhlentour wirken sich Fehler bei der Selbstorganisation des Biwaks, der Verpflegung etc. in der Regel wenig gravierend, bzw. ganz unmittelbar aus (z. B.: Biwakieren in der Nähe eines Ameisenhaufens). Ist für die Beteiligten ein nicht überschaubares Maß an Komplexität gegeben, obliegt es der Einschätzung der Leiter/innen, drohende Unbill oder Gefahren für Leib und Leben zu verhindern oder abzuwenden. Sie geben dann die Rahmenbedingungen vor. Eine weit reichende Selbstorganisation sollte für die Teilnehmer keine Überforderung bedeuten.

Auf individuelle Fähigkeiten und Möglichkeiten muss unbedingt Rücksicht genommen werden. Im Sinne einer pädagogischen Konzeption sollten die Leiter/innen die stattfindenden Gruppenprozesse wachsam und kritisch beobachtend begleiten und auf dem Hintergrund ihrer Konzeption immer wieder überprüfen und hinterfragen. Trotz aller Einschränkungen halten wir ein möglichst hohes Maß an Selbstbestimmung der Teilnehmer für ein wesentliches Lernziel: trial and error, Improvisation, Freiraum und Selbstregulation statt pädagogischer Überbetreuung. Eine leicht angebrannte selbst gekochte Suppe schmeckt womöglich besser als ein von den Leiter/innen servierter und vielleicht perfekter Eintopf; gelernt wird dabei allemal mehr.

Die Professionalisierung der Erlebnispädagogik wird logischerweise den Erlebnispädagogen als Beruf zur Folge haben. Durch Ausbildung und Erfahrung wird dieser Berufsstand die Qualität der Angebote steigern, eine hohe Selbständigkeit am „Arbeitsplatz“ zur Folge haben, bei vergleichsweise geringen Kontroll- und Eingriffsmöglichkeiten seitens des Arbeitgebers. Chancen und Sackgassen stehen sich also gegenüber! Denn andererseits mindert Routine und Alltag die Begeisterung und führt zu beruflichen Scheuklappen – wer nur noch in den Bergen unterwegs oder auf Schiff ist, verliert leicht den Bezug zum Leben in der Gesellschaft.

4.15 Zu guter Letzt: Noch ein Vergleich ganz anderer Art

Auf die Bedeutung des Vergleichs und die vielfältigen Vergleichsmöglichkeiten in der Erlebnispädagogik haben wir zu Beginn dieses Kapitels hingewiesen. Zum Abschluss möchten wir noch einen Vergleich zwischen einem Erlebnis von Reinhold Messner, einer Szene aus dem Märchen Bruder Lustig und der Séance eines sibirischen Schamanen anbieten. Drei Zugänge zur Sicht der Welt, der religiöse Weg des Schamanen, der Weg der Weisheit des Märchens und das Nachdenken über die Besteigung eines Berges führen zu einem vergleichbaren Ergebnis. Die drei Zitate beschreiben den imaginären Zerfall des Körpers, den der Betroffene entweder als gleichzeitig Außenstehender oder als Novize erlebt. Die Körperteile werden dann wieder zu neuem Leben zusammengefügt.

Aus der ganz subjektiven Perspektive gesehen, kann der jugendliche Teilnehmer an erlebnispädagogischen Aktivitäten die Grenzen des Raum- und Zeitverständnisses spüren, an Grenzen seiner körperlichen und seelischen Belastbarkeit kommen, existenzielle Bedrohung verspüren. Die scheinbare Banalität des erlebnispädagogischen Ansatzes ist trügerisch: Erlebnispädagogik kann zu Daseins-Fragen führen, die sich Menschen aus allen Zeiten und Räumen notwendigerweise gestellt haben und die in der Flüchtigkeit und Schnelllebigkeit der postmodernen Zeit gerne verdrängt werden.

- „Zu diesem Erlebnis bedarf es einer langen Anstrengung in physischer Askese und geistiger Betrachtung mit dem Ziel, sich selbst als Skelett sehen zu können. Die von Rasmussen befragten Schamanen gaben über diese geistige Übung nur ziemlich unbestimmte Auskünfte, welche der berühmte Forscher so zusammenfaßt: Kein Schamane kann das Wie und Warum erklären, doch er ist durch die Kraft, die seinem Denken aus dem Übernatürlichen kommt, imstande, seinen Körper von Fleisch und Blut zu entkleiden, so daß nichts übrigbleibt als die Knochen. Darauf muß er alle Teile seines Körpers nennen und einen jeden Knochen mit Namen aufführen, und zwar darf er sich dazu nicht der gewöhnlichen menschlichen Sprache bedienen, sondern einzig der speziellen heiligen Schamanensprache, die er von seinem Lehrer gelernt hat. Während er sich nun so nackt und von dem vergänglichen ephemeren Fleisch und Blut völlig befreit erblickt, weiht er sich selbst – immer in der heiligen Sprache der Schamanen – durch diesen der Wirkung von Sonne, Wind und Zeit am längsten standhaltenden Teil seines Körpers seiner großen Aufgabe." (Eliade 1975, 161ff.)
- „Darauf gingen sie in das königliche Schloß, wo alles in großer Trauer war. Der heilige Petrus aber sagte zu dem König, er wolle die Tochter wieder lebendig machen. Da ward er zu ihr geführt, und dann sprach er: ‚Bringt mir einen Kessel mit Wasser', und wie der gebracht war, hieß er jedermann hinausgehen, und nur der Bruder Lustig durfte bei ihm bleiben. Darauf schnitt er alle Glieder der Toten los und warf sie ins Wasser, machte Feuer unter den Kessel und ließ sie kochen. Und wie alles Fleisch von den Knochen herabgefallen war, nahm er das weiße Gebein heraus und legte es auf eine Tafel und reihte und legte es nach seiner natürlichen Ordnung zusammen. Als das geschehen war, trat er davor und sprach dreimal: ‚Im Namen der allerheiligsten Dreifaltigkeit, Tote, steh auf'. Und beim drittenmal erhob sich die Königstochter lebendig, gesund und schön." (Märchen der Gebr. Grimm 1937, 316)
- „Einer, der oft in ähnlicher Weise wie Lammer gepeinigt war vom Gefühl der Ich-Zerstückelung, das war der früh verstorbene Reinhard Karl. In

seinen schonungslosen Selbstreflexionen beklagt er immer wieder die ‚große Zersplitterung', spricht er von der bedrückenden ‚Aufteilung meines Ich'. Geradezu psychoseähnliche Dissoziationserlebnisse hatte Messner vor seiner Ersteigung des Nanga Parbat. Im Zelt liegend, erfaßte ihn plötzlich ein entsetzliches Gefühl: ‚Mein Körper ist auseinandergefallen. Es war, als sei ich ein Puzzle, das ich selbst zusammensetzen muß und nicht kann. Dabei erlebte ich alles, als sei ich Beteiligter und Beobachter zugleich' (...) ‚Diese Traumata der Zerstückelung und Zerissenheit ereignen sich niemals während der harten Aktion am Berg'" (zit. nach Aufmuth 1982, 135).

Drei vergleichbare Erlebnisse. Von unterschiedlichsten Ausgangspunkten führen sie zum gemeinsamen Knotenpunkt: die Zerstückelung und Zusammensetzung des menschlichen Körpers. Erlebnispädagogik weist in ihrer scheinbaren Banalität weit über sich hinaus, sie ist eine von vielen möglichen Katalysatoren zu bewegenden Fragen. Dahin gelangt man nur durch Erleben und Miteinander-Reden. Nur reden ist Gefasel, nur erinnern

Tabelle: Erlebnispädagogische Aktivitäten im Vergleich

	Charakteristik	**Anforderung an Ausrüstung, Technik, Teilnehmer**	**Lern- und Erfahrungsmöglichkeiten**
(Berg-)Wandern	„sich auf die Spitze treiben"; Rhythmus des Gehens; Freiheit, überall hingehen zu können	Grundkondition; „Vergessene" Technik des Gehens; Minimale Ausrüstung	einsam und gemeinsam; eigenen Rhythmus finden; Gehen und Meditation; Naturbeobachtung; Zeit und Muße für sich, andere und Natur entwickeln
Klettern und Abseilen	„der Schwerkraft Paroli bieten", Vertrauen zum sichernden Partner; Widerstände bearbeiten; hohe psychische Herausforderung	nicht besonders aufwendige Ausrüstung; keine Vorkenntnisse notwendig; natürliche Bewegung, Beweglichkeit, Körperspannung	Mut, Vertrauen und Verantwortungsbewusstsein; Muskelspannung; Eigenrhythmus finden; intensive Rückmeldungen der Tast- und Gleichgewichtssinne; Vertrauen in die eigene Leistungsfähigkeit

ein Gefängnis, nur erleben ein Diktat der Freizeitindustrie. Erst die Verbindung dieser drei Seinsweisen macht Erlebnispädagogik.

Wir haben – das Solo ausgenommen – zehn erlebnispädagogische Aktivitäten an den sechs Kriterien Charakteristik/Anforderung an Ausrüstung, Technik und Teilnehmer/Lern- und Erfahrungsmöglichkeiten/Planung und Mitbestimmungsmöglichkeiten/Anforderungen an die Leitung/Ökologische Verträglichkeit gemessen. Sowohl die Festlegung der Kriterien, als auch die Auswahl der Natursportarten sind willkürlich, weil sie durch unsere subjektiven Erfahrungen bestimmt wurden.

In der Tabelle auf den Seiten 224–229 fassen wir die Ergebnisse auch visuell zusammen, so dass sie auf einen Blick einsichtig werden. Diese Vergleichsmethode hat sich auch bei Seminaren für Multiplikatoren sehr bewährt, nachdem in einem praktischen Teil mehrere erlebnispädagogische Aktivitäten ausprobiert werden konnten und lediglich noch die Kriterien vorgegeben wurden. Aufgabe der Seminarteilnehmer war es dann, die leeren Kästchen mit ihren Reflexionen zu füllen.

Planung und Mitbestimmungsmöglichkeiten	**Anforderungen an die Leitung**	**Ökologische Verträglichkeit**
optimale Mitbestimmungs- und Planungsmöglichkeiten	geringer Aufforderungscharakter – pädagogische Herausforderung; Rückzug von Leiterrolle; Reiz des Wanderns erschließt sich langsam	beim Wandern auf „Abwegen“ ökologische Gefahren; Bedrohung der Natur ist überall sichtbar und muss bewusstgemacht werden
möglich während der Vorbereitung; in Absprache mit der Leitung auch bei den Aktivitäten; Sicherheitsgründe begrenzen die Selbststeuerung	souveränes fachliches Können; große Erfahrung; Umsichtigkeit und Überblick; ständige Konzentration während der Aktionen	keine erosionsgefährdeten Zugänge benutzen; Störung von Vögeln, besonders während der Brutzeiten, vermeiden; Klettern in der Halle ist – eine umweltfreundliche Anreise vorausgesetzt – ökologisch unbedenklich

	Charakteristik	Anforderung an Ausrüstung, Technik, Teilnehmer	Lern- und Erfahrungsmöglichkeiten
Schneeschuh- und Skitouren	die Stille des Winters entdecken; langsames, gleichmäßiges Gehen in unverspurtem Gelände	relativ aufwendige Materialbeschaffung; hohe Anforderungen an technisches Können beim Tourenskilauf; mittlere bis gute Kondition	der Kälte die wärmende Bewegung des Körpers entgegensetzen; den eigenen Rhythmus finden; Kampf mit dem Schnee, Genuss an der Bewegung
Höhlenerkundung	„sich im Dunkeln vertiefen"; andere Wahrnehmung, Herausforderung für die Sinne	außer Helme und Lampen keine besondere Ausrüstung (für Höhlen für Anfänger); Trittsicherheit, mittlere Kondition	Gruppe bedeutet Geborgenheit; Schulung der Wahrnehmung; Sinne und Sinnfragen; Erleben und Reden über physische und psychische Belastung
Kajak	„spielerische" Einheit zwischen Körper, Boot und Wasser; Entscheidungs- u. Handlungszwang	Vorübungen und Grundkenntnisse notwendig; Gefühl für Wasser; sehr aufwendige Materialbeschaffung	„alles oder nichts"; Flucht nach vorn; vorausschauendes Denken; Wahrnehmung und Handeln eng verbunden; Einzelkämpfer
Schlauchbootfahren/Rafting	alle in einem Boot; „Gruppe und Boot besiegen" die Wildheit des Wassers	weniger Technik, weniger körperliches Geschick und Körperbeherrschung als Kajak; aufwendige Materialbeschaffung; gut für Kurzzeitmaßnahmen	Gemeinschaftsleistung; Rollenverteilung; Flucht nach vorne; Kampf gegen das Element Wasser; Rhythmus zwischen Action und Ausruhen
Fahrradtouren	„Land und Leute erfahren"; Lob des Fahrrads; Einzel- und Gemeinschaftsleistung	Fahrrad hat jeder; guter technischer Zustand wird vorausgesetzt; Grundkondition; langsam fahren ist schwieriger als zu rasen	Gruppenerfahrung steht im Vordergrund; eine Landschaft kennen lernen; Natur erleben

Planung und Mitbestimmungsmöglichkeiten	Anforderungen an die Leitung	Ökologische Verträglichkeit
gute Mitbestimmungsmöglichkeiten während der Vorbereitung – während der Touren nur bei ganz sicheren Verhältnissen; Lawinengefahr schränkt Gruppenselbststeuerung ein	Planung und Gefahrenbeurteilung obligatorisch; Wissen und große Erfahrung unabdingbar; ständige Situationskontrolle; Reflexionsvermögen hinsichtlich subjektiver Einflüsse auf die Gefahrenbeurteilung	Schädigung von Jungwald, Latschen und Matten möglich; besondere Vorsicht in der Krummholzzone; Störung von Niederwild (Rauhfußhühner); prinzipiell nur bei ausreichender Schneelage
sehr begrenzt, da Teilnehmer nicht wissen, worauf sie sich einlassen; Leistungsdruck vermeiden durch offene Gruppenatmosphäre	Empathie; Kenntnis des Höhlensystems; Erfahrungen in der Höhlenbefahrung; Beherrschung von Klettertechnik; Umgang mit psychischen Belastungen	empfindliches Ökosystem Höhle; äußerste Behutsamkeit ist notwendig; Müll vermeiden und fremden Müll mitnehmen
möglich, aber nur in Absprache mit Leitung; Fahrtdistanz, Besichtigung von Schlüsselstellen	genaueste Planung und Berechnung aller Gefahren notwendig; Vetorecht bei allen Entscheidungen	Eingriff in die Flussökologie; Beachtung von Naturschutzgebieten und Brutzeiten; nicht nur Müllvermeidung, sondern aktiver Beitrag durch Müllsammeln ist gefordert; Sensibilisierung für Natur und Naturzerstörung ist Lernziel
Teilnehmer können noch mehr in die Planung einbezogen werden (die Gruppe badet alles aus!)	realistische Gefahreneinschätzung notwendig; Rettungstechniken beherrschen und vermitteln	Eingriff in die Flussökologie; Beachtung von Naturschutzgebieten und Brutzeiten; nicht nur Müllvermeidung, sondern aktiver Beitrag durch Müllsammeln ist gefordert; Sensibilisierung für Natur und Naturzerstörung ist Lernziel
gute Mitbestimmungsmöglichkeiten; offen sein für neue Ziele; Konflikte und Pausen; Grenzen liegen in den Gefahren des Autoverkehrs	Grundregeln des Verhaltens mit Teilnehmern aufstellen und auf Einhaltung achten; ansonsten Rückzug von Leiterrolle, so weit wie möglich	Fahrrad als das ökologisch verträglichste Fortbewegungsmittel; Natur und Landschaft als Lernchancen

	Charakteristik	**Anforderung an Ausrüstung, Technik, Teilnehmer**	**Lern- und Erfahrungsmöglichkeiten**
Kuttersegeln	„den Wind in den Händen halten"; das Zusammenspiel der Crew; auf engem Raum leben	Beschaffung und Wartung von Schiffen relativ teuer und aufwendig; einfache Technik, die ohne Hilfsmittel auskommt, erfordert zupackende Teilnehmer	Teamwork ist alles; Rollenverteilung; nicht nachgeben – sich Wind und Wetter entgegenstellen; Rücksichtnahme und Toleranz auf engstem Raum
Lernprojekte	Abenteuer in „Pillenform"; ernsthaft spielend über sich und andere etwas erfahren	ein paar Tücher, Schnüre, Bretter bei einfachen Initiativübungen	sich auf einzelne Sinne konzentrieren, intensiv wahrnehmen (bei einfachen Initiativübungen)
Stationäre Seilgärten	Der Ernstcharakter überwiegt. Konzentration und Überwindung sind notwendig. (Selbst-)Vertrauen und Verantwortung sind zentrale Themen. Balance und Gleichgewicht: die Situation und das Leben in den Griff kriegen	Die Betreiber von Seilgärten sorgen intensiv für die Sicherheit der Teilnehmer; aufwändige Einführung in Ausrüstung und Technik	Überwindung, Entscheidungen treffen, Herausforderungen annehmen, Risiko abschätzen, Mut, Vertrauen, Verantwortung als Sichern der und Selbstverantwortung bei der Selbstsicherung, Körperwahrnehmung, Unterstützung und Abhängigkeit, Kommunikation, Kooperation
City Bound	im „Dickicht der Städte"; die Stadt neu entdecken, ungewöhnliche Perspektiven eröffnen überraschende Ein- und Ausblicke	Stadtpläne und Fahrkarten für öffentliche Verkehrsmittel; bei natursportlichen Aktivitäten: siehe dort	„was man schon immer mal tun wollte, aber sich noch nie getraut hat"; mit Tabus spielen; die Fassaden des Alltags durchschauen

Planung und Mitbestimmungsmöglichkeiten	Anforderungen an die Leitung	Ökologische Verträglichkeit
sehr gute Möglichkeiten der Partizipation; Gruppenselbststeuerung; Planung und Vorbereitung nimmt viel Zeit in Anspruch	genaue Planung; gründlicher Check der Ausrüstung; große Segelerfahrung, Erfahrung im Kuttersegeln; den Überblick haben und Ruhe bewahren; Umgang mit psychischen Belastungen	Versorgung und Entsorgung; umweltverträgliche Ankerplätze; Gewässerökologie; Sensibilisierung für Ökosysteme
wenig Mitbestimmungsmöglichkeiten in Bezug auf Regeln und Abläufe; indes hohe Variabilität im Handeln während der Aktionen	pädagogische Kompetenz bei den Initiativübungen und Problemlösungsaufgaben	i. d. R. sehr gut verträglich; auch in der Stadt umsetzbar
Individuelle Planung und Auswahl der Seilgartenelemente möglich, nahezu jederzeit kann die Aktion am Seilgarten unterbrochen werden	Hohe pädagogische und klettersportliche Kenntnisse; Materialkunde, spezielle Ausbildung ist notwendig. Erfahrung, Konzentration, Umsichtigkeit und Überblick sowie die Bereitschaft zur ständigen Weiterbildung	Sehen wir zunächst von den Ressourcen ab, die zum Bau und Betrieb eines Seilgartens notwendig sind. Hoher Materialaufwand. In der Regel gute Erreichbarkeit mit öffentlichen Verkehrsmitteln – Erlebnis vor der Haustür
gute Mitbestimmungsmöglichkeiten; hohe Selbständigkeit bei den Aktionen	das „Dickicht der Stadt" ist gefährlich!; Auffanglinien ziehen, Notrufnummern ausgeben; was der Wurfsack für den Kanuten ist das „Handy" für den Stadtpädagogen	Biotope gibt es auch in den Innenstädten; umsichtige Entsorgung bei Biwaks

5 Seitenblicke: Vernachlässigte Themen der Erlebnispädagogik

„Boring is beautiful“

Wall Street Journal über das Lebensgefühl der Deutschen

„Nature never gets boring“

Melvin Konner, San-Project

5.1 Auf dem heißen Stuhl – Erlebnispädagogik in der Kritik

Wer sich die Themen und Methoden der Jugendarbeit und Jugendhilfe der letzten Jahrzehnten vergegenwärtigt, kann Schwerpunkte feststellen, die durch die gesellschaftlichen Herausforderungen, die Interessen und Sachzwänge der Träger von Jugendarbeit, die Neigungen der Pädagogen geprägt wurden.

Galten die 1970er Jahre als das Jahrzehnt der politischen Bildung, so spiegelte sich in den 1980er Jahren die ökologische Problematik wider. In den 1990er Jahren standen soziokulturelle Themen im Vordergrund, während ab den 2000ern digitale Medien und deren Auswirkungen auf soziale Beziehungen das Feld dominieren. Seit Mitte der 1980er Jahre hat die Erlebnispädagogik Konjunktur. Für die einen ist sie der Königsweg der außerschulischen Jugendarbeit, der wie ein Ariadnefaden aus dem Labyrinth der Irrungen und Wirrungen sozialpädagogischen Denkens und Handelns führen kann. Andere warnen nachhaltig vor dem erlebnispädagogischen Ansatz, verweisen auf seine dubiosen geschichtlichen Wurzeln (Ewald 1989), auf das Problem des Transfers (Bühler 1986), sehen in ihr ein unpolitisches Gespenst, das sich durch die sehr beschränkte theoretische Grundlegung Kurt Hahns legitimiert. Ohne Zweifel gibt es ernst zu nehmende Argumente gegen die Erlebnispädagogik, zudem birgt der erlebnispädagogische Ansatz in sich selbst zahlreiche Möglichkeiten zur Fehlentwicklung: von der Minimalpädagogik zum Mannbarkeitsritus, von der esoterischen Verschmelzung mit der Natur bis zum Leistungssport, der Natur zum Sportgerät reduziert. Betrachten wir diese Einwände genauer!

Mit Recht stellt Thomas Ewald fest, dass die Kulturkritiker des ausgehenden 19. Jahrhunderts – vor allem Paul de Lagarde und Julius Langbehn – als präfaschistische oder zumindest völkische Denker einzuordnen sind. Die Geschichtsschreiber der Reform- und Erlebnispädagogik, hier sind vor allem Hermann Nohl (1970), Wolfgang Scheibe (1969) und Hermann Röhrs (1983) zu nennen, verweisen recht unkritisch auf Langbehn und de Lagarde. Für Ewald ist das nur ein Beweis seiner Theorie, dass die Erlebnispädagogik nicht nur eine dubiose Vergangenheit hat, die durch Kurt Hahns Erlebnistherapie in gewandelter Form fortgeführt wurde, sondern dass die Erlebnispädagogik der 1990er Jahre diese irrationalen Wurzeln wieder aufgreift. Sie leiste einem neuen Antiintellektualismus Vorschub, sei zwar ganzheitlich, aber unpolitisch und stille durch kurzzeitpädagogische Angebote den Erlebnishunger der Jugendlichen und der Pädagogen. Sie stabilisiere somit die gesellschaftlichen Zustände, weil sie Symptome wie Sinnkrise, Erlebnishunger und andere Defizite zu beheben versucht, aber nicht im Sinne von emanzipatorischer Pädagogik als Herausforderung zum Erziehungsziel politischer Mündigkeit aufgreife.

Ist das Unbehagen am politischen Langzeitdiskurs zu Beginn der 1980er Jahre in der Diffamierung des Denkens eingemündet, so folgt der These der

Erlebnispädagogik nun die Antithese, die, konsequent weitergedacht, zu der Enteignung der Erfahrung führt. Die sicherlich fundierte historische Kritik Ewalds hat jedoch einige Mängel. Neben de Lagarde und Langbehn sind wesentlich bedeutendere Pädagogen zu nennen: J.-J. Rousseau, H.J. Pestalozzi, A.S. Neill, A.S. Makarenko, J. Korczak u.v.a.m. Wie Oelkers (2005) feststellt, muss zudem die Geschichtsschreibung der Reformpädagogik überdacht werden. Die Bedeutung der Kulturkritik und ihre Auswirkung auf die Reformpädagogik ist bislang maßlos überschätzt worden, die Einteilungen in pädagogische Bewegungen ist bei genauerer Betrachtung nicht mehr zu halten. Die Praktiker der Erlebnispädagogik schließlich haben und werden mit oder ohne dieses Wissen um die Kulturkritik des ausgehenden 19. Jahrhunderts ihre erlebnispädagogischen Aktivitäten als Bildungsmaßnahme, Freizeitpädagogik, in diagnostischer oder therapeutischer Absicht durchführen. Die Qualität ihrer pädagogischen Praxis hängt von diesen historischen Analysen nicht ab.

Die Frage des Transfers wird von Ewald und Bühler als die Gretchenfrage an die Erlebnispädagogik herangetragen. Bühler argumentiert, dass Kurzzeitpädagogik mit ihrer „Insellage" ein „Ausschalten von Außenbezügen und Einflüssen der Umwelt" bedingen würde (Bühler 1986, 71). Der Charakter der Erlebnispädagogik wird mit dieser Aussage gänzlich auf den Kopf gestellt. Gerade die vielfältigen Außenbezüge und Umwelteinflüsse sind das Salz in der Suppe jeder erlebnispädagogischen Aktivität; gerade die Komplexität der Aufgaben in einem kontrastierenden Umfeld erzwingt kreative, spontane oder systematische Handlungsstrategien. In ihrer Unmittelbarkeit sind die zu bewältigenden Situationen real existent und insofern konkret fassbar. Das Missverständnis einer Kritik, die die räumliche und zeitliche Entfernung eines pädagogischen Settings vom Alltagszusammenhang der Lernenden bemängelt, besteht offenbar in der Unterstellung, dass Erfahrungen machen und Probleme lösen außerhalb des individuellen Kontexts des einzelnen Lernenden keine Auswirkungen auf sein Handeln im Alltag hätte. Konsequent weitergedacht müsste das heißen, dass nur Alltagserlebnisse für einen Transfer in den Alltag geeignet seien. Oder anders gedacht: Können nur Brillenträger etwas über Brillenträger aussagen, HIV-Positive etwas über HIV-Positive, Fußballfans etwas über Fußball? Mit der Beantwortung der Frage nach dem Transfer, so scheint es, steht und fällt der erlebnispädagogische Ansatz. Das Transferproblem betrifft aber alle kurzzeitpädagogischen Maßnahmen, letztlich das gesamte pädagogische Handeln. Bei der politischen, kreativen und ökologischen Bildung jedoch wurde diese Maßeinheit für die Legitimation nicht verwendet. Wirkung und Übertragung des Gelernten wurden schlichtweg vorausgesetzt. Die Frage der Wirkung des pädagogischen Handelns in Richtung auf die definierte Zielvorgabe ist sicherlich ein grundlegendes Thema der pädagogischen Wissenschaft und Praxis.

Empirische Beweise für diese pädagogische Hoffnung zu führen, ist allerdings ein schwieriges Unterfangen. Als eine der wenigen außerschulischen Methoden hat sich die Erlebnispädagogik diesem Stress der Beweisführung ausgesetzt. Bress und Jagenlauf haben mit einer breit angelegten und datenreichen Evaluationsstudie Pionierarbeit geleistet (Jagenlauf/Bress 1990). Kern der Studie waren Befragungen von Teilnehmern, die an zweiwöchigen erlebnispädagogischen Kursen bei Outward Bound teilnahmen. Im Rahmen einer „Totalerhebung“ wurden die Wirkungen bei 2500 Probanden mittels verschiedener empirischer Instrumente (Fragebogen, offene Interviews, teilnehmende Beobachtung u. a.) gemessen. An dieser Stelle seien nur zwei recht allgemeine Resultate genannt. Die mittelfristigen Wirkungen eines erlebnispädagogischen Kurses suchten Bress und Jagenlauf durch sechs Monate nach dem Kurs aufgenommene Interviews nachzuweisen. „Über 70% der Befragten bestätigen einen ‚starken‘ Einfluß auf ihre persönliche Entwicklung.“ (S. 2) Aufschlussreich für die Tiefe der Lerneffekte sind die Ergebnisse einer Befragung ehemaliger Kursteilnehmer. Die Interviewten nahmen 8 bis 23 Jahre vor dem Zeitpunkt des Interviews an einem erlebnispädagogischen Kurs teil. Immerhin „fast die Hälfte ... bestätigt aus eigener Sicht einen ‚ursächlichen‘ Einfluß ... auf das eigene persönlich-individuelle wie persönlich-soziale Verhalten“ (ebd.). Die Ergebnisse lassen in ihrer Gesamtheit den Schluss zu, dass kurzzeitpädagogische Kurse prinzipiell dazu in der Lage sind, die Persönlichkeitsentwicklung der Probanden in nicht unerheblichem Maße zu fördern.

Natürlich müssen sich Forscher, die mit den Instrumenten der empirischen Sozialforschung arbeiten, zahlreichen Kritiken aussetzen. So bemängelt Hermann (1990) an der Studie von Bress und Jagenlauf das interpretative Paradigma des Forschungsdesigns, das die Ergebnisse im Interesse der Wissenschaftler determinieren würde. Spätestens seit Habermas' „Erkenntnis und Interesse“ müssen solche methodologische Einwände in grundsätzlicher Weise relativiert werden. Bleibt zu hoffen, dass mit weiteren Evaluationsstudien die Validität dieser ersten großen Untersuchung gesichert wird.

Mit der Kritik an den Transfermöglichkeiten der Erlebnispädagogik wird auch der Vorwurf verbunden, dass die Anwendungssituation im Alltag viel komplexer sei und sich gänzlich von der Lernsituation der kurzzeitpädagogischen Maßnahmen unterscheide (Bühler 1986, 71), dass das Freizeitgefühl der Teilnehmer die Transfermotivation blockiere. Es ist nichts einzuwenden gegen die Einbeziehung natursportlicher Techniken in den Alltag, in die Berufs- und Lebenswelt von Jugendlichen, wenn Erlebnispädagogik sozusagen von der Methode zur Einstellung wird (vgl. dazu H. G. Bauer in: Bedacht et al. 1992, 43–46). Der Schluss, dass nur Erlebnisse im bekannten Umfeld anzubieten sind, weil sie leichter in den Alltag umsetzbar sind, ist in seiner Ausschließlichkeit trügerisch und widerspricht der klassischen Definition des Bildungsbegriffes, die dem Nützlichkeitsdenken des Neuhumanismus, dem Erziehungsideal des brauchbaren Arbeiters, Handwerkers oder Staatsdieners entgegengesetzt wurde. Der Vorgang der geistigen Formung, wie ihn sich Wilhelm von Humboldt vorstellte, sollte gerade nicht an den geistigen Gehalten der damaligen Lebenswelt entwickelt werden, sondern in ausdrücklicher Distanz zu ihr. Das „Material" der Bildung ist die längst vergessene Welt der Antike, die nicht in den Verdacht geraten konnte, vordergründigen staatspolitischem oder beruflichem Interesse zu dienen (Giesecke 1972, 77ff.). Diesen archimedischen Punkt nimmt heute die Erlebnispädagogik ein, wenn durch sie die Dimension eines anderen Zeitverständnisses und die Erschließung unbekannter Erlebnisräume ermöglicht werden. Durch neue Perspektiven schärfen wir den Blick auf unseren Alltag; es ist als würde man das Haus, in dem man wohnt, nun von allen Seiten betrachten können. Erlebnispädagogik erschließt also nicht nur ein neues Zeitverständnis und unbekannte (Erlebnis-)Räume, sie verändert im Idealfall die Maßstäbe, mit denen wir unseren Alltag beurteilen oder sie bestätigt sie. Erlebnispädagogik mag pädagogischer Luxus sein, aber wir leben auch sonst in einer Zeit, wo der Luxus als das Salz des Lebens betrachtet wird.

Weit verbreitet, jedoch heute nicht mehr besonders virulent, war noch vor einigen Jahren der Vorwurf, Erlebnispädagogik sei in ihren Strukturen der (para)militärischen Ausbildung verwandt. Es wurde richtig beobachtet, dass Ausbildungskurse oder Lehrgänge der Bundeswehr bzw. Übungen von „Wehrsportgruppen" ebenso wie erlebnispädagogische Veranstaltungen bevorzugt unter freiem Himmel stattfinden. Wenn jedoch Beobachter, sozusagen aus kritischer Distanz, methodische und inhaltliche Parallelen erkennen wollen, dann ignorieren sie, dass Natursport in der Erlebnispädagogik üblicherweise nie Selbstzweck ist. Niemand würde dem Rundfunk als Medium per se vorwerfen, nationalsozialistische Propaganda zu fördern, nur weil Goebbels sich dieses Mediums erfolgreich bediente. Entscheidend sind – curricular ausgedrückt – Ziele, Inhalte und Methoden, sowie jenes schwer zu beschreibende, „wertschöpfende" Konstrukt aus Stil, Ästhetik und Atmosphäre.

Festgehalten werden muss allerdings, dass die Natur als Spielwiese vielfältig nutzbar ist und dass dabei für gesellschaftspolitische und soziokulturelle Ausgestaltungen genügend Spielraum bleibt. Das Spektrum reicht von den tendenziell angepassten, konservativen Aktivitäten der Wandervereine über alternative Organisationsformen (Subkulturen von Kletterern in Mittelgebirgen; Aktionen von Robin Wood), über kommerzielle Programme (Rafting und Canyoning als Wochenendvergnügen für den dicken Geldbeutel) bis hin zu den „Räuber-und-Gendarm-Spielen" rechter Cliquen („Nahkampftraining"; Gefechte, bei denen mit Farbpatronen auf Mitspieler geschossen wird, usw.).

Da Alpinismus und Seefahrt als die klassischen Medien der Erlebnispädagogik in ihren Traditionen hierarchisch, patriarchalisch und verengt leistungsorientiert verhaftet sind, ordnet der – häufig nicht eingeweihte – Kritiker jedes alpine oder maritime Projekt in ebendiese Schublade ein. Für ihn sind es dann „bewußt herbeigeführte Zwangssituationen und Methoden der Ertüchtigung, die man für Jugendliche ... eigentlich schon vergessen glaubte" (Kadel 1989, 822) und „Extremsituationen, ... die ja immer wieder per Ideologie gesucht" würden (ebd.). In Kapitel 4 dieses Bandes haben wir exemplarisch aufgezeigt, dass Natursportarten unter der Verwendung der Prinzipien Partizipation, Gruppenselbststeuerung und Transparenz als pädagogische Medien bestens genutzt werden können.

Ein Grund dafür, dass heute Erlebnispädagogik nur mehr selten mit den Kategorien Stärke, Härte und Gehorsam oder – drastischer – mit dem Spruch „Maßhalten – Durchhalten – Maulhalten" erfasst werden kann, liegt in der seit den 1980er Jahren veränderten Körper- und Bewegungskultur. Die (sozial)politischen Bewegungen nach 1968 haben trotz eines anders lautenden Anspruchs das Lernen entsinnlicht. Rumpf nennt es eine „Annullierung des Körpers" (Rumpf 1981, 121), wenn Lernen, wie in den 1970er Jahren üblich, beinahe ausschließlich über den Kopf erfolgte. Besonders betroffen von dieser Entwicklung war die sozialpädagogische Ausbildung. Lernen hatte per Definition beinahe ausschließlich in geschlossenen Räumen stattzufinden. Wer Sport trieb, galt in intellektuellen Kreisen als reaktionär (vgl. Heckmair 1990, 158ff.). Erst als neue körperbetonte Bewegungsformen wie New Games, Jonglier-Workshops, Drachenfliegerbau, Tanz- und Theaterprojekte in den pädagogischen Alltag einsickerten und als der Marathonlauf und das Fußballspiel durch Film und Literatur gesellschaftsfähig gemacht wurden, ja sogar als Medium der Meditation und Selbsterfahrung entdeckt wurden, erholte sich die Erlebnispädagogik von ihrem schlechten Ruf.

Ein weiterer Vorwurf: Die Erlebnispädagogik ist unheilbar unpolitisch. Sie ist eine Freizeitpädagogik „just for fun" und geht am wichtigsten Erziehungsauftrag, der Erziehung zur politischen Mündigkeit, vorbei. Die eigentlichen Probleme, die die Jugendlichen betreffen, wie Wohnungsnot, Arbeitslosigkeit, Schule, Elternhaus, Partnersuche u. a., werden inklusive ihrer Lernchancen im Sinne politischer Bildung ausgeklammert. Gegen diese Herabsetzung der Freizeitpädagogik ist zunächst einiges einzuwenden, vor allem aber, dass sie letztlich einen Wert in sich hat. Das zeigt schon die alljährlich hohe Nachfrage nach den ferienpädagogischen Angeboten der Jugendverbände, Kreisjugendringe und freien Verbände. Es gibt eben keine besseren oder schlechteren Felder der außerschulischen Erziehung. Im Übrigen spielen die Techniken der Natursportarten bei vielen ökologischen Aktionen eine wichtige Rolle. Die „Rainbow Warrior" von Greenpeace kann ohne seemännische Ausbildung nicht gesteuert werden und die Mitglieder von Robin Wood können sich nicht ohne alpine Ausbildung und Erfahrung vom Kühlturm eines Kernkraftwerkes abseilen. In der politischen Bildung werden sich vor allem jene Formen durchsetzen können, die sich das „Learning by Doing“ auf die Fahne geschrieben haben. Anstelle des politischen Frühschoppens mit Kommunalpolitikern nun durch das bedrohte Feuchtbiotop wandern, statt Endlosdiskussionen über die NS-Zeit die historische Spurensuche aufnehmen, statt der Demo mit Sit-in die gezielte politische Aktion durchführen – das sind die zukünftigen Formen politischer Bildung.

Nächstes Kontra-Argument: Erlebnisse sind eine absolut subjektive Kategorie. Wir planen Ereignisse und hoffen auf eine entsprechende Wirkung auf das Innenleben des Kindes oder Jugendlichen. Kontroll- oder beweisbar ist dieser Zusammenhang nicht. Wenn 10 000 Menschen ein Fußballspiel sehen, dann gibt es 5000 Interpretationen, so der Soziologe Gerhard Schulze (1992). Wenn 15 Jugendliche klettern, dann mögen sie diese Eindrücke 15-mal verschieden zu Erlebnissen verarbeiten. Ist damit der pädagogische Auftrag zunichte gemacht? Im Gegenteil! Erleben und reden muss die Devise lauten, und wenn die Jugendlichen der Überzeugung sind, dass durch das Klettern, Segeln, Rad fahren neue Dimensionen des Lernens für sie erschlossen werden, dann beginnt mit der Pause, der Entspannung, ja oft mit dem Ende der kurzzeitpädagogischen Aktivität der wichtigere Teil des pädagogischen Auftrages.

Hände weg von der Natur, so lautet ein weiterer Einwand! Der Mensch hat in der unberührten Natur nichts mehr zu suchen, denn immer dann, wenn er in diese Lebenswelt eingedrungen ist, folgte die Zerstörung. Das ist die radikale Kritik fundamentalistischer Ökologen. Erlebnispädagogik ist eine Fehlentwicklung, die zu stoppen ist. Information über die Natur, Erlebnisse in der Natur müssen aus zweiter Hand, durch Medien vermittelt werden. Dagegen steht: Der Mensch ist Teil der Natur und wird nur überleben, wenn er mit den Gesetzen der Natur konform geht. Kindern und Jugendlichen sind nicht nur die ökologischen Zusammenhänge kognitiv zu vermitteln, sondern auch die Achtung und der Respekt vor der Natur. Nur wer sie schätzt, schützt sie auch. Weder der Traum von der ländlichen Idylle, noch der Rückzug in die städtische Utopie sind gangbare Wege in die Zukunft.

Bei der Kritik an der Erlebnispädagogik überschlagen sich Gemeinplätze, Vor- und Pauschalurteile, Unwissenheit und selbst ernanntes Spezialistentum. Frank Düchting (1994) hat es geschafft, seinen Beitrag „Alles was lebt, erlebt was“ ohne wesentliche Veränderungen, auch ohne Querverweise, in mindestens acht pädagogischen Fachzeitschriften unterzubringen. Oder Jürgen Schiedeck und Martin Stahlmann (1994), die mit ihrem Titel („Tarzan-Pädagogik oder Der thrill als pädagogische Maßeinheit“) Tarzan und die Pädagogik gleichermaßen verunstalten, bewusst *thrill* mit Spannung verwechseln und *thrill* als pädagogische Möglichkeit gänzlich ausschließen, so als könne man Crash-kids, S-Bahn-Surfer und Stage-Diver durch Makramee-Kurse, Bonsai-Züchten oder therapeutisierte Interaktionsspiele faszinieren.

Die Erlebensräume der Erlebnispädagogik hätten, so Schiedeck und Stahlmann (1994), mit der Lebenswelt der Jugendlichen nichts zu tun. Ein Transfer sei daher nicht möglich, und von einem erlebnispädagogischen Wochenende irgendwelche pädagogischen Wirkungen zu erwarten, grenze an Wunderglauben. Schließlich ändern das Kletterwochenende, die Kajaktour, der kleine Segeltörn nichts an den Ursachen der Benachteiligung oder an sonstigen Verrücktheiten der Postmoderne.

Ob und wie Erlebnisse auf der Almwiese, auf hoher See oder im Dunkeln einer Höhle wirken, lässt sich vermutlich ebenso schwierig beweisen wie der pädagogische Wert von Kinder- und Jugendbüchern, von Holzspielzeug und Legosteinen, von selbst geschöpftem Papier und selbst gedrehten Dokumentarfilmen, von Selbsterfahrungsübungen und Fantasiereisen.

Der Umkehrschluss dieser Kritik müsste lauten: Pädagogisches Handeln soll nur in der Lebenswelt der Jugendlichen und in deren Alltag stattfinden. Überspitzt formuliert: Wer schon im Sumpf lebt, der soll ihn auch ordentlich kennen lernen. Eine solche Pädagogik würde den Horizont des Lernens beschränken, das Spezialistentum fördern, die soziale Atomisierung unterstützen und keine Perspektiven außerhalb dieser Lebenswelt zulassen. Erlebnispädagogik ist so gesehen ein Luxus. „Non scholae sed vitae discimus“– die alten Römer, die Lateinlehrer und die Lehrer wurden nicht müde, die Alltagstauglichkeit schulischer Lerninhalte zu betonen. Andererseits sollte man keinem Pädagogen über den Weg trauen, der exakte Verhaltensänderungen garantiert.

In einer „Kritik der Erlebnispädagogik“ (2009) setzt sich Thomas Schott intensiv mit den geisteswissenschaftlichen Wurzeln auseinander. Ohne Zweifel gibt es da Nachholbedarf. Die Reihe „Wegbereiter der Erlebnispädagogik“ im Lüneburger Verlag „edition erlebnispädagogik“ hat sicher Verdienste, genau betrachtet aber sind es Reformpädagoginnen und Reformpädagogen, deren Lebenswerk aus dem Blickwinkel der Erlebnispädagogik beleuchtet wird. Auch die historischen Entwicklungslinien, die wir in diesem Buch nachzeichnen, sind reduziert und holzschnittartig. Allerhöchste Zeit also, die Geistesgeschichte von Platon bis Popper zu durchforsten und so nebenbei weitere Vordenker zu entdecken. Nebenbei: Unentdeckt ist nach wie vor Karl Jaspers mit seinem Konzept der Grenzsituation und die materialistische Philosophie um Leontjew, kaum integriert die Logotherapie von Viktor Frankl, fast vergessen der amerikanische Philosoph und Bergsteiger Willi Unsoeld. Insofern ist Schotts Studie in diesem Teil eher eine nachträgliche Grundlegung als eine Kritik. Vier Probleme definiert Schott (2009, 163ff.) als unlösbar für die Erlebnispädagogik: Erlebnisse sind nicht verfügbar, stets subjektiv, haben Seltenheitscharakter und können zur Manipulation dienen. Und man könnte als fünften Kritikpunkt anfügen: Erlebnisse nutzen sich ab. Jürgen Oelkers (1995, 113ff.) hat an anderer

Stelle ähnlich argumentiert. Schott scheint sich aber seiner Argumentation nicht ganz sicher zu sein und stellt fest: „Das Erleben ist womöglich die conditio sine qua non für das Lernen." (2009, 251) An anderer Stelle: „Erziehung hat Erleben zu seiner Voraussetzung." (S. 255) Natürlich kann man trefflich über Erleben und Erlebnis streiten. Alex Schenz (2007) hat vor kurzem eine Dissertation zu diesem Begriffspaar vorgelegt. Und natürlich ließen sich bescheidene Gegenargumente aufzählen. Es muss klar sein, dass es nicht pauschal um Erlebnisse geht, sondern meistens um konkrete Lernziele, die handlungsorientiert mit Kopf, Herz und Hand erreicht werden sollen. Im Verbund mit Erlebnissen funktioniert das besser. Wer in zehn Theaterstücke geht, steigert die Möglichkeit, von einer Aufführung besonders gefesselt und aufgewühlt zu werden und sie als besonderes Erlebnis zu speichern. Wer nie ins Theater geht, kann dort auch nichts erleben. Dass Erlebnisse subjektiv sind, ist nichts Neues. Um diesem Einwand gerecht zu werden, brauchen wir die Reflexion, die Aussprache, das gegenseitige Verständnis. Tiefe Erlebnisse sind selten, kleine Alltagserlebnisse häufig, wenn man sensibel dafür ist. Jede praktische Erziehung braucht eine Ethik, sonst wird sie zur Manipulation. Neben der hermeneutischen Analyse gibt es aber die normative Kraft des Faktischen, und diese Praxis, von der geisteswissenschaftlichen Pädagogik kaum beachtet, liefert tagtäglich Beweise dafür, dass durch Erlebnisse gelernt wird.

Zugestehen muss man aber auch, dass die Zeit der ersten Euphorie in Sachen Erlebnispädagogik dahin ist. Die Erlebnispädagogik hat ihre Unschuld verloren. Fachdiskussionen zeigten, dass das Thema Sicherheit nicht mehr auf die leichte Schulter genommen wird. Legt jemand eine empirische Studie vor, so ist sie schnell zerfleischt – Daten und klare Aussagen sind eben eine bessere Beute als Aphorismen, erlebnispädagogische Plaudereien und Erlebnisaufsätze. Zugegeben: Wir hatten nicht immer Recht. Die Erlebnispädagogik aber wird sich wie „Einstein und die Amöbe" (Popper 1995, 26f.) durch Versuch und Irrtum weiterentwickeln. Dem Boom in der Praxis brandete schon immer eine Welle des Misstrauens oder der ungeprüften Ablehnung in universitären oder Hochschulkreisen entgegen. Der erfolgreichen Praxis folgt die engagierte Theorie, nicht umgekehrt. Wahre Risiken führen zu riskanten Wahrheiten.

5.2 Lust auf Verwilderung – Gefahren und Chancen, Selbst- und Fremdbilder

Neben diesen Argumenten gegen die Erlebnispädagogik birgt diese Disziplin eine Reihe von möglichen Fehlentwicklungen, die mit den Entwürfen der Selbst- und Fremdbilder der Pädagogen nicht selten zusammenhängen. Dazu gehört das Spiel von Macht und Minderwertigkeit. Der versierte Segler, der geschulte Alpinist, der Kajaklehrer, der erfahrene Höhlenforscher – sie alle haben in der Regel gegenüber ihren Teilnehmern einen mächtigen Vorsprung an technischem Können, an körperlicher Kraft und Kondition, an Erfahrungen in gefährlichen Situationen. Sie suchen womöglich den Kampf mit der Natur, die Auseinandersetzung mit der Gefahr, die Höchstleistung im Natursport und brauchen diverse Herausforderungen für ihr seelisches Gleichgewicht oder dafür, ihre Pubertät nachzuholen.

Erlebnispädagogik hat aber ihren Zweck in der Regel nicht allein in der Leistung oder in der Angstüberwindung oder im Erlernen einer Natursporttechnik. Sie ist keine Pädagogik der Härte, in der Muskelkrämpfe, physische und psychische Zusammenbrüche zum Standardprogramm gehören. Wer die Erlebnisberichte sorgfältig studiert, stößt gelegentlich auf solche Legitimationen autoritären Verhaltens. Der Pädagoge X „muss" bei der Wildwasserfahrt sein Boot vor dem Kentern bewahren und die Jugendlichen mit körperlicher Gewalt zur Mitarbeit zwingen, um sie vor schlimmerem Schaden zu bewahren. Die Wildwasserfahrt wird so zum Männlichkeitsritual der Pädagogen, Schläge werden scheinbar logisch begründet. Der Pädagoge wird einer, der auszieht, den anderen das Fürchten zu lernen.

Ein zweiter gefährlicher Trend macht sich beim Einsatz erlebnispädagogischer Methoden in der sozialen Arbeit breit: Immer mehr Pädagogen lassen sich auf Situationen ein, die sie nicht mehr beherrschen können. Begründet wird dies mit der Ideologie, dass Pädagoge und Jugendlicher gleichzeitig angesichts der krisenhaften Situation über sich hinauswachsen und sie so bewältigen. „Hard Skills" – die technischen Fertigkeiten – seien nur hinderlich für die Erziehungsarbeit des Pädagogen, würden ein Ungleichgewicht, eine hierarchische Beziehung begründen. So sind z. B. in Höhlen immer mehr Gruppen zu finden, die weder die selbstverständlichen Standards der Ausrüstung erfüllen (Helm und Stirnlampe, Bergschuhe, warme und wasserdichte Kleidung u. a.) noch die fachlichen Voraussetzungen. Diese Leiter haben ganz offensichtlich keine Erfahrungen in der Höhlenforschung, kennen das Höhlensystem nicht, beherrschen nicht die Techniken der Höhlenbefahrung und der Höhlenrettung. In Berlin steigen junge Sozialpädagogen mit ihren Jugendlichen in Abwasserschächte ohne Kenntnis des Systems und ohne Information darüber, wann diese Schächte und in welcher Zeitspanne sie voll laufen. Dies nur ein Beispiel unter vielen. Die nächste, dann wirklich selbst verschuldete Katastrophe kann erwartet werden. Der entsetzte Blick der Öffentlichkeit wird dann gewissenhafte und unseriöse Träger erlebnispädagogischer Maßnahmen in gleicher Weise treffen. Hier war ein dringender Handlungsbedarf gegeben, daher wurden durch den Bundesverband Individual- und Erlebnispädagogik Qualitätsstandards erarbeitet.

Gegen diese harten bzw. verantwortungslosen Spielarten der Erlebnispädagogik mutet die erlebnispädagogisch verbrämte Wanderung über die Wildblumenwiese schon sehr harmlos an. Wir führen unseren Partner mit verbundenen Augen durch Wald und Wiese, lassen ihn tasten und riechen. Wir erfreuen uns am Gänseblümchen, für das wir uns bislang noch nicht besonders interessiert haben, und merken, dass es doch auch bei dieser so bescheidenen Blume viel Neues zu entdecken gibt. Wir zeichnen Baumwurzeln, und im Zeichnen werden uns die unendliche Vielfalt und die feinen Muster bewusst. Die sinnliche Erfahrung von Natur ist unbestritten als ein wertvoller Ansatz in der außerschulischen Bildungsarbeit zu bewerten, aber ist das – wenn es nur bei dieser sinnlichen Erfahrung bleibt – notwendigerweise Erlebnispädagogik? Haben diese Aktionen nicht einen Wert an sich, auch wenn sie nicht der Erlebnispädagogik zugerechnet werden – obgleich sie immer auch ein Bestandteil davon sein können? Problemlösungsaufgaben, Gilsdorf und Kistner bezeichnen sie als „Kooperative Abenteuerspiele", können zwar eine Bereicherung erlebnispädagogischer Aktivitäten sein, aber nicht an ihre Stelle treten.

Zur Charakteristik von erlebnispädagogischen Aktivitäten gehört neben dem Verbund von Aktion, Spiel, Übung, Projekt u.a. die physische, psychische und kognitive Auseinandersetzung mit der Natur, die Erschließung von Erlebnis- und Lernräumen, und damit ist eine gewisse Ernstsituation verbunden, in der spielerische Ansätze und Übungen vorübergehend keinen Platz haben.

Das Erlebnis ist schließlich die grundlegende Kategorie jeglicher außerschulischer Bildungsarbeit. Erlebt wird etwa beim Sonnenkollektorbau in der Ökopädagogik, erlebt wird der Gruppenprozess im Rahmen von psychosozialen Seminaren, das Töpfern oder Batiken in der kreativen Bildung, die historische Spurensuche in der politischen Bildung. Erlebnispädagogik ist es aber nicht, auch wenn hier erlebnisorientierte Methoden eingesetzt werden.

Noch ein letztes Missverständnis: Das Erlebnis allein reicht nicht. Der pädagogische Auftrag lässt sich nicht – Ausnahmen bestätigen da die Regel – auf die Technik des Schlauchbootfahrens und die Hoffnung, dass es schon wirken werde, reduzieren. Diese Minimalpädagogik muss, wenn auf sie gesetzt wird, begründet werden. Freilich haben besondere Erlebnisse etwas mit Prägung zu tun, sie graben sich ein in die Erinnerung und gehören zu den Dingen, die niemals vergessen werden. Die Eindrücke sind oft so überwältigend, dass die Sprache bei der Beschreibung der inneren Vorgänge zu versagen scheint. War das Ziel vieler außerschulischer Themen der 1970er Jahre zunächst, ein Gefühl der Betroffenheit zu erzeugen, so scheint das Ziel von erlebnispädagogischen Aktionen nicht selten darin zu liegen, Ergriffenheit (Jensen 1942) zu ermöglichen. Aus dieser Eindruckstheorie, die eine gewisse Sprachlosigkeit mit sich bringt, kann aber keine Berechtigung zu einer Minimalpädagogik abgeleitet werden. Diese würde sich auch wohl kaum vom Angebot einer Sportfirma abheben. Jeder Pädagoge hat sein Handeln zu hinterfragen: Warum arbeite ich mit dieser Zielgruppe, welche

Ziele soll ich mir stecken, mit welchen Methoden können diese Ziele am besten erreicht werden. Nur so, eingebettet in eine pädagogische Konzeption besteht die Chance, dass aus einem Erlebnis in der Natur ein erzieherisches Handeln wird.

Was treibt den Bergsteiger in die Höhe, den Kajakfahrer ins Wasser, den Höhlenforscher in die Tiefe, den Segler aufs Meer? Und warum geht er das Risiko und die Mühsal ein, diese Leidenschaft Jugendlichen vermitteln zu wollen? Welcher Typus von Pädagoge wird von den Natursportarten angezogen und warum meint er, dass diese „Grande Passion" pädagogisch nutzbringend anzuwenden ist?

Die Zeiten für die Praktiker der Erlebnispädagogik waren schon schlechter! Wer in den 1980er Jahren als Leiter eines Jugendzentrums die VW-Busse voll packte und die Kajaks am Dach festzurrte, wurde nicht selten geheim beobachtet. Für den Geschäftsführer hatte dieser sonst so engagierte Mitarbeiter einen spätpubertären Spleen, bei dem man einfach ein Auge zudrücken müsse. Die Reise führte in den Sommer und ins Wildwasser, also waren Erholung und Erlebnisse auf dem Wasser angesagt. Ärgerlicher war es schon, dass aus dem zweiwöchigen Kajak- und Höhlentrip eine Menge Überstunden resultieren sollten. Das Jugendzentrum würde man anschließend für eine Woche zusperren müssen, um diese Arbeitsaltlasten abzubauen. Auch die Sekretärinnen feixten neidisch: Man wisse schon, dass bezahlter Urlaub die schönste Art des Geldverdienens sei. Die pädagogischen Kollegen waren so gar nicht einverstanden mit solchen unpolitischen Unternehmungen, die mit dem Tarifrecht nicht vereinbar waren.

Wer sich jemals in solche erlebnis- oder ferienpädagogische Unternehmungen eingelassen hat, weiß aber zu berichten, dass es sich um eine pädagogische Intensivstation handelt, weniger für die Jugendlichen, mehr für die Pädagogen. Es gibt unzählige Lernchancen für beide Teile. Gefordert ist immer die ganze Person des Pädagogen, nicht Anteile von ihr. Die Gesamtheit dieser Person wird widergespiegelt von der ganzen Gruppe der Jugendlichen und von einzelnen Jugendlichen. Die gewohnten Rollenzuschreibungen funktionieren nicht mehr so gut: Man geht gemeinsam im gleichen Regen, schläft gemeinsam in der Heuhütte, bereitet das Essen zu, sitzt am Lagerfeuer, genießt und leidet gemeinsam.

Empirische Untersuchungen über diese Spezies des Pädagogen liegen nicht vor, daher im Folgenden einige idealtypische Beschreibungen als ein Weg, zu einigen Hypothesen über das Selbst- und Fremdbild der Erlebnispädagogik zu kommen. Wir treten als Erlebnispädagogen gerne aus der eigenen Zivilisation heraus und versenken uns in die Natur bzw. nehmen die Herausforderungen der Natur an. Vielleicht ist es eine Art Zivilisationsmüdigkeit, die hier durchbricht. Sie ist aber letztlich nicht durchzuhalten, und der Weg zurück in die Kultur ist vorgezeichnet. Mit zunehmender Verstädterung ist der Aufforderungscharakter der Natur gewachsen. Erlebnissucht und Naturgenuss sind Gemütsregungen des städtischen Menschen, der gleichsam zwischen den Welten pendelt, der in den Bergen, in den Schluchten und Höhlen ebenso zu Hause ist wie in der städtischen Eigentumswohnung. Die Verwilderungswünsche werden kultiviert, wie bei einem Ethnologen, der zwischen den Kulturen wandert. Um diese Situation genauer zu bezeichnen, wurde ein treffender Ausdruck geschaffen, der „marginal men" (Stagl 1974, 67).

Worin liegt die Anziehungskraft der lebensfeindlichen Bereiche, die der Erlebnispädagoge mit seinen Jugendlichen aufsucht? Steine, Eis und Wasser, Feuchtigkeit, Dreck und Kälte – es sind Regionen, die der Mensch in früheren Zeiten gemieden hat, der Sitz der Götter und Dämonen, Orte, die Verderben und Tod bringen. Der moderne erlebnissüchtige Mensch wird magnetisch angezogen von diesen Herausforderungen, von dieser Antithese des Lebens, weil sie uns unausweichlich dazu zwingen, unser alltägliches Leben aufzugeben und möglicherweise zu überdenken. Zur traditionellen Erlebnispädagogik gehört die Abgeschiedenheit und Einsamkeit. Wer kraft des eigenen Körpers in diese oft feindlichen Lebensräume eindringt, verspürt ein Gefühl der Exklusivität. Dazu gehört Lust an der Leistung und Freude am einfachen Leben, das den Umgang mit den Elementen voraussetzt. Der unternehmungslustige Pädagoge verlässt die gewohnten Orte der Bequemlichkeit und des Luxus und nimmt die Folgen des einfachen Lebens auf sich. Ein Rest von Flucht, von unverdauter Gesellschaftskritik, von der Suche nach dem verlorenen Glück ist in diese erlebnispädagogischen Fahrten vermischt, ein Hauch von jugendlicher Romantik. Kein Wunder, dass die Praxis der Erlebnispädagogik eher die Generation der jungen Pädagogen anspricht, die diesem jugendlichen Lebensgefühl noch nahe stehen.

5.3 Vom kleinen zum großen Unterschied oder: starke Mädchen – arme Jungen?

In den Jahren seit Erscheinen der Erstauflage dieses Buches hat sich die Genderdebatte grundlegend verändert. Bis weit in die 1990er Jahre hinein standen „benachteiligte" Mädchen im Zentrum der „Gleichstellungsanstrengungen". In jüngerer Zeit wendet sich die Aufmerksamkeit der (Bildungs-)Öffentlichkeit zunehmend den männlichen Jugendlichen zu. Nicht erst seit PISA werden ihnen schlechtere Schulergebnisse als den Mädchen attestiert. Besonders außerhalb der Schule machen sie durch Krawall, Komasaufen und Killerspiele, die nicht auf den Computer beschränkt bleiben, auf sich aufmerksam (Matze/Tischner 2012). Das Gerede von dem „schwachen" Geschlecht hat jahrelang die Diskussionen und die Wahrnehmung geprägt – ja zum Teil in eine stereotype Starrheit gezwungen. Neuerdings häufen sich die medialen Katastrophenmeldungen über Jungen. Mit pädagogischem Augenmaß betrachtet stehen die Chancen heute jedoch gut, weder Mädchen noch Jungs in einen geschlechtshomogenen Topf zu werfen, sondern – endlich – differenziert je nach Lebenssituation und Bedürfnislage zu betrachten, sofern keine neue „Schieflage“ zugunsten der männlichen Jugend entsteht.

1994 wurde das Kinder- und Jugendhilfegesetz verabschiedet, in dem festgeschrieben ist, dass „Bei der Ausgestaltung der Leistungen und der Erfüllung der Aufgaben ... die unterschiedlichen Lebenslagen von Mädchen und Jungen zu berücksichtigen, Benachteiligungen abzubauen und die Gleichberechtigung von Mädchen und Jungen zu fördern“ sind (§ 9 Abs. 3, SGB VIII). Interessanterweise ist mit diesem Gesetz schon damals der Grundstein für Gender Mainstreaming gelegt worden, der beide Geschlechter in den Fokus nimmt. Die Lesart war, dass es primär um die Defizite der Mädchen, um den Abbau der Geschlechtshierarchie geht.

Es überrascht nicht, dass Klischeebilder von Mädchen und Jungen, Männern und Frauen lange Zeit die öffentliche Meinung der Erlebnispädagogik beherrschten. Die hartnäckigste Kritik galt dem Bild der Erlebnispädagogik als „Abhärteschule“, als Fortsetzung einer männlich dominierten (Sport-)Disziplin, bei dem Werte wie Durchhaltevermögen und Körperertüchtigung Vorrang haben. Tatsächlich wurde bis Ende der 1980er die Erlebnispädagogik von den Verfechtern von „Hard Skills“ dominiert und von Vertretern sportlicher Leistungsideale geprägt. Unterstellt man der Pädagogik allgemein eine Geschlechterblindheit, kann man bei der Erlebnispädagogik von damals bestenfalls von einer Art Geschlechterneutralität sprechen, sowohl was die Inhalte der Programme als auch die Art ihrer Durchführung betrifft. Innerhalb der Strukturen der Anbieter von Erlebnispädagogik war die Definitionsmacht von Anfang an männlich (siehe Kurt Hahn!). Bewusst oder unbewusst wurden keine Unterschiede zwischen den Geschlechtern gemacht. Mädchen wurde das Gleiche zugemutet wie Jungs. Dabei ist mit Sicherheit des Öfteren nicht nur über weibliche, sondern auch über männliche Bedürfnisse hinweg gegangen worden.

Die allmähliche Ablösung der „Naturburschen“ durch Sozialpädagogen, und vor allem -pädagoginnen, führte zu einem „Generationswechsel“ in der erlebnispädagogischen Praxis. Damit wuchs die Identifikation mit den Zielen und dem Auftrag des Jugendhilfegesetzes, insbesondere mit dem Gleichberechtigungsparagraphen und führte zu einem verstärkten Bewusstsein und Eintreten für geschlechtsspezifische Konzepte. Und mit der zunehmenden Qualifizierung von Frauen durch erlebnispädagogische Weiterbildungen wuchs die Sensibilität für Genderfragen.

Von Mädchenförderung zu Gender Mainstreaming – schlechte Zeiten für Feministinnen oder überfälliger Paradigmenwechsel?

Die früheren Selbstverständlichkeiten des Diskurses, nämlich die generelle Unterdrückung der Frau und deren Benachteiligung, werden in Frage gestellt. Die Ziele von Gender Mainstreaming sind breiter und umfassender gesteckt; indem die Chancen, das soziale Umfeld, die institutionellen Strukturen und vor allem das Miteinander beider Geschlechter unter die Lupe genommen werden, um – möglichst unbelastet von Mythen, Märchen und Missverständnissen – genau wahrzunehmen, wo Ungleichheiten bis hin zu Ungerechtigkeiten für das eine oder bei dem anderen Geschlecht zu finden sind. Es soll also miteinander gelernt werden – jenseits von Vorurteilen und Ressentiments. Und das ist keine leichte Übung! Es ist zu hoffen, dass durch Gender Mainstreaming „Versöhnlicheres und Produktiveres" (Rose/Schmauch 2007, 16) in die Geschlechterdebatte hineinkommt und dass sich dadurch der Blick auf „vielschichtige Geschlechterrealitäten" öffnen kann. In einer Zeit, in der innerhalb der jeweiligen Geschlechtergruppen so vielfältige Lebensentwürfe wie nie zuvor gelebt werden, mutet die permanente Reproduktion klischeehafter Geschlechterbilder seltsam unzeitgemäß an.

Hat die Erlebnispädagogik „ausgegendert"?

Wie schaut es in der alltäglichen erlebnispädagogischen Praxis heute tatsächlich aus? Ist die Gender Mainstreaming-Debatte überhaupt in der Erlebnispädagogik angekommen oder wird hier, nach der mehr oder weniger heftigen „Mädchenoffensive" einfach weiter agiert nach dem alten Motto: „Aufpassen! Benachteiligte Mädchen" Oder nach dem neuen Wunschdenken: „Mädchen können das eh genauso gut – wenn nicht besser als die Jungs?" Vermutlich gibt es hier viele Antworten, denn die Praxis ist mittlerweile so vielfältig, dass es unmöglich ist, alles über einen Kamm zu scheren. Je nach professioneller Ausrichtung – eher fachsportlich, pädagogisch oder therapeutisch – und beruflicher Herkunft – eher sozialpädagogisch, eher wirtschaftlich – und je nach Selbstverständnis der Praktiker und Praktikerinnen wird Gender eine oder keine, eine wichtige oder eine untergeordnete Rolle spielen. So scheint die momentane Praxis eher einer Beliebigkeit unterworfen zu sein, bei der keine bewusste Entscheidung – Gender in den Fokus nehmen oder nicht – getroffen wird. Diese Vernachlässigung der Genderfrage hat wohl mehrere Ursachen: Zum einen macht sich – vor allem unter den erfahrenen (Erlebnis-)Pädagogen – eine gewisse „Gendermüdigkeit" breit. Gender Mainstreaming wird eher als eine strukturelle Angelegenheit, die Arbeitsbedingungen und Personalpolitik betrifft, aufgefasst. Zum anderen übersehen viele in der Praxis, dass Gender ein unentbehrlicher, identitätsstiftender Aspekt der Persönlichkeit ist, die – egal wie – zur Persönlichkeitsbildung gehört. Sie befürchten, dass dieses Thema, weil unbequem, „abgelutscht" oder zu intim, den Kursablauf oder die Gruppenatmosphäre stören oder zu Konflikten unter den Teilnehmerinnen und Teilnehmern führen könnte. Manche verstehen es zu wenig, das Thema so zu integrieren, dass es neugierig macht, anstatt dass es abgewehrt wird und als Teil der sowieso stattfindenden Reflexion „mitläuft". Hier muss von Seiten der Leitung gewährleistet sein, dass Gender nicht zu einem nutzlosen Schlagabtausch oder zu einem alles andere überragenden Thema wird.

Inwieweit lassen sich Erlebnispädagogen und -pädagoginnen selbst von alten oder neuen Klischees leiten? Hier gilt es zu reflektieren, welche Frauen- und Männerbilder vorhanden sind und welchen Einfluss diese Bilder auf das Handeln haben. Es ist zu überprüfen, inwieweit eigene genderspezifische Annahmen von den jeweiligen Teilnehmern und Teilnehmerinnen bestätigt oder widerlegt werden. Hierzu ein konkretes Beispiel aus der Praxis. Lange Zeit wurde die „Wall" – eine vier bis fünf Meter hohe, glatte Holzwand, die es „by fair means" also ohne technische Hilfsmittel zu überwinden gilt – als „Mädchenschleuder" tituliert. Der Grund dafür war, dass Mädchen als die vermeintlich Schwächeren, Kleineren, Leichteren ohne eigenes Zutun von den Jungs hochgezogen, -gezerrt, -geschoben, -getragen wurden. Dies führte dazu, dass Leiterinnen – und manchmal auch Leiter – diese Aufgabe mieden, weil behauptet wurde, es „bringe" nichts und benachteilige die Mädchen. Das gleiche Setting kann jedoch auch anders angeleitet und erlebt werden. Christina Crowther (2005) zum Beispiel führte die Aufgabe mit dem Hinweis ein, dass dieses Hindernis des Öfteren als „Mädchenschleuder" bezeichnet würde und die Gruppe versuchen solle, dies zu verhindern. Durch die erhöhte Aufmerksamkeit beider Geschlechter trat ein ganz anderer Effekt ein. Die Mädchen passten auf, dass die Jungen ihnen nicht „die Butter vom Brot" nahmen, sie übernahmen, sofern sie körperlich dazu imstande waren, die gleichen Aufgaben wie die Jungen, und manche Jungen trauten sich sogar, sich ohne besonderen Kraftaufwand hochziehen zu lassen. Hier kann eine minimale Leitungsintervention sehr wirksam sein und regt, unterstützt durch eine anschließende Reflexion, zum Nachdenken über Geschlechterklischees an. Die Erlebnispädagogik ist prädestiniert, Genderfragen zu vertiefen, ohne sie in den Mittelpunkt zu stellen. Betrachten wir einige zentrale Prinzipien der Erlebnispädagogik unter diesem Blickwinkel:

Handlungsorientierung Durch die Handlungsorientierung wird sofort deutlich, was jemand – egal ob Mädchen oder Junge – zu tun imstande ist. Gerade in der Handlung, in der Aktion, werden individuelle Stärken und

Schwächen sichtbar, die von den Erfordernissen der Situation abhängen und eher geschlechtsunspezifisch sind. Erst unsere Annahmen und Vermutungen belegen die Handlungen mit den Attributen „typisch weiblich" oder „typisch männlich", lassen uns staunen darüber, dass er das nicht schafft, was *ihr* locker gelingt. Die Erlebnispädagogik ist geeignet, mit Genderstereotypen „aufzuräumen", weil sie den Ansatz vertritt, jede(n) nach ihren/seinen individuellen Fähigkeiten und Kompetenzen zu fördern. Sie bietet die Möglichkeit, neue (Gender-)Rollen auszuprobieren. In den unterschiedlichen Reaktionen auf die Handlungsaufforderung wird das eigene Rollenverständnis sichtbar, das durchaus geschlechtsbedingt sein kann. So neigen Jungen eher zum Aktionismus, während Mädchen zurückhaltender sind. Jungen tun häufig so, als wüssten sie, wo es lang geht, auch wenn sie in Wirklichkeit keine Ahnung haben, Mädchen unterschätzen ihr eigenes Können, haben weniger Selbstvertrauen. Ebenso oft wie diese Annahmen zutreffen, treffen sie nicht zu.

Gruppenfokus Jede (Gruppen-)Pädagogik beschäftigt sich mit der Frage nach der individuellen Rolle jedes Einzelnen in der Gruppe. Was liegt näher als zu prüfen, ob diese Rolle bestimmten geschlechtstypischen Mustern entspricht und ob sie als authentisch, d. h. unabhängig von den „geschlechtlichen Erwartungen" wahrgenommen wird oder nicht. Hierzu ein weiteres Beispiel aus der Praxis: Auf dem langen Weg zum Biwak fallen die Mädchen spätnachmittags hinter den Jungen zurück. Es droht, dunkel zu werden, bevor der Lagerplatz erreicht wird. Zudem ist das Gelände herausfordernd, weglos und steil. Spontan schlagen ein paar Jungen mit guter Kondition vor, die Rucksäcke der Mädchen das letzte Stück Weg ins Biwak zu tragen. Sie ernten nur höhnisches Gelächter. Erst durch die Intervention der Leitung – mit sicherheitstechnischer Begründung – geben die Mädchen ihre Rücksäcke ab.

Hier soll nicht die Richtigkeit der Intervention zur Debatte stehen. Die Leitung wurde dafür später heftig kritisiert! Die Reflexion machte deutlich, wie schwer es für die Mädchen war, wegzukommen von ihrer – im Grunde verständlichen – Einstellung „Wir tragen unsere Rücksäcke selber!" und die nette Geste der Jungen anzunehmen, die sie für ziemlich „machohaft" hielten. Die Jungen wiederum bekamen einen Rüffel für etwas, was sie wirklich nett gemeint hatten, auch wenn ein Rest Eigennutz dabei war, weil sie schneller ankommen und essen wollten. Sie wollten aber die Eigenständigkeit der Mädchen nicht antasten. In der Diskussion, die in den darauf folgenden Tagen immer wieder aufloderte, wurde allen Beteiligten klar, wie schwierig es ist, wertfrei, in diesem Fall also „genderfrei", auf das Verhalten eines anderen zu reagieren. Es schieben sich immer wieder die Bilder dazwischen, die man von Mädchen oder Jungen im Kopf hat und verhindern die getrennte Wahrnehmung vom Individuum und dessen Geschlecht.

Auf Wunsch der Teilnehmerinnen und Teilnehmer wurde am Schluss des Kurses eine Übung angesetzt, bei der alle Mädchen sich wie Jungen und alle Jungen wie Mädchen verhalten sollten. Das Chaos war perfekt und alle verfügten bestens über das Verhaltensrepertoire des anderen Geschlechts bestens drauf. Am Ende war allen klar, dass man allein mit Stereotypen nicht weiter kommt. Alle konnten bestimmte Anteile bei sich selbst finden, die sie für geschlechtstypisch hielten. Noch spannender war die Entdeckung der Unterschiede innerhalb der vermeintlich geschlechtshomogenen Gruppe. So fühlten sich manche Mädchen manchen Jungen näher – bezogen auf Fitness und die praktische Umsetzung von technischen Anweisungen – als ihren eigenen Geschlechtsgenossinnen. Entsprechend konnten Annahmen und Vermutungen, gerade über die vermeintlichen geschlechtstypischen Stärken und Schwächen, in Frage gestellt werden. Dies führte weiter zu Fragen bezüglich Erfolg oder Misserfolg, Leistung und Ehrgeiz bei den verschiedenen Aktionen. Nicht immer gelingt es so leicht, in die „tieferen“ Schichten des Genderthemas vorzudringen.

Aktion und Reflexion In einer Reflexion bemerkt eine Teilnehmerin: „Das hat mich echt gewundert, dass die Frau M. so viel Kraft hat; sie klettert besser als der Chef!“ Oder: „Susi hat die Karte gehabt und super geführt!“ In Zeiten, in denen populärjournalistisch behauptet wird, es sei wissenschaftlich erwiesen, dass Männer besser im „Werfen, Einparken, Kartenlesen, Schachspiel oder in der Architektur“ seien, können Erlebnispädagoginnen froh sein, dass sie in einem Handlungsfeld agieren, in dem der Reflexionsprozess sozusagen „verordnet“ wird. So kann an solchen Bemerkungen angeknüpft werden, und Beobachtungen können durch gezielte Fragestellungen zu Tage gefordert werden. Es geht darum, neue Blickwinkel und Perspektiven einzunehmen und nicht Sachen besserwisserisch richtig zu stellen. So wäre die Rückfrage: „Wieso überrascht dich das?“ günstiger als „Männer können genauso […]“ oder „Frauen können genauso […]“ In der Reflexion sind Fragen, die mit Genderannahmen und Vermutungen zusammenhängen, gut aufgehoben.

Challenge, risk and safety „Männlichkeit ist eine hochriskante Lebensform“, schreibt Walter Hollstein (2000). Was könnte hier gemeint sein? Sicherlich nicht eine Überdosis hoher Seilgarten! Die Begründung für Unterschiede zwischen Männern und Frauen, Mädchen und Jungs bezüglich Risiko- und Abenteuerverhalten sind in den Standardwerken der Sport- und Erlebnispädagogik enthalten. Sie sind von der Entwicklungspsychologie bestens erforscht und müssen hier nicht erneut ausführlich dargelegt werden. Frauen kümmern sich um die eigene körperliche Sicherheit und Gesundheitsfürsorge im Alltagsleben mehr als Männer. Entscheidend für die Praxis ist, dass solche Erkenntnisse auch auf undramatische Weise in die Arbeit mit

Jugendlichen einfließen und so reflektiert werden, dass neue Wahrnehmungen der eigenen Person und des Gegenübers ermöglicht werden. Dazu gehören Fragen zum Umgang mit Angst und Unsicherheit sowie die Bedeutung von Herausforderung und Risiko.

Umgang mit Widerstand „Männer rollen immer mit den Augen, wenn das Thema Mann / Frau kommt!". Die Unlust, die beim männlichen Geschlecht bei dieser Frage immer überwogen hat, ist inzwischen bei Mädchen und jungen Frauen auch zu spüren. In der Jugendarbeit bestehen die besten Chancen, dass persönliche Themen und Probleme zur Sprache kommen. Da es aber bei diesen Fragen auch häufig um die sexuelle Identität von Jugendlichen geht, führen Scheu und Scham auf beiden Seiten dazu, „cool" zu bleiben oder Widerstand zu leisten. Die Erlebnispädagogik hat den Vorteil, dass Gender kein „zu bearbeitendes" Thema im schulischen Sinne ist, dass es nicht um Theorie und schon gar nicht um richtig und falsch geht. Die folgende Checkliste soll Anregungen dazu geben, wie Genderfragen in die erlebnispädagogische Praxis integriert werden können.

- „Willst ein guter Leiter sein, dann schau erst in dich selbst hinein." (Schulz von Thun)
- die eigene Genderbiographie unter die Lupe nehmen
- die eigene Einstellung zu den typischen Genderklischees (Frauen: kommunikationsfreudig, Männer: risikofreudig) hinterfragen
- sich als Frau oder Mann (in einer Leitungsfunktion) in das Seminargeschehen einbringen
- Stärken und Schwächen der Teilnehmer identifizieren, unabhängig vom Geschlecht
- keine Hypothesen über „sozial kompetentere" Mädchen und „muskelstrotzende" Jungen aufstellen
- den Prozess ab und zu durch die „Genderbrille" anschauen
- Verhalten spiegeln und Fragen stellen, die genderrelevant sind
- Reflexionen nutzen, um Wahrnehmung und Bewusstsein für genderspezifisches Verhalten zu erhöhen
- Wertschätzung aufrechterhalten, keine „Minen" zum Explodieren bringen
- so viel Koedukation wie möglich, so viel Geschlechtertrennung wie nötig

„Der Untergang der Männer dauert noch 125.000 Jahre!" meint „DER SPIEGEL"" vom 15. September 2003. Diese Prognose macht deutlich, dass die Genderfrage uns noch ein wenig begleiten wird. Wir sollten sie beherzt angehen und den „abendlichen Küchentischzoff" vermeiden. Vielleicht haben Erlebnispädagogen und -pädagoginnen hier bessere Karten. Sie müssen das Ganze nicht von der „problembeladenen" Seite sehen und behandeln, sondern eher im Sinne eines „guten Miteinanders". Sie können ihre spielerische Kreativität, ihre Methodenvielfalt und Reflexionskompetenz einfach thematisch erweitern. Darin stecken eine große Chance und gleichzeitig der Reiz.

5.4 Eine „unvermeidbare Schuld"? – Ökologie und Erlebnispädagogik

„Wildwasser-Rafting – Erlebnissport für Abenteurer auf einem der letzten unverbrauchten Alpenflüsse". „New Age im Schnee – Eintauchen in eine neue Dimension". „Mountain Biking im Paradies – mit dem Bergradl über Stock und Stein": Die Marketing-Strategen in der Tourismus- und Sportartikel-Branche haben längst erkannt, dass mit den neuen und auch mit den wieder entdeckten Natursportarten in der postmodernen Konsumgesellschaft profitabel gewirtschaftet werden kann. Squash- und Aerobicwelle sind ausgereizt – nicht mehr die Sporthalle, sondern die „unberührte Natur" dient als Spielfeld für den dynamischen Zeitgenossen. Nach einer Phase der Intensivierung und Konzentration mit Hochrüstungen von Skigebieten in den Alpen, Sportparks im Mittelgebirge und Segelzentren an der See wird nunmehr extensiviert: Sportkletterer erschließen sich neue Areale außerhalb frequentierter Gebiete und Routen; Kajaksportler stürzen sich Bäche und Wasserfälle hinunter, die noch vor wenigen Jahren als unbefahrbar galten; Alpinisten schlagen sich kletternd, abseilend, schwimmend durch – normalerweise unzugängliche – Schluchten und taufen die Disziplin Canyoning.

Der Mensch als Störfaktor

Angesichts dieser rasanten Entwicklung verwundert es nicht, dass die Presse ein Thema gefunden hat, das die abflauende Naturschutzdiskussion wieder in Gang bringen sollte: Natur- und Umweltzerstörungen der „neuen Modesportarten". Der Bergsteiger, Wanderkanute und Fahrtensegler alter Prägung wurde gleich mit in den Topf geworfen und sieht sich nun einem – meist wenig differenzierten – Tribunal ausgesetzt, das zusätzlich von den „Hardlinern" unter den Naturschützern angeheizt wird.

Trotz aller Unterschiede zum kommerziellen oder auch individualistischen Treiben in der Natur- oder besser, Kulturlandschaft (vgl. Bätzing 2015), gerät auch die Erlebnispädagogik ins Visier der Kritiker. Es ist in erster Linie der organisierte Naturschutz, der – motiviert durch einschlägige Presseberichte – Vorwürfe formuliert. Aber auch Teile der pädagogischen Fachwelt beteiligen sich als Ankläger: Auf dem Berliner Freizeit- und Breitensportsymposium 1988 etwa forderten Erziehungswissenschaftler der

TU Berlin, Kindern und Jugendlichen Tierfilme zu zeigen und die Natur in Ruhe zu lassen, um auf diese Weise ökologisches Bewusstsein zu schaffen. Dass das der falsche Weg sein dürfte, ist zumindest für die Vordenker in der Erlebnis- und Ökopädagogik evident. Wilfried Dewald ist vorbehaltlos zuzustimmen, wenn er sagt: „Gegen Naturferne hilft nur Naturnähe." (Dewald 1990, 13) Auf der anderen Seite droht die Erlebnispädagogik immer weiter in den Strudel von aneinander gereihten, möglichst spektakulären Einzelaktionen hinabgerissen zu werden. Nach Klettern und Abseilen in speziell eingerichteten Routen folgt ein 8-Meter-Sprung in eine Gumpe, anschließend wird in das bereitstehende Raft gestiegen. Die Auftraggeber und die Adressaten erlebnispädagogischer Kurse heizen dieses „Action Hopping" weiter an – die Natur degeneriert zur auswechselbaren Kulisse; sie ist nicht viel mehr als ein billig beschaffbares Vehikel für den individuellen oder kollektiven „Kick".

Die verhärtete Konfrontation zwischen Hardlinern der Naturschützer und Natursportlern ist Ende der 1990er Jahre deutlich aufgeweicht. Pragmatische Lösungssuche ist an die Stelle von sturem Verharren auf Extrempositionen getreten. Nachhaltige Naturnutzung wird vielerorts gleich gesetzt mit kleinräumigen Zonenregelungen. Die Dreigliederung in strikte Nutzungsverbote neben klar begrenzten Nutzungsbeschränkungen und Zonen mit freier Nutzung hat sich etwa beim Klettern in vielen Mittelgebirgsregionen oder beim Kanufahren durchgesetzt. Radikale Lösungen mit flächendeckenden Verboten sind immer noch die Ausnahme geblieben. Wobei erlebnispädagogische Maßnahmen in der Regel mit kommerziellen und individualsportlichen Angeboten gleichgesetzt werden.

Es sind nicht nur die kommerziellen Veranstalter in der boomenden Nische der „Outdoor"-Sportarten, die im Verdacht stehen, Natur als einen kostenneutralen Produktionsfaktor und als nichts weiter anzusehen. Bedenklich stimmt die Entwicklung in der Fachdiskussion erlebnispädagogischer Praktiker. Ist es Zufall, dass bei allen großen internationalen Kongressen „erleben und lernen" in Augsburg von 1997 bis 2000 der Begriff „Ökologie" noch nicht einmal im Titel eines einzigen Vortrags oder Workshops auftauchte. Auch im Jahr 2000 erwähnt gerade einmal die Hälfte aller Projektträger explizit oder zumindest implizit ökopädagogische Zielsetzungen, wie Albin Muff (2001, 80) in seiner Literatursichtung aufzeigt. Wurde das Thema „ökologische Verträglichkeit" in den Selbstdarstellungen der Anbieter (siehe Abschnitt 3.9) nur vergessen, oder ist es symptomatisch für die Ignoranz vieler Träger, das Thema derart auszublenden? Ist dies bei Kursen mit extrem verhaltensauffälligen Jugendlichen mit der alles überlagernden Dominanz individueller Störungen vielleicht noch nachvollziehbar, so bleibt es bei Projekten von allgemein bildenden Schulen oder Einrichtungen der Erwachsenenbildung absolut unverständlich.

Es sind einige kleinere und mittelgroße Träger, wie beispielsweise einige Jugendverbände, von denen man annehmen kann, dass sie in Bezug auf Umweltverträglichkeit eine „weiße Weste“ haben. Alpenvereins-, Naturschutz- und B.U.N.D.-Jugend integrierten die ökopädagogische und ebenso die umweltpolitische Dimension in ihre Programme, auch wenn gelegentliche Widersprüchlichkeiten das Gesamtbild trüben.

Werfen wir noch einmal einen Blick auf Natursportarten, die sich abseits abgetretener Wege wie Pistenskilauf oder Wanderungen nach dem Führer „Die 100 schönsten ...“ bewegen. Beim Bergsteigen außerhalb der Wintermonate sind weniger die Begehungen von nicht markierten, teilweise nur Pfadspuren folgenden Routen problematisch. Als empfindlicher Bereich müssen Übernachtungen in Zelten oder Biwaks unter freiem Himmel angesehen werden. Auch eine optimale Vor- und Nachsorge nach dem Indianerprinzip „keine Spuren hinterlassen“ lässt viele Fragen offen: Darf man ein Lagerfeuer machen und dafür ein sonst sich selbst überlassenes Biotop verändern? Was geschieht mit den Exkrementen, auch wenn sie vergraben werden? (Bei einem amerikanischen Veranstalter werden diese übrigens in Plastiksäcken wieder mit nach Hause genommen!)

Mountain Biker gelten nach unsachlichen Presseartikeln (Der Spiegel: „... Hohlweg-Hooligans, die rücksichtslos in Wandergruppen rasen ...“) als die Buhmänner unter den Natursportlern. Dabei ist es in erster Linie die soziale Komponente, die hier zuschlägt, jedoch mit der ökologischen verwechselt wird. Das Bergrad ist in jedem Fall ein äußerst umweltverträgliches Verkehrsmittel und Sportgerät. Verzichtet werden kann auf Anfahrten mit Pkws, da bereits im Tal Wirtschafts- und Feldwege lustvoll genutzt werden können. In den Bergen steht das ausgebaute Netz von Forst-, Wirtschafts- und Zufahrtsstraßen zur Verfügung, auf denen sich der ambitionierte Wanderer nur langweilen würde. Die Wege und Pfade der Wanderer sind kein geeignetes Terrain für den Biker, da mehr als 30° Steigung auch vom trainierten Sportler mit optimaler Untersetzung nicht befahren werden können. Letztlich sichert erst das Verhalten des einzelnen bzw. das der Gruppe die ökologische und vor allem soziale Verträglichkeit.

Als exemplarisch für eine extensive Nutzung der Kulturlandschaft Alpen kann der Tourenskilauf angesehen werden. Vergleichsweise wenige Skibergsteiger nutzen – in Relation etwa zu den Pistenskifahrern, die sich in den eigens geformten Skigebieten konzentrieren – großräumige Areale. Störungen betreffen vor allem den Jungwald in Schonungen und die besonders sensible Krummholzregion oberhalb von etwa 1 900 Metern, die durch die Stahlkanten unvorsichtiger oder auch rücksichtsloser Skifahrer geschädigt werden. Gefährdet ist weiter das Niederwild, das bei der Flucht vor dem Tourengeher wertvolle Energiereserven verbraucht. Bislang fehlen wissenschaftliche Untersuchungen mit ausreichendem Datenmaterial, wie sie für die Veränderungen durch Pistenskilauf vorliegen. Verglichen mit dem Pisten-, Varianten- oder Helikopter-Skilauf ist der Tourenskilauf aufgrund seiner niedrigen Frequenzen (normalerweise ein Aufstieg und eine Abfahrt pro Person und Tag) wesentlich verträglicher (Heckmair 1988, 82ff.). Seit einiger Zeit boomen sogenannte Pistenskitouren: Die Tourengeher benutzen im Aufstieg nicht etwa das freie Gelände, sondern erreichen auf oder neben den präparierten Pisten ihr Tagesziel. Die Abfahrt erfolgt dann ebenfalls auf der glatt gebügelten Piste. Aus Naturschutzgründen problematisch ist diese alpine Variante des Skibergsteigens dann, wenn Aufstiege oder/und Abfahrten in der Dunkelheit erfolgen, bei denen die Touristen nach ausgiebigem Hüttenbesuch und entsprechender Konsumtion sich lautstark an die Talabfahrt machen und so das Niederwild in der vormals ruhigen Nachtzeit stören.

Die kommerzielle Form des Rafting beschränkt sich meist auf einige wenige, besonders interessante Abschnitte einzelner Flüsse. In der Imster Schlucht des Tiroler Inntals etwa werden an Samstagen und Sonntagen nicht selten 500 oder mehr Schlauchboote gezählt. Da Rafting ausschließlich in den natürlichen oder naturnahen Oberläufen von Flüssen praktiziert wird, muss man eine Störung verschiedener Vogelarten in ihren angestammten Brut- und Nahrungsbiotopen annehmen. Ornithologen stufen Rafting als problematisch ein (Referat Natur- und Umweltschutz das DAV 1989, 36ff.). Die zuständigen Stellen in Österreich haben, allerdings aus wirtschaftlichen Überlegungen heraus, das Raften ausländischer Veranstalter reglementiert. Die Folge ist, dass auch gemeinnützige Träger und Organisationen mit ihren Schlauchbooten an den Grenzen abgewiesen werden, wenn sie keine Lizenz vorlegen können.

Wandertouren mit Kajaks oder Kanadier im „Flachwasser" sind aus erlebnispädagogischer Sicht vor allem in jenen Regionen interessant, wo die touristische Infrastruktur fehlt. Sowohl ökologisch als auch juristisch unproblematischer ist das Kuttersegeln oder Seekajakfahren auf Nord- und Ostsee, wenn für die Übernachtungen Marinas (kleine Seehafen mit entsprechender Müllentsorgung) genutzt werden. Anderenfalls muss die Entsorgung, je nach den vor Ort vorhandenen Bedingungen, entsprechend organisiert werden.

Schuld oder Verantwortung

Die erfolgreiche Jagd war in Sammler- und Jägergesellschaften einerseits ein Grund zur Freude, denn Fleisch galt immer als begehrtes Nahrungsmittel, andererseits musste sich der geschickte Jäger einem Ritual der Reinigung unterziehen, weil er sich schuldig gemacht hatte. Abgesondert vom Dorf verbrachte er einige Tage in einer einsamen Hütte, setzte sich einem Rauchritual aus und wurde so in seiner Bedrängnis von einem Schamanen begleitet. Dieser beruhigte den Jäger und versuchte, ihm sein Schuldgefühl zu nehmen: „Was du geschossen hast, war kein Bär, sondern ein verkleideter Waldgeist, und was vor uns liegt, ist nur eine wertlose Hülle, seine Seele lebt weiter." oder: „Der Tag war so schön, da hast du einfach Lust bekommen, den Bogen zu spannen und den Pfeil abzuschießen. Da ist zufällig der Bär aus dem Wald gerannt und der Pfeil hat ihn getroffen. Dich trifft dabei keine Schuld." (Michl 1982, 46ff.)

Mit der Jagd, dem Töten, um leben zu können, greift der Mensch als Teil der Natur in Ökosysteme ein, und die Sammler- und Jägervölker dieser Erde haben dies als Schuldempfinden in vielen Ritualen, Gebeten und Gesängen zu begleichen versucht. Aus heutiger Sicht erscheint es sinnvoller, von „unvermeidbarer Verantwortung" zu sprechen. Wer Berge besteigt, Flussläufen folgt, ja Wüsten durchquert, kommt nicht umhin, sich der Verantwortung zu stellen und sein Handeln am Maßstab der ökologischen Verträglichkeit auszurichten. Das gilt insbesondere für die Fortbewegung vor, nach und während der Unternehmungen. Hier vor allem kommt es zur Nagelprobe, ob sich erlebnispädagogische und ökopädagogische Ziele decken und ob es gelingt, eine „Philosophie" des ökologischen Lernens zu entwickeln.

Alltagsökologie, Ökopädagogik und ökologisches Lernen

Die alltagsökologische Verantwortung in der Kurzzeitpädagogik, und auch bei längeren Projekten nach den Hilfen zur Erziehung, beginnt mit der Planung der Aktion. Mit welchem Verkehrsmittel bewegen wir uns fort? Gerade bei den großen Reiseprojekten im Rahmen der Intensiven Sozialpädagogischen Einzelmaßnahmen nach § 35 KJHG sind öffentliche Verkehrsmittel vorzuziehen. Sie schaffen viel eher den beabsichtigten Kontakt zu Land und Leuten. Ist dagegen die Zeit knapp, so sollte man Ziele aussuchen, die zu Fuß, mit dem Rad oder mit der Bahn erreichbar sind. Es ist immer das ökologisch verträglichere Verkehrsmittel vorzuziehen: das Fahrrad dem Zug, der Zug dem Reisebus, der Reisebus dem Kleinbus, der Kleinbus dem Personenauto. Es ist schließlich keine Nebensache, mit welchen Verkehrsmitteln man sich dem Ziel nähert, sondern es ist schon Teil der pädagogischen Konzeption. Es ist eben ein Unterschied, ob ein Berg zu Fuß erklettert wird oder ob man per Seilbahn an die Spitze kommt.

Bei den Fahrten in die Türkei, die der Kreisjugendring München-Land im Rahmen seiner internationalen Jugendbegegnung angeboten hat, wurden alle Verkehrsmittel vom Flugzeug bis zum Kleinbus im Laufe der Jahre ausprobiert. Das Ergebnis war eindeutig: Die Anreise mit dem Zug war nicht nur ökologisch verträglicher, sie hatte auch zur Folge, dass sich während der Zeit der Anreise die Jugendlichen zunächst als Gruppe fanden, und dass sie ihre Erwartungshaltung auf die Reise viel besser thematisieren konnten.

Unter dem Stichwort des sanften Reisens sind in den letzten Jahren eine ganze Reihe von alltagsökologischen Merkmalen zusammengestellt worden. Dazu gehört auch die Ernährung. Sich bei Reiseprojekten aus den Nahrungsmittelressourcen des Landes zu ernähren ist selbstverständlich; eine gesunde Ernährung ist aber auch bei mehrtägigen Aufenthalten in der Natur möglich. In vielen Unternehmungen wurde bewiesen, dass man auf Konserven und Fertigmenüs weitgehend verzichten kann. Dies hat nicht nur eine gesündere Ernährung zur Folge, sondern auch eine Minimierung des Abfalls. Dass der mitgebrachte und hier produzierte Müll wieder mitgenommen und entsorgt werden muss, ist zwar ein ökologisches Axiom, für Jugendliche aber nicht immer einsichtbar. Am effektivsten ist das Lernen dann, wenn die Folgen eines umweltschädigenden Verhaltens unmittelbar spürbar werden.

Zu diesen alltagsökologischen Fragen gehört neben dem sanften Reisen, der vernünftigen Ernährung, der Müllproblematik auch ein schonender Umgang mit Wasser und Energie sowie der Schutz von Pflanzen, Tieren und Boden. Entscheidend ist aber auch, wie man sich als Gruppe in einem fremden Land oder in der natürlichen Umgebung verhält. Beim Reisen, Wandern, Klettern, Rad fahren, Segeln können wir uns in die Gegebenheiten der Natur einfügen und mit ihnen unser Ziel erreichen oder sehr bald zum Störfaktor werden, der gegen die Natur kämpft.

Neben der Beachtung dieser selbstverständlichen alltagsökologischen Ziele können sich erlebnispädagogische Aktionen aber unmittelbar decken mit ökologischen Zielen. Dies ist z. B. bei Greenpeace und Robin Wood der Fall, aber auch die Jugend des Deutschen Alpenvereins hat sich hier durch mehrere Projekte hervorgetan. Zum Beispiel durch das Projekt „Wegabschneider“, bei dem Bergwanderer darauf hingewiesen werden, welche ökologischen Schäden das Abschneiden des Wanderweges quer durch die Bergwelt zur Folge hat. Jugendliche haben sich intensiv mit den ökologischen Folgen beschäftigt, die Erosionsschäden beseitigt, haben Material zusammengestellt, es in die gefährdeten Gebiete getragen und hier in mühseliger Kleinarbeit die Tafeln angebracht. Ein weiteres Projekt der Jugend des Deutschen Alpenvereins sind Umweltbaustellen, z. B. das Hangschutzprojekt am Grünten im Allgäu. Ein solches Projekt geht über die übliche Natur- und Umweltschutzarbeit, die sich auf Müllsammelaktionen, Kampf gegen Forststraßen und Liftbau etc. beschränkt hatte, weit hinaus (Dewald in: Bedacht et al. 1992, 61ff.).

Die Umweltbaustelle Hangschutz im Oberallgäu wurde 1985 aus der Taufe gehoben, und existiert noch heute (Stand 2018). Im Nordhang des Grünten, der in diesem Bereich eine Steilheit von ca. 45° aufweist, ist der dortige Schutzwald in seiner Funktion zunehmend gefährdet. Er ist durch sauren Regen und durch Emissionen stark geschädigt. Die am Fuße des Grünten liegende Gemeinde Wagneritz ist dadurch bedroht. Ziel der Umweltbaustelle war, einen Beitrag zur Sicherung und Sanierung des Grünten-Nordhangs durch Bepflanzung von Jungwald zu leisten. Dabei arbeitete die Jugendbildungsstätte des DAV mit dem zuständigen Forstamt und dem Wasserwirtschaftsamt Kempten zusammen. Wie Dewald (ebd.) berichtet, war die Tätigkeit am Grünten sehr mühsam und anstrengend. Die Gruppe von Jugendlichen, die sich zunächst für eine Woche in der Jugendbildungsstätte des DAV zusammengefunden hatte, musste jeden Tag ungefähr eine Stunde im steilen Wald aufsteigen, bevor die Arbeit beginnen konnte. Alle notwendigen Geräte mussten hochgetragen werden. Die Arbeit in dem steilen Gelände war durchaus gefährlich, da sich die Grasflanken bei Regen in gefährliche Rutschbahnen verwandelten. Die Teilnehmerzahl musste dabei auf 15 Jugendliche festgelegt werden, um Überschaubarkeit und Sicherheit zu gewährleisten. Ohne die alpine Erfahrung der Kursleiter und ohne verantwortungsbewusstes Vorgehen wäre die Umweltbaustelle Hangschutz nicht zu meistern gewesen. Trotz eines starken Wildverbisses in der ersten Zeit konnten über 8000 Bäumchen im Bergwald wachsen.

Mindestens ebenso wirksam wie die ökopädagogische Aktion vor Ort war aber, so Dewald (S. 166), die intensive Auseinandersetzung mit Ursachen, Folgen und Wirkungen des Baumsterbens, die bei vielen jugendlichen Teilnehmern ein erstaunliches gesellschaftspolitisches Engagement freisetzte. Die Jugendlichen hatten einen engen Bezug zu „ihrem" Berg gefunden, schrieben die Jugendbildungsstätte immer wieder an oder riefen sie an, kamen wieder und erkundigten sich nach dem Gelingen ihrer Arbeit. Die Alpenvereinsjugend hat aufgrund dieser positiven Erfahrungen das Konzept der Umweltbaustellen in anderen Problembereichen weiterentwickelt, unter anderem bei der Sanierung bedrohter Moorgebiete oder beim Wegebau an schlecht zugänglichen Kletterfelsen. Auch die österreichische Schwesterorganisation arbeitet inzwischen mit diesem überzeugenden Konzept.

Eine Fülle von praktischen Erfahrungen und Anregungen bietet das Buch „Natur-Erlebnis-Ferien" von Anke Schlehufer und Steffi Kreuzinger (2010). Bei den ökopädagogischen Ferienfreizeiten geht es um die Verbindung von ökologischen Bildungsinhalten und Erlebnispädagogik. Sie bieten Spielräume zum Experimentieren (vgl. Kap. „7. Kreative Workshops" wie z. B. Schmuck und Spiele aus der Natur), vermitteln Handlungskompetenzen (vgl. Kap. „5.5 Naturforscher unterwegs"), machen Zusammenhänge greifbar (vgl. Kap. „5.6 Zusammenhänge erkennen, darstellen, vertiefen").

Die Methode, sich Umwelt und Natur mit Erlebnissen anzueignen, sie aktiv zu erforschen, hat Schule gemacht. Inzwischen, so berichtet die „Süddeutsche Zeitung" vom 13. 12. 2000 (Unterricht & Weiterbildung, 22), gibt es in Deutschland etwa 60 Naturschulen, deren Lernprinzip auf unmittelbaren Erfahrungen in der Natur gründet. Die seriösen Anbieter wollen vor allem eine neue Beziehung zur Natur aufbauen. „Wir reden viel davon, dass die Arten ausgestorben sind. Aber wir vergessen, dass auch Beziehungen ausgestorben sind, zum Beispiel die Beziehung zur Natur.“, so Beate Weinzierl vom Bildungswerk des Bund Naturschutz (zit. nach ebd.). Die Wiederentdeckung der Natur, des Nahbereichs, die Schlehufer und Kreuzinger kenntnisreich beschreiben und die sich durch die Naturschulen verbreitet, ist sicherlich ein begrüßenswerter Ansatz. Er klammert jedoch die klassische Konfrontation zwischen Umweltschützer und Erlebnispädagogen weitgehend aus. Wer in deutschen Mittelgebirgen mit Jugendlichen klettern möchte, hat oft weite Strecken zu fahren, um an nicht gesperrte Felsen zu kommen. Und dann folgt vielleicht ein nicht lösbarer Streit, weil Umweltschützer einen nistenden Turmfalken schützen wollen und die Erlebnispädagogen mit einem verhaltensauffälligen Jugendlichen unbedingt klettern wollen, um seinen Weg vom äußeren zum inneren Gleichgewicht zu führen.

Ökopädagogische Aktionen sind wertvoll, sie ersetzen aber nicht die klassischen erlebnispädagogischen Aktivitäten, sondern bereichern das Spektrum der Möglichkeiten. Albin Muff (2001) hat sich in seiner Dissertation grundlegend mit dieser Frage auseinander gesetzt; er sucht nach „Lösungen oder zumindest denkbaren Handlungsalternativen im Spannungsfeld von Naturnutzung und Naturschutz“. (S. 8) Seine Synthese (S. 151) aus These („Erlebnispädagogik leistet einen wichtigen Beitrag zur Erhaltung von Natur und Umwelt“) und Antithese („Erlebnispädagogik verstärkt die Belastungen für Natur und Umwelt“) geht davon aus, dass beide pädagogische Richtungen notwendigerweise aufeinander angewiesen sind. Wenn sich dies als wesentliche Erkenntnis bei Erlebnispädagogen und Ökopädagogen verankern lässt, dann führt dies zu „Ethik und Menschenbild einer ökologisch orientierten Erlebnispädagogik“. (S. 107ff.)

Ökologisches Lernen hat Alltagspädagogik und Ökopädagogik zur Voraussetzung. Eine glaubhafte Grundhaltung des ökologischen Lernens ist nicht entwickelbar, wenn nicht bewusst mit der Umwelt umgegangen wird und wenn nicht ökologisches und politisches Engagement zusammenstimmen. Erst auf der Basis dieser ökologischen Säulen kann eine Achtung vor der Natur entwickelt werden. Jugendliche sollen sich als Teil der Natur begreifen. Ein Ziel des ökologischen Lernens liegt sicherlich darin, die Tatsache zu vermitteln, dass man im Rahmen von Natursport mit der Natur zusammenarbeiten muss. Klettern ist eigentlich nicht die Bekämpfung des Felsens, sondern die Anpassung des Menschen an die natürlichen Gegebenheiten im Fels. Wer sich als Teil einer Landschaft empfindet, der durchwandert sie nicht nur, sondern er durchlebt sie. Der Interessenskonflikt zwischen Naturschutz und Naturnutz hat dann gute Chancen, ad acta gelegt zu werden.

Solche Identifikation, solches Verschmelzen mit der Natur kann auch durch Übungen und Spiele unterstützt werden: Das gemeinsame Schweigen in der Höhle, der Schweigemarsch, Befühlen von natürlichen Gegenständen wie Sand, Schlamm, Bäume etc., Gehen und Meditieren, Stimmungen in der Natur bewusst machen. Werden in der Alltagsökologie Regeln aufgestellt, in der Ökopädagogik Ziele, dann sollte ökologisches Lernen sozusagen der Grundtenor, der Charakter in einer erlebnispädagogischen Aktivität sein. Erfahrungen in der Natur bei erlebnispädagogischen Maßnahmen können als Metaphern für das alltägliche oder berufliche Handeln des Menschen eingesetzt werden. Die „Sprache der Berge" (Kraus/Schwiersch 2005) hilft, Tiefendimensionen des Seins zu ergründen oder gar Lösungen für nicht durchschaubare Lebens- und Alltagsprobleme zu finden. Ob allerdings das „Schweigen der Berge" (Dünne/Kreuzinger 1998) eine neue Dimension ökologischen Lernens beschreibt, oder ob gedanklich weiterführend das „Nichts der Berge" ergründet werden sollte – die moderne Erlebnispädagogik befindet sich auf einem schmalen Grat zwischen esoterischem Naturkult und Lebenshilfe für Menschen auf der existentiellen Suche nach Sinn.

Die „Konferenz für Umwelt und Entwicklung der Vereinten Nationen" (UNCED) hat 1992 in Rio de Janeiro „Nachhaltige Entwicklung" zum Leitbild ihrer Umweltpolitik auserkoren. Die Umweltbildung wurde dabei von Anfang an in den Vordergrund gerückt: Jugendliche und Erwachsene sollten komplexe globale Zusammenhänge erkennen und sich ökologisch verträglich verhalten (StMUV 2018). Was Staat und Politik zumeist ignorieren, sollte der Einzelne zum Primat seines Handelns machen. Das wird so weit getrieben, dass auf der offiziellen Website des „Bayerischen Staatsministeriums für Umwelt und Verbraucherschutz" die Natur- und die Erlebnispädagogik für die „Nachhaltige Entwicklung" in die Pflicht genommen wird.

Forderungen

Muff formuliert (2001, 107–149) folgende konzeptionelle Forderungen für eine ökologisch orientierte Erlebnispädagogik, die wir hier übernehmen:

- Grundlage der Erlebnispädagogik muss eine ökologische Ethik mit entsprechenden Werthaltungen und Einstellungen sein.
- Merkmale ökologischen Denkens in der Erlebnispädagogik sind die Vernetzung von Ökosystemen, die Geschichtlichkeit natürlicher Lebensvorgänge sowie die Erweiterung des Raumhorizonts „vom Lokalen zum Globalen". Umweltpolitische Zusammenhänge müssen deutlich werden.
- Soziales Lernen in Gruppen sowie Handlungslernen als zentrale Merkmale der Erlebnispädagogik sind als gute Voraussetzungen für ökologische Bewusstseinsbildung zu nutzen.

- Zum verantwortlichen ökologischen Handeln gehören auch der bewusste Verzicht auf problembehaftete Verhaltensweisen (Meiden sensibler Zonen und die Bereitschaft zum Nicht-Handeln).
- Die alltagsökologische Gestaltung erlebnispädagogischer Projekte entscheidet über die Glaubwürdigkeit einer Maßnahme.
- Der Bezug zur konkreten Situation vor Ort, das Lernen durch Erfahrung und ein hoher Stellenwert von Ruhe und Reflexion ohne Zeitdruck sind wesentliche didaktische Prinzipien.
- Eine Kooperation mit externen Fachleuten und Institutionen aus Umwelt- und Naturschutz ist bei allen größeren Projekten anzustreben.
- Zur unabdingbaren Qualifikation von Leitungspersonen in der Erlebnispädagogik zählen adäquate ökopädagogische Kompetenzen.

5.5 Der „Quality Circle" in einer Person – Was muss der Erlebnispädagoge können?

Wenn Praktiker einer bestimmten Branche zu einer Tagung oder einem Kongress zusammenkommen, dann wird das Auditorium in der Regel relativ homogen zusammengesetzt sein. Auch wenn es unterschiedliche Schulen, Richtungen und Strömungen geben sollte, so handelt es sich meist doch – zumindest von außen betrachtet – um Menschen mit ähnlichen Einstellungen, vergleichbaren Selbstverständnissen und gemeinsamen Orientierungen. Auf erlebnispädagogischen Fachtagungen dagegen kommt es mitunter vor, dass Welten aufeinander treffen: Die Sozialpädagogin, die eine Floßfahrt mit Jugendlichen ihres Erziehungsheimes begleitet, trifft auf den staatlich geprüften Bergführer, der seit zwanzig Jahren erlebnisorientierte Kurse für Schüler und Auszubildende leitet; der Seemann mit Kapitänspatent, der Segeltörns für ehemalige Drogenabhängige anbietet, hat es zu tun mit der Erzieherin, die heilpädagogisches Reiten für behinderte Jugendliche durchführt. Die Zugänge zur Erlebnispädagogik, das sollte an diesen – etwas klischeehaften – Beispielen aufgezeigt werden, sind so vielschichtig und uneinheitlich wie die Erlebnispädagogik und ihre Geschichte selbst.

Wenn man Entwicklungslinien in der Erlebnispädagogik nachzeichnet, dann fällt auf, dass die Fäden lange aneinander vorbeiliefen. Es fehlen die Verknüpfungen, die theoriebildend sein könnten. Die Hahnsche Erlebnistherapie war jahrzehntelang in den Bildungsstätten von Outward Bound von der sozialpädagogischen Fachdiskussion so gut wie abgeschottet. In der Sozialpädagogik selbst wurden erlebnisorientierte Ansätze in die Kategorie anspruchsloser Minimalpädagogik abgedrängt. Die Sportpädagogik ignoriert den Begriff fast vollkommen (Amesberger 1992, 6). Die Jugendverbandsarbeit und die Offene Jugendarbeit, in denen sicher interessante Ansätze zu finden wären, wurden von den theoriebildenden Instanzen in und rund um die Hochschulen kaum wahrgenommen. Die Jugendhilfe stieß mit ihren Segelprojekten nicht durch systematische Auswertung von (pädagogischen) Quellen, sondern durch Zufall auf ein Potenzial, das zur rechten Zeit am rechten Ort das richtige Konzept sein sollte. Schließlich wird mit dem Outdoor-Training ein Ansatz in die deutsche Betriebspädagogik eingeführt, das in den angelsächsischen Ländern schon seit vielen Jahren zum Standardrepertoire der Weiterbildung zählt.

Das Thema Aus- und Fortbildung wurde auf den bereits erwähnten erlebnispädagogischen Fachtagungen der Jahre 1991 und 1992 im Rahmen von Arbeitskreisen und Workshops erstmals in der notwendigen Breite und Tiefe diskutiert. Die Ergebnisse waren recht abstrakter Art: Der Typus eines „Neuen Pädagogen“ sollte sein Handwerk verstehen, kontakt- und beziehungsfähig sein, neue Wege ausprobieren, flexibel sein und sich im pädagogischen Prozess reflektieren können.

Im scharfen Gegensatz dazu stehen die Ausbildungskonzepte amerikanischer Träger. Als Beispiel sei hier die „Wilderness Education Association“ (WEA) genannt, die 1978 ein „National Standard Program for Outdoor Leadership Certification“ ins Leben rief (Cockrell/LaFollette 1985, 42). Stärker noch als bei Hufenus wird auf die Entwicklung technischer Qualifikationen Wert gelegt:

1. Teach others to use and enjoy the wilderness with minimum impact *(Lehre die anderen, die Natur zu nutzen und zu genießen, ohne sie zu schädigen.);*
2. Safely lead others in the wild outdoors *(Führe sie sicher in der freien Natur.);*
3. Exercise good judgement in a variety of outdoor environments and conditions *(Übe das Urteilsvermögen in verschiedenen Umwelten unter wechselnden Bedingungen.);*
4. Demonstrate a basic standard of outdoor knowledge and experience. *(Zeige Grundlagen von Umweltwissen und -erfahrung auf.)*

Die Entwicklung einer (sozial-)pädagogischen und psychologischen Fachlichkeit wurde erst später in die Programme eingefügt.

Simon Priest (1990, 213) hat in einer Übersicht die Anforderungen für „Outdoor Leadership“ zusammengestellt und dabei fachlich-technische, pädagogisch-psychologische und persönlichkeitsbezogene Kriterien aufgeführt: Technical Activity Skills, Safety Skills, Organizational Skills, Environmental Skills, Instructional Skills, Group Management Skills, Problem-Solving and Decision-Making Skills; Motivational Philosophy and Interest, Physical Fitness, Healthy Self-Concept and Ego, Awareness and Empathy for Others, Personable Traits and Behavior, Flexible Leadership Style, Judgment Based on Experience; Analytical Problem-Solving, Decision-Making and Creative Problem-Solving.[17]

Wenn an Priests Anforderungsprofil klassische sozialpädagogische Maßstäbe angelegt würden, dann müsste man sein Modell als zu technokratisch abqualifizieren. Bekannterweise firmierte die Erlebnispädagogik in der (deutschen) Sozialpädagogik meist als Beziehungsarbeit, die in ein Setting von Abenteuer und Erlebnis eingebettet ist. Der Erlebnispädagoge sollte sich nach diesem Verständnis in erster Linie „einbringen" können und offen sein für Situationen, die für ihn und die ihm anvertrauten Jugendlichen abenteuerlich sind. Vereinzelt wird zudem noch an der Disziplin kritisiert, dass die Erlebnisse entwertet würden, wenn man sie „pädagogisiert" (vgl. Hinte 1992). Konsequenterweise würde ein Ansatz, der die Beziehung zwischen dem Pädagogen und dem Jugendlichen als paradigmatische Grundlage versteht, Fertigkeiten in der Organisation, im Problemlösen, Urteilen und Entscheiden nur am Rande vorkommen lassen. Fertigkeiten, Verhaltensweisen und Attribute wie die bei Priest aufgeführten finden wir allerdings en masse in der Betriebspädagogik unter der Rubrik Schlüsselqualifikationen.

Die amerikanische Schule des „Adventure-based Experiential Learnings" mit ihren Ansprüchen auf eine hohe, nicht originär pädagogische Fachlichkeit steht also einer deutschen bzw. mitteleuropäischen Erlebnispädagogik mit sozialpädagogischen Wurzeln gegenüber, die sich nicht sicher ist, ob sie überfachliche Handlungskompetenz von ihren Apologeten einfordern kann. In den USA und in Kanada, in denen viele behavioristische Lerntheorien (Thorndike, Pawlow, Skinner) ebenso ihre Ursprünge haben wie Ansätze des Handlungslernens (Dewey, Kilpatrick), werden wesentlich unbefangener Lernziele formuliert und daraus Anforderungen an Pädagogen abgeleitet, als das bei uns vorstellbar wäre. Gass, Goldmann und der bereits zitierte Priest haben – allerdings bezogen auf das Feld der Betriebspädagogik – den Transfer als die zentrale pädagogische Kategorie in drei Bereiche eingeteilt (Gass et al. 1992, 38f.). Wenn man unterstellt, dass das erste Ziel des Erlebnispädagogen sein müsste, Lernerfahrungen in den Alltag zu transportieren, dann sollte es sich lohnen, die amerikanische Kategorisierung auch für die Kriterien der Erlebnispädagogik-Qualifizierung zu betrachten.

Gass et al. sprechen vom spezifischen, nicht-spezifischen und metaphorischen Transfer (Specific, Non-specific and Metaphoric Transfer; ebd.). Unter spezifischem Transfer werden direkte Lerneffekte verstanden, also z. B. ein Kajak fahren, eine topographische Karte lesen, Schäden an einem Baum feststellen zu können. Nicht-spezifischer Transfer liegt demgegenüber vor, wenn beispielsweise bestimmte Methoden, Problemlösungsaufgaben zu bewältigen, oder Techniken, eine Entscheidung in einer festgefahrenen Situation zu fällen, gelernt und übertragen werden. Der interessanteste Bereich ist der metaphorische Transfer, den die Autoren von Bacon übernommen haben (1983): „Metaphoric transfer occurs when parallel processes in one learning situation become analogous to learning in another different, yet similar situation." (Gass et al. 1992, 38f.)[18]

Die Idee der Metaphorik korrespondiert mit dem bereits vorgestellten Verständnis einer Erlebnispädagogik, die keine „Insellage" einnehmen will, sondern ein kontrastierendes Umfeld aufsucht, in dem Lernerfahrungen gesammelt werden, die später im Alltagsleben Chancen zu Verhaltensänderungen eröffnen. Die Herausforderung für den Erlebnispädagogen besteht in erster Linie darin, analoge Situationen zu suchen bzw. konkreter die Projekte bezüglich der Aktivitäten, Ziele, Methoden und Umfelder auszuwählen und zu gestalten (vgl. 2.4: Bacons Beispiel einer „Ropes-Course"-Übung für drogenabhängige Jugendliche). Hier wäre nun, folgen wir dem Schema des Autorenteams, die metaphorische Kompetenz des Anleiters gefordert.

Seit 1992 kümmert sich der Bundesverband Individual- und Erlebnispädagogik e. V. (be) um das Thema Qualität (Felka et al. 2017, 13ff.). 2009 wird „beQ" entwickelt: „Qualität in der Individual- und Erlebnispädagogik", und seit 2011 liegt eine Zertifizierung des Bereichs „Aus- und Weiterbildung" vor. Im März 2015 wird im be das erste Konzept zum Berufsbild „Erlebnispädagoge/Erlebnispädagogin" (S. 14) entwickelt. 2014 wird die Zertifizierung des „beQ" erweitert. „Anfang 2016 erfolgt beim Deutschen Patent- und Markenamt die Eintragung Erlebnispädagoge be®"/Erlebnispädagogin be®."(ebd.).

Der be ist der deutschlandweite Fachverband für das handlungsorientierte Lernen. Er setzt sich seit Jahren für die Weiterentwicklung und Verbreitung der Erlebnispädagogik ein. Dabei bilden Qualität und Professionalisierung stete Querschnittsthemen. Das Gütesiegel „Qualität in der Individual- und Erlebnispädagogik – Mit Sicherheit pädagogisch!" („beQ") wird ausschließlich bei hohem und verlässlichem Standard vergeben. Anbieter erlebnispädagogischer Programme und Aus- und Weiterbildungsangebote können zertifiziert werden. Die Zertifizierung wird wissenschaftlich begleitet und unterstützt. Derzeit sind 32 Träger der Erlebnispädagogik zertifiziert, wie der Internetseite des Bundesverbands Erlebnispädagogik zu entnehmen ist (Bundesverband Individual- und Erlebnispädagogik e. V. 2018).

Im Mai 2018 führt der Bundesverband Individual- und Erlebnispädagogik e. V. mit dem Titel Erlebnispädagoge be® eine neue Qualifikation ein. Dies ist ein bedeutsamer Schritt auf dem Weg zur Professionalisierung der Erlebnispädagogik. Wer den Titel erwerben will, muss mehrere bereits erlangte Qualifikationen und Abschlüsse nachweisen. Neben einer pädagogischen und grundlegenden erlebnispädagogischen Ausbildung sind umfassende Praxiserfahrungen in der Erlebnispädagogik, zusätzliche Fort- und Weiterbildungen sowie eine stete Reflexion der eigenen Arbeit erforderlich. Der Titel Erlebnispädagoge be®/Erlebnispädagogin be® setzt oberhalb der grundlegenden erlebnispädagogischen Ausbildung an. Über zwei Jahre hat der Bundesverband Individual- und Erlebnispädagogik e. V. mit seinen Mitgliedern aus dem Fachbereich „Aus- und Weiterbildung" sowie Kollegen des ‚Hochschulforum Erlebnispädagogik' am Titel, den erforderlichen Qualifikationen und dem Anerkennungsverfahren gearbeitet. Mit einer internen Pilotphase konnten Anfang des Jahres 2018 dann erste Erfahrungen in der Durchführung des Anerkennungsverfahrens gemacht werden. So gibt es heute auch schon die ersten 19 Erlebnispädagogen be®. Wenn die eingereichten Nachweise den Anforderungen des Anerkennungsverfahrens entsprechen, vergibt der Bundesverband Individual- und Erlebnispädagogik den Titel Erlebnispädagoge be® bzw. Erlebnispädagogin be® an den Antragsteller. Dieser Titel ist nun ein logischer weiterer Schritt auf dem Weg der Professionalisierung der Erlebnispädagogik.

Zusatzausbildungen im deutschen Sprachraum

Im Jahr 2006 boten fast 40 Träger Ausbildungen und 35 Träger Fortbildungen an. Angetrieben durch eine rege Nachfrage und eine Qualitätsdebatte, die in allen Feldern der Sozialen Arbeit aufgeflammt ist, hat sich ein regelrechter Markt herausbilden können. Der Endverbraucher hat zwar Schwierigkeiten, sich im Dickicht der konkurrierenden Programme zurechtzufinden, profitiert jedoch letztlich durch den Wettbewerb der Anbieter und ihrer Konzepte. Etwa zehn Jahre später ist die Situation immer noch unübersichtlich, aber die Spreu hat sich vom Weizen getrennt.

Zuerst ein Rückblick! Outward Bound Deutschland war der erste Anbieter einer berufsbegleitenden Zusatzausbildung („ZAB") in Mitteleuropa. Das 38-tägige Angebot beinhaltete unter anderem einen längeren mobilen Selbsterfahrungsteil, Theorie und Praxis bezogen auf unterschiedliche Medien (Spiele, Kanu, Klettern, Höhle, Winter …) und Handlungsfelder (Berufliche Bildung, Jugendhilfe, Schule, Therapie …) sowie Coaching eines vom Teilnehmer geleiteten Kurses und eine schriftliche Abschlussarbeit. Nach der dreiteiligen Grundausbildung waren die weiteren Termine frei wählbar. Ab 2011 wurden keine Lehrgänge für Neueinsteiger mehr angeboten.

Aus der unübersichtlichen Vielzahl der Weiterbildungsanbieter wählen wir nur einige aus. Die Zertifizierung von Weiterbildungen durch den be bringt etwas Übersicht, denn solvente Weiterbildungsträger lassen sich zertifizieren.

Die Zusatzqualifikation (ZQ) (www.zq-ep.de) ist seit 1992 auf dem Markt und wird von einem bundesweit einzigartigen Trägerverbund aus Fachsportverbänden und Jugendbildungsstätten angeboten. Jedes Jahr startet ein neuer Ausbildungsgang, der dann knapp zwei Jahre dauert. Die drei Säulen der Ausbildung sind Pädagogik (u. a. handlungsorientierte Methoden, Lernszenarien, Reflexion, Transfer), Ökologie und Sicherheit (vgl. dazu die „Qualitätsstandards in der Erlebnispädagogik", herausgegeben vom Bayr. Jugendring 2015). Die ZQ unterscheidet sich von anderen Weiterbildungen durch die enge Verbindung von Pädagogik und Fachsport. Ausbildungsziel ist die fachsportliche und pädagogische Qualifizierung von Fachkräften im Bereich der Erlebnispädagogik. Jugendbildungsstätten (u. a. Jugendbildungsstätte des Kreisjugendrings München Land, Jugendbildungsstätte der Jugendsiedlung Hochland e. V.), Fachsportverbände und das Institut für Jugendarbeit des Bayerischen Jugendrings haben sich für diese Ausbildung zu einem Trägerverbund zusammengeschlossen. Die ZQ Erlebnispädagogik ist vom Bayerischen Staatsministerium für Bildung und Kultus, Wissenschaft und Kunst geprüft und gebilligt. Sie findet unter der Aufsicht des Bayerischen Staatsministeriums für Arbeit und Soziales statt und wird vom Bayerischen Staatsministerium für Umwelt und Verbraucherschutz empfohlen.

Seit 1995 bietet Zwerger & Raab Zusatzqualifikationen um das Feld der Erlebnis- und Umweltpädagogik an. Durch langjährige Erfahrung, professionelle Einstellung, systemische Haltung (Abstreiter et al. 2017) und einen großen Methodenpool (Raab/Späth 2010) sind die Angebote „Train the Trainer – Trainer und Prozessbegleiter", „Erlebnis- und Umweltpädagogik" und „Systemische Erlebnispädagogik" Outdoorguide – Hardskills, Softskills und Metaskills" fachlich fundiert und wurden vom be zertifiziert. Veränderung, Entwicklung, Wachstum und Begeisterung sind die vier wichtigen Säulen des Leitbilds.

Die berufsbegleitende Basisqualifikation und Fortbildung in Erlebnispädagogik von Aventerra wendet sich an Menschen ab 18 Jahren. Zielgruppen dieser zweijährigen Basisqualifikation sind Interessenten, die entweder noch keine pädagogische Grundausbildung besitzen oder ihre Ausbildung durch Aspekte der anthroposophischen Erlebnispädagogik ergänzen wollen. Die Ausbildung hat das Ziel, den Auszubildenden einerseits einen Einblick in die Methodenvielfalt der Erlebnispädagogik zu geben und durch den Wahlschwerpunkt so viel Fach- und Spezialwissen sowie praktische Erfahrung zu vermitteln, dass die Auszubildenden nach bestandener Prüfung in der Lage sind, selbstständig als Erlebnispädagogen zu arbeiten. Die Ausbildung richtet sich nach dem Leitfaden des be. Seit 2016 ist die Ausbildung vom be mit dem Siegel „Mit Sicherheit pädagogisch" ausgezeichnet.

Die berufsbegleitende Basisqualifikation und Fortbildung in Erlebnispädagogik von Aventerra wendet sich an Menschen ab 18 Jahren. Zielgruppe dieser zweijährigen Basisqualifikation sind Interessenten, die entweder noch keine pädagogische Grundausbildung besitzen oder ihre Ausbildung durch Aspekte der anthroposophischen Erlebnispädagogik ergänzen wollen. EOS, SnakeTeam e. V. Freiburg und das n.e.w.-Institut decken den äußersten Südwesten Deutschlands ab. Das EOS-Institut bietet drei Weiterbildungen an.

Berufstätige Teilnehmer können durch neun Wochenendseminare, ein Prüfungswochenende und 5 Tage Praktikum ein Zertifikat erwerben. Ein weiteres Angebot besteht in einem 6-wöchigen Blockseminar, vier Wochenenden und 15 Tage Praktikum. Für Teilnehmer mit finanziell und zeitlich geringen Ressourcen wird ein dreiwöchiges Blockseminar als Basiskurs angeboten plus ein Prüfungswochenende und 15 Tage Praktikum. Snaketeam bildet studien- und berufsbegleitend in 20 bis 24 Seminartagen zu „Outdoor- und Erlebnispädagogik" aus. Das n.e.w.-Institut konzipierte eine 26-tägige Ausbildung in „Systemisch-Ökosophischer Erlebnispädagogik", die ohne großen Materialaufwand auskommen und den Fokus auf Methodenvielfalt und Selbsterfahrung legen will.

Das Naturcamp Mieslhäusl im Bayerischen Wald bietet seit Herbst 2007 eine „Erlebnispädagogische Zusatzqualifikation – Leben und Erleben (Überleben) im Wald" in vier Modulen zu jeweils drei Tagen an. Ganz im Sinne der Wildnis- und Waldpädagogik sind alle Teilnehmer in einem Waldlager untergebracht, einem selbst gebauten Waldläuferbett mit Schrägdach aus Stangen und Zweigen. Diese Weiterbildung wendet sich an Lehrer/innen, Erzieher/innen, Outdoortrainer/innen, Ausbilder/innen, Unternehmer/innen, Personalentwickler/innen.

Einen Diplomlehrgang „Systemische Erlebnispädagogik" mit dem Motto *handlungsorientiert, prozessorientiert und werteorientiert* kann man seit 1999 bei „Natur als Partnerin" buchen. Die Ausbildung findet zum Großteil in der Natur statt (Schneeschuh, Seekajak, Kanu, Waldleben, Trekking), in Berghütten oder einfachen Selbstversorgerhäusern. Sie beinhaltet in einem Zeitraum von etwa zwei Jahren 44 Ausbildungstage in zehn Modulen. 20 selbst organisierte Lerntage in der Intervisionsgruppe sind Teil des Lernkonzeptes.

Für Sozialpädagogen und Erzieher aus dem Bereich der Hilfen zur Erziehung bietet sich die Ausbildung des KAP-Instituts oder des Bundesverbandes der Katholischen Einrichtungen und Dienste der Erziehungshilfen (BVkE) an. Die „Zusatzqualifikation Erlebnispädagogik" des KAP-Instituts besteht seit 1995. Das KAP-Institut hat jahrelange praktische Erfahrungen in der erlebnispädagogischen Arbeit mit verhaltensauffälligen Kindern und Jugendlichen. Diese praxisnahe Zusatzqualifikation vermittelt Handlungswerkzeug und Handlungskompetenz für eigenverantwortliche Planung, Leitung und Durchführung von erlebnispädagogischen Maßnahmen in den Arbeitsfeldern der Jugendhilfe, Schule, Kinder- und Jugendpsychiatrie. Die Lehrgänge Einführungskurs, Erste Hilfe outdoor, Anleitung zur Praxis und der Abschlusskurs sind für alle Teilnehmer obligatorisch. Zusätzlich kann man aus neun Basiskursen zu den verschiedenen erlebnispädagogischen Medien wie Mountainbike, Höhle, Segeln, mobile Seilgärten etc. drei Lehrgänge auswählen. Die Weiterbildung besteht aus insgesamt sieben fünftägigen Lehrgängen.

Die Weiterbildung zur/zum „Erlebnispädagogin/Erlebnispädagoge BVkE" bündelt neben den grundlegenden erlebnispädagogischen Themen auch die Ergebnisse der vielfältigen und erfolgreichen Kongresse und Publikationen des Deutschen Caritasverbandes zu diesem Thema. Die Angebote finden im Ausbildungszentrum Nord (Jugendhilfezentrum Raphaelshaus) und Süd (Christophorus Jugendwerk Oberrimsingen) statt. Beide Einrichtungen haben seit Jahren erlebnispädagogische Angebote in der Praxis der Kinder- und Jugendhilfe und gehören zu den führenden Kinder- und Jugendheimen im deutschsprachigen Raum. Zwei Basiskurse (insgesamt 16 Tage), ein Aufbaukurs (21 Tage) und ein Zertifizierungskurs (7 Tage) führen zum Abschluss dieser sehr differenzierten Weiterbildung.

Für Studierende, Absolventen pädagogischer Ausbildungsgänge und junge Menschen auf dem Weg der Berufsorientierung bietet GFE | erlebnistage einen ganzen Blumenstrauß von Weiterbildungsmöglichkeiten an. Die Ausbildungen sind modular und kompetenzorientiert angelegt und schließen mit zertifizierten Prüfungen ab. Allen gemeinsam ist die zielgerichtete Erweiterung der individuellen Selbst-, Sozial- und Sachkompetenz. „Praktische Erlebnispädagogik – PEP" bildet intensiv in Theorie und Praxis aus. Das „PEP-Zertifikat" wird von mehreren Hochschullehrern zertifiziert. Insgesamt dauert die vom be zertifizierte PEP-Ausbildung sechs Monate. Alle vier erlebnistage-Standorte bieten die Praxisausbildung PEP an. Es werden u. a. folgende Zugangsvoraussetzungen verlangt: eine erfolgreich absolvierte Hospitationswoche bei GFE | erlebnistage, Mindestalter 18 Jahre, Interesse daran, selbstständig zu arbeiten und die Handlungskompetenzen im pädagogischen Arbeitsfeld zu erweitern, Freude an pädagogischen und sportlichen Aktivitäten in der Natur, Nachweis Erste-Hilfe-Kurs, Grundkenntnisse Klettern, Rettungsschwimmer-Abzeichen in Silber (speziell für Standort Schweriner See). Um zur Prüfung zugelassen zu werden, gibt es folgende Voraussetzungen: Abschluss einer mindestens 20-wöchigen Ausbildungszeit inklusive einer angemessenen Anzahl an geleiteten Kursen, Nachweis von zwei dokumentierten Beobachtungen in konkreten Kurssituationen, Nachweis an der Teilnahme von zwei sog. PEP-Seminaren, erfolgreiche fachsportliche Prüfung in drei Kursbausteinen, eine mindestens ‚gute' Ausbildungsnote als Gesamteindruck der bislang erbrachten Leistungen. PEP bietet intensive Praxiserfahrung im erlebnispädagogischen Kontext und ist sicherlich eine Lernwerkstatt für persönliche und berufliche Weiterentwicklung. Eine professionelle Co-Leitung bzw. Leitung von erlebnispädagogischen Klassen- und Gruppenfahrten wird ebenso erwartet wie eine aktive Teilnahme an pädagogischen und fachsportlichen Grundlehrgängen und Seminaren. Während der gesamten Ausbildung wird eine kontinuierliche Begleitung und Beratung durch erfahrene Diplom- und Sozialpädagogen und durch bewährte Konzepte, Verfahren und Instrumente angeboten.

Fachhochschulen und Universitäten vermitteln entweder im Rahmen des Studiums, als Weiterbildung oder Hochschulabschluss Kompetenzen in der Erlebnispädagogik. Ebenso wie bei Outward Bound Deutschland ist die Bedeutung der Lüneburger Aktivitäten in der Hochschullandschaft relativiert worden (beide verbindet ein heftiger, jahrelanger Streit). Ohne Zweifel waren Jörg Ziegenspeck von der Universität Lüneburg, Michael Jagenlauf von der Helmut-Schmidt-Universität Hamburg und Outward Bound Deutschland die Begründer der modernen Erlebnispädagogik in Deutschland.

Studierende der Pädagogik oder Sportpädagogik der Universität Augsburg können sich durch das Angebot einer viersemestrigen „Zusatzqualifikation Erlebnispädagogik" des Instituts für Sportpädagogik im Laufe ihres Studiums vertiefen. Dieses begleitende Studium führt nicht zu einem eigenständigen Abschluss, sondern wird mit einem Zertifikat abgeschlossen und vermittelt „exemplarische Kompetenzen in ausgewählten erlebnispädagogischen Handlungsfeldern."

Der Weiterbildungsstudiengang „Erlebnispädagogik/Outdoor-Training" an der FH Braunschweig-Wolfenbüttel wendet sich an HochschulabsolventInnen, die im Arbeitsfeld Bildung, Ausbildung, Beratung und Personalentwicklung tätig sind oder werden wollen, an Pädagogen und SeminarleiterInnen, die über Berufserfahrung verfügen und ihr berufliches Handlungsspektrum erweitern wollen und an Berufstätige aus dem Bereich betriebliche Weiterbildung, Personal- und Organisationsentwicklung. Er beginnt und endet jeweils im Februar, dauert ein Jahr und besteht aus Kompaktseminaren von zweieinhalb bis sechs Tagen Dauer, vorwiegend an Wochenenden. Nach erfolgreicher Teilnahme und bestandenem Abschlusskolloquium wird ein Hochschulzertifikat erteilt.

Die CVJM Hochschule Kassel bietet im Verbund mit dem dort gegründeten Institut für Erlebnispädagogik mehrere Weiterbildungen an. Seit Oktober 2015 trägt das Institut für Erlebnispädagogik der CVJM-Hochschule für die Zusatzqualifikation Erlebnispädagogik das Qualitätssiegel „BeQ - mit Sicherheit pädagogisch" des be. Die Weiterbildung Wildnis- und Erlebnispädagogik vermittelt die Grundlagen moderner Erlebnispädagogik und führt in die klassischen erlebnispädagogischen Medien ein. Es sollen vor allem die Potenziale und Chancen bewusst gemacht werden, die Natur und Erlebnispädagogik für die Arbeit mit Menschen und Gruppen bieten. Die Teilnehmenden sollen lernen, selbst erlebnispädagogische Programme zu konzipieren und durchführen zu können. Dabei liegt das Hauptaugenmerk auf Programmen, die Raum für intensive Erlebnisse und elementare Erfahrungen schaffen sowie Körper, Geist und Seele gleichermaßen berühren. Teilnehmer werden über die gesamte Weiterbildung von zwei erfahrenen Erlebnispädagogen begleitet, ergänzt durch fachspezifische Experten. Die Weiterbildung ist berufsbegleitend und umfasst insgesamt 22,5 Seminartage. In Kooperation mit der Fachakademie für Sozialpädagogik Marienheim Lindau bietet das Institut für Erlebnispädagogik eine Erlebnispädagogik-Ausbildung im Raum Lindau an. Die Zusatzqualifikation ist ebenfalls berufsbegleitend und umfasst insgesamt 20 Seminartage.

An der Universität Marburg kann man in vier Semestern den Hochschulabschluss Master of Arts „Abenteuer- und Erlebnispädagogik" erwerben. Durch die Verbindung mit bsj Marburg ist der Praxisbezug gesichert. Zudem zeichnet sich dieser Master durch ein beachtliches internationales Netzwerk aus. Zielgruppe sind alle Studierenden zwischen Sozialarbeit und pädagogischen Studiengängen mit mindestens 6-semestrigem Bachelor-Abschluss (mind. 180 ECTS-Punkte) oder aber einem vergleichbaren Abschluss anderer Art (Diplom, Staatsexamen).

Einen hohen Stellenwert besitzt die Erlebnispädagogik seit Jahren an mehreren Fachhochschulen (Kath. FH München, Abt. Benediktbeuern, München, Nürnberg, Linz, Jena, Düsseldorf) und Universitäten (Bayreuth, TU Braunschweig, Köln, Trier).

Seit 2005 findet im zweijährigen Turnus bei erlebnistage Harz die Sommeruniversität „erleben und lernen" statt. Fast 100 Studierende und zehn HochschullehrerInnen aus über zehn deutschsprachigen Hochschulen nehmen teil. Die Sommeruniversität „erleben und lernen" greift auf alte Wurzeln und Traditionen zurück. 1231 wurde in Paris die Sorbonne gegründet, ein strukturell außerordentlich interessantes, merkwürdiges, fast revolutionäres Gebilde: Das Studium an der Sorbonne, an der „universitas", war ein genossenschaftliches Miteinander, Prüfungen oder gar Abschlüsse standen nicht im Vordergrund. Man traf sich zum Gedankenaustausch und zur Diskussion. Es war die Gemeinschaft von Lehrenden und Lernenden, und sie lebte vom gemeinsamen Diskurs, fast wie ein Kloster auf Zeit. Nietzsche wollte „eine Gebirgsschule gründen, eine Sommerakademie des freien Gelächters unter freiem Himmel. [...] Der Unterricht würde im Freien abgehalten, auch bei Wind und Wetter selbstverständlich. Das Gehen im Freien war bereits die Lehre." (zit. nach Setzwein 2000, 71). Am Anfang seiner dreitägigen Sommerschule verkündete 1968 Herbert Marcuse an der FU Berlin das „Ende der Utopie". Der Audimax war rappelvoll, auf dem Rasen vor der Universität lagen noch einmal zweitausend Studierende. Die Idee der Sommeruniversität hat also eine große Geschichte. Sie findet in zweijährigen Abständen statt. Studierende aus deutschsprachigen Fachhochschulen und Universitäten und ihre Hochschullehrer verbringen zusammen mit Teamern von GFE | erlebnistage eine erlebnis- und erkenntnisreiche Woche im einsamen Harz. Die Sommeruniversität fasst zusammen, was die Erlebnispädagogik ausmacht – sie verbindet Kopf, Herz und Hand und sie nutzt das Erlebnis zur Belebung und Intensivierung des Lehrens und Lernens. So gesehen ist die „universitas erleben und lernen" ein merkwürdiges, fast revolutionäres Gebilde. Seit Februar 2008 wird die Winteruniversität angeboten.

Die Konzeptionen spiegeln die unterschiedlichen Ausprägungen und Strömungen in der Erlebnispädagogik wider und werfen ein buntes, schillerndes Licht auf die Vielfalt der Szene. Jene Stimmen, die noch vor nicht allzu langer Zeit staatlich kontrollierte Ausbildungsgänge gefordert haben, sind weitgehend verschwunden, auch die europäische Qualitätsnorm ISO 9000 spielt keine Rolle mehr in den Überlegungen der Anbieter.

Das Heft 6/2012 der Zeitschrift „e&l – erleben und lernen" gibt unter dem Schwerpunkt „Zukunftswerkstatt. Erlebnispädagogik an Universitäten und Hochschulen" einen guten Überblick über die Angebotspalette, die immer noch aktuell ist. Ausführlich beschrieben werden die Angebote folgender Hochschulen (Auswahl): die Wahlpflichtmodule der Universität Augsburg, das Lizenzsystem „Bewegungs- und Erlebnispädagogik" der Hochschule Düsseldorf, die erlebnispädagogischen Angebote an der FAU Erlangen-Nürnberg, Erlebnispädagogik an der Ernst-Abbe-Hochschule Jena und an der Deutschen Sporthochschule Köln, das Angebot „univenture" der Universität Konstanz, Angebote und Zusatzqualifikation Erlebnispädagogik an den Hochschulen Landshut und München, die „Umwelt- und Erlebnispädagogische Zusatzausbildung (EPZ)" an der Kath. Stiftungshochschule München, Outdoor Education und „Expeditionary Learning" an der TU München, erlebnispädagogische Angebote an der TH Nürnberg Georg Simon Ohm, Erlebnispädagogik und Outdoor Education an der Züricher Hochschule für angewandte Wissenschaften (ZHAW). Diese Liste, die noch erweiterbar wäre, zeigt, welche Bedeutung die Erlebnispädagogik inzwischen an den Hochschulen und Universitäten inzwischen hat. Hinzuzählen muss man noch die Sommer- und Winteruniversitäten (www.erlebnistage.de) und die 2017 eröffnete „Fachbibliothek Erlebnispädagogik" (www.erlebnistage.de/hochschulen/fachbibliothek.html), die mit 300 Büchern, über 1000 BA-, MA- und Diplomarbeiten, allen Fachzeitschriften, Film- und Materialsammlung die umfangreichste Bibliothek zur Erlebnispädagogik im deutschsprachigen Raum ist. Dazu kommen laufende Forschungsbemühungen (z.B. Markus et al. 2016) und Dissertationen (z.B. Sand 2015). Hans-Peter Heekerens (2018) und Stefan Markus, Thomas Eberle, Janne Fengler (Markus et al. 2018) und Thomas Eberle und Janne Fengler (Eberle/Fengler 2018) fassen im Handbuch Erlebnispädagogik die wichtigsten empirischen Forschungsergebnisse zusammen. Man kann also deutlich feststellen, dass sich die Erlebnispädagogik in den Hochschulen etabliert hat.

5.6 Safety First – Rechtsfragen, Sicherheitsstandards und -maßnahmen

Fahrer von Notarzt- und Rettungswagen behaupten von sich, während ihrer Einsätze mit einem Bein im Krankenhaus, mit dem anderen im Gefängnis zu stehen. Erlebnispädagogen denken im Allgemeinen weder an das eine noch an das andere, dabei bergen viele Aktivitäten objektive Gefahren, die nur dann weitgehend ausgeschlossen werden können, wenn die sicherheitstechnischen Vorkehrungen optimal getroffen werden. Hinzu kommt die

Möglichkeit individuellen Fehlverhaltens, das auch unter professionellen Bedingungen vorkommen kann. Jeder Veranstalter sollte bestrebt sein, die objektiven wie subjektiven Gefahren zu minimieren. Völlig auszuschließen sind Unfälle jedoch nie.

Aus Platzgründen müssen wir uns darauf beschränken, exemplarisch verschiedene sicherheitstechnisch und zum Teil auch juristisch relevante Situationen zu beschreiben und Anhaltspunkte für das adäquate Verhalten in ihnen aufzuzeigen. Auch im SGB VIII gibt es zahlreiche indirekte Hinweise auf die Erlebnispädagogik (Michl 2015a). Neben allgemeinen Sicherheitsfragen und den möglichen zivilrechtlichen bzw. strafrechtlichen Konsequenzen eines Unfalls soll auch die Frage der formalen technisch-instrumentellen Qualifikation zur Leitung von Gruppen in einer Natursportart besprochen werden. Schließlich sind es naturschutzrechtliche Bestimmungen und Normierungen, die – meist aus guten Gründen erlassen – mehr und mehr Einschränkungen für erlebnispädagogische Aktionen bringen. Auch auf sie soll kurz eingegangen werden.

Prinzipiell sollte sich jeder Träger, jede Initiative und jeder Mitarbeiter der Verantwortung bewusst sein, die mit natursportlichen Aktionen und vielen körper- und bewegungsbezogenen Übungen verbunden ist. In besonderem Maße gilt dies in Bezug auf Jugendliche, die an den Projekten teilnehmen. Institutionen und Individuen sind moralisch wie rechtlich verpflichtet, alles dafür zu tun, um Schäden am ihnen anvertrauten Klientel abzuwenden.

Beginnen wir mit der Vorsorge. Im Wesentlichen sind es fünf Bedingungen, die zu erfüllen sind (vgl. Umbach 1991, 134ff.):

- Die technisch-instrumentelle Kompetenz der Mitarbeiter muss gegeben sein.
- Die Ausrüstung muss den in Fachkreisen geltenden Kriterien entsprechen.
- Während einer sorgfältigen Programmplanung und -vorbereitung sollten alle sicherheitsrelevanten Fragen abgeklärt werden.
- Die pädagogischen und psychologischen Fähigkeiten der Leitung sollten die „seelische Sicherheit“ der Teilnehmer garantieren.
- Die Teilnehmer sollten in der Lage sein, die physischen und psychischen Anforderungen zu bewältigen.

Das Qualifikationsniveau des verantwortlichen Pädagogen oder Anleiters bemisst sich natürlich auch nach den jeweiligen Anforderungen und Schwierigkeiten einer Unternehmung. Während der sicherheitstechnisch Verantwortliche beispielsweise bei einer Wildwasser-Abfahrt auf den Oberläufen von Saalach, Tiroler Ache oder Lech eine einschlägige Übungsleiter-Ausbildung oder Ähnliches absolviert haben sollte, würden bei einer Kanadiertour im Flachwasser der Eider, Treene oder Ücker ausreichende Erfahrungen im Kanusport und ein Rettungsschwimmer-Lehrgang bei der Wasserwacht des Deutschen Roten Kreuzes (DRK) oder bei der Deutschen Lebens-Rettungs-Gesellschaft (DLRG) ausreichen.

Bei der Tourenplanung und -vorbereitung sollen möglichst alle der zu erwartenden Risiken einkalkuliert werden. So sind die Teilnehmer zum Beispiel vor einem Segeltörn in die Sicherheits- und Rettungsmaßnahmen einzuweisen. Ferner muss die Ausstattung und Ausrüstung der Schiffe überprüft werden. Aktuelle Daten wie Wetter- und Windprognose müssen eingeholt, subjektive Faktoren wie Können und Belastbarkeit der Teilnehmer, Gruppengröße etc. darüber hinaus berücksichtigt werden.

Ein Veranstalter, der erlebnispädagogische Programme anbietet, wird nicht umhin kommen, Sicherheitsstandards festzulegen und konzeptionell zu untermauern. Manuale, die möglichst detailliert Materialien, Verantwortlichkeiten und Vorgehensweisen beschreiben, helfen, eine „Sicherheitskultur“ zu entwickeln und – sowohl nach innen als auch nach außen – Verlässlichkeit und Transparenz zu schaffen. Im Idealfall wird das Sicherheitskonzept mit denjenigen Fachverbänden abgestimmt, die auf die jeweiligen Arbeits- und Handlungsfelder spezialisiert sind.

Der Alptraum aller Verantwortlichen ist ein Unfall mit schwer wiegenden Folgen. Wir behandeln an dieser Stelle ausschließlich die rechtliche Dimension. Juristisch wird zwischen der strafrechtlichen und der zivilrechtlichen Seite unterschieden. Wichtigste Tatbestände im Strafrecht sind in diesem Zusammenhang fahrlässige Körperverletzung und fahrlässige Tötung. Je nach Beurteilung der Sachlage wird „von Amts wegen“ vom jeweiligen Staat – in Deutschland durch die Staatsanwaltschaft – geprüft, ob Anklage erhoben wird. Zur Beurteilung des Sachverhalts zieht die Anwaltschaft bzw. das Gericht häufig einen Sachverständigen als Gutachter hinzu. Falls Anklage erhoben wird, ist entscheidend, ob dem verantwortlichen Leiter schuldhaftes Verhalten nachgewiesen werden kann. Geld- oder sogar Freiheitsstrafen können dann ausgesprochen werden (vgl. Rathge o.J., 8ff.).

Im Zivilrecht geht es um die Anerkennung von Schadensansprüchen des oder der Geschädigten. Es sind Arbeitgeber, Krankenkassen, Rentenversicherungsträger oder der Geschädigte selbst, die Schadensersatzansprüche geltend machen können. Der Geschädigte muss den Beweis erbringen, dass der Beschuldigte seine Sorgfaltspflichten verletzt hat. Wenn das Zivilgericht fahrlässiges und schuldhaftes Verhalten feststellt, werden in der Regel Geldforderungen erhoben. Als besonders problematisch muss aus unserer Sicht die so genannte „Übernahmefahrlässigkeit“ gelten: Wenn jemand eine Tätigkeit übernommen hat, der er mangels Kenntnissen und Fähigkeiten nicht gewachsen ist, ergibt sich daraus ein Fahrlässigkeitsvorwurf. Leitungskräfte, die sich beispielsweise in Seilgärten oder beim Canyoning ohne ausreichende fachsportliche oder sicherheitstechnische Qualifikation bewegen, laufen Gefahr, vor dem Kadi zu landen.

Bei minderjährigen Jugendlichen besteht für den verantwortlichen Pädagogen zusätzlich eine Aufsichtspflicht, die gewährleisten soll, dass dem Jugendlichen selbst oder einem Dritten kein Schaden zugefügt wird. Die

Aufsichtspflicht wird allgemein in drei Kategorien bzw. Abstufungen eingeteilt (vgl. Kwiatkowski 1992, 17):

- Belehrung und Warnung
- Überwachung
- Eingreifen von Fall zu Fall

Je nach Umständen (Einsicht, Urteilsfähigkeit und Verhaltensmuster der Jugendlichen, potenzielle oder unmittelbare Gefahrenmomente etc.) wird der Pädagoge die jeweils adäquaten Maßnahmen ergreifen müssen. Versäumt er dies, so hat er im Schadensfall wiederum mit zivilrechtlichen Konsequenzen zu rechnen.

Eine vom Erziehungsberechtigten unterschriebene Einverständniserklärung entbindet den Pädagogen nicht von seiner Aufsichts- und Sorgfaltspflicht. Eltern bzw. Vormund können mit dieser Erklärung lediglich über die Aktivitäten, die im Rahmen eines erlebnispädagogischen Projektes geplant sind, informiert werden.

Unfälle und Schäden, die eine juristische Auseinandersetzung zur Folge haben, sind im erlebnispädagogischen Arbeitsfeld leider nicht mehr die Ausnahme. Häufig wird der Praktiker mit Einreise- und Visabestimmungen, dem Zoll, der Straßenverkehrs-Zulassungsordnung oder dem Naturschutzgesetz bzw. einer sich daran anschließenden Verordnung konfrontiert.

Naturschutzgesetze verbieten das Zelten und Feuermachen in vielen Nationalparks und Naturschutzgebieten und begrenzen Natursportarten wie Mountain-Biken und Gleitschirmfliegen. Sperrungen von Klettergärten, Verschluss von Höhlen, Befahrungsverbote bestimmter Bäche und Flüsse sowie Beschränkungen beim Anlanden mit Segelschiffen stützen sich ebenfalls auf eine – in Deutschland in den letzten Jahren verschärfte – Naturschutzgesetzgebung, die von Land zu Land unterschiedlich streng ausgelegt ist. Auch im benachbarten Ausland werden, nicht immer aus Gründen des Naturschutzes, Sperrungen und Beschränkungen vorgenommen.

Angesichts des Ernstcharakters, den die meisten Maßnahmen – besonders in Bezug auf die physische und psychische Unversehrtheit der Teilnehmer – haben, müssen Fragen der Sicherheit und des Rechts sowohl in der Organisationsentwicklung eines Trägers als auch bei der unmittelbaren Planung und Vorbereitung von Projekten umfassend bedacht werden. Dies scheint bislang nicht bei jeder Unternehmung der Fall zu sein. Wir plädieren deshalb für eine intensive und offene Diskussion im Sinne eines antizipierenden, präventiven Sicherheitsbewusstseins.

5.7 Zwischen Einstimmung und Ausklang – Ein Blick in die Praxis

Warming-up (Mauch/Scholz 2018) nennt man die Kennenlernphase eines Seminars an einer Bildungsstätte, als Feedback wird die Schlussrunde bezeichnet. Die deutsche Sprache bietet jedoch weit treffendere Wörter für diese sensiblen Phasen der Kurzzeitpädagogik. Die Einstimmung dient nicht nur dem Kennenlernen, der Abklärung der Erwartungen, der Vorstellung der Veranstaltungsinhalte, sondern eben auch der Einstimmung der Teilnehmer, einer ersten Berührung mit dem Thema. So wie ein Orchester die Instrumente stimmt, damit sie zusammenklingen, so sind die Erwartungen der Teilnehmer, die Planungen der Veranstalter, die Anforderungen des Themas und die Persönlichkeiten aller Beteiligten zu einem Gleichklang zu bringen, der eine fruchtbare Arbeitsatmosphäre erwarten lässt. Der Ausklang einer kurzzeitpädagogischen Aktivität soll nicht nur die Möglichkeit einer Aussprache, von Kritik, Lob und Verbesserungsvorschlägen beinhalten, sondern auch Akzente setzen, die bei den Teilnehmern weiterwirken.

Das Gesagte gilt selbstverständlich für alle pädagogischen Prozesse, für die Gruppenstunde im Jugendverband, für die zwei Wochen dauernde internationale Jugendbegegnung, für das mehrmonatige Reiseprojekt und eben auch für erlebnispädagogische Aktionen. Bleiben wir bei dem Bild der Einstimmung! Sie kann mit dem für viele Beethoven-Symphonien so bekannten Paukenschlag beginnen, der nichts anderes als einen Einschnitt in den alltäglichen Ablauf darstellen soll: Jetzt beginnt die Welt der Beethovenschen Musik, nichts anderes zählt mehr. Die Einstimmung kann aber auch beginnen wie eine Symphonie von Gustav Mahler, die zögerlich, mit wenigen leisen Tönen einsetzt und allmählich in eine Welt der Musik entführt.

Wird z. B. im Rahmen eines Sozialen Trainingskurses mit straffälligen Jugendlichen eine erlebnispädagogische Woche durchgeführt, so muss eher der Paukenschlag gewählt werden. Weg von der Zivilisation, rein in die Höhle, los mit dem Schlauchboot, die Segel gehisst. Der „Step into the wilderness“ muss schnell gehen, die Brücken zurück in die Zivilisation sollen „zerschlagen“ werden. Die natursportlichen Pole Einsamkeit – Gemeinsamkeit, Ruhe – Bewegung, Action – Entspannung, Verzicht – Genuss, Gefahr – Sicherheit u. a. kommen erst später zum Tragen. Soziale Trainingskurse wenden sich an gefährdete und straffällige Jugendliche, die den Versuchungen und Reizen der modernen Zivilisation nicht widerstehen können. Zum einen muss ihnen eine Welt der Spannung und des Abenteuers geboten werden, in der sie ihr Bedürfnis nach starken Erlebnissen ausleben können, zum anderen wird ihnen so die Einsicht vermittelt, dass sie dieses Erlebnis durch ihren Willen, durch ihre Leistung, ihr Durchhaltevermögen erreichen können. Dabei zeigt sich, dass alle Möglichkeiten zum Aufgeben und alle Ablenkungen von den Jugendlichen genutzt werden. Um einen zu schnellen Abbruch und einen Ausstieg zu verhindern, empfiehlt sich der hier beschriebene Einstieg.

Ein ganz anderer Einstieg kann im Rahmen eines mittelschicht-orientierten Seminars gewählt werden: ruhige Anfahrt, erste Nacht im Schlafsack im Freien, Gespräche am Lagerfeuer, Einsatz kreativer Techniken. Bei Multiplikatoren der Jugendarbeit kann durch Collagen („Ein Erlebnis, das mich geprägt hat"), Brainstorming oder Impulsreferat der Seminarprozess in Gang gesetzt werden. Die Wahl der jeweiligen Übung oder des Spiels setzt aber die Erfahrung mit diesem Spiel voraus, die richtige Einschätzung der Teilnehmer und ihrer derzeitigen Befindlichkeit. Die falsche Übung zum falschen Zeitpunkt bewirkt das Gegenteil einer Einstimmung, das Gegenteil der Aufwärmphase, nämlich ein „cooling down".

Während der erlebnispädagogischen Aktion steht der Einsatz von Übungen und Spielen, die ja meistens als Ergänzung, Vertiefung und Erweiterung des Themas zu verstehen sind, in einem umgekehrt proportionalen Verhältnis zum Ernstcharakter. Spielerische Übungen wurden aber und werden mit größtem Erfolg in der erlebnispädagogischen Arbeit mit Kindern (Dewald et al. 2005, Gilsdorf/Kistner 2003, Schlehufer/Kreuzinger 1998) eingesetzt. Sie eignen sich als vorzügliches Instrumentarium, um Multiplikatoren in Jugendarbeit und Jugendhilfe die „Idee" der Erlebnispädagogik näher zu bringen. Als Entspannung und Vertiefung sind der Einsatz von Kimspielen, New Games, gestalttherapeutische Übungen und meditative Techniken (es gilt: Nur wer damit umgehen kann!), Rollen- und Entscheidungsspielen ein Fundus, der jedem Pädagogen zur Verfügung stehen sollte. Es ist letztlich keine Frage der Zielgruppe, sondern nur eine Frage des zeitlichen Einsatzes und der Persönlichkeit des Pädagogen, der zu seinen Angeboten stehen muss.

Durch *zwei Praxisbeispiele* werden im Folgenden zwei sehr unterschiedliche Ansätze in der erlebnispädagogischen Arbeit vor Ort dargestellt. Das erste Beispiel beschreibt eine Fortbildung für Studierende an der Universität Augsburg, das zweite gibt einen Überblick über den Verlauf eines Segeltörns mit Jugendlichen.

Erstes Beispiel: Im Sommer 2017 fand für Schulleiter und schulische Führungskräfte ein dreitägiges Seminar zum Thema „Sich in Höhlen vertiefen" in der Fränkischen Schweiz statt, aus der wir im Folgenden den Einsatz von Spielen und Übungen herausheben wollen. Der Einstieg ins Thema begann nach Mittagessen, Zimmerverteilung, Begrüßung und Programmvorstellung mit einem Gruppenbild zu dem Thema „Ein Erlebnis, das mich geprägt hat". Auf einer etwa vier qm großen Papierfläche suchte sich jeder

Teilnehmer einen Platz und hatte ca. 30 Minuten Zeit, dieses Thema mit Wachsmalkreiden, Fingerfarben, Wasserfarben oder auch durch Collage zu bearbeiten. Dazu wurde ein entspannendes Musikstück gespielt. Jeder Teilnehmer stellte sich dann mit seinem Bild vor und versuchte, sein Verständnis des Begriffes Erlebnis darzustellen. Die Ergebnisse wurden von den Seminarleitern auf einer Wandtafel festgehalten.

Am Nachmittag folgte eine Einführung in die Praxis der Erlebnispädagogik, bei der vier kleinere Höhlen erforscht wurden. Am Eingang der ersten Höhle gaben wir einige Hinweise zum Verhalten in Höhlen, wurde auf die ökologische Bedeutung von Höhlensystemen hingewiesen und über Fauna und Flora in Höhlen gesprochen. Für jeden Teilnehmer war ein Zitat zum Stichwort „erleben" aus Literatur oder Philosophie auf einer Karteikarte vorbereitet worden. Diese Zitate wurden verteilt. Die Teilnehmer wurden aufgefordert, sie zu lesen, sie für sich zu behalten und sie auf sich wirken zu lassen. Jeder Teilnehmer konnte im Lauf der nächsten Tage sein Zitat der Gruppe mitteilen und dazu seine Assoziationen, seine Gedanken, seine Stellungnahme. Die Oswaldhöhle ist eine Durchgangshöhle von etwa 100 m Länge. Den Aufstieg zu den Höhlen nützten wir zu ersten Gesprächen: Was bewegt sie alle, in Höhlen zu gehen, in diese dunklen, feuchten, schlammigen, schmutzigen Löcher? Die erste allgemeine Antwort lautete: Weil es halt Spaß macht! Doch ist es das allein? Viele lockte das Unbekannte, denn für fast alle war es das erste Mal, dass sie in eine unbefestigte Höhle gingen. An die eigenen Grenzen gelangen, wie weit schaffe ich es noch? Auch das trieb einige ins Erdinnere und endlich auch sich selbst zu beweisen, dass man noch etwas anderes tun kann, etwas Außergewöhnliches und dass man fähig ist, sich auf etwas Neues einzulassen, vielleicht einen neuen Gang zu entdecken, den noch nie zuvor ein Mensch gegangen ist, wieder die Abenteuer- und Entdeckerlust in sich zu verspüren.

Nach der Oswaldhöhle näherten wir uns der Doktorshöhle. Einen Höhleneingang zu finden ist bzw. wird zu einem Geheimnis, das wir unseren Teilnehmern nicht nehmen wollten. Etwa 500 Meter vor dem Eingang in die Doktorshöhle deuteten wir nur die ungefähre Richtung des Höhleneingangs an und schickten die Teilnehmer auf eine etwa 30-minütige Suche. Nach etwa 20 Minuten gellten die Rufe von einigen erfolgreichen Teilnehmern durch den Wald. Wir versammeln uns vor dem dunklen Loch der Doktorshöhle. Ebenso wie sich jetzt viele Teilnehmer von dieser dunklen Öffnung magnetisch angezogen fühlen, werden sie später froh sein, von der Höhle wieder ausgespuckt zu werden. Der Rucksack ist gepackt, Stirnlampen sind kontrolliert, trockene Kleidung am Höhleneingang deponiert. Zur Einstimmung wird vor dem Eingang in die Höhle noch ein kurzer Abschnitt aus den „Hymnen an die Nacht" von Novalis gelesen: „Abwärts wende ich mich zu der heiligen, unaussprechlichen, geheimnisvollen Nacht. Fernab liegt die Welt – in eine tiefe Gruft versenkt – ... Wie arm und kindisch dünkt mir das Licht nun, wie erfreulich und gesegnet des Tages Abschied."

Nach der Erforschung der Doktorshöhle hatten wir fünf Arbeitsaufträge parat. Sie sind auf Karteikarten verfasst:

(1) Umweltverträglichkeit und Erlebnispädagogik
(2) Führung und Sicherheit in der Erlebnispädagogik
(3) Bewertung der Übungen, Vorschläge, Tips, Anregungen
(4) Bedeutung der Erlebnispädagogik für Schule und Unterricht
(5) Gruppenprozesse in der Erlebnispädagogik

Je drei Teilnehmer konnten sich für ein Thema entscheiden. Sie hatten das Thema während der nächsten drei Tage zu bearbeiten und sollten die Ergebnisse dann vortragen. Außerdem baten wir die Teilnehmer, ihre Eindrücke in einem Gruppentagebuch schriftlich festzuhalten. Ein Teilnehmer erklärte sich schließlich bereit, dafür zu sorgen, dass das Tagebuch an alle Teilnehmer weitergereicht wird.

Wir gingen weiter zur nahe gelegenen Witzenhöhle. Diese Höhle stand nun ganz unter dem Thema des Erforschens. Wir muteten den Teilnehmern erste enge Gänge zu, Schlufe (Engstellen), die sich in engen Windungen tief in die Erde schlängeln, oft in Sackgassen münden, manchmal aber auch wieder in große Räume. Wir teilen uns in zwei Gruppen auf, und die beiden Gruppen trafen sich am Ende der Höhle. Dort ist Musik vorbereitet, mit der eine Schweigestunde begonnen werden soll. Diese Schweigestunde begannen wir sanft mit ausgesuchter Musik – Tangerine Dream, Jan Garbarek oder auch Klassik eignet sich dazu. Noch besser die Musik der Romantiker, schließlich waren es die Romantiker, die uns die Geheimnisse der Dämmerung und der Nacht literarisch und musikalisch nahe gebracht haben. Dann wurden alle Stirnlampen abgeschaltet. Es ist so dunkel, dass man die Hand vor dem Gesicht nicht mehr sieht. Alles konzentriert sich aufs Hören und lauscht mit äußerem und innerem Ohr, bemerkt einen Rhythmus des Tropfens, wird gestört oder ermutigt durch das Räkeln oder Räuspern eines anderen Teilnehmers – alle Teilnehmer haben sich in der weiten Halle verteilt –; man vermeint Stimmen zu hören, schweift ab in die Erinnerungen, jetzt hat man Zeit dafür, wartet auf das Ende der Schweigestunde und befürchtet es zugleich. Während beim Begehen, Klettern und Kriechen mit der Stirnlampe ganz die visuelle Wahrnehmung im Mittelpunkt stand, ist es nun der Gehörsinn. Danach finden wir uns wieder in der Mitte der Halle ohne Licht, nur mit dem Tastsinn, schweigend. Wie erbärmlich erscheinen wir dem Dunkel der Höhle ausgeliefert, und doch finden alle zur Mitte. Sich finden, sich berühren und sich mitteilen über das durch das Sehen, Hören und Tasten Erlebte. Dabei kocht das Teewasser und spendet nach langer Zeit erstes Licht und Wärme. Während des Teeschlürfens ist dann Zeit zum Nachdenken und Reden.

Seit Urzeiten sind Höhlen ein Ort zwischen Geborgenheit und Gruft, zwischen Bedrohung und Behausung, so wie der Mensch vor der Geburt im dunklen Paradies des mütterlichen Bauches lebt und nach seinem Tod dem Dunkel der Erde übergeben wird. Die Mythen vieler Völker berichten von Unterweltfahrten, um einen Toten ins Leben zurückzuholen, ein Geheimnis zu erfahren, einen Schatz zu gewinnen, ein Heilmittel zu bekommen. „Sesam öffne dich!" – Wenn man nun die Tür zum Miteinander-Reden aufgetan hat, dann wird die Höhle zur Metapher des Lebens, mit Sackgassen, Schlammgängen, Hindernissen, unverhofften Ausgängen, Labyrinthen, weiten Hallen, Licht und Dunkel.

Auch lyrische Impulse kann man geben! So z.B. das Gedicht „Die Höhle" des türkischen Lyrikers und Politikers Bülent Ecevit. Weitere Gedichte, die die Ambivalenz der Gefühle, der Ergriffenheit und der Sinnlichkeit in Worte und Sätze verdichtet haben, können den Teilnehmern vorgelegt werden, Gedichte von Paul Celan z.B. zum Thema Nacht („Nachts, wenn das Pendel der Liebe schwingt zwischen immer und nie …") oder Zeit („An den langen Tischen der Zeit …"), von Gottfried Benn über Einsamkeit („Einsamer nie als im August …").

Auch eine neue Form von Höhlenmalerei ist möglich: Mit geeigneten Farben können kleine Steine bemalt werden. Dabei muss freilich das Biotop Höhle geschützt werden. Es wird auf einer Plastikunterlage gemalt, die bemalten Steine werden mitgenommen. Nach der Rückkehr ins Seminarhaus, nach Abendessen und Duschen treffen wir uns noch für zwei Stunden im Gruppenraum. Die ersten Eindrücke werden besprochen, einige Teilnehmer stellen ihre Zitate vor. Wir vertiefen unsere erlebnispädagogischen Schlüsselwörter.

Am nächsten Tag sind weitere vier Höhlen angesagt. In der Rosenmüllerhöhle, einer ehemaligen Schauhöhle, bei der eine Treppe mit Kerzen zu einer Art Balustrade führt, üben wir mit der Gruppe einen längeren Kanon ein. Nach dem Besuch legen wir bei der Brotzeit unseren Teilnehmern ein Bild aus der Höhle von Lascaux vor, der „Sixtinischen Kapelle der Urzeit" (vgl. dazu Kap. 3.3.). Vor der nächsten Höhle, der Kleinen-Ludwig-Wunder-Höhle, baten wir die Teilnehmer um Geduld. Wir beiden Leiter versteckten nun in dieser ungefährlichen Höhle zwölf Naschereien und zwei Sektflaschen. Nach etwa zehn Minuten bitten wir die Teilnehmer in die Höhle und stellen ihnen die Aufgabe, diese Gegenstände zu finden. Eine solche Höhlenrallye macht nicht nur Kindern Spaß. Der ganze Nachmittag dieses Tages war dann der Schönsteinhöhle gewidmet, eine der größten und schönsten Höhlen der Fränkischen Schweiz. In zwei Gruppen führten wir die Teilnehmer bis zum Endpunkt. Alle hatten nun Höhlenerfahrung, und alle Teilnehmer schafften die Anforderungen, die an ihren Mut, an ihre Kondition und an ihre Klettertechnik gestellt wurden.

Nach der Rückkehr, dem Abendessen und dem Duschen ließen wir unsere Teilnehmer einen subjektiven Höhlenplan der Schönsteinhöhle zeichnen. Die einzelnen Gänge, Hallen, Sackgassen und Labyrinthe sollten mit Fantasienamen bezeichnet werden. Immer zwei Teilnehmer fertigten einen solchen subjektiven Höhlenplan an, den wir anschließend besprachen.

Am dritten Tag erforschten wir das ausgedehnte und labyrinthische System der „Höhle ohne Namen". Alle Teilnehmer – diese Höhle können wir guten Gewissens als Anfängerhöhle bezeichnen – gelangen an die Grenzen ihrer physischen und psychischen Belastbarkeit. Nach der Rückkehr wird das Material gereinigt und abgegeben, nach dem Abendessen herrscht große Müdigkeit, so dass wir nur mehr einige Zitate durchbesprechen.

Der letzte Tag ist der Verarbeitung der Erlebnisse gewidmet. Zunächst teilen die fünf Arbeitsgruppen die Ergebnisse ihrer Arbeitsaufträge mit. Anschließend findet eine Diskussion pro und contra Erlebnispädagogik statt, und zwar in der Zick-Zack-Diskussion (Heckmair/Michl 2013, 71): Die Teilnehmer sitzen sich in zwei Stuhlreihen gegenüber. Die linke Stuhlreihe ist Pro, die rechte Contra. Im Zickzackkurs werden Pro- und Contra-Argumente ausgetauscht. Nach einer Pause wird in einem Kurzreferat ein Überblick über Theorien und Geschichte der Erlebnispädagogik gegeben. Nun beginnt die Schlussphase des Seminars. Auf einer weißen Papierfläche können die Teilnehmer mit einem dicken Filzstift ihre Eindrücke noch einmal festhalten. In einem Kreisgespräch werden die besonderen wichtigen Eindrücke, ungeklärte Fragen, Kritik und Anregungen diskutiert. Das Seminarprogramm und andere Unterlagen bekommen alle Teilnehmer im Nachhinein zugesandt.

Zweites Beispiel: Auf der Grundlage von Tagebuchnotizen wollen wir einen 8-tägigen erlebnispädagogischen Kurs an der Schlei (Schleswig-Holstein) rekonstruieren. An diesem Kurs nahmen Jugendliche teil, die im Rahmen einer einjährigen Berufsvorbereitungs-Maßnahme einen qualifizierten Schulabschluss nachholen sollten. Als vorrangige Ziele wurden die Stärkung des Selbstvertrauens, die Entwicklung von Konstanz und Beharrlichkeit im persönlichen Verhalten sowie die Förderung der kommunikativen und kooperativen Kompetenz angestrebt. Die Jugendlichen im Alter von 16 bis 22 Jahren trafen erst unmittelbar vor dem Kurs das erste Mal zusammen.

Die acht Kursteilnehmer kommen am späten Nachmittag am Bahnhof Rieseby an. Sie werden von den Erlebnispädagogen, die wir im Folgenden Begleiter nennen, bereits erwartet. Nach kurzer Begrüßung wird ihr Gepäck in einen Kleinbus verladen, sie bekommen eine Landkarte in die Hand gedrückt und dürfen einige Kilometer zum Camp zu Fuß zurücklegen. Es ist ein erstes Kontrasterlebnis, das hügelige Agrarland zu durchwandern und winzige Orte zu passieren, in denen es weder einen Kiosk noch eine Kneipe gibt.

Nach ihrer Ankunft werden die Teilnehmer mit Kontakt- und Vertrauensübungen „konfrontiert". Auf spielerische Weise sollen Berührungsängste abgebaut werden; den Begleitern geht es vor allem darum, das distanzierte, von Misstrauen geprägte Verhalten untereinander abzubauen und den Gruppenbildungsprozess anzuregen.

Ein 50 x 50 cm großes Podest bietet Platz genug für alle Jugendliche – wenn man zusammenarbeitet: Auf einem Baumstamm, der als Wippe auf einem dicken Ast – höchst instabil – ruht, soll die Gruppe ihre Balance finden; mit verbundenen Augen werden die Jugendlichen von ihren Partner, durch das unwegsame Gelände geführt. Schließlich ist eine Schlange zu bilden, die sich ebenfalls durch das Unterholz schlägt: Alle außer dem vorangehenden Jugendlichen haben ihre Augen verbunden. Informationen über die zu bewältigenden Hindernisse werden vom „Kopf" der Schlange nach hinten weitergegeben. Da sich während der ersten Übungen noch kein ausreichendes Maß an Vertrauen herausbilden konnte, wird auf den Vertrauensfall verzichtet: Bei dieser Übung lässt man sich, auf einem ca. 1,30 cm hohen Pflock stehend, rückwärts in die Arme der bereitstehenden Gruppenmitglieder fallen.

Es folgt eine kurze Nachbesprechung der Aktionen sowie – mittels Metaplan-Technik – eine Sammlung der Erwartungen und Befürchtungen, die die Jugendlichen im Hinblick auf die zwei Wochen mitbringen. Da die Fähigkeit, Gefühle zu verbalisieren, bei den Jugendlichen nicht besonders ausgeprägt ist, werden zusätzlich auf Wandzeitungen Begriffe assoziiert. Schließlich legen Begleiter und Jugendliche einige Grundregeln fest, die für die kommenden zwei Wochen gelten sollen (kein Alkohol, keine Drogen, Beachten von Anweisungen in sicherheitsrelevanten Situationen etc.). Es ist schon spät geworden, als die Begleiter den Kursablauf in groben Zügen vorstellen können.

Der nächste Morgen wird mit „Run and dip" begonnen. Nach einem viertelstündigen Lauf und etwas Stretching tauchen die Mutigen zur Abkühlung kurz in die Schlei. Man hätte auch die Möglichkeit gehabt, den Tag mit Yoga zu beginnen. Sie wählen jedoch das für sie „kleinere Übel". Nach dem Frühstück werden die kommenden fünf Tage auf dem Segelkutter geplant und vorbereitet. Aus den „Stores" werden Segeljacken, -hosen, Gummistiefel, Schwimmwesten und eine Menge technischer Ausrüstung ausgegeben. Den Speiseplan müssen die Jugendlichen selbständig entwerfen – Fertiggerichte in Dosen sind tabu. Die persönliche Ausrüstung wird in wasserdichte Tonnen verstaut; zusammen mit der technischen Ausrüstung und dem Proviant muss alles unter den „Duchten" (Holzplanken) eines offenen Segelkutters untergebracht werden. Angesichts der geringen Größe des Schiffes erscheint dies den Jugendlichen im ersten Moment als unmöglich – zum Teil reagieren sie frustriert, zum Teil apathisch. Die Begleiter sind in dieser Anfangsphase nicht nur beim Zusammenstellen und Verpacken der Ausrüstung gefordert, sie müssen darüber hinaus die Jugendlichen motivieren, „am Ball zu bleiben", nicht aufzugeben.

Spätnachmittags wird – nach einer kurzen Einweisung in die Segeltheorie – abgelegt. Die Schlei, eine Förde mit Mündung in die Ostsee, ist ein ideales Revier für Segelanfänger. Mit Riemen (umgangssprachlich: Ruder) wird zuerst in den Windschatten einer nahen Insel „gepullt" (gerudert); dort werden die Segel gemeinsam ausgepackt. Der Schiffsführer (einer der beiden Begleiter) erklärt die Ausstattung des Schiffes und die jeweiligen Funktionen und gibt Hinweise zur Bedienung. Die Jugendlichen werden darauf vorbereitet, dass sie das nächste Segelsetzen selbständig durchzuführen hätten. Das Prinzip der „Gruppenselbststeuerung" soll nach und nach eingeführt werden. Die Begleiter werden anfangs noch viele Instruktionen geben müssen, sich später jedoch sukzessive zurücknehmen können.

Es ist schon beinahe dunkel, als in einer kleinen Bucht vor Anker gegangen wird. Den Jugendlichen wird noch das Abspannen der Persenning (eine stabile Plane) erklärt, die als Schutz vor Regen über das Schiff gezogen und fixiert wird. Es wird nur noch kalt gegessen – die meisten der Gruppe suchen sich einen Platz am Ufer, um unter freiem Himmel zu schlafen. Der Rest richtet sich auf dem Kutter einen Schlafplatz zurecht.

Am nächsten Morgen wird bei trübem Wetter und mäßigem Wind Kurs in Richtung Ostsee genommen. Bei achterlichem Wind kommt das Schiff gut voran. Die Crew trainiert verschiedene Manöver, wobei jeder in der Gruppe bestimmte Aufgaben zu erfüllen hat. Von der umliegenden Landschaft wird nicht besonders viel wahrgenommen, da die Steuerung des Schiffes die Sinne voll beschäftigt. Der Bootsführer lässt bereits jetzt einzelne Jugendliche an die „Pinne" (Hebelarm am Steuerruder); auch die Navigation wird – unter Anleitung und Beratung durch den Skipper – von den Teilnehmern besorgt. Bei drei bis vier Windstärken, „halb am Wind" gerät der Kutter gegen Mittag beträchtlich in Schräglage, was von den Jugendlichen mit Jubel und anfeuernden Sprüchen kommentiert wird.

Am Nachmittag flaut der Wind nach und nach ab. Es beginnt zu regnen. Die Stimmung sinkt auf den Nullpunkt. Da der Hafen von Arnis längst passiert wurde und Kappeln als Übernachtungsplatz ungeeignet wäre, muss das Maasholmer Noor mit Muskelkraft erreicht werden. Da es keine Alternative zum – bereits anvisierten – Tagesziel gibt, „pullen" jeweils sechs Crewmitglieder eher mürrisch als engagiert Richtung Schleimünde; der Rest löst die Kollegen im Halb-Stunden-Rhythmus ab. Gegen sieben Uhr wird das Schiff am Ufer festgemacht. Da es inzwischen aufgehört hat zu regnen, beschließt die Gruppe, an Land zu kochen. Nach dem Essen setzen die Begleiter eine Nachbesprechung an. Im Mittelpunkt der Aussprache, in der jeder Teilnehmer einen Kommentar zu Phasen des Tages abgeben soll, steht die Frage, wie der Einzelne mit belastenden Situationen umgeht. Die Jugendlichen beteiligen sich nur widerwillig an der Tagesauswertung. Keiner ist bereit, nach zwei Tagen etwas Persönliches von sich preiszugeben. Die Runde löst sich nach einer halben Stunde auf. Da es inzwischen aufgeklart hat, verzichtet sie nach kurzer Beratung darauf, die Persenning als Schutz vor Regen aufzuziehen.

Am nächsten Morgen verstreicht wieder – wie bereits am Tag zuvor – viel Zeit, bis nach dem Frühstück alles im Schiff verstaut ist. Einige der Jugendlichen haben Schwierigkeiten, ihre persönliche Ausrüstung funktionstüchtig zu halten. Vollends überfordert sind sie mit der Gruppenausrüstung. So herrschen bereits am dritten Tag chaotische Zustände an Bord. Die zu Beginn des Törns verteilten Rollen und Zuständigkeiten für Material und Jobs werden nicht eingehalten. Die Begleiter sprechen vor dem Auslaufen noch einmal alle Zuständigkeiten mit den Jugendlichen durch und verteilen diese zum Teil neu.

Bei strahlend schönem Wetter und nordöstlichem Wind wird abgelegt. Ziel ist der nahe Jachthafen von Maasholm, wo ein umgebauter Fischkutter, erwartet wird. Er wird den Segelkutter auf der Ostsee begleiten und Sicherungsaufgaben wahrnehmen. Bei Flaute kann er den Segelkutter in Schlepp nehmen. Normalerweise ist das Sicherungsschiff für zwei oder drei Segelkutter zuständig, die im Flottenverband unterwegs sind.

Die Schlei wird verlassen, außerhalb der Landabdeckung bläst gleichmäßiger Wind. Auch wenn die Ostsee als so genanntes Brackwassermeer nicht zu vergleichen ist mit der Weite des Atlantiks oder Pazifiks, so ist der Moment, wo die Schleimünde verlassen wird, doch eindrucksvoll für die Besatzung. Der auch bei drei Windstärken für Landratten ungewohnte Seegang schaukelt das kleine Schiff über die Wellen. Bereits nach einer halben Stunde haben zwei Jugendliche mit Übelkeit zu kämpfen, während sich der Rest der Crew – übermütig und wenig Anteil nehmend – mehr Wind und höhere Wellen wünscht.

Angesteuert wird das Ostende der dänischen Insel Æroe. Bei idealer Windstärke und -richtung erreichen Segelkutter und Sicherungsschiff bereits am späten Nachmittag den kleinen Hafen Marstal. Es bleibt noch ausreichend Zeit zu Landgang und Einkauf. Die Jugendlichen betreten voller Stolz über die vollbrachte Leistung den Anlegesteg. Es wird vereinbart, jeweils zu zweit oder zu dritt die Stadt zu erkunden und verschiedene Lebensmittel einzukaufen. Eines der Mädchen setzt sich jedoch – wie sich später herausstellt – allein ab und nutzt die Gelegenheit, sich Alkohol zu beschaffen. Zum vereinbarten Zeitpunkt ist kein Jugendlicher zurück an Bord. Erst am späten Abend sind schließlich alle eingetroffen. Die Begleiter nehmen das Nichteinhalten der Absprachen zum Anlass, die Verbindlichkeit des zu Beginn des Kurses geschlossenen Kontrakts herauszustellen. Im Laufe einer längeren Auseinandersetzung gelingt es, auf einer gemeinsamen Basis übereinzustimmen. Die Jugendlichen erklären sich bereit, die beschlossenen Regeln einzuhalten. Die gespannte Atmosphäre hat sich aufgelöst; Begleiter und Teilnehmer spannen den Bogen zu Anforderungen des Alltags und problematisieren eingeübte Verhaltensweisen.

Am nunmehr fünften Tag segelt die Crew, begleitet vom Sicherungsschiff, um die Insel Æroe herum, jetzt in nordwestlicher Richtung nach Avernakø, einer weiteren, allerdings unbewohnten Insel. Bei dichter Bewölkung weht nur wenig Wind – zeitweise wird der Segelkutter in Schlepp genommen. Die zu erledigenden Aufgaben werden nach dem Anlegen und Festmachen der Schiffe arbeitsteilig erledigt. Die meisten packen mit an, da sie wissen, dass es dann schneller Essen gibt. Anschließend bringt ein Begleiter ein kleines Akkordeon zum Lagerfeuer. Gemeinsam werden Shantys (Seemannslieder) gesungen. Es entsteht das erste Mal ein starkes Gemeinschaftsgefühl. In der Nacht müssen vier der Jugendlichen auf dem Sicherungsschiff, das vor Anker liegt, Wache „schieben", da nie vollkommen ausgeschlossen werden kann, dass sich bei aufkommendem Wind der Anker löst.

Am nächsten Tag wird der – geographische – Wendepunkt des Törns, die Nordwestspitze von Avernakø, passiert. Es ist weiter bedeckt, zeitweise regnet es. Trotzdem ist die Stimmung gut. Erst spät am Abend erreichen die Schiffe einen kleinen Nothafen bei Schleimünde. Die vergleichsweise spartanischen Sanitäreinrichtungen im Hafen werden als der reinste Luxus empfunden.

Eineinhalb Tage später machen die Schiffe gegen Mittag am Anleger des Camps fest. Den ganzen Nachmittag ist die Crew beschäftigt, um alles auszuräumen, zu warten und wieder in die Stores einzuräumen sowie die Boote zu säubern. Einzelnen fällt es schwer, nach der Rückkunft und dem Gefühl, es geschafft zu haben, noch einmal mit anzupacken. Am Abend mischen sich die Teilnehmer mit einer anderen Gruppe und erzählen von Stürmen, Regenschauern und der „Galeeren-Arbeit", die sie „überlebt" hätten.

Am nächsten Morgen trifft sich die Gruppe zur Auswertung des Kurses. Während jeden Abends, zum Teil auch untertags, wurden „Reflexionseinheiten" angesetzt. Die meisten der Jugendlichen steigerten von Tag zu Tag ihre Bereitschaft, sich mitzuteilen. Während man das Ritual anfangs noch widerwillig über sich ergehen ließ, ist das Gros der Teilnehmer gegen Ende des Törns bereit, offen über Probleme zu sprechen. So ist die Schlussauswertung aufschlussreich für alle Beteiligten, vor allem auch deshalb, weil nonverbale Feedback-Methoden eingesetzt wurden (Gruppenskulptur, -gemälde), mit denen sich einige der Teilnehmer besser ausdrücken können als mit Worten.

Briefe der Teilnehmer, die die Begleiter Wochen und Monate nach dem Kurs erreichen, sowie Telefongespräche mit der begleitenden Sozialpädagogin können kein verlässliches Bild über die Wirkungen abgeben. Zwei der acht Jugendlichen haben den Berufsvorbereitungs-Kurs abgebrochen. Die sechs verbleibenden hätten jedoch nach Aussage der Pädagogin im Vergleich zu denjenigen, die nicht am Kurs teilgenommen haben, insgesamt mehr Selbstvertrauen und eine höhere Kooperationsfähigkeit erworben.

Natürlich müssen solche Aussagen mit großer Vorsicht gehandhabt werden. Es sind dies alles andere als gesicherte Ergebnisse. Der Auftraggeber scheint indessen vom Konzept überzeugt zu sein: Die Teilnahme am hier vorgestellten Kurs wurde im folgenden Jahr als obligatorischer Bestandteil in die Berufsvorbereitungs-Maßnahme integriert.

6 Ausblicke: Von Wiederentdeckungen, Wucherungen und Visionen

What a trag it is getting old.

Rolling Stones

Too old for Rock'n Roll, too young to die.

Jethro Tull

…for the times, they are a changin.

Bob Dylan

6.1 Wiederbelebung: Bewegung, Körper und Geschlecht

Moderne Gesellschaften, so Hartmut Rosa (2016), zeichnen sich dadurch aus, dass sie immer auf Wachstum und Beschleunigung aus sind. „Wenn Beschleunigung das Problem ist, dann ist Resonanz vielleicht die Lösung. Das ist die auf die kürzest mögliche Formel gebrachte Kernthese dieses Buches.“ (Rosa 2016, 13). Rosa betont, dass er als Therapie der Beschleunigung nicht die Entschleunigung meine, sondern Resonanz. Er versteht darunter ein schwingendes System, in dem sich beide Seiten wechselseitig anregen. Die zwischenmenschliche Schwingung ist gemeint zwischen Mutter und Kind, zwischen Partnern oder Kollegen, Begegnungen und Beziehungen mit Menschen. Es gibt aber auch Resonanz mit Dingen und Objekten, mit Büchern und Musik, mit Wohnungen und Wegen, mit der Natur. Um diese Resonanzen, die nach Rosa zum gelingenden Leben gehören, braucht es aber Entschleunigungen, Pausen (Herold 2018), Reflexionen, Meditationen, Wirkenlassen, Auszeiten. Vielleicht kann die Erlebnispädagogik zum Stichwort Resonanz kleine Beiträge liefern. Handeln und Erleben haben sich als leitende Prinzipien in einigen pädagogischen Feldern festsetzen können und sind dabei, Gegenpole zu bilden, wider eine schulisch inspirierte Wissensmast, wider eine konturlose und beliebige Sozialpädagogisierung. Die erlebnispädagogische Bewegung hat in der Pädagogik als Wissenschaft und Praxis eine Menge von Impulsen ausgelöst. Die neuen Themen in der pädagogischen Fachwelt, wie die Wiederentdeckung der Körperlichkeit und der Pubertät, die neue Diskussion um Führung und Verantwortung, die Suche nach Beziehung durch eine gemeinsame Leidenschaft – oder sollten wir sagen: durch eine „Grande Passion“? –, die Renaissance des Handlungs- und Erfahrungslernens, die Neubewertung des Projektlernens, all dies und mehr ist unter anderem auf die Konjunktur der Erlebnispädagogik zurückzuführen. Dabei ist sie sicher nicht der Königsweg pädagogischen Handelns, sondern ein Konzept unter vielen.

Es geht ja primär nicht darum, welche theoretischen Dissonanzen, historischen Verschuldungen oder Möglichkeiten des Missbrauchs hinter einer pädagogischen Praxis stehen, sondern vielmehr um Betreuung, Begleitung, Bildung, Erziehung in konkreten Situationen. Und die Dimension dieser Praxis wird zunächst von theoretischen Implikationen kaum tangiert. Schleiermacher hat das so ausgedrückt: „Die Dignität der Praxis ist unabhängig von der Theorie; die Praxis wird nur mit der Theorie eine bewußtere.“ Damit wird die von vielen Praktikern oft geschmähte Theorie nicht in die zweite Reihe gedrängt. Im Gegenteil: „Es gibt nichts Praktischeres als eine gute Theorie.“ (Kurt Lewin)

Blinder Aktionismus, action hopping und die Suche nach dem Außergewöhnlichen und Spektakulären führen genauso schnell in die Sackgasse wie eine praxisblinde Theorie. Zweifellos baut die Erlebnispädagogik auf die

Intensität des Augenblicks, der sozusagen das Salz in der Suppe ist. Dies hat aber mit der oft erwähnten Mixtur aus thrill, action und Risiko nichts zu tun. Der handelnde Pädagoge muss es verstehen, behutsam mit der anvertrauten Klientel und den kleinen Abenteuern umzugehen, die sorgsam aufzuarbeiten sind. Und er hat für die nötige Sicherheit zu sorgen: physisch, psychisch und ökologisch. Erlebnisse aber sind in der Pädagogik genauso wenig gut- oder bösartig, wie das Leben oder die Umwelt es sind. Die modernen Vertreter dieser Methode verstehen diese eben nicht als eine Tarzan- oder Inselpädagogik, als ein temporäres Reservat für positives Erleben, sondern als in ihren Strukturen ähnlich – „isomorph" – mit den fraglosen Gewissheiten des Alltags.

Rainer Treptow liefert vielleicht einen Schlüssel, warum erlebnispädagogische Angebote so erfolgreich sind. Er hat in einer historischen Analyse der Angebote der Jugendarbeit herausgearbeitet, dass Bewegung erleben und gestalten zu den wichtigsten Interessen jugendlicher Selbstbehauptung gehört. Bewegung ist für Treptow die grundlegende Kategorie, die die ereignisgebundene Gestaltung von Aktivitäten zentral erfasst und bezeichnet. Jugendliche Bewegungskultur tritt in verschiedenen Erscheinungsformen auf. Neben den körperbezogenen Aspekten jugendkultureller Ausdrucksweisen spielen erlebnispädagogische Angebote eine größer werdende Rolle. Die wissenschaftliche Fremdthematisierung der Jugendarbeit, so stellt Treptow fest, hat sich nur implizit auf die Rolle der Bewegungssouveränität eingelassen, obwohl die Dimensionen Raum und Zeit, in die alle Bewegung eingefasst ist, in vielfacher Weise Thema wurden. In den erlebnispädagogischen Angeboten der jugendarbeiterischen Praxis geht es stets darum, „ein Phänomen einzufassen, für das die Begriffe Raum und Zeit zwar die äußeren, formalen Dimensionen angeben, Bewegung aber diejenige Kategorie darstellt, die die jugendpädagogische, ereignisgebundene Gestaltung von Ereignissen bezeichnet" (Treptow 1993, 236). Treptows Bezugspunkt ist die Jugendkulturarbeit. Von dieser Stelle aus schlagt er die Brücke zur Erlebnispädagogik. Verbindungen lassen sich unter dem Stichwort „neue Bewegungskultur" zwischen Sport und jugendkulturellen Bewegungsweisen wie z.B. Skateboardfahren, aber auch zwischen Sport und musisch-ästhetischen Bewegungsweisen herstellen. Der Ansatz von Erlebnispädagogik kann sein, die für Jugendliche interessanten Möglichkeiten sportlicher Bewegungsweisen aus dem „verstaubten Milieu" der Sportvereine herauszuholen und den Jugendlichen wieder zugänglich zu machen.

2011 und in den Folgejahren hat die Arbeitsgemeinschaft Jugendfreizeitstätten Sachsen e.V. (AGJF) mit großem Erfolg die Fachtagung „Into the Wild" angeboten. In Heft 5/2011 der Zeitschrift „e&l – erleben und lernen" wurden die Ergebnisse der Fachtagung festgehalten. Die Diskussionen kreisten oft um Themen wie Initiation, Rituale, Rites de Passage, Übergänge. Auch andere Träger der Erlebnispädagogik stellen den Bezug zu Initiationsriten schriftloser Kulturen her, wo der Weg vom Jungen zum Mann aus zu bewältigenden Mut- und Kraftproben, Herausforderungen und Beweisen der körperlichen Geschicklichkeit besteht. Es soll hier nicht der Verdacht genährt werden, dass das traditionelle Modell von Männlichkeit wiederbelebt werden soll, das sich durch die Industriegesellschaft überlebt hat. Muskelkraft hat ihre Relevanz in der Lebensbewältigung erheblich eingebüßt. Bly (1991) macht in seinem Buch „Eisenhans" deutlich, wobei er Bezug auf das Grimmsche Märchen gleichen Titels nimmt, dass die Männer, wollen sie zu lebendigen und lebenspendenden Wesen werden, mit ihren „wilden Anteilen" und Energien in Kontakt kommen müssen. Männlichkeit kommt nicht nur vom Haferflockenessen. Aber es sind nicht nur Jungen oder Männer, die etwas riskieren. Tätowierungen und Piercings firmieren inzwischen als moderne Initiationsriten und sind in den meisten gesellschaftlichen Bereichen akzeptiert und anerkannt (Kasten 2006). Die Inszenierung und der Kult, die mit dem Anbringen eines Tattoos oder dem Setzen eines Piercings verbunden ist, hebt sich ab vom vielfach als öde und langweilig erlebten Alltag.

Natürlich ist körperliches Training – ganz im Hahnschen Sinne – auch eine Körpermanipulation. Kraft, Schnelligkeit, Ausdauer, Beweglichkeit und Geschicklichkeit werden verbessert. In einer Zeit, in der kaum ein Schüler mehr rückwärts laufen kann, wird die gekonnte Steuerung des eigenen Körpers einer bloßen Verschönerung oder Verletzung desselben entgegengesetzt. Erlebnispädagogik als Gegenmodell zum „styligen" Körperkult? Auf jeden Fall ist sie in ihrer Grundstruktur immer schon männlich ausgerichtet gewesen. Der leistungsstarke, wagemutige Kämpfer, der als Teil eines kompakten Teams das Abenteuer sucht, verkörpert das Klischee der erlebnispädagogischen Praxis. Dabei ist die Angebotsstruktur inzwischen weitaus differenzierter, als die Kritiker vermuten. Dennoch wird es immer notwendig sein, kritische Aufklärungsarbeit zu leisten, um einseitige und letztendlich falsche Verortungen von Erlebnispädagogik zu verhindern.

Es scheint immer noch so zu sein, dass Frauen in den Führungspositionen erlebnispädagogischer Träger, bei Publikationen und Präsentationen eher unterrepräsentiert sind. Häufig sind junge Frauen in der Überzahl, wie beispielsweise in der erlebnispädagogischen Praxis bei GFE | erlebnistage. Aber das ist eher Ausnahme als Regel. Dabei darf es nicht bleiben. Vielmehr besteht die Chance, die Dominanz männlicher Werte in der erlebnispädagogischen Praxis zu reflektieren, diese weiterzuentwickeln und geschlechtsspezifisch zu differenzieren. Dies kann auch im Kontext einer bewussten Jungenarbeit erfolgen (Germscheid 2012). Der Erlebnispädagogik sollte es damit gelingen, sich nicht auf die reduzierte Palette traditionell männlich geprägter Verhaltens- und Erlebnisweisen zu beschränken, sondern mit einer differenzierten Praxis sowohl für Mädchen wie auch Jungen spezifische handlungs- und erlebnisorientierte Lernräume zur Verfügung zu stellen.

Ein Problem für die Weiterentwicklung erlebnispädagogischer Ansätze war die starke Fixierung auf Natursportarten. Die Körperlichkeit lässt sich dabei nicht nur über (sportliche) Aktionen und Bewegung und die Erfahrung von Mut, Kraft und Grenzüberschreitung wiedergewinnen oder herstellen, sondern auch im Aufspüren bisher nicht beachteter körperlicher und emotionaler Regungen, dem Innehalten und Gewahrwerden emotionaler und sozialer Prozesse. Inzwischen nehmen spielerische Ansätze und konstruktive Lernprojekte, Zirkuspädagogik und Geocaching, Land Art und kleine Wanderungen einen so großen Raum ein, dass man sich einen gewissen Anteil an Natursportarten zurückwünscht.

6.2 Wiederentdeckung: Erlebnispädagogik als moderne pädagogische Konzeption

Betrachtet man diese Überschrift als Programm, dann sollte man sich zunächst mit den einzelnen Begriffen beschäftigen: Was heißt modern? Welche Aufgaben haben Konzepte? Im Alltagsgebrauch unserer Sprache verstehen wir unter modern zum einen modisch, dem Zeitgeschmack entsprechend; was nicht modern ist, gilt dann als veraltet. Zum anderen meint modern auch, den drängenden und neuen Problemen angepasst, nicht antiquiert, auf dem neuesten Stand des Wissens. Beide Sichtweisen sind in der Pädagogik und in der Jugendarbeit zu finden. Der modische Sozialarbeiter hat vor zehn Jahren eine Ausbildung als Gestalttherapeut begonnen, selbstverständlich ganzheitlich gedacht, seine Weltreise unternommen, denn man lebt ja nur einmal, ist vom ganzheitlichen ins systemische Denklager übergewechselt, hat mit Begeisterung und Pathos der Reihe nach den Papalagi von Ernst Scheuermann gelesen – dem späteren Hofdichter Hitlers –, die eigentlich niemals gehaltene Rede des Häuptling Seattle, die Lehren und Lügen des Don Juan von Carlos Castaneda, ist heute ein überzeugter Anhänger der Erlebnispädagogik und in der „Gesellschaft der Singularitäten" (Reckwitz 2017) Experte für Kaffee- und Brotsorten.

In keinem Feld der Erziehung ist gänzlich Neuartiges zu entdecken. Erziehung ist eine anthropologische Konstante: man kann nicht nicht erziehen. Betrachtet man das unüberschaubare Ausmaß von Erziehungsformen in Raum und Zeit, von der Steinzeit bis zur Postmoderne, von der Erziehung bei den Sammlern und Jägern der Kalahari (Michl 1982) bis zur Jugendgang in Chicago, der „street corner society" (White 1943), so wird klar, dass moderne Formen der Erziehung nichts anderes sein können als die Entdeckung und Belebung vergessener, verdrängter, alter Erziehungsmethoden. Vor erfahrenen Jugendleitern und Jugendpflegern, deren Wurzeln womöglich noch in die Jugendbewegung reichen, über moderne Konzeptionen zu reden, das ist für einen jungen Sozialpädagogen ein Schritt in die rhetorische Folterkammer. Man kann Wetten abschließen über den Zeitpunkt, an dem der Satz angemerkt wird: „Ach, das ist doch nicht neu! Das haben wir schon als Jungen gemacht!“ Das Neue ist in der Tat nichts anderes als die Wiederbelebung des Alten zum rechten Augenblick. Denn dass gerade zu diesem Zeitpunkt genau diese Methode, genau dieses Verständnis von Jugend und Jugendarbeit aktuell wird, ist das Moderne daran. Nichts ist schließlich unbezähmbarer als eine Idee, deren Zeitpunkt gekommen ist. Eine zweite Tatsache kommt hinzu, sie erschließt sich aus der Deduktion oder aus dem zweiten genaueren Hinsehen: Geschichte wiederholt sich nicht, auch nicht Erziehungsgeschichte. Die alte Methode bewegt sich auf der aktuellen Zeitfolie und verändert sich so in wichtigen Nuancen. Der manchmal romantische Rückzug in die Natur hat sicherlich erstaunliche Parallelen mit der Wandervogelzeit, aber er ist keinesfalls eine Wiederholung. Die wieder entdeckten pädagogischen Konzepte werden modern, wenn sie Jugendliche dazu befähigen, auf die Gestaltung ihrer Umwelt einzuwirken, wenn sie zum Prinzip Hoffnung anstiften, wenn sie den Mangel an sozialer Erziehung ausgleichen – um nur einige Punkte zu nennen. Im Übrigen ist der Punkt erreicht, an dem wir, wenn sie eine Funktion in der aktuellen historischen Situation erfüllen, uns mit dem Stellenwert von Konzepten beschäftigen sollten.

Die großen Theorien haben wir längst aufgegeben, die Welt ist fast nicht mehr zweigeteilt in Kapitalismus und Sozialismus, und auch die „middle range theories“ sind in ihrer Reichweite kaum mehr abschätzbar. Sollten wir nicht gänzlich auf Theorien verzichten, uns zurückziehen auf eine Minimalpädagogik, die auf die prägende Wirkung von Settings, von Architektur, von Medien etc. hofft? Aber auch dahinter stehen Konzepte. Der Vorteil von Konzepten, die sich aus der Praxis entwickeln, ist bestens beschrieben im „Design Thinking“ (Burnett/Evans 2016, 31):

> „Und Forschung zeigt, dass für die meisten Menschen Leidenschaft für etwas erst entsteht, *nachdem* sie etwas ausprobiert haben, bemerkt haben, dass es ihnen gefällt und sie eine gewisse Geschicklichkeit erworben haben – und nicht vorher.“

Die Praxis der Erziehung, und dazu gehören die Jugendarbeit, Jugendsozialarbeit und die Hilfen zur Erziehung, kommt letztlich ohne mehr oder weniger bewusste, systematische oder wissenschaftliche Konzepte nicht aus.

Konzepte sind vergleichbar mit Entwürfen, Plänen, Programmen oder Leitlinien, die zu einem vorgegebenen Ziel führen. Sie sind nicht mehr Theorie und noch nicht Praxis. Erfolgreiche Konzepte haben eine realistische Analyse der Wirklichkeit als Voraussetzung und eine bodenständige Theorie, aus der sich Zielvorstellungen entwickeln lassen, als Bedingung. Die Sozial- und Jugendarbeit, die sich in dieser Grauzone zwischen Theorie und Praxis, zwischen Wissenschaft und Wirklichkeit bewegt, ist notwendigerweise auf Konzepte angewiesen. Nichts ist so praktisch wie klare Konzepte, sie sind für die Sozialarbeit unverzichtbar. Da Konzepte aber nicht im luftleeren Raum entstehen, ist immer nach dem erkenntnisleitenden Interesse zu fragen: Wer will oder macht Konzepte für wen, warum und wofür? Die Schnittstelle zwischen Theorie und Praxis wird also sehr bald noch von der Geraden der Jugendpolitik gekreuzt. Konzepte in Jugendarbeit und Jugendhilfe sind relativ kurzlebig – das verwundert nicht –, denn sie versuchen aktuelle Antworten auf Fragen und Probleme der Jugend zu finden. Konzepte müssen also festgeschrieben, ergänzt, umgeändert und umgeworfen werden. Sie verlangen geistige Mobilität und auch die Freiheit, von ihnen Abstand nehmen zu können, wenn ihre Zeit vorbei ist.

Dies lässt sich gut beschreiben am Jugendarbeitslosigkeitsprojekt Ökomobil, dessen Konzeption (Michl 1992) 1983 verfasst wurde. Heute herrschen ganz andere Rahmenbedingungen, und das Projekt Ökomobil wurde im Rahmen der Jugendarbeit beendet. Ökomobil ist seit mehr als 20 Jahren auf dem Markt und heute ein Meisterbetrieb des Garten- und Landschaftsbaus, der überwiegend sozial benachteiligte junge Menschen zu Gärtnern und Gartenbauhelfern ausbildet und umschult. Kurzum, Konzeptionen, die nach zehn Jahren oder mehr nicht fortgeschrieben wurden, sind verdächtig. Immer muss überprüft werden, ob sie sich noch auf einen aktuellen Entwicklungsstand beziehen, ob noch die ursprünglichen Ziele gelten, ob der Weg dahin, die pädagogische Methode, noch der richtige ist, ob die Konzeption noch zeitgemäß ist.

Eine gute Konzeption erfüllt ein Bündel von Anforderungen. Sie knüpft an der Situation und an den Bedürfnissen Jugendlicher an, zieht Verständigungslinien zu den ehren- oder hauptamtlichen Mitarbeitern und führt die Fäden weiter zur Legitimation der pädagogischen Praxis durch die Öffentlichkeit. Dabei ist nicht die Notwendigkeit zur Legitimation, sondern vielmehr die Notwendigkeit zur Öffentlichkeitsarbeit gemeint. Arbeitsfelder und Berufsbilder, Hindernisse und Hürden, Probleme und Prozesse, Behinderungen und Benachteiligungen müssen für die Öffentlichkeit beschrieben werden.

Bei der Entwicklung von Konzepten schließlich müssen alle beteiligten Interessengruppen einbezogen oder wenigstens mitbedacht werden. Aus der zunächst geraden Linie zwischen Wirklichkeit und Wissenschaft, zwischen Praxis und Theorie wird dann ein Mäander aus Kompromissen. Die jugendpolitischen Interessen deformieren notwendigerweise die konzeptionelle Linie zum Ziel. Konzeptionsarbeit ist nicht Voraussetzung von Praxis, sondern Bestandteil, sie gehört zum Aufgabenkatalog der Mitarbeiter. Dafür muss von Seiten der Arbeitgeber Zeit und Raum gegeben werden, ausgiebig und regelmäßig. Konzeptionen sind wiederkehrende Suchbewegungen, die vor Ort konkretisiert werden.

Was macht Erlebnispädagogik zu einer modernen, zukunftsweisenden Konzeption? Einige Charakteristika, die an anderen Stellen dieses Buches schon genannt wurden, seien kurz skizziert.

Erlebnispädagogik ist ein Konzept, dem es stets um mehr geht als um Ergebnisse. Der Prozess ist wichtig, das Unterwegssein, die Suche. Ein Konzept, das in die Zukunft weist und einen kleinen Anteil von Zukunft als gestaltbar ansieht. Die Selbstverwirklichung des Einzelnen und die Beziehungen in der Gruppe werden nicht an rhetorischen Fähigkeiten gemessen, sondern am Verhalten. Zwischen Reden und Tun, das wissen wir aus vielen Untersuchungen, besteht nicht selten eine grundlegende Diskrepanz, die im Handeln oft sichtbar wird. Erst das Tun setzt sittliche Maßstäbe, erst durch seine Taten wird ein Mensch, eine Gruppe, eine Gesellschaft ethisch bewertbar. „Learning by Doing" bedeutet im Sinne von Kurt Hahn auch handwerkliche Bildung. Damit wollte und will Erlebnispädagogik nicht nur die pädagogische Wirkkraft des Handwerks verdeutlichen, sondern auch Brücken zwischen den Schichten bauen, zwischen der geistigen und der körperlichen Arbeit.

- Lernen durch Kopf, Herz und Hand: Durch diese Vorgabe hat Kurt Hahn die Erlebnispädagogik mit einem Menschenbild versehen, das mit dem viel strapazierten Begriff der Ganzheitlichkeit umschrieben werden kann. Dieser Terminus geht zum einen davon aus, dass das Ganze mehr als die Summe seiner Teile ist, dass es also Phänomene gibt, die nicht als Folge eines Teilbereichs erklärbar sind. Neben dieser Ursachenfrage folgt aus dem Begriff der Ganzheitlichkeit aber auch die Forderung, dass der Mensch als ganze Person und auf allen Ebenen – seelisch, geistig und körperlich – anzusprechen sei. Erlebnispädagogik geht also schon durch diese Definition über die reine Aktion hinaus.
- Lernen durch die Sinne: In der Erlebnispädagogik wird die Vielfalt aller Sinne angesprochen, es ist unmittelbares Lernen, das die Erfahrungen aus zweiter und dritter Hand, den Verlust der natürlichen Umwelt kompensieren will. Sie fördert die sinnliche Auseinandersetzung mit der Natur und ihre Wiederaneignung durch Sehen, Hören, Riechen, Tasten, Schmecken. Für den durch kognitive Prozesse geprägten Erwachsenen stellt dies eine erlaubte Regression dar, die – das zeigt die Praxis – nach ersten Widerständen gerne angenommen wird.
- Lernen durch Muße: Wenn, wie Hartmut Rosa (2016) betont, die immer stärkere Beschleunigung gesellschaftlicher und technologischer Prozesse ein Grundübel unserer Zeit ist, dann haben Konzepte die Aufgabe, die Langsamkeit zu entdecken, der schöpferischen Pause Raum zu geben, den Rhythmus zwischen Raserei und Ruhe zu finden, die Entschleunigung also in die pädagogische Praxis einzubauen. Die Erlebnispädagogik kann dazu beitragen, ein neues Zeitgefühl zu entdecken.

- Lernen am Beispiel: Mit der Frage des Transfers haben wir uns schon ausführlich beschäftigt. Erlebnispädagogik reduziert die komplizierten Parameter der Wirklichkeit auf in der Regel kontrollierbare Variablen. So wird den Jugendlichen in der erlebnispädagogischen Aktion der Zusammenhang von Handeln und Wirkung, von Verhalten und Erfolg, von Herausforderungen der Gegenwart und gestaltbarer Zukunft erfahrbar gemacht. Wer die Wirklichkeit wie im Planspiel reduziert, hat zunächst die Pflicht, darauf hinzuweisen, und dann den Auftrag, die Ergebnisse in den Alltag einzubinden.
- Lernen durch Erleben: Es ist ein pädagogisches Axiom, dass durch Erlebnisse besser gelernt wird, dass das Gelernte sich tief in die Persönlichkeit eingräbt und so leicht nicht vergessen wird. Das mag mit einem gewissen Prägungscharakter zu tun haben. In schriftlosen Kulturen hat man z. B. erkannt, dass die Jugend eine sehr sensible Phase der menschlichen Entwicklung ist, und dass in diesem Lebensalter die entscheidenden Weichen für das Erwachsenendasein gestellt werden. In keiner Altersphase – mit Ausnahme der Säuglingszeit – finden wir in Stammesgesellschaften solch ausgeprägte pädagogische Bemühungen wie in der Pubertät. Lernen durch Erleben ist in außereuropäischen Gesellschaften ein unumstrittenes und letztlich sehr erfolgreiches Prinzip, ein Prinzip, das auch die Erlebnispädagogik mit Erfolg vertritt.
- Lernen und Heilen: Sich in der Natur zu bewegen, in ihr zu ruhen oder zu meditieren ist immer schon als heilsam betrachtet worden. Erlebnispädagogik kann also auch systematisch für die Heilung psychischer Störungen eingesetzt werden. Werner Bartens (2016, 1) beschreibt eindrucksvoll empirische Forschungsergebnisse über die heilsame Wirkung von Natur. Hier einige Beispiele, bei denen immer zu bedenken ist, ob man den Zusammenhang als Kausalität oder Korrelation interpretiert: Bei Pflanzen im Büro nimmt die Zahl der Krankmeldungen ab. Die Kriminalität in Städten geht zurück, wenn Stadtviertel mehr Grün enthalten. Draußen in der Natur sinken Pulsschlag und Blutdruck; Entzündungswerte gehen zurück, Schmerz wird gelindert. Bei Krankenhauspatienten mit gleicher Krankheit gesunden jene Patienten schneller, deren Blick durchs Fenster ins Grüne geht. Die Vergleichsgruppe hat den Fensterblick zum Parkplatz. Auch deshalb ist Erlebnispädagogik eine moderne pädagogische Konzeption.

6.3 Visionen: Vier Szenarien und zehn Provokationen

Wie soll man sich den Stellenwert von Abenteuer und Erlebnis in der Zukunft vorstellen? Mit vier Szenarien und zehn Provokationen beenden wir unsere Einführung in die Erlebnispädagogik.

Vier Szenarien – vier mögliche Entwicklungen

Szenario 1 – Erlebnisgesellschaft 2030: Erlebnis total ist heute schon angesagt: Beruf und Partner werden nach ihrem Erlebniswert beurteilt, im Erlebnishaus wird eingekauft, am Freitagabend beginnt das Wochenendabenteuer, und die sechs Wochen Urlaub im Jahr müssen zur schönsten Zeit werden, zum Konzentrat des Lebens schlechthin. Das Abenteuer lockt allenthalben für den, der es sich leisten kann und will. Nimmt man eine lineare Entwicklung an, dann wird sich in wenigen Jahrzehnten fast jeder und zu aller Zeit am „Projekt des glücklichen Lebens“ (Schulze 2005, 35) beteiligen wollen und können. Je sinnentleerter und bedeutungsloser der berufliche Alltag erlebt wird, umso mehr wird in die wachsende Freizeit projiziert. Arbeit ist nötig, um Freizeit und Erleben verbinden und finanzieren zu können: den Jet nach Kanada, den Trip durch den Sinai, den Summit-Club-Gipfel im Himalaya, den Segeltörn in der Karibik, den Tauchkurs im Roten Meer. Natur, Disneyland und Erlebniscenter werden als Mittel zu einmaligen Erlebnissen gebraucht. Ihr kleinster gemeinsamer Nenner ist das spannende, schöne, beeindruckende, intensive Erlebnis. Auf der Berghütte treffen sich Paraglider, Mountainbiker, Freeclimber und Nordicwalker. Danach entspannt man sich in der Sauna, im Solarium, im Wellen- oder Dampfbad und beendet den Tag schließlich im Gourmet-Restaurant. Das Leben wird zum totalen Erlebnisprojekt: Wenn nicht das Leben, sondern sein Sinn bedroht ist, beginnt eine Beurteilung des Lebens nach seinem Erlebniswert, eine hedonistische Innenorientierung, die nach der Utopie des persönlichen Glücks sucht. Werden sich die wohlhabenden Industrienationen, wie Neill Postman meint, zu Tode amüsieren? Und welchen Anteil wird die Erlebnispädagogik daran haben?

Szenario 2 – Ästhetisierung versus Existenzkampf: Der Zugang zu Erlebnisräumen wird gesellschaftlich und ökonomisch geregelt. Während die Zweidrittelgesellschaft über die finanziellen Ressourcen verfügt, sich in der Natur, in fremden Ländern, aber auch im urbanen Umfeld, in Sport- und Vergnügungsstätten ihren Traum von Selbstinszenierung und Ästhetisierung zu verwirklichen, ist das dritte Drittel davon ausgeschlossen.

Wer sich im täglichen Kampf um eine bezahlbare Wohnung und um einen Job, der halbwegs erträglich ist, aufreiben muss, der verliert das Bedürfnis nach stilsicherer Befriedigung. Auf zynische Weise erfährt ein kleiner Teil der mitteleuropäischen Bevölkerung „schon" heute, was echte Erlebnisse ausmachen: Wenn Stadtstreicher mitten im Wohngebiet unter einer Brücke ein erbärmliches Quartier aufgeschlagen haben und vom Hochwasser überrascht werden, oder Geflüchtete vor einem rechtsradikalen Mob fliehen müssen, steht für sie nicht viel mehr auf dem Spiel als das nackte Überleben. Für sie ist das, was in erlebnispädagogischen Arrangements kunstvoll inszeniert wird, alltägliche Wirklichkeit – allerdings mit negativem Vorzeichen.

Prickelnd-riskante Situationen sind nicht etwa Anlässe für die Pflege und Erweiterung des zivilisierten Ichs, sondern unvermeidliche Begleitumstände im Kampf um die Sicherung der puren Existenz. Diese auf legale Weise abzusichern ist nicht nur anstrengend und zermürbend, sondern auch unendlich langweilig. Nicht zufällig lockt das bizarre Umfeld von Diebstahl, Hehlerei, Drogenhandel und Prostitution mit Erlebnisqualitäten ganz anderer Art. In ihren Strukturen jedoch sind diese in gewisser Weise vergleichbar mit den legalen und gesellschaftlich sanktionierten Erlebnissen.

Ist das beschriebene Szenario für Mitteleuropa (noch?) befremdlich und überzeichnet, so steht in vielen Teilen dieser Welt der Existenzkampf recht selbstverständlich auf der Tagesordnung. Angesichts der Kriege, Hungersnöte, und der damit ausgelösten Flüchtlingsströme, der Naturkatastrophen und vom Menschen verursachten Umweltzerstörungen erscheint die Suche nach dem echten, authentischen, direkten Erlebnis einerseits zynisch, andererseits grotesk.

Szenario 3 – Erlebnisreservate: Die Marketing-Strategen verwenden den Begriff „Erlebnis" schon seit langem als vielseitiges Signum für alles, was „promotet" werden soll: die „Erlebniskneipe", die „Erlebnismeile", der „Erlebnis-Shop" … Vergleichsweise banale Verrichtungen, wie ein Bier in einer Gaststätte trinken oder Einkaufen, werden hochstilisiert zu einem – in hohem Maß emotional besetzten – Ereignis.

Auf der anderen Seite werden „Erlebnisreservate" geschaffen, die für das alltägliche Leben entbehrlich wären, die sich vollkommen auf die Dienstleistung „Vermittlung von Erlebnissen" konzentrieren. Am Rande der Stadt wird ein Kran aufgestellt, der mutigen Menschen zum ultimativen Erlebnis „Bungee Jump" verhelfen soll. Im Naherholungsgebiet sorgen „Adventure Parks" mit „Ropes Courses" und „Pamper Poles" für den familienfreundlichen Nervenkitzel. Die Schwimmbäder alten Stils haben längst ausgedient. An ihre Stelle treten „Erlebnisbäder" mit Wellenmaschinen und kunstvoll gebauten Röhren-Wasserrutschen. Ein „Euro-Disneyland" ist schließlich zuständig für das totale Erlebnis. Wer bereit und in der Lage ist, den Preis zu zahlen, hat die Auswahl zwischen unzähligen, TÜV-geprüften Erlebniswelten.

Während der Erholung suchende Bürger in früheren Zeiten – je nach persönlicher Neigung – Naturlandschaften, Kulturlandschaften, aber auch Stadtlandschaften aufsuchte, um sich auf seine Art zu regenerieren oder auch herauszufordern, steht ihm heute ein vollkommen künstliches, zu keinem anderen Zweck erbautes Erlebnisreservat zur Verfügung.

Die neue, künstliche Erlebniswelt wird zur „zweiten Wirklichkeit", die ebenso existent, ebenso real ist wie die erste. Nach und nach wird sie umbaut, in Räume verlegt. Es sind zu viele Störungen, die vom eigentlichen Zweck, den Erlebnissen, ablenken würden. Es sind nicht nur klimatische Faktoren, die ausgeschlossen werden sollen, sondern auch selbst verursachte: Die Benzol-, Stickoxyd- und Ozonwerte sind zu hoch, die ultraviolette Strahlung ist zu stark, als dass man sich gefahrlos im Freien bewegen könnte: Erlebnisreservate werden zu dreidimensionalen Erlebnisstätten, in denen der Sensation-Seeker einen Adrenalin-Kick nach dem anderen einwerfen kann.

Szenario 4 – Das Abenteuer im künstlichen Raum: In Woody Allens Film „The Purple Rose of Cairo" steigt der Held aus der Leinwand und tritt somit in die Wirklichkeit. Die kindliche Spielwelt vollzieht den umgekehrten Weg. Das technische Angebot wird sich in Vielfalt und Raffinesse laufend erweitern und Kinder und Jugendliche werden spielerisch in künstliche Welten einsteigen. Verlockend sind sie deshalb, weil sie die Welt der wirklichen Abenteuer nicht nur perfekt im künstlichen Raum imitieren, sondern weil dieses Abenteuer jederzeit gewagt und wiederholt werden kann. Mit Virtual-Reality-Brillen lässt sich das persönliche Abenteuer trefflich simulieren, ohne dass man groß Gefahr läuft, aus der Puste zu kommen oder sich den Knöchel zu verstauchen. Mühelos bewegt man sich durch Städte, Dörfer, Traumlandschaften. Einen Berg zu besteigen oder einen Baum zu erklettern, erfordert keine physische Kraft und Ausdauer, sondern nur den zeitweiligen Besitz einer Virtual-Reality-Brille und dahinter einen leistungsstarken Rechner mit der entsprechenden Software. Interaktionen mit anderen Bewohnern des Zweitlebens sind zwar nicht sprach-, aber doch körperlos. „Offline-Kontakte" sind nicht länger die Regel sondern die Ausnahme. Direktheit, Unmittelbarkeit oder gar „Face-to-Face"-Begegnungen verschwinden ebenso wie eine „erste" Wirklichkeit. Wird das Cyberspace der künstlichen Abenteuer so übermächtig, dass die von Pädagogen angebotenen unmittelbaren Abenteuer schlichtweg abgelehnt oder nur mehr aus Mitleid gespielt werden? Kann Erlebnispädagogik diesen technischen Reizen etwas entgegensetzen? Oder wird durch die technische Welt der Abenteuer das Bedürfnis nach Bewährung, Spannung und Risiko gänzlich gestillt werden?

Zehn Provokationen: Get Your Kicks On Route Sixty-Six

Was ist eigentlich dran an diesem vermeintlich ungleichen Liebespaar „Erleben und Lernen“, das es zu einer Schriftenreihe, einem Buchtitel, einer Zeitschrift und zu einem „Internationalen Kongress“ gebracht hat? Haussiert der Markt genauso wie der DAX, um irgendwann zu crashen, angetrieben durch Negativschlagzeilen im SPIEGEL, Totschlag-Beiträgen in den privaten TV-Magazinen und durch eilfertige Behörden, die nach einem schweren Unfall alles verbieten, was so oder so ähnlich firmiert. Oder eröffnet die europäische Bildungsministerin im Jahre 2030 eine internationale Messe virtuellen Zuschnitts zum „Adventure Programming“, an der einige hunderttausend Fachleute via „Planet-System-Net“ verbunden sind?

Wir wollen Entwicklungspotenziale, aber auch mögliche Sollbruchstellen der Erlebnispädagogik aufzeichnen und so eine kleine Bilanz mit Prognosen zur Zukunft vermischen. Dies könnte Kriterien liefern zur Unterscheidung von gangbaren Wegen und offensichtlichen Sackgassen. Unsere Ausführungen decken sich nicht immer mit der in Pädagogenkreisen grassierenden Harmoniesehnsucht; einige Argumente sind holzschnittartig – um nicht zu sagen einseitig – und manchmal auch polemisch zugespitzt.

1. Die Kicks kann man auf der Route Sixty-Six bekommen, im Dreier-Looping der Oktoberfest-Achterbahn, auf dem Motorrad, beim Bungee Jump, in „You Tube“ oder „Myspace“. Dazu braucht es die Erlebnispädagogik nicht. Und wer behauptet, dass Erlebnispädagogik nur alter Wein in alten Schläuchen ist, weil er vor 20 oder 40 Jahren auch schon mit Jugendlichen gemeinsam im Schlauchboot saß, hat wenig verstanden und sollte sich weiterhin ruhig im Schlauchboot treiben lassen. So ist er immerhin in frischer Luft. Wer von den Praktikern und Theoretikern weiß eigentlich, wovon er redet, wenn er den Begriff Erlebnispädagogik in den Mund nimmt? Strategie eins: einfach weiterreden – das ist eine weit verbreitete pädagogische (Un-)Tugend. Strategie zwei: Weil in der Pädagogik immer etwas erlebt wird, ist alles – und gleichzeitig nichts – Erlebnispädagogik. Strategie drei: Definitionsversuche. Wir haben mehrere Anläufe gemacht. Damit sind wir angreifbar und fordern alle Kritiker auf, diese Definition weiterzuentwickeln oder eine diskutable neue vorzulegen.

2. Rousseau, Pestalozzi und Kurt Hahn interessieren die meisten praktizierenden Erlebnispädagogen ebenso wenig wie Definitionen, metaphorische Modelle, isomorphe Verfahren oder die Integration von gestaltpädagogischen Methoden in die Arbeit unter freiem Himmel. Eine kleine Gruppe von zum Teil abgehobenen und fern jeder Praxis diskutierenden Theoretikern produziert Publikation um Publikation (wie auch die vorliegende), jettet von Tagung zu Tagung und bleibt damit weitgehend unter ihresgleichen. Die Praktiker sind gutwillig, aber theorieresistent, machen ihr Ding, lassen sehr oft die Berge für sich selbst sprechen („The Mountains speak for Themselves" – ein heiß diskutiertes Reflexionsmodell, das, genau betrachtet, keines ist) und kümmern sich nicht weiter um ein paar Spinner, die selbstverliebt philosophierend an maßgeschneiderten Settings für eine nicht vorhandene Klientel basteln. Die Erlebnispädagogik ist eine junge Disziplin und sehr verschieden, so könnte man in Anlehnung an den Soziologen Arthur Fischer, sagen. Festzustellen sind zunehmende und mehrfache Polarisierungen. Zum einen, wie beschrieben, eine Kluft zwischen Theorie und Praxis. Die Erstere hat sich eine eigene Sprache zugelegt mit Codes, Chiffren und Chimären, während Letztere entweder natursportlich-vitalistisch oder/und klassisch sozialpädagogisch denkt und handelt. Andererseits steigen die Chancen einer reflektierten Praxis und einer pragmatischen Theorie der Erlebnispädagogik durch jene wenigen (Sozial-)Pädagogen mit einer fundierten natursportlichen Ausbildung und langjähriger natursportlicher Praxis.

3. Seit einigen Jahren haben die Hochschulen und Universitäten die Erlebnispädagogik fest im Programm. Mit welchem Gewinn, das wird sich zeigen. Die Frage ist, ob die Hochschulen nun wirklich zur Professionalisierung der Erlebnispädagogik beitragen werden oder ob es weiterhin gute Erlebnispädagoginnen und Sozialpädagogen nicht wegen, sondern trotz der Fachhochschulen für Soziale Arbeit geben wird. Das Gleiche gilt, vielleicht noch verstärkt, für die heiligen Hallen der pädagogischen Institute an den Universitäten. Allemal aber könnte die Verknüpfung von Erleben und Lernen als didaktisches Prinzip die nicht selten marode Lehre befruchten. Aus der Erlebnispädagogik jedenfalls gäbe es zahlreiche Impulse zur Verbesserung der Lehre. Aber nur wenige Lehrbeamte haben den Mut dazu. Der Beitrag zu angewandter Forschung im Bereich der Erlebnispädagogik ist ausbaufähig, ebenso wie das Interesse der Professorinnen und Professoren am Verhältnis von Praxis zu Theorie.

4. Der allgegenwärtige Erlebnisbegriff der 1990er Jahre bildete sich einerseits in den Variationen zur Erlebnispädagogik ab; das soziale Management und das windige Surfen durch die Informationsinseln der Belanglosigkeiten im Internet und die neue Medienlandschaft dominieren andererseits die neueste Themenpalette. Und wenn sie sich noch so abstrampeln, die rührigen Erlebnispädagogen, die flirrende Faszination der multimedialen Glitzerwelt werden sie nie erreichen können. Das Negativbild des Leiters eines Jugendzentrums – sozusagen des Jungschen Schattens – in den 1970er Jahren war der Hausmeister, in den 1980er Jahren der Müsli- und Mülltrennungs-Freak, in den 1990er Jahren und 2000er der „Social Manager" mit Controlling-Tools im Alu-Koffer, in den 2010er Jahren der Smartphone-

Junkie mit Knick in der Halswirbelsäule. Bleibt vorläufig die Frage offen, ob er sich in Zukunft wieder mehr auf die praktische Arbeit mit Jugendlichen und deren Reflexion konzentrieren wird.

5. Die Erlebnispädagogik würde sich leichter tun, wenn sie einen anderen Namen hätte, denn es geht ihr nicht um das Erlebnis an sich. Selbst renommierte Wissenschaftler verwechseln bisweilen Inhalt und Ziel, wenn sie über sie referieren. Ein Schweizer Hochschullehrer sagte einmal auf einer Podiumsdiskussion, dass Erlebnispädagogik einfach gute Pädagogik sei, und stieß dabei als an sich fachkundiger Protegé ins gleiche Horn wie deren Kritiker. Nur: Die schärfsten Kritiker unterstellen mit schöner Regelmäßigkeit der Erlebnispädagogik, dass diese mit dem Ziel antritt, Erlebnisse zu produzieren. Starke Gefühle, dichte Momente, intensive Empfindungen sind natürlich – und insofern haben diese Stimmen recht – der humusreiche Nährboden für Wachstum und Entwicklung. Sie sind Nährboden, ja, aber eben weder vordergründiges Ziel noch Selbstzweck wie unterstellt – ob leichtfertig oder böswillig ist einerlei. „Handlungsorientiertes Lernen unter freiem Himmel" ist elend lang, spröde und letztlich unbrauchbar als Begriff. Vorerst ist keine Alternative in Sicht.

6. In der Tat aber hat die Erlebnispädagogik mehr mit Erziehung, Lernen und Bildung zu tun als mit guten oder schlechten Erlebnissen. Insofern kommt ihr eine bedeutende Rolle zu: „Die Antwort auf unsere behauptete oder tatsächliche Orientierungslosigkeit ist Bildung – nicht Wissenschaft, nicht Information, nicht die Kommunikationsgesellschaft, nicht moralische Aufrüstung, nicht der Ordnungsstaat." (v. Hentig 1996, 11). Worin zeigt sich, ob ein Mensch gebildet ist? Von Hentig (S. 75) nennt sechs Maßstäbe: „Abscheu und Abwehr von Unmenschlichkeit; die Wahrnehmung von Glück; die Fähigkeit und den Willen, sich zu verständigen; ein Bewußtsein von der Geschichtlichkeit der eigenen Existenz; Wachheit fur letzte Fragen; und … die Bereitschaft zu Selbstverantwortung und Verantwortung in der res publica." All dies lässt sich bestens mit erlebnispädagogischen Ansätzen verwirklichen. Darüber hinaus liegt ein Verdienst der Erlebnispädagogik in der Wiederentdeckung oder Wiederbelebung pädagogischer Prinzipien: Führung und Verantwortung, Kognition-Emotion-Körper, Learning by Doing, die Renaissance der Spielebewegung, Nachhaltigkeit, entdeckendes Lernen … um nur einige Beispiele zu nennen.

7. Die Politik ignoriert die Erlebnispädagogik, obwohl ihre Prinzipien zeitlos sind und sie zu den (pädagogischen) Grundsatzfragen dieser Zeit passt wie der Schlüssel zum Schloss. Vieles deutet darauf hin, dass wir an der Schwelle zu einem Umbau des Berufsfelds der Sozialen Arbeit stehen. Laut dem „15. Kinder- und Jugendbericht des Bundesministeriums für Familie, Senioren, Frauen und Jugend“ (BMFSFJ 2017, 373) reduzierten sich die „Vollzeitäquivalente“ in der Kinder- und Jugendarbeit von 1998 bis 2014, bezogen auf jeweils 10.000 6- bis 21-Jährige von 22,8 auf 14,3 Fachkräfte. Das bedeutet eine Abnahme des Personals um 33 % – also rund ein Drittel! Wie die Autoren des Berichts erklären, scheint es Verlagerungen zu geben: Ein Teil des Personals wird deshalb nicht mehr erfasst, weil es in die Schulsozialarbeit und damit verwandte Sektoren abwandert (S. 374). Ein weiterer, besonders in den Jahren 2015 und 2016 stark wachsender Arbeitsbereich gilt der Unterstützung und Hilfe unbegleiteter minderjähriger Geflüchteter. Die Integration der jugendlichen Migranten ist jetzt und in Zukunft eine der großen Herausforderungen unserer Zeit. Es geht darum, die Nahtstellen zwischen Wohnen, Schule und Erstausbildung beziehungsweise Studium mit geeigneten sozialpädagogischen Maßnahmen zu schließen sowie mit kulturellen Differenzen positiv umzugehen. Quer durch alle gesellschaftlichen Bereiche wird die Persönlichkeit des Einzelnen und der stimmige Umgang mit den Mitmenschen zur Leitwährung im gesellschaftlichen Leben. Die Erlebnispädagogik, oder das was einmal aus ihr hervorgegangen sein wird, stellt in idealer Weise die Lernfelder für das Miteinander in unbekannten, manchmal mit Angst besetzten Situationen bereit: Komplexe, indes nach außen abgeschottete, deshalb übersichtliche und geschützte Mikrowelten sind solche Lernwelten, Trainings- und Fitnesszentren für das „richtige Leben“, für die Zukunft.

8. Erlebnispädagogik war stets ohne klare Position, sozusagen zwischen den pädagogischen Welten pendelnd: zwischen Beziehung und Erziehung in der Jugendhilfe, zwischen Freizeitbeschäftigung und Kurzzeitpädagogik in der Jugendarbeit, zwischen Abenteuerprogrammen und Persönlichkeitsentwicklung in der Bildungsarbeit, zwischen Incentive und Survival-Training in der Betriebspädagogik. Sie wird sich auch künftig nicht festmachen lassen, sondern frei oszillieren zwischen Polen, die ebenfalls ihre Form und Lage verändern. Sie wird vielleicht in einer wesentlich breiter angelegten Ästhetik münden, wo Bewegung nicht nur auf den Körper reduziert, sondern offener begriffen wird, verbunden mit Musik, Tanz, Theater, Film, Zirkus, Multimedia, wodurch der Vorrang des Organisch-Vitalen durch eine urbane Komponente zurückgedrängt wird.

9. Erlebnispädagogik wird sich in mehrfacher Hinsicht ausfächern. Wird sie urbaner? Im Moment sieht es nicht danach aus. City Bound konnte sich nicht großflächig etablieren, Story Dealer und Co. besetzen nur eine kleine Nische. Auf jeden Fall wird sie – ob das die Praktiker interessiert oder nicht – internationaler: Europa, Geflüchtete, Arbeitsmigration, Inländer – Ausländer, Globalisierung sind Themen, welche die Soziale Arbeit längst erreicht, ja in Beschlag genommen haben. Und damit auch die Erlebnispädagogik. Drittens geht die Welle der Individualisierung auch an der Erlebnispädagogik nicht spurlos vorüber. Nicht nur die berühmt-berüchtigten intensivpädagogischen Einzelmaßnahmen nach § 35 KJHG zeigen diesen Trend an, auch die neuen erlebnistherapeutischen Ansätze und die Arbeit mit Metaphern führen zu einer stärkeren Betrachtung des Individuums, seiner Defizite und Schwächen, seiner Stärken und Ressourcen.

10. Den wohl größten Einfluss auf dem weiteren Weg der Erlebnispädagogik hat wohl das Thema Sicherheit. Die britische Anbieter-Szene hat sich von einem schweren Seekajak-Unfall mit mehreren toten Jugendlichen und Betreuern nie mehr richtig erholt. 2003 kamen sieben Schüler einer kanadischen Highschool durch eine Lawine ums Leben. Im Jahr 2004 wurde in Griechenland ein Betreuer von seinem anvertrauten Jugendlichen getötet, was eine Lawine von Presseberichten auslöste und die Erlebnispädagogik diskreditierte. Als dann der Gesetzgeber Verordnungen verschärft hat, waren die Träger im Zugzwang. Die Zukunft der Erlebnispädagogik liegt also zuallererst an ihrer Fähigkeit, mit den anvertrauten Menschen und sich selbst verantwortungsvoll umzugehen. Dies ist die Voraussetzung für pädagogische und therapeutische Arbeit in diesem sensiblen Feld. Alles andere baut auf diesem Fundament auf.

Man könnte auch darüber spekulieren, dass irgendwann das Ende der Erlebnispädagogik angesagt ist. Das verstehen wir nicht als Apokalypse, sondern als einen kontinuierlichen Prozess der Integration. Nahezu überall, vom Kindergarten bis zur Schule, vom Jugendzentrum bis zur beruflichen Bildung, von der Erwachsenenbildung bis zur Hochschule wird von Erlebnispädagogik oder vom erlebnis- und handlungsorientierten Lernen gesprochen. Die Erlebnispädagogik hat viele weiße Flecken auf der Landkarte von Erziehung und Bildung besetzt, da wäre es doch selbstverständlich, wenn sie Teil dieser Landkarte werden würde.

Anhang

Internet von „A" bis „Zet"

Fangfrisches aus dem weltweiten Netz (Stand Mai 2018)

Google stellt mit seiner Suchmaschine unter Erlebnispädagogik fast 500.000 Treffer zur Verfügung, unter Outdoor-Training 28 Millionen (Stand: Mai 2018). Einige davon haben wir ausgewählt.

Wikipedia ist in Bezug auf alltägliche Fragen sicher hilfreich, trifft bei pädagogischen Themen jedoch nicht immer ins Schwarze. So ist zum Beispiel unter dem Stichwort „Outdoor Training" zu lesen, dass in den „1920er Jahren (…) Outdoor-Trainings im Rahmen der ‚Psychotechnischen Eignungsprüfungen' bei der Auswahl von Offiziersanwärtern der Reichswehr angewendet" wurden. Kann man ernsthaft behaupten, dass das Outdoor-Training war? Auch die Bemerkung, dass „Outdoor-Trainings sowohl mit Kindern und Jugendlichen als auch mit verhaltensauffälligen jungen Menschen" durchgeführt werden, ist grober Unsinn. Das „Action Learning", entwickelt von Reginald Revans (Donnenberg 1999), hat mit dem Konzept des handlungsorientierten Lernens wenig und mit Outdoor-Training gar nichts zu tun. Man wartet auf Experten, die diesen dilettantischen Text entfernen und einen neuen Beitrag verfassen (Stand: Mai 2018).

Hinweise auf Ergänzungen und Korrekturbedürftiges nehmen die Autoren gerne entgegen: www.bernd-heckmair.de und www.wernermichl.de.

Alpenverein Akademie: www.alpenverein-akademie.at „Die Alpenverein-Akademie bewahrt, vermittelt und entwickelt das Bildungswissen des Österreichischen Alpenvereins." Jürgen Einwanger, sein Name ist in der deutschsprachigen Erlebnispädagogik sehr bekannt, leitet diese Akademie. Die Bundeslehrteams Alpin- und Erlebnispädagogik, besetzt mit führenden Persönlichkeiten der Erlebnispädagogik in Österreich, koordinieren die erlebnispädagogischen Fort- und Weiterbildungen. Die Alpenverein Akademie dürfte der wichtigste Ansprechpartner für die Erlebnispädagogik in Österreich sein.

Association for Challenge Course Technology (ACCT): www.acctinfo.org Die Association for Challenge Course Technology, vergleichbar mit der European Ropes Course Association (ERCA), wurde 1993 gegründet und versucht vor allem für hohe Seilgärten Standards festzulegen. Die ACCT wurde vom American National Standards Institute (ANSI) akkreditiert.

Association for Experiential Education: www.aee.org ist die Homepage der Association for Experiential Education (USA). Ein Blick in diese Seite lohnt immer und vermittelt Einblicke in das, was jenseits des großen Teichs geschieht. Durch zahlreiche Links gewinnt man gute Einblicke über Adventure Education in den USA und in englischsprachigen Ländern.

Aventerra: www.aventerra.de besteht inzwischen seit 20 Jahren und wurde 2000 als Verein gegründet. Neben vielfältigen Angeboten für Kinder und Jugendliche und für das freiwillige Soziale Jahr bietet der Verein auch eine Ausbildung zum/r Erlebnispädagogen/in an. Aventerra verbindet Waldorf- und Erlebnispädagogik, ist Mitglied des Paritätischen Jugendwerks Baden Württemberg und anerkannter Träger der außerschulischen Jugendarbeit.

Brathay: www.brathay.org.uk informiert über den erlebnispädagogischen Markt in Großbritannien und einen der größten Anbieter. Brathay Hall liegt im Lake-District, dem wohl bedeutendsten Zentrum der Erlebnispädagogik auf der Insel.

bsj Marburg: www.bsj-marburg.de beschreibt die vielfältigen Aktivitäten des „Vereins zur Förderung bewegungs- und sportorientierter Jugendsozialarbeit e.V.". bsj ist zum Markenzeichen für Innovationen im Bereich der handlungsorientierten Jugendarbeit, der Mädchenarbeit, der Jugendsozialarbeit und der Hilfen zur Erziehung geworden. Über alle diese sozialpädagogischen Arbeitsfelder informiert diese Homepage. 2017 feierte bsj Marburg sein 30-jähriges Bestehen.

Buchreihe erleben & lernen: www.reinhardt-verlag.de/de/reihen/16/ Dieser und weitere Titel der Buchreihe werden hier vorgestellt.

Bundesverband Individual- und Erlebnispädagogik (BE): www.bundesverband-erlebnispaedagogik.de repräsentiert als führender Fachverband seit 1992 die Vielfalt der Arbeitsfelder der Individual- und Erlebnispädagogik. Unter wissenschaftlicher Begleitung verbreitet der Verband den ganzheitlichen und handlungsorientierten Ansatz in der Öffentlichkeit. Er entwickelt Qualitätsstandards für die verschiedenen Fachbereiche und setzt sich auf Landes- und Bundesebene für die Interessen seiner Mitglieder aus dem In- und Ausland ein.

CreNatur: www.crenatur.de Das Weiterbildungsinstitut CreNatur hat in seiner pädagogischen Konzeption die Brücke zur Umweltbildung geschlagen und 1998 die „Naturerlebnis-Pädagogik" begründet. Im Fokus steht hier der Mensch als Teil der Natur. Von der UNESCO wurde dieser Ansatz als offizieller Beitrag zur Weltdekade „Bildung für nachhaltige Entwicklung" ausgezeichnet. Aus einer langjährigen Lehrtätigkeit an der Universität Köln entstand die heutige berufsbegleitende Weiterbildung „Naturerlebnis-Pädagogik/Bildung für nachhaltige Entwicklung".

Drudel 11: www.drudel11.de wurde 1993 in Jena gegründet und führt u.a. mehrere Projekte der Schulsozialarbeit, der Delinquenzprävention bei Kindern und soziales Kompetenztraining im Unterricht durch. Schweizer Pädagogen gründeten 2002 den Partnerverein Drudel 11 Schweiz. Drudel 11 Schweiz ist seit 2007 eine eduQua-zertifizierte Weiterbildungsorganisation.

EEE: http://eeeurope.org ist der europäische Ableger des AEE. Seit 1997 gibt es eine jährliche EEE-Konferenz in einem europäischen Land. Der intensive Austausch findet mehr auf der praktischen Ebene statt.

Eos: www.eos-ep.de wurde 2002 als Verein gegründet. Neben Kurt Hahn fühlt sich der Verein der Waldorfpädagogik verpflichtet. Eos bietet u.a. Ferienlager an, Eltern-Seminare, Projekte an Schulen und einen Ausbildungslehrgang. Eos hat Standorte in Freiburg (Villa Mez; Akademie), im Schwarzwald (Tagungszentrum) und am Kaiserstuhl (Schullandheim). Eos hat auch einen eigenen Verlag und bietet eine mehrwöchige Ausbildung zur Erlebnispädagogik an.

Erbinat: www.erbinat.ch Erbinat ist ein gesamtschweizerischer Verband, vergleichbar mit dem Bundesverband Individual- und Erlebnispädagogik in Deutschland. Der

Verband will Bildungs- und Erlebnisangebote in der Natur stärken, die Qualität und Sicherheit von Outdoor-Bildungs- und Erlebnisangeboten in der Schweiz steigern, die Anerkennung der Bildungsarbeit in der Natur fördern, den Kontakt und die gegenseitige Unterstützung seiner Mitglieder erleichtern und die Verbreitung von Bildungs- und Erlebnisangeboten in der Natur unterstützen.

Erca: www.erca.cc repräsentiert europäische Trainer, Seilgartenbauer und Organisationen, die mobile und stationäre Seilgärten betreiben. Bestehende ERCA-Standards werden aktualisiert und optimiert. Die Erca versteht sich als Plattform für fachlichen Austausch und Forschung.

e&l – erleben und lernen. Internationale Zeitschrift für handlungsorientiertes Lernen: www.ziel.org/e-und-l informiert über die erlebnispädagogische Fachzeitschrift. Wer nach alten Artikeln sucht, schriftliches Material für Bachelorarbeiten braucht und sich in bestimmten Themen vertiefen will, ist hier richtig. Eine Übersicht aller bisher erschienen Themenhefte und Artikel erleichtert die Suche.

Erlebnispädagogik Deutschland: www.erlebnispaedagogik.de zählt zu den wichtigsten Internetseiten der Erlebnispädagogik in Deutschland. Während die Grafik nicht voll überzeugt, kann die Aktualität und das professionelle Angebot kaum überboten werden. Es ist das Portal für handlungsorientiertes Lernen, Erlebnispädagogik und Outdoor-Training. Man findet dort Informationen zu vielen erlebnispädagogischen Einrichtungen, viele Links zu weiteren erlebnispädagogischen Seiten, Hinweise zu aktuellen Veranstaltungen sowie den Zugang zu Servicediensten, Literaturrecherchen, Buchladen, kommentierte Literaturlisten, Grafiken, aktuelle Terminseiten, Job- und Praktikumsbörse, Aus- und Weiterbildungsdatenbank.

Expeditionary Learning Schools Outward Bound: www.eleducation.org bringt die Outward Bound-Idee in die Schulen, in den USA mit dem größten Erfolg. Hier werden die viel beschworenen Aktivitäten zur Persönlichkeitsbildung in der Schule umgesetzt. Es bleibt die Hoffnung, dass Expeditionary Learning Schools Outward Bound ebenso erfolgreich in deutschen Schulen Einzug halten könnte.

Faszinatour: www.faszinatour.de ist seit über 30 Jahren mit drei Unternehmensbereichen (Adventure & Sports, Beratung-Training-Event und Adventure Park Solutions) und drei eigenen Outdoorzentren ein Marktführer für Outdoor-Dienstleistungen.

GFE | erlebnistage: www.erlebnistage.de Mit fast 30 000 Kunden jährlich, mehreren Weiterbildungsangeboten, einem internationalen Netzwerk der Sommer- und Winteruniversität und der Fachbibliothek Erlebnispädagogik zählt GFE | erlebnistage zu den führenden Anbietern im deutschsprachigen Raum.

Head, Heart, Hands, Health – 4 H: https://4-h.org In mehr als 80 Ländern der Erde wird jungen Menschen dieses Programm angeboten, dessen Ursprung zu Beginn des 20. Jahrhunderts in den USA lag. Vor allem in ländlichen Gebieten der Entwicklungsländer ist diese einfache und effiziente Pädagogik, die einige Parallelen zur Erlebnispädagogik hat, ein wichtiger Katalysator für nachhaltige Entwicklung.

Internationaler Kongress erleben und lernen: www.erleben-lernen.de In zweijährigem Abstand findet der internationale Kongress „erleben und lernen“ an der Universität Augsburg statt. Im Rahmen dieses Kongresses wird auch der „Preis erleben und lernen“ in den Kategorien Projekte, Publikationen und Personen verliehen. Der Kongress „erleben und lernen“ ist der größte und wichtigste Kongress zur Erlebnispädagogik im deutschsprachigen Raum, der seit 1996 kontinuierlich durchgeführt wird.

Internationales Jugendprogramm: www.dofe-germany.de beschreibt die Aktivitäten der deutschen Variante des „Duke of Edinburgh Award.“ Jugendliche erbringen Leistungen in den Programmbereichen Dienst, Expedition, Talente und Fitness und erhalten dafür eine Auszeichnung in Bronze, Silber oder Gold. Ein einfaches, aber geniales Konzept, das Kurt Hahn zusammen mit Prinz Philip, dem Duke of Edinburgh, in den fünfziger Jahren des 20. Jahrhunderts begründete. Internationale Kontakte unter: www.dofe.org.

Jugendbildungsstätte Hindelang des Deutschen Alpenvereins: www.jubi-hindelang.de Die Jugendbildungsstätte Hindelang des Deutschen Alpenvereins gehört zu den wichtigen Zentren der alpinen Erlebnispädagogik in Deutschland. Was die berufliche Weiterbildung in der alpinen Erlebnispädagogik betrifft, ist die Jugendbildungsstätte Hindelang der führende Träger. Natürlich lohnt sich immer ein Klick auf www.jdav.de.

KAP-Institut: www.kap-outdoor.de Das Regensburger KAP-Institut (Kooperative Abenteuerprojekte) verfügt über fundierte Kompetenzen im Bereich der Kinder- und Jugendhilfe, der Kinder- und Jugendpsychiatrie und der intensiven sozialpädagogischen Einzelmaßnahmen. Darüber hinaus ist KAP eine Trainings- und Weiterbildungsakademie für erlebnisorientierte Bildung und Therapie. Das KAP-Institut unterstützt erfolgreich und professionell die fachliche Qualifikation pädagogischer Fachkräfte im Bereich der Erlebnispädagogik und Erlebnistherapie.

Kurt Hahn: www.kurthahn.org bringt vielfältige Informationen zu Kurt Hahn, dessen Leistungen in englischsprachigen Ländern offensichtlich ein größeres Ansehen haben als in Deutschland. Wer allerdings unter www.paed.com/hahn/ nachschaut, bekommt einige Informationen und weitere Links zur Bedeutung Kurt Hahns in Deutschland.

Masterstudiengang Abenteuer- und Erlebnispädagogik: www.uni-marburg.de/studium/studienangebot/master/m-abenpaed – eine etwas komplizierte Website für den derzeit einzigen Masterstudiengang in Deutschland, aber durchaus lohnend für alle, die sich der Erlebnispädagogik ganz verschreiben wollen und den Master of Arts anstreben.

Natur als Partnerin: www.naturalspartnerin.de „Natur als Partnerin" ist – zunächst als Wildnisschule Österreich – im Feld der Erlebnispädagogik in Österreich tätig. Christine und Hansjörg Lindenthaler, die Natur als Partnerin 1996 gründeten, haben diesen Verein 2013 übergeben an Astrid Rößler und Michael Stange vom oberbayerischen Samerberg. Sie wollen die systemisch-naturverbundene Arbeit in Pädagogik, Training und Beratung fortsetzen. Ihre theoretischen Wurzeln liegen in der systemischen Pädagogik, verbunden mit konstruktivistischen und phänomenologischen Ansätzen aus den Bereichen Beratung, Kommunikation, Sozialarbeit und Therapie.

nature & healing: www.nature-and-healing.ch Hans Peter Hufenus und Astrid Habiba Kreszmeier (ehemals Planoalto) konzentrieren sich unter diesem Namen auf therapeutische Konzepte und Programme. Ihr Angebot umfasst unter anderem Lehrgänge zur „Systemischen Naturtherapie", Aufstellungsarbeit, Beratung und Psychotherapie.

Naturschutzjugend: www.naju.de Neben Freizeitmaßnahmen und Umweltbildung führen manche Verbände Schulklassen, Kinder und Jugendliche in Naturschutzgebiete. Dabei gibt es einige Überschneidungen und Möglichkeiten der Zusammenarbeit für die Erlebnispädagogik.

NOLS: www.nols.edu Die National Outdoor Leadership School (NOLS) wurde 1965 in Wyoming/USA von Paul Petzoldt (siehe auch WEA) gegründet. Die Geschäftszentrale dieser non-profit Organisation ist immer noch in Wyoming. NOLS ist einer der größten US-amerikanischen Anbieter erlebnispädagogischer Kurse und Weiterbildungen. In folgenden Bereichen werden Ausbildungen angeboten: Umweltethik, technische Fertigkeiten in der Natur, Wildnismedizin, Leadership, Risk Management. Dazu kommen Kurse in fast allen Natursportarten, vom Fliegenfischen bis zum Klettern, von der Wildnismedizin bis zum Wildwasserkajak. Insgesamt haben etwa 280 000 Personen an solchen Kursen teilgenommen. NOLS bietet weltweit Kurse für nahezu jede Altersgruppe an. Die University of Utah, Western State Colorado University, und das Central Wyoming College unterstützen NOLS durch empirische Forschung und bei der Zertifizierung und Akkreditierung.

Outward Bound Deutschland: www.outwardbound.de Outward Bound: immer noch das Zauberwort für Erlebnispädagogik. Beschrieben werden Programme für Einzelanmelder, Firmen und Schulen. Neben den beiden Standorten Schwangau und Baad wird noch ein mobiles Programm angeboten.

Pfadfinder: www.scouting.de Diese Website gibt einen guten Überblick über das Pfadfinden, die Geschichte, Erziehungsprinzipien, die Verbände – nicht ganz unwichtig, da es doch einige Parallelen zur Erlebnispädagogik gibt.

Planoalto: www.planoalto.ch (ehemals Wildnisschule Schweiz) bietet Aus- und Fortbildungen, Seminare und Prozessberatung an. Christa Zeilinger und Andrea Zuffellato sind die Geschäftsführer von planoalto. Zum Angebot gehören Lehrgänge, Active-Retreats, Teamtrainings und Beratung. Andrea Zuffellato hat sich als Autor mehrerer Bücher zu erlebnispädagogischen Themen einen Namen gemacht.

Project Adventure: www.pa.org Project Adventure ist neben Outward Bound ein weiteres Zauberwort. Um 1970 entwickelte sich bei Outward Bound USA das Bedürfnis, Erlebnisse und Abenteuer enger mit dem Schulalltag zu verknüpfen („Bring the adventures at home"), was zur Gründung von Project Adventure führte. Inzwischen ist dieses Konzept weltweit verbreitet und wurde auch in Deutschland bekannter (Boeger 2018).

Reflexion/Reviewing: http://reviewing.co.uk/index.htm bietet eine überwältigende Fülle von Reflexionsmethoden, von Hinweisen und Links. Gratulation an Roger Greenaway, der sich viel Mühe gemacht hat! Wer sich in dieser Website vertieft, gerät in ein Informationslabyrinth!

Risikomanagement: www.alpenverein.at/risk-fun/ ist ein spannendes Projekt der österreichischen Alpenvereinsjugend, das den Spaß in Bergen erhalten und das Risiko minimieren will. Dabei greifen die Urheber auf das Prinzip der Erziehung durch die Peergroup zurück.

Roots: www.roots.de ist das Beispiel für eine professionelle und erfolgreiche Organisation. Besonders bemerkenswert ist das Projekt „roots respect", das im Jahr 2000 ins Leben gerufen wurde. Dort werden maßgeschneiderte Programme für Menschen mit unterschiedlichsten Behinderungen durchgeführt.

Schule Schloss Salem: www.schule-schloss-salem.de ist einer der Ursprünge der Erlebnispädagogik. Kurt Hahn hat in Salem seine pädagogischen Ideen entwickelt und verwirklicht. Wie ein Blick ins Netz zeigt, ist Salem heute eine moderne, attraktive Schule – und stolz auf die historischen Wurzeln.

Sommeruniversität: www.erlebnistage.de/hochschulen/hochschule-sommer-und-winteruni.html Die Sommeruniversität fand im Jahr 2017 zum siebten Mal statt. 120 Studierende aus mehr als zehn Universitäten und Hochschulen arbeiteten gemeinsam mit ihren Professoren/innen an verschiedenen erlebnispädagogischen Themen. Seit 2008 gibt es auch eine Winteruniversität. Im Februar 2018 hieß das Motto „Winteruniversität 2018 – zwischen Romantik und Realismus". Jeweils etwa 80 Studierende aus fünf bis zehn Universitäten und Hochschulen bilden auch hier mit ihren Dozentinnen und Dozenten eine Lerngemeinschaft.

Storydealer: www.storydealer.de Die Berliner Storydealer arbeiten mit Geschichten und erzeugen eine andere, zweite Wirklichkeit. Das ist ihnen in vielen Seminaren und Trainings hervorragend gelungen. Es sind, wie der treffende Titel des Buches von

Hans Geißlinger (2013b) zeigt, „Überfälle auf die Wirklichkeit. Berichte aus dem Reich der Story Dealer.“ Diese Geschichten ziehen Realitäten nach sich, die es ohne sie nicht gäbe.

Trainingtools: www.metalog.de Die Firma Metalog bietet neben der Ausbildung „ErfahrungsOrientiertes Lernen (EOL)“ eine Reihe von interessanten Materialien an, die das Outdoor- oder Indoortraining erleichtern. Da gibt es standardisierte und wohl überlegte Tools für komplizierte Lernprojekte, Zubehör für Kommunikations- und Teamübungen, Verführungen zu kleinen Zaubereien und diverse Übungssets.

United World Colleges: www.uwc.de sind internationale Schulen, die Leben und Lernen miteinander verbinden. Bewegung, Begegnung, Bildung lautet das Motto für diesen pädagogischen Ansatz, der auf Kurt Hahn zurückgeht. (Michl 2018)

University of Utah: www.health.utah.edu/prt/nols/nolsrelatedresearch.html Die Untersuchungsergebnisse der empirischen Forschung bei NOLS sind auf dieser Website nachzulesen. NOLS arbeitet seit einem Vierteljahrhundert im Rahmen einer Privat-Public-Partnership zusammen mit dem Department of Parks, Recreation and Tourism am College of Health der Universität von Utah.

Verein für Erlebnispädagogik und Sozialarbeit e.V.: www.vej.de ist ein gemeinnütziger Verein mit Sitz in Hannover, der Jugendmaßnahmen, Projekte, soziale Trainings, Fortbildungen und Seminare für pädagogische Fachkräfte und Studierende durchführt. Vej ist Gründungsmitglied der GRCA bzw. ERCA.

Wanderjugend: www.wanderjugend.de Rainer Brämer von der Universität Marburg sieht im Wandern den Megatrend der Zukunft. Der Klassiker ist natürlich die „Deutsche Wanderjugend (DWJ)“. Zurzeit sind in diesem Dachverband 58 Mitgliedsvereine mit etwa 100.000 Kindern und Jugendlichen zusammengeschlossen.

Weiterbildungsstudiengang Erlebnispädagogik/Outdoortraining: www.erlebnispaedagogik-outdoortraining.de An der Ostfalia Hochschule f. angewandte Wissenschaften wird seit 2004 dieser Weiterbildungstudiengang angeboten, der theoretische und praktische Grundlagen der Erlebnispädagogik und des Outdoor-Trainings miteinander verbindet.

Wilderness Education Association – WEA: www.weainfo.org wurde 1977 von Paul Petzoldt in den USA gegründet. Die folgenden sechs Bereiche werden im Leadership-Training von WEA (Ohio/USA) angeboten und zertifiziert: Outdoor-Living, Planning & Logistics, Leadership, Risk Management, Environmental Integration und Education. Leider wird die Frage, was der eigentliche Auftrag von WEA ist, nicht beantwortet.

Ziel-Verlag: www.ziel-verlag.de Die ZIEL GmbH ist nicht nur ein erfolgreicher Verlag, der die Zeitschrift „e&l. erleben und lernen“ und zahlreiche Bücher zu Erlebnispädagogik und Weiterbildung veröffentlicht. Er ist auch Veranstalter des Internationalen Kongresses „erleben und lernen“, bietet Seminarmaterialien an (ZIEL-tools) und engagiert sich im Bereich Personalentwicklung und Organisationstraining.

Zwerger & Raab: www.zwerger-raab.de gehört seit der Gründung 1985 zum Urgestein der Erlebnispädagogik in Deutschland – solide, innovativ, fachlich auf höchstem Niveau. Die Arbeit konzentriert sich auf folgende Bereiche: Corporate Event, Training, Akademie und Erlebnispädagogik. Zwerger und Raab bauen auf intensive Erfahrungen mit allen Zielgruppen und in allen Bereichen des handlungsorientierten Lernens.

Anmerkungen

[1] dt.: „Der Geist, der ihre Söhne antrieb, Abenteuer auf den sieben Meeren zu suchen", zit. nach Schwarz 1968, 58.

[2] dt.: „Handlungs- und erfahrungsbezogene Pädagogik ist ein Prozess, bei dem der Lernende sich Wissen, Fähigkeiten und Werte über direkte Erfahrungen erarbeitet."

[3] dt.: „Als Charakteristikum der Adventure Education kann definiert werden, dass mit dem Abenteuer bewusst und zugleich offen Prozesse in Gang gesetzt werden sollen: sich zu entwickeln, zu lernen und zu wachsen, um die menschlichen Möglichkeiten zu verwirklichen."

[4] dt.: „Das Programm wurde weniger zu einem feststehenden und definierten Kursmodell, sondern vielmehr zu einer – allgemein anerkannten – physisch herausfordernden Erziehungsphilosophie, die den Menschen als ganzheitliches Wesen im Blick hat."

[5] dt.: „Eine grundlegende Hypothese des ABC-Programms lautet, dass eine Reihe arrangierter, abenteuerlicher, auf Erfolgserlebnisse abzielender Aktivitäten einer Person helfen werden, die Serie ihrer Misserfolge zu durchbrechen, um so ihre Fähigkeiten zu erweitern und Selbstwertgefühl zu entwickeln."

[6] dt.: „Die vertrauensbildenden und herausfordernden Kurselemente sprechen ebenso wie die Einfühlungsvermögen erfordernden Situationen die gefühlsbetonte Seite der Erfahrung an. Die ziel- und problemorientierten Kurselemente zielen dagegen auf die rationale Seite der Erfahrung. In einer typischen ABC-Einheit von ein bis zwei Stunden Dauer werden alle diese Aspekte integriert und in geplanter und integrierter Form umgesetzt."

[7] dt.: „Der Trainer der zweiten Generation arrangiert nicht nur die zunehmenden Herausforderungen, die „hochwertige" Erfahrungen ermöglichen sollen, er unterstützt auch aktiv die Versuche der Kursteilnehmer, die Bedeutung der Erlebnisse auf ihren Alltag zu übertragen."

[8] dt.: „Es kommt darauf an, die Erfahrungen so zu plazieren, dass die Lernprozesse und die Verhaltensänderungen während des Kurses erreicht werden. Wenn die Einführung in eine Aktivität psychologisch äquivalent zur Lebenslage der Teilnehmer erfolgt, so kann angenommen werden, dass ein Erfolg im Kurs automatisch auf den Alltag übertragen und damit verallgemeinert wird."

[9] dt.: „Wenn man deine Angst vor Höhe bedenkt, dann hast du schon so viel geschafft, wie man von dir erwarten konnte."

[10] dt.: „Mit einem Konzept, das die Vorstellungen der Teilnehmer als Ausgangspunkt nimmt, kann Handlungslernen als Prozess verstanden werden, bei dem Metaphern wechseln. Die Aufgabe der Trainer oder Erzieher besteht dabei vor allem darin, die Entwicklung von Bildern und Vorstellungen zu unterstützen, um so neue Anknüpfungspunkte, d. h. generative Metaphern, hervorzubringen."

[11] Bernd Weidenmann benutzte diese Metapher als Antwort auf die mechanistische Vorstellung von Transfer auf einer Tagung von Weiterbildungsjournalisten am 18. 9. 1998.

[12] Olli Saarela (Finnisches Unterrichtsministerium) und Prof. Matti Telemäkki (Universität Oulu) haben wesentlich zur Implementierung des Award in Finnland beitragen (Bowles 2001).

[13] Die folgenden Überlegungen wurden in einer früheren Fassung bereits im Heft 1/1995 der Zeitschrift „e&l – erleben und lernen“ unter dem Titel „Lernmodelle und Programmtypen“ veröffentlicht. Mitautor von Bernd Heckmair war Franz-Josef Wagner.

[14] Beim „Pendel“ steht die Gruppe in einem engen Kreis. Eine in der Mitte stehende Person lässt sich mit geschlossenen Augen fallen, wird vom Kreis aufgefangen und sanft weitergereicht.

[15] Beim „Ablassen“ bestimmt die sich in der Wand befindende Person – im Gegensatz zum Abseilen – nicht selbst das Tempo, mit dem es abwärts geht, sondern ist von einer zweiten Person abhängig, die über Umlenkung und Bremsknoten die Sicherung übernimmt.

[16] Bungee Jump: Von einer Brücke oder einem Kran springt der Proband in die Tiefe. Um seine Füße ist ein Gummiseil gezurrt, das ihn kurz vor dem Wasser stoppt und wieder in die Höhe reißt. Aus erlebnispädagogischer Sicht wird diese Übung als reiner „Thrill“ meist abgelehnt. – Swing: Statt einem Gummiseil wird ein weit weniger elastisches Bergseil verwandt. Anders als beim Bungie Jump ist die „Flugbahn“ nicht lotrecht, sondern verläuft ähnlich der Bewegung eines Pendels („Swing“). Erlebnispädagogisch ist die Übung höchst umstritten. – Flying Fox: Ein fest installiertes oder auch kurzfristig aufgespanntes Seil, das mit einem Gefälle zwischen zwei Punkten fixiert ist, wird von den Probanden „befahren“. Man ist dabei in einen Klettergurt eingebunden und überwindet, meist in rasender Fahrt, einen Graben, eine Schlucht oder Ähnliches. Die Aktion soll Einsichten über den Umgang mit Ängsten bringen.

[17] dt.: Instrumentell-technische Fertigkeiten, Sicherheitstechniken, Organisationskompetenz, Verhalten in der Natur, Anleitungstechniken, Gruppenleitungsverhalten, Problemlösungsfähigkeit und Entscheidungsvermögen; die Fähigkeit zu motivieren und zu interessieren, körperliche Fitness, ausgewogene Selbsteinschätzung – Selbstbewusstsein, Einfühlungsvermögen, Charakterstärke und entsprechendes Verhalten, flexibler Führungsstil, Urteilsfähigkeit auf der Basis von Erfahrung, analytisches Problemlösen, Entscheidungsvermögen und kreatives Problemlösen.

[18] dt.: „Ein metaphorischer Transfer kommt zustande, wenn ein Lernprozess in einer Situation analog zu einem Lernprozess in einer anderen, vergleichbaren Situation verläuft.“

Literatur

Abstreiter, R., Zwerger, R., Zwerger, R. (2017): Außen handeln – Innen schauen. Systemische Begleitung in der Erlebnispädagogik. Augsburg
Ackermann, W. (2016): Das Weiche ist stärker als das Harte. In: Schettgen, P., Fengler, J., Ferstl, A. (Hrsg.): Erfolgreiche Erlebnispädagogik gestalten! Augsburg
Aktion Jugendschutz (Hrsg.) (1990): Lernen durch Handeln – Welche Chancen bietet Erlebnispädagogik für Prävention? Jugendschutz heute, 2/März 1990
Aktion Jugendschutz (Hrsg.) (o. J.): Erlebnispädagogik in der Stadt. München (Eigenverlag)
Alberter, P. (1997): Agadir, Atlas, Außenwohngruppe. Der lange Weg von der Jugendpsychiatrie in die Hilfen zur Erziehung. In: e&l – erleben und lernen, 5, 4–10
Aldebert, U. (1990): Spiele unterwegs für kleine und große Bergsteiger. München
Amesberger, G., Fasching, H., Siebert, W. (Hrsg.) (1992): Plattform Outdoor-Aktivitäten: Chancen und Perspektiven. Wien
Amesberger, G., Siebert, W. (1994): Psychogene und technologische Aspekte von Sicherheitskonzepten. In: e&l – erleben und lernen, 2, 4–8
Arnold, R., Siebert, H. (1997): Konstruktivistische Erwachsenenbildung. Von der Deutung zur Konstruktion von Wirklichkeit. 2. Aufl. Hohengehren
Asfeldt, M., Potter, T. G., Henderson, B. (2013): Kanada. In: e&l – erleben und lernen, 3/4, 14–18
Au v., J., Gade, U. (Hrsg.) (2016): „Raus aus dem Klassenzimmer". Outdoor Education als Unterrichtskonzept. Weinheim
Audehm, K. (2007): Erziehung bei Tisch. Bielefeld
Aufmuth, U. (1996): Lebenshunger. Die Sucht nach Abenteuer. Zürich und Düsseldorf
Aufmuth, U. (1989): Übergänge – Rhythmen – Glück. Was mir das Bergsteigen wertvoll macht. In: Deutscher Alpenverein, Österreichischer Alpenverein, Alpenverein Südtirol (Hrsg.): Berg '89. Alpenvereinsjahrbuch, München/Innsbruck/Bozen, 125–134
Aufmuth, U. (1984): Die Lust am Aufstieg. Weingarten

Bacon, S. (1998): Die Macht der Metaphern. The Conscious Use of Metaphor in Outward Bound. Alling
Bacon, S. (1987): The Evolution of the Outward Bound Process. Greenwich
Bacon, S. (1983): The Conscious Use of Metaphor in Outward Bound. Denver
Badry, E., Buchka, M., Knapp, R. (Hrsg.) (1999): Pädagogik – Grundlagen und Arbeitsfelder. 3. Aufl. Neuwied, Kriftel
Bartens, W. (2016): Die grünen Kollegen. Wie Büropflanzen den Alltag beeinflussen. In: Süddeutsche Zeitung vom 29.11.2016, 1
Bätzing, W. (2015): Die Alpen. Naturbearbeitung und Umweltzerstörung. 4. Aufl. Frankfurt a. M.
Bauer, H. G. (2001): Erlebnis- und Abenteuerpädagogik. Eine Entwicklungsskizze. 6. Aufl. München/Mering

Bauer, H. G. (1992): Statement zur Podiumsdiskussion. In: Bedacht et al., 43–46
Bauer, H. G., Hufenus, H.-P. (1993): Internationale Fachtagung zur Erlebnispädagogik auf Schloß Wartensee 1993. Lüneburg
Baumgarten, H. H. (1992): Bibliographie „Abenteuer- und Erlebnispädagogik“. Riehen
Bayerischer Jugendring (Hrsg., 2015): Qualifikationsstandards in der Erlebnispädagogik. Handlungsempfehlungen für erlebnispädagogische Maßnahmen in der Jugendarbeit. München. In: www.zq-ep.de/wp-content/uploads/2016/09/2015_qs_ep_web.pdf, 13.06.2018
Bayerischer Jugendring (Hrsg.) (1985): Jugendarbeit in Bayern. München
Beck, Chr. (2015): Massiv gescheitert. In: DIE ZEIT, 29.10.2015
Beck, F. (2014): Sport macht schlau. Mit Hirnforschung zu geistiger und sportlicher Höchstleistung. Berlin
Beck, H. (1996): Handlungsorientierung des Unterrichts. Anspruch und Wirklichkeit im betriebswirtschaftlichen Unterricht. Darmstadt
Beck, U. (1986): Risikogesellschaft. Auf dem Weg in eine andere Moderne. Frankfurt a. M.
Becker, Chr. (2018): Ja, es gibt sie: Draußenschulen. In: e&l – erleben und lernen, 1, 21–23
Becker, P. (1994): Offene Zukunft und riskante Entscheidungen. Gesellschaftliche und pädagogische Aspekte des Umgangs mit Unsicherheiten der Moderne. In: Neue Praxis, 3, 203–216
Becker, P., Koch, J., Vieth, J. (1995): Mit Kopf, Herz und Hand. An-Sichten einer Sozialarbeit mit Jugendlichen. Butzbach-Griedel
Becker, P., Schirp, J., Hollmar, M. (Hrsg.) (2013): Abenteuer, Natur und frühe Bildung. Opladen, Berlin & Toronto
Bedacht, A. (Hrsg.) (2004): Fahrt in die Tiefe. Augsburg
Bedacht, A., Dewald, W., Heckmair, B., Michl, W., Weis, K. (Hrsg.) (1992): Erlebnispädagogik – Mode, Methode oder mehr? München
Bedacht, A., Michl, W. (1991): Erlebnispädagogische Aktivitäten im Vergleich. In: Zeitschrift für Erlebnispädagogik, 8, 31–54
Bedacht, A., Wagner, F.-J. (1994): Erlebnispädagogik mit Behinderten. Schwerpunktthema in: e&l – erleben und lernen, 5, 19
Begley, S. (2007): Neue Gedanken – neues Gehirn. Die Wissenschaft der Neuroplastizität beweist, wie unser Bewusstsein das Gehirn verändert. München
Benjamin, W. (1988): Berliner Chronik. (1. Aufl. d. revidierten Ausg.) Frankfurt a. M.
Bienzeisler, R. (1987): Leben – Erleben – Handeln. Das pädagogische Anliegen des Bremer Volksschullehrers Fritz Gansberg. Lüneburg
Birzele, J., Hoffmann, O. (2010): Mit allen Wassern gewaschen. Praxisbuch für erlebnispädagogisches Handeln im und am Wasser. Augsburg
Blättner, F. (1968): Geschichte der Pädagogik. 13. Aufl. Heidelberg
Bly, R. (1991): Eisenhans. München
BMBF (2016): Bildungsoffensive für die digitale Wissensgesellschaft. Berlin. In: www.bmbf.de/files/Bildungsoffensive_fuer_die_digitale_Wissensgesellschaft.pdf, 15.04.2018
BMFSFJ (2017): 15. Kinder- und Jugendbericht. Bericht über die Lebenssituation junger Menschen und die Leistungen der Kinder- und Jugendhilfe in Deutschland. Drucksache 18/11050. Deutscher Bundestag. 18. Wahlperiode
Boecker, H. (Hrsg.) (2004): Klettern und Bergwandern. Didaktisch-methodische Grundlegung für das Sportklettern und Bergwandern mit geistig behinderten Kindern und Jugendlichen. Aachen
Boeger, A. (2018): Project Adventure – wie die Outward-Bound-Idee das schulische Lernen bereichert. In: Michl, W., Seidel, H. (Hg.), 251–253

Bögle, R., Heiten, G. (2014): Räder des Lebens. Orientierungsmodelle für die tiefe Transformation. München
Böhm, W. (2005): Wörterbuch der Pädagogik. 15. Aufl. Stuttgart
Böhnisch, L., Gängler, H., Rauschenbach, T. (Hrsg.) (1991): Handbuch Jugendverbände. Weinheim/München
Böhnisch, L., Winter, R. (1993): Männliche Sozialisation. Bewältigungsprobleme männlicher Geschlechtsidentität im Lebenslauf. Weinheim/München
Bönsch, M. (1994): Handlungsorientierte Ansätze in der Schule. In: e&l – erleben und lernen, 3/4, 8–12
Bowles, S. (2001): „Forever Young" – Nachruf auf Matti Telemäkki. In: e&l – erleben und lernen, 3/4, 32–33
Brenner, G. (1993): Erlebnispädagogik – ein Rettungsring für die Jugendarbeit? In: deutsche jugend, 10, 428–459
Bress, H. (1994): Erlebnispädagogik und ökologische Bildung. Förderung ökologischen Bewußtseins durch Outward Bound. Neuwied/Kriftel
Bress, H. (1986): Outward Bound in USA – Bericht über einen OB-Kurs an der Hurrican-Island-Outward-Bound-School (HIOBS) in Maine/USA. In: Deutsche Gesellschaft für Europäische Erziehung (Hrsg.): Berichte und Materialien 2, München
bsj (Hrsg.) (1993): Abenteuer – Ein Weg zur Jugend. Frankfurt a. M. (Eigenverlag)
Buchkremer, H.-J. (1995): Handbuch Sozialpädagogik. Darmstadt
Bueb, B. (2006): Lob der Disziplin. Berlin
Bühler, J. (1986): Das Problem des Transfers. Kritisches zur erlebnisorientierten Kurzzeitpädagogik. In: deutsche jugend, 2, 71–76
Bundesverband Individual- und Erlebnispädagogik e. V. (2018): Unsere Mitglieder. In: www.bundesverband-erlebnispaedagogik.de/no_cache/mitgliedschaft/mitglieder.html, 13.06.2018
Bundesverband kath. Einrichtungen und Dienste der Erziehungshilfen e. V. (Hrsg.) (2000): Freiheit und Eingrenzung bei intensivpädagogischen therapeutischen Hilfen. Beiträge zur Erziehungshilfe 21. Freiburg i. Br.
Burg, D. (1998): Querdurch – Erlebnispädagogik in Schule und Freizeit. Luzern
Burnett, B., Evans, D. (2016): Mach, was du willst. Design Thinking fürs Leben. Berlin
Büscher, W. (2011): Hartland. Zu Fuß durch Amerika. Berlin
Büscher, W. (2005): Deutschland – eine Reise. Berlin
Büscher, W. (2003): Moskau. Eine Reise zu Fuß. Reinbek bei Hamburg

Candolini, G. (2008): Das geheimnisvolle Labyrinth. Mythos und Geschichte eines Menschheitssymbols. München
Caspary, R. (Hrsg.) (2006): Lernen und Gehirn. Der Weg zu einer neuen Pädagogik. Freiburg
Celan, P. (1970): Ausgewählte Gedichte. Frankfurt a. M.
Chargaff, E. (1988): Interview. In: Die Zeit, 18.5., 40
Ciompi, L. (2016): Die emotionalen Grundlagen des Denkens. Entwurf einer fraktalen Affektlogik. 4. Aufl. Göttingen
Cockrell D., LaFollette, J. (1985): A National Standard for Outdoor Leadership Certification. In: Parks & Recreation, June, 40–43
Colla, H. E. u. a. (Hrsg.) (1999): Handbuch Heimerziehung und Pflegekinderwesen in Europa. Neuwied/Kriftel
Cornell, J. B. (1979): Mit Kindern die Natur erleben. Soyen
Council on Outdoor Education Position Statement (1989): Outdoor Education – Defi-

nition and Philosophy. In: Journal of Outdoor Education, Recreation and Dance, Febr., 31–34
Crowther, C. (2005): City Bound. München
Csikszentmihalyi, M. (2010): Das Flow-Erlebnis. 11. Aufl. Stuttgart
Cube, F. von (1990): Gefährliche Sicherheit. München
Cuvry, A. de, Haeberlin, F., Michl, W., Breß, H. (Hrsg.) (2000): Erlebnis Erwachsenenbildung. Zur Aktualität handlungsorientierter Pädagogik. Neuwied/Kriftel

Damasio, A. R., (2005): Der Spinoza-Effekt. Wie Gefühle unser Leben bestimmen. Berlin
Damasio, A. R., (2000): Ich fühle also bin ich. Die Entschlüsselung des Bewusstseins. München
Damasio, A. R. (1999): Descartes' Irrtum. Fühlen, Denken und das menschliche Gehirn. 4. Aufl. München
Degen, S. (1988): Hermann Lietz – Ein Wegbereiter der modernen Erlebnispädagogik? Lüneburg
DER SPIEGEL (2003): Blind für Wut und Freude. 49, 190–199
Dettweiler (2018): Outward Bound International. In: Michl, W., Seidel, H. (Hg.), 142–145
Dettweiler, U., Allison, P. (2018): Erlebnispädagogik in den USA. In: Michl, W., Seidel, H. (Hg.), 125–127
Dettweiler, U., Becker. C. (2016): Aspekte der Lernmotivation und Bewegungsaktivität bei Kindern im Draußenunterricht. In: Au v., J., Gade, U. (Hrsg.): „Raus aus dem Klassenzimmer." Outdoor Education als Unterrichtskonzept. Weinheim und Basel, 101–110
Dettweiler et. al. (2017): A Bayesian Mixed-Methods Analysis of Basic Psychological Needs Satisfaction through Outdoor Learning and Its Influence on Motivational Behaviour in Science Class. In: Frontiers in Psychology, open-access academic journal, publ.19.12.2017
Deubzer, B., Feige, K. (2004): Praxishandbuch City Bound. Erlebnisorientiertes soziales Lernen in der Stadt. Augsburg
Deutscher Alpenverein e. V. (1989): Naturschutz-Info. München
Deutscher Alpenverein e. V. (Hrsg.) (o. J.): Mit Kindern auf Hütten. München
Dewald, W (1990): „Beim nächsten Mal voll reinhauen"? Zur Verknüpfung von erlebnispädagogischen und ökologischen Ansätzen. In: Aktion Jugendschutz (Hrsg.) (1990), 12–14
Dewald, W., Mayr, W., Umbach, K. (2005): Berge voller Abenteuer. Mit Kindern unterwegs. München/Basel
Dewey, J. (1993): Demokratie und Erziehung. Eine Einleitung in die philosophische Pädagogik. Weinheim/Basel
Diakonisches Werk der Ev. Landeskirche (1991): Aus der Dunkelheit ans Licht. Erlebnispädagogisches Projekt des Diak. Werkes. Karlsruhe (Eigenverlag)
Dittmar, C., Dittmar, U. (2013): Spirituelle Wanderungen. Ein Pilger- und Meditationsbegleiter. Nürnberg
Donnenberg, O. (Hrsg.) (1999): Action Learning. Ein Handbuch. Stuttgart
Dötz, E., Boretty, R. (1988): Methoden der Ausbildung an die beabsichtigte Qualifizierungsentwicklung anpassen. Planen, Beobachten und Rückmeldung in der „Projekt und transferorientierten Ausbildung" (PETRA). In: Technische Innovationen und Berufliche Bildung, 2

Draeger, J., Müller-Eiselt, R. (2015): Die digitale Bildungsrevolution. Der radikale Wandel des Lernens und wie wir ihn gestalten können. München
Dt. Gesellschaft für Freizeit (Hrsg.) (1986): Freizeitlexikon. Ostfildern
Düchting, F. (1994): Alles was lebt, erlebt was. In: Neue Praxis, 5, 407–415
Dünne, J., Kreuzinger, S. (1998): Das Schweigen der Berge. In: e&l – erleben und lernen, 3/4, 49–51

Eberle, T., Fengler, J. (2018): Förderung des Selbstkonzepts durch erlebnispädagogische Lernsettings. In: Michl, W., Seidel, H. (Hg.), 322–332
Eichinger, W. (1995): City Bound. Erlebnispädagogik in der Stadt. München
Einwanger, J. (Hrsg.) (2007): Mut zum Risiko. Herausforderungen für die Arbeit mit Jugendlichen. München/Basel
Einwanger, J., Michl, W. (1998): Leben im Griff. Das Projekt Cinque Torre. Alling (CD-ROM)
Eisinger, T. (2016): Erlebnispädagogik kompakt. 2. Aufl. Augsburg
Eisinger, T., Hiller, D. (2016): Erlebnispädagogik und Migranten. In: e&l – erleben und lernen, Heft 3&4, 4–7
Ekelund, T. (2016): Im Wald. Kleine Fluchten für das ganze Jahr. München/Berlin
Eliade, M. (1975): Schamanismus und archaische Ekstasetechnik. Frankfurt a. M.
Ende, M. (1973): Momo. Stuttgart
e&l – erleben und lernen, Schwerpunkt Ökologische Bildung Teil I, 1995, 5; Teil II, 1996, 1
Ewald, T. (1986): Kritisches zur Erlebnispädagogik. Die geschichtlichen Wurzeln gegenwärtiger Irrationalismen. In: deutsche jugend, 12, 536–41

Fahr, H. (1997): Der Trend hält an. Studie zur Angebotssituation in Deutschland. In: e&l – erleben und lernen, 2, 14–15
Fandrey D. (2013): Erlebnispädagogische Settings und Selbstkonzept. Ein Vergleich von Programmen nach dem Ansatz von Project Adventure und erlebnispädagogischen Kurzzeit-Projekten im Hinblick auf die Veränderung des Selbstkonzeptes der Teilnehmenden. Hamburg
Farin, K., Seidel-Pielen, E. (1991): Krieg in den Städten. Jugendgangs in Deutschland. 3. Aufl. Berlin
Fehrlen, B., Schubert, U. (1991): Die westdeutsche Jugendverbandsarbeit in der Nachkriegszeit. In: Böhnisch et al., 67–78
Feierabend, K. (2000): Abenteuerpädagogik an der Schule. In: e&l – erleben und lernen, 1, 21–26
Felka, E., Rothmeier, K., Seidel, H. (2017): Eine Frage der Qualität. Der Bundesverband Individual- und Erlebnispädagogik e. V. und seine Qualitätsinitiativen. In: e&l – erleben und lernen, Heft 1, 13–14
Felten, M. (2018): Smartphone-Pädagogik. In: Süddeutsche Zeitung, 07.05.2018
Fischer, D., Klawe, W., Thiesen, H.-J. (Hrsg.) (1985): (Er-)Leben statt reden. Erlebnispädagogik in der offenen Jugendarbeit. Weinheim/München
Fischer, H. R. (1995): Abschied von der Hinterwelt? Zur Einführung in den Radikalen Konstruktivismus. In: Fischer, H. R. (Hrsg.): Die Wirklichkeit des Konstruktivismus. Zur Auseinandersetzung um ein neues Paradigma. Heidelberg
Fischer, T. (1999): Erlebnispädagogik – Das Erlebnis in der Schule. Frankfurt a. M.
Fisher, A. (2006): Labyrinthe und Irrgärten. Das große Spiel- und Erlebnisbuch. Baden/München
Flückiger, M. (1998): Die Wildnis in mir. Mit Drogenabhängigen in den Wäldern Kanadas. Alling

Fontane-Klinik (Hrsg.) (1998): Erlebnistherapie. Ein innovativer Weg in der psychotherapeutischen Arbeit. Motzen
Foster, C. (2017): Wie ich versuchte als Tier zu leben. Der Geschmack von Laub und Erde. 2. Aufl. München/Berlin
Frampton, M (2017): Fachenglisch für die Soziale Arbeit. 2. Aufl. Weinheim/Basel
Frank, G., Michl, W. (Hrsg.) (1996): Stellenbeschreibungen. Eine Einführung in die berufliche Praxis sozialer Arbeit. Nürnberg
Franzkowiak, P. (1989): Risikoverhalten als Entwicklungsaufgabe im Jugendalter. In: AJS Forum, 1, 1–4
Freud, S. (1990): Wir und der Tod. Vortrag, gehalten in der Sitzung der Gesellschaft „Wien“ am 16.2.1915. Zit. nach: „Die Zeit“, Nr.30, 20.7.90, 47f.
Fricke, M., Dorner, M. (2015): Werkbuch Diakonisches Lernen. Göttingen
Frohmann, M. (2004): Körper und Pädagogik. In: ajs Informationen, 4, 12–17
Fuhrmann, R. (1981): Schwarzwald-Eskimos. Ottersberg

Galuske, M. (2015): Erlebnispädagogik. In: Thole, W., Höblich, D., Ahmed, S. (Hrsg.): Taschenwörterbuch Soziale Arbeit. 2. Aufl. Bad Heilbrunn, 75–76
Galuske, M. (2013): Methoden der Sozialen Arbeit. 10. Aufl. Weinheim/München
Gaschke, S. (2001): Die Erziehungskatastrophe. Kinder brauchen starke Eltern. Stuttgart
Gass, M. (1995): Book of Metaphors. Dubuque
Gass, M. (1991): Enhancing Metaphor Development in Adventure Therapy Programs. In: Journal of Experiential Education, 14, 7–13
Gass, M., Goldmann, K., Priest, S. (1992): Constructing Effective Corporate Adventure Training Programs. In: The Journal of Experiential Education, Mai
Gebhard, U. (2009): Kind und Natur. Die Bedeutung der Natur für die psychische Entwicklung. 3. Aufl. Wiesbaden
Geißlinger, H. (2013a): Die Imagination der Wirklichkeit. Experimente zum radikalen Konstruktivismus. Frankfurt a. M./New York
Geißlinger, H. (2013b): Überfälle auf die Wirklichkeit. Berichte aus dem Reich der Story Dealer. Heidelberg
Geißlinger, H. (2000): Konstruktivismus und Erlebnispädagogik. Dokumentation der gleichnamigen Tagung. Heidelberg (Audio-Mitschnitt des Carl-Auer-Systeme-Verlags)
Germscheid, E. (2012): Erlebnispädagogik und Jungenarbeit. Die Wurzeln der Erlebnispädagogik und die Rolle des Geschlechts. In: Matzner, M., Tischner, W.. Handbuch Jungenpädagogik. 2. Aufl. Weinheim/Basel, 245–254
Gernert, W. (2001): Handwörterbuch für Jugendhilfe und Sozialarbeit. Stuttgart, 141ff..
Gierer, F. (1993): City Bound in Europa und in den USA. In: e&l – erleben und lernen, 1, 4–9
Giesecke, H. (1972): Einführung in die Pädagogik. 4. Aufl. München
Giffei, H. (1987): Martin Luserke. Ein Wegbereiter der Erlebnispädagogik? Lüneburg
Gilsdorf, R. (2004): Von der Erlebnistherapie zur Erlebnistherapie. Bergisch-Gladbach
Gilsdorf, R. (2000): Schule und Abenteuer – zwei Welten treffen aufeinander. In: e&l – erleben und lernen, 1, 4–14
Gilsdorf, R. (1997): Erlebnispädagogik und Gestalttherapie – eine gedankliche Begegnung zweier erfahrungsorientierter Ansätze. In: e&l – erleben und lernen, 3–4, 16–22
Gilsdorf, R. (1993): Erlebnispädagogik auf dem Weg zurück in die Schule. In: Homfeldt, 101–113
Gilsdorf, R., Hovelynck, J. (2016): Erlebnis und Erfolg. Eine Einladung zum Querdenken. In: e&l – erleben und lernen, 5, 4–9

Gilsdorf, R., Kistner, G. (2016): Kooperative Abenteuerspiele. Praxishilfe für Schule und Jugendarbeit Bd. 1, 23. Aufl. Seelze-Velber
Gilsdorf, R., Seeger, S. (1993): Lehrer seilen sich ab – Prävention als Thema einer Lehrerfortbildung. In: e&l – erleben und lernen, 4, 22–25
Gilsdorf, R., Volkert, K. (Hrsg.) (1999): Abenteuer Schule. Alling
Gintzel, U., Schrapper, Chr. (1991): Intensive sozialpädagogische Einzelbetreuung. Münster
Glasersfeld, E. von (1997): Radikaler Konstruktivismus. Ideen, Ergebnisse, Probleme. Frankfurt a. M.
Goffman, E. (1971): Relations in Public: Microstudies of the Public Order. New York. Zitiert nach Sennett, R., a. a. O.
Goleman, D. (2011): Emotionale Intelligenz. München/Wien
Goleman, D., Boyoatzis, R., McKee, A. (2003): Emotionale Führung. Berlin
Gottlieb-Duttweiler-Institut (Hrsg.) (1991): Erlebnispädagogik. Entwicklungen, Modelle, Kritik. Dokumentation der Fachtagung 8.–9. April 1991 in Zürich/Rüschlikon. Rüschlikon
Grimm, Gebrüder (1937): Märchen. Berlin
Grosser, M. (2003): Outdoors für Indoors – Mit harten Methoden zu weichen Zielen. Augsburg
Gudjons, H. (2006): Pädagogisches Grundwissen. 9. Aufl. Bad Heilbrunn

Häfele, A. (2007): „Trau ich mich?“ Abenteuersport mit Schülern der Schule für geistig Behinderte. Dortmund
Hahn, K. (1958): Erziehung zur Verantwortung. Stuttgart
Händel, U. (1995): Variationen zum Thema Erlebnispädagogik. In: Kölsch, 5–33
Handke, P. (2005): Gestern unterwegs. Aufzeichnungen November 1987 bis Juli 1990. Salzburg/Wien
Handke, P. (1989): Interview mit A. Müller. In: Die Zeit, 03.03.1989
Hansen, J. (2002): Guidelines for Intervention through Adventure-Based Programmes for Youth-at-Risk. In: https://repository.up.ac.za/bitstream/handle/2263/27704/Complete.pdf?sequence=8, 08.06.2018
Hansen-Schaberg, I. (1992): Die erlebnis- und erfahrungsbezogene Pädagogik Minna Spechts. Lüneburg
Harari, Y. N. (2015): Eine kurze Geschichte der Menschheit. München
Harazim, H., Hudak, R. (2015): Rein in die Natur: Abenteuer für Kinder. München
Harder, W. (Hrsg.) (1993): Minna Specht. Berichte aus der Odenwaldschule. Heft 15. Okt. Odenwaldschule (Eigenverlag)
Hartung, M. J. (2018): Spielend die Schulen verändern. In: DIE ZEIT, 26.4.2018, Nr. 18, 68
Hattie, J. (2017): Lernen sichtbar machen für Lehrpersonen. Baltmannsweiler
Häusel, H.-G. (2005): Think limbic: Die Macht des Unbewussten verstehen und nutzen für Motivation, Marketing, Management. Planegg
Häusel, H.-G. (2004): Brain Script. Warum Kunden kaufen. Planegg
Heckmair, B. (2008): 20 erlebnisorientierte Lernprojekte. Szenarien für Trainings, Seminare und Workshops. 3. Aufl. Weinheim/Basel
Heckmair, B. (1998): Gefährdung der Umwelt durch Wintersport. In: Naturschutzjugend im DBV (Hrsg.): Freizeit und Umwelt, Stuttgart, 82–90
Heckmair, B. (1997): Die Stadt erleben. Plädoyer für eine Pädagogik des Urbanen. In: deutsche jugend, 6, 257–262

Heckmair, B. (1994): Outward Bound Deutschland. In: Protokolldienst 34/94 der Ev. Akad. Bad Boll: Erlebnis oder Pädagogik. Bad Boll, 32–34
Heckmair, B. (1990): Outward Bound – Lernen durch Handeln. In: Sandmann, J. (Hrsg.): Innovation statt Resignation. München, 157–175
Heckmair, B. (1986): Zur Qualifizierung ehrenamtlicher Jugendgruppenleiter beim Deutschen Alpenverein. München (Selbstverlag)
Heckmair, B., Holtrop, J., van der Voort, C. (1992): „City Bound": Sich bewähren im Dickicht der Großstadt. In: Bedacht et al., 186–190
Heckmair, B., Michl, W. (2013): Von der Hand zum Hirn und zurück. Bewegtes Lernen im Fokus der Hirnforschung. Augsburg
Heckmair, B., Michl, W., Walser, F. (Hrsg.) (1995): Die Wiederentdeckung der Wirklichkeit – Erlebnis im gesellschaftlichen Diskurs und in der pädagogischen Praxis. Alling
Heckmair, B., Wagner, F.-J. (1997): Outdoor-Training. Schwerpunktthema in e&l. Erleben und Lernen, 2
Heckmair, B., Wagner, F.-J. (1995): Lernmodelle und Programmtypen – Neues zur erlebnispädagogischen Methodik. In: e&l – erleben und lernen, 1, 4–7
Heekerens, H.-P. (2018): Ergebnis- und Prozessforschung in der Erlebnispädagogik. In: Michl, W., Seidel, H. (Hg.), 314–321
Heekerens, H.-P. (2010): Die Reformpädagogik und die Missbrauchsdebatte. In: e&l – erleben und lernen, 4, 28–31
Hehlmann, W. (1971): Wörterbuch der Pädagogik. 11. Aufl. Stuttgart
Hentig, H. von (2006): Bewährung. Von der nützlichen Erfahrung, nützlich zu sein. München/Wien
Hentig, H. von (2004): Ach die Werte. Weinheim
Hentig, H. von (1996): Bildung. München/Wien
Hentig, H. von (1966): Kurt Hahn und die Pädagogik. In: Röhrs, 41–82
Hermann, J. (1990): Probleme empirischer Forschung in der Erlebnispädagogik. In: Zeitschrift f. Erlebnispädagogik, 11, 23–41
Herold, T. (2018): Du hast Zeit. Eine Liebeserklärung an die Pause. Berlin
Herrmann, M. (2018): Sicherheit in der Erlebnispädagogik. In: Michl, W., Seidel, H. (Hg.), 350–353
Herrmann, U. (Hrsg.) (2006): Neurodidaktik. Grundlagen und Vorschläge für gehirngerechtes Lehren und Lernen. Weinheim/Basel
Hildmann, J., Higgins, O. (2018): Erlebnispädagogik in Großbritannien. In: Michl, W, Seidel, H. (Hg.), 128–131
Hinte, W. (1992): Erlebnis oder Pädagogik. Zum Dilemma professioneller Beziehungen in pädagogischen Arbeitsfeldern. In: Maaß, V. (Hrsg.): Erlebnispädagogik in der Erziehungshilfe. Dokumentation der Fachtagung in Malente (25.–27. 5. 1992). Rendsburg, 20–35 (Eigenverlag)
Hirano, Y. (Hrsg.) (2001): International Comparative Survey of Children's Daily Activities and Experiences. March 6-RO, Nishinagano, Nagano-shi, Shinsu University, Faculty of Education/Japan
Hirano, Y. (Hrsg.) (o. J.): International Comparative Survey Concerning Children's Life Style and Values. March 2000. 6-RO, Nishinagano, Nagano-shi, Shinsu University, Faculty of Education/Japan
Hofmann, B., Hofmann, O. (2017): Leben mit tausend Sternen. Holen Sie sich das Glück zurück. Es liegt direkt vor Ihrer Haustür. Asslar
Hofmann, C. (1994): Das Kurt-Hahn-Diplom. Bildungsoffensive mit Breitenwirkung oder exklusives Jugendprogramm? In: e&l – erleben und lernen, 3/4, 29–33

Hollstein, W. (2000): Männlichkeit ist eine hochriskante Lebensform. Traditionelle Männlichkeit und ihre Folgen für Krankheit und Gesundheit. In: Dr. med. Mabuse, Zeitschrift im Gesundheitswesen, 125/2000

Holzach, M. (2001): Deutschland umsonst. Zu Fuß und ohne Geld durch ein Wohlstandsland. Hamburg

Homfeldt H. G. (Hrsg.) (1993): Erlebnispädagogik. Geschichtliches – Räume – Facetten – Kritisches. Hohengehren

Hovelynck, J. (1999): Erfahrungslernen und Erlebnispädagogik als Prozeß der Metaphernentwicklung. In: Schödlbauer et al., 192–207

Hovelynck, J. (1998): Facilitating Experiential Learning as a Process of Metaphor Development In: Journal of Experiental Education, 21, 1 (May/June), 6–13

Hovelynck, J. (1995): A Dutch reading of the metaphorical model. In: Frank, L. (Hrsg.): Seeds for change: AEE 23rd international conference proceedings. Boulder

Hufenus, H.-P. (2001): Handbuch für Outdoor Guides. Theorie und Praxis der Outdoorleitung. Augsburg

Hufenus, H.-P. (1991): Weiterbildung Erlebnispädagogik. In: Erlebnispädagogik. Entwicklungen – Modelle – Kritik. Dokumentation der Fachtagung 8.–9. April 1991 in Zürich. Rüschlikon, 83–87 (Eigenverlag)

Iggulden G., Iggulden, J. (2008): Das kleine Dangerous Book for Boys. Was man können muss. München

ISA – Informationssystem Studienwahl & Arbeitsmarkt der Universität Essen (2001): Internetrecherche am 26.11.

Isenberg, W. (1987): Geographie ohne Geographen. Laienwissenschaftliche Erkundungen, Interpretationen und Analysen der räumlichen Umwelt in Jugendarbeit, Erwachsenenwelt und Tourismus. Osnabrück

Isenberg, W. (o. J.): Spontane Erforschung regionaler Lebenswirklichkeit. Konjunkturen, Kennzeichen, Arbeitswesen und Defizite „lokaler Forschung“. In: Thomas-Morus-Akademie Bensberg (Hrsg.): Wege in den Alltag. Umwelterkundung in Freizeit und Weiterbildung. Perspektiven für die Geographie? Bensberger Protokolle, 54, 11–29

Jagenlauf, M. (1992): Wirkungsanalyse Outward Bound – Ein empirischer Beitrag zur Wirklichkeit und Wirksamkeit der erlebnispädagogischen Kursangebote von Outward Bound Deutschland. In: Bedacht et al., 72–95

Jagenlauf, M., Bress, H. (1990): Wirkungsanalyse Outward Bound. Kurzbericht 1990. In: OUTWARD BOUND (Hrsg.): Erlebnispädagogik, Berichte und Materialien 8. München

Jagenlauf, M., Bress, H. (1989): Erlebnispädagogik und OUTWARD BOUND. Bibliographie. In: OUTWARD BOUND (Hrsg.): Berichte und Materialien 7. München

Jensen, A. E. (1942): Spiel und Ergriffenheit. In: Paideuma, Bd. 2, Heft 3, 124–139

Jugendstiftung Baden-Württemberg (Hrsg.) (1995): Erlebnispädagogik. 2. Aufl. Münster

Jugendwerk der Deutschen Shell (Hrsg.) (1997): Jugend ’97: Zukunftsperspektiven, Gesellschaftliches Engagement, Politische Orientierungen. Opladen

Juhàsz, C. (1999): 4H in Ungarn. In: e&l – erleben und lernen, 5, 9–11

Jünger, E. (1926): In Stahlgewittern. Berlin

Jurgovsky, M. (1992): Gedichte. In: Durchblick – Inform. a. d. Arb. d. KJF München u. Freising, 4

Kadel, P. (1989): Kritische Beurteilung notwendig. In: Personalführung, 8, 821–823
Kafka, F. (1995): Brief an den Vater. Stuttgart
Kaller, P. (2001): Lexikon Sozialarbeit, Sozialpädagogik, Sozialrecht. Wiebelsheim
Kaltenecker, S. (2006): Draußen und drinnen. Outdoor in der Organisationsberatung. In: Zeitschrift für Organisationsentwicklung, 2, 12–21
Karl, A. (1991): Das Spektrum differenzierter Hilfen für behinderte Menschen – dargestellt anhand von Beispielen aus dem Betreuungszentrum Steinhöring. In: Durchblick – Informationen a.d. Arb. der KJF München und Freising, 1, 4–16
Kasten, E. (2006): Body-Modification. Psychologische und medizinische Aspekte von Piercing, Tattoo, Selbstverletzung und anderen Körperveränderungen. München/Basel
Kerkeling, H. (2006): Ich bin dann mal weg. Meine Reise auf dem Jakobsweg. München
Kern, H., Schumann, M. (1986): Das Ende der Arbeitsteilung? Rationalisierung in der industriellen Produktion. München
Kilpatrick, W.H., Dewey, J. (1935): Der Projekt-Plan. Grundlegung und Praxis. Weimar
Kinne, T. (2007): Unterricht als soziales Erlebnis für Schülerinnen und Schüler mit geistiger Behinderung. In: e&l. erleben und lernen, 3&4, 10–15
Kisters, W. (2018): Erlebnispädagogik in den Niederlanden. In: Michl, W., Seidel, H. (Hg.), 137–140
Kittsteiner, J., Neumann, P. (2004): Klettern an der Boulderwand. 2. Aufl. Seelze-Velber
Klawe, W., Breuer, W. (1998): Erlebnispädagogik zwischen Alltag und Alaska. Praxis und Perspektiven der Erlebnispädagogik. Weinheim/München
Kling, A. (1989): Der Rollstuhl bleibt an Land. In: Zeitschrift für Erlebnispädagogik, Lüneburg 10, 16–21
Klumpjahn, H.-D., Klumpjahn, O. (1986): Thoreau. Reinbek
Knoll, M. (Hrsg.) (1998): Kurt Hahn. Reform mit Augenmaß. Stuttgart
Knoll, M. (Hrsg.) (1986): Kurt Hahn – Erziehung und die Krise der Demokratie. Stuttgart
Koch-Weser, S., Lüpke, G.v. (2009): Vision Quest. Visionssuche: allein in der Wildnis auf dem Weg zu sich selbst. München
Kohler, B., Schulte Ostermann, U. (2015): Der Wald ist voller Nachhaltigkeit. 21 naturpädagogische Projektideen für die Kita. Weinheim/Basel
Kölblinger, M. (2004): Die überschätzte Wirkung von Hochseilgärten im Management-Training. In: Schad, N., Michl, W., 257–267
Kölsch, H. (Hrsg.) (1995): Wege moderner Erlebnispädagogik. Alling
Kölsch, H., Wagner, F.-J. (2004): Erlebnispädagogik in der Natur. Ein Praxisbuch für Einsteiger. 2. Aufl. München
König, H. (1989): Erlebnispädagogik (Teil II). In: Pfadfinden 4, 11
Korn, C.P.H. (2003): Bildung und Disziplin. Frankfurt a.M.
Kösterke, A., Stöckle, G. (1989): Neue Bewegungskultur als Anregung für die Jugendarbeit. In: deutsche jugend, 11, 477–484
Kowald, A-C., Zajetz, A.K. (Hrsg.) (2015): Therapeutisches Klettern. Stuttgart
Kowalsky, D. (1989): Eine Welt für Alle – Der Martins-Paß. In: Zeitschrift für Erlebnispädagogik, 8, 47f.
Krafeld, F.-J. (1984): Geschichte der Jugendarbeit. Von den Anfängen bis zur Gegenwart. Weinheim/Basel
Kraus, L., Dewald, W., Schwiersch, M. (2003): Missgeschicke – Eine Sammlung erlebnispädagogischer Praxisfälle. München/Basel
Kraus, L., Schwiersch, M. (2005): Die Sprache der Berge – Handbuch der alpinen Erlebnispädagogik. 2. Aufl. Alling

Kreckl, F. (1990): Miteinander etwas tun – sozialpsychologische Hinweise zur Erlebnispädagogik. In: Aktion Jugendschutz (Hrsg.) (1990), 19–25
Kreszmeier, A. (1995): Wenn Götter und Göttinnen tagen. e&l – erleben und lernen – spezial
Kreszmeier, A., Hufenus, H.-P. (2000): Wagnisse des Lernens. Aus der Praxis der kreativrituellen Prozessgestaltung. Bern/Stuttgart/Wien
Kunzmann, P., Burkard, F.-P., Wiedemann, F. (1991): dtv-Atlas zur Philosophie. München
Küthe, I., Heckmair, B. (1993): Qualifikationsprofil Erlebnispädagoge – Versuch einer Standortbestimmung. In: e&l – erleben und lernen, 2/3, 21–24
Kwiatkowski, T. (1992): Die Rechte und Pflichten der ehrenamtlichen Jugendleiter/Innen. Hrsg. vom Kreisjugendring München-Land. Pullach (Eigenverlag)

Lakemann, U. (Hrsg.) (2005): Wirkungsimpulse von Erlebnispädagogik und Outdoor-Training. Augsburg
Lang, S., Rehm, G. (Hrsg.) (2010): Erleben Denken Lernen. Arbeitsbuch Erlebnispädagogik. Marburg
Langenhorst, B. (2000a): Wenn der Berg ruft. (Natur-) Erlebnispädagogik auf Abwegen. In: e&l – erleben und lernen, 5, 4–7
Langenhorst, B. (2000b): Lernen als Selbstregulation – Konstruktivismus und Erlebnispädagogik. In: e&l – erleben und lernen, 5, 34
Lankau, R. (2017): Kein Mensch lernt digital. Über den sinnvollen Einsatz neuer Medien im Unterricht. Weinheim/Basel
Laqueur, W. (1978): Die Jugendbewegung. Köln
Lazik, D. et al. (2007): Therapeutisches Klettern. Stuttgart
Lechner, M. (1990): The AAE's New Draft Mission Statement. In: The AEE Horizon Newsletter, 2, 3
LeDoux, J. (2006): Das Netz der Persönlichkeit. Wie unser Selbst entsteht. München
LeDoux, J. (2003): Das Netz der Gefühle. Wie Emotionen entstehen. 2. Aufl. München
Lee, R. B., de Vore, I. (1968): Man, the Hunter. New York
Lembke, G., Leipner, I. (2015): Die Lüge der digitalen Bildung. Warum unsere Kinder das Lernen verlernen. München
Lenzen, D. (Hrsg.) (1989): Pädagogische Grundbegriffe. Reinbek
Leyhausen, P. (1968): Das Verhältnis von Trieb und Wille in seiner Bedeutung für die Pädagogik. In: Lorenz, K., Leyhausen, P.: Antriebe tierischen und menschlichen Verhaltens. München, 54–76
Liedl, F., Weber, K.-M., Witte, U. (1992): Die Ostsee. Meeresnatur im ökologischen Notstand.Göttingen
Liedtke, G, Lagerström, D. (Hrsg.) (2007): Friluftsliv. Entwicklung, Bedeutung und Perspektive. Aachen
Lindemann, H. (2006): Konstruktivismus und Pädagogik. Grundlagen, Modelle, Wege zur Praxis. München/Basel
Lindenthaler, C., Lindenthaler, H. (2012): Natur als Partnerin. München
Louv, R. (2011): Das letzte Kind im Wald? Geben wir unseren Kindern die Natur zurück! Weinheim/Basel
Luckmann, C. (1996): Defining experiential education. In: Journal of Experiential Education, 19, 6–7
Luger-Linke, S. (2013a): Naturerlebnispädagogik. Im Wald kann man mit allem RECHNEN. Putzleinsdorf (Eigenverlag)

Luger-Linke, S. (2013b): Naturerlebnispädagogik. Der Wald spricht viele Sprachen – Deutsch im Wald. Putzleinsdorf (Eigenverlag)
Lukowski, T. (2017): Klettern in der Therapie. München/Basel
Lynch, P. M., Martin, A., Gilsdorf, R. (2007): Outdoor education und Schule in Neuseeland. In. e&l. erleben und lernen, 3&4, 48–51

Maier, H. (1987): Jean-Jacques Rousseau 1712–1778. In: Rausch, H. (Hrsg.): Politische Denker II. 6. Aufl. München, 47–65
Markus, S, Fengler, J., Eberle, T. (2018): Förderung von Selbstwirksamkeitserwartungen durch Erlebnispädagogik. In: Michl, W., Seidel, H. (Hg.), 333–340
Markus, S, Fengler, J., Eberle, T. (2016): „Ich schaff das!“ Wie die Bewältigung von Herausforderungen die Selbstwirksamkeit steigern kann: ein empirischer Beitrag zur Wirkungsforschung in der Erlebnispädagogik. In: e&l – erleben und lernen, 5, 21–24
Martin, A. (2018): Zirkuspädagogik. In: Michl, W, Seidel, H. (Hrsg.), 96–99
Martin, A., Franc, D., Zounková, D. (2004): Outdoor and Experiential Learning. Hants/England
Mastalerz, D., Brünner, A. (Hrsg.) (2012): Sicherheit und Risiko in der Erlebnispädagogik. Freiburg i. Br.
Matzner, M., Tischner, W. (2012): Handbuch Jungenpädagogik. 2. Aufl. Weinheim/Basel
Mauch, E., Scholz, M. (2018) Nur spielen. 77 erlebnispädagogische Spiele zum Aufwachen Warmwerden, Auflockern und Runterkommen. München
McIntosh, H. (1993): Experiential education – Gedanken zum „Solo“. In: e&l – erleben und lernen, 2–3, 35–38
McIntosh, H. (1989): Re-Thinking the Solo Experience. In: Journal of Experiential Education, 3, 28–32
Mehl, K. (2017): Erfahrungsorientierte Therapie. Integrative Psychotherapie und moderne Psychosomatik. Berlin
Meixner, J. (1997): Konstruktivismus und die Vermittlung produktiven Wissens. Neuwied/Kriftel/Berlin
Michel, K. M., Spengler, T. (1993): Kursbuch: Deutsche Jugend. Berlin. Heft 113, September
Michels, H. (2018): Die Bedeutung der Erlebnispädagogik in der Sozialen Arbeit. In: Michl, W., Seidel, H. (Hg.), 54–59
Michl, W. (2018a): Erlebnispädagogik. In: Bassarak, H. (Hrsg.). Lexikon der Schulsozialarbeit. Baden-Baden, 161–162
Michl (2018b): Die United Word Colleges. In: Michl, W., Seidel, H. (Hg.), 161–163
Michl, W. (2017a): Erlebnispädagogik. In: Kreft, D., Müller, C. W. (Hrsg.): Methodenlehre in der Sozialen Arbeit. 2., überarb. u. erw. Aufl. München/Basel, 126–129
Michl, W (2017b): Élménypedagógia. kéTTé Magyar Tapasztalati Tanulás Alapítvány
Michl, W. (2015a): Ein erlebnispädagogischer Blick auf das SGB VIII. In: e&l – erleben und lernen, 6, 11–13
Michl, W. (2015b): Erlebnispädagogik. 3., aktual. Aufl. München/Basel
Michl, W. (2013)/Михель, В. (2013): Erlebnispädagogik/Педагогика переживания. Moskau/Москва
Michl, W. (2011): Pedagogika Przeżyć. Kraków
Michl, W. (1996): Erlebnispädagogik. Von riskanten Wahrheiten und wahren Risiken. In: GdWZ. Grundlagen der Weiterbildung, 3, 128–132
Michl, W. (1992): Praxis der ökologischen Bildung in der Jugendarbeit. Lüneburg
Michl, W. (1991): Alfred Adler – ein Wegbereiter der Erlebnispädagogik. Lüneburg

Michl, W. (1989): Höhlentour. Zur Integration von Körpererfahrung, Erlebnispädagogik und kultureller Praxis. In: deutsche jugend, 11, 485–489
Michl, W. (1982): Erziehung und Lebenswelt bei den Buschleuten der Kalahari. Saarbrücken/Fort Lauderdale
Michl, W., Riehl, J. (Hrsg.) (1996): Leben gewinnen. Beiträge der Erlebnispädagogik zur Begleitung von Jugendlichen mit mehrfacher Behinderung. Alling (Buch und Video)
Michl, W., Seidel, H. (Hg.) (2018): Handbuch Erlebnispädagogik. München/Basel
Michl, W., Schödlbauer, C. (1999): Erdachte Gespräche aus zwei Jahrtausenden. Ein Lese- und Studienbuch über Erleben und Lernen. Neuwied/Kriftel
Miedzinski, K. (1990): Bewegungserlebnisse vermitteln – auch in der Turnhalle. In: Zeitschrift für Erlebnispädagogik, 5/6, 40–48
Miles, J. C., Priest, S. (1990): Adventure Education. Pennsylvania
Miner, J. L. (1966): Die Outward Bound-Bewegung in den USA. In: Röhrs, 293–299
Minkner, K. (2014): Erlebnispädagogik im Klassenzimmer. Augsburg
Minovskaya, O. W., Turygin, A. A., (2013): Erlebnispädagogik in verschiedenen Ländern. Russland. In: e&l – erleben und lernen, 3&4, 7–9
Mitscherlich, A. (1965): Die Unwirtlichkeit unserer Städte. Anstiftung zum Unfrieden. Frankfurt a. M.
Montanalingua (2007): Fremdsprachen und Erlebnispädagogik. Lindau
Muff, A. (2001): Erlebnispädagogik und ökologische Verantwortung. 2. Aufl. Butzbach-Griedel
Muff, A., Engelhardt, H. (2013): Erlebnispädagogik und Spiritualität. 2., überarb. u. erw. Aufl. München/Basel
Münchmeier, R. (1991): Die Vergesellschaftung der Jugendverbände. In: Böhnisch et al., 86–92
Mund, P. (2016): Erlebnispädagogik. In: Deutscher Verein für öffentliche und private Fürsorge: Fachlexikon der sozialen Arbeit. 8. Aufl. Baden-Baden, 240

Negt, O. (1975): Soziologische Phantasie und exemplarisches Lernen. 6. Aufl. Frankfurt a. M.
Neill, A. S. (1969): Theorie und Praxis der antiautoritären Erziehung. Das Beispiel Summerhill. Reinbek
Neubauer, G., Melzer, W., Hurrelmann, K. (1992): Jugend im deutsch-deutschen Vergleich. Die Lebenslage der jungen Generation im Jahr der Vereinigung. Neuwied/Kriftel/Berlin
Neuhäusler, A. (1967): Grundbegriffe der philosophischen Sprache. 2. Aufl. München
Nietzsche, F. (1962): Menschliches, Allzumenschliches. München
Nohl, H. (1970): Die pädagogische Bewegung und ihre Theorie. 7. Aufl. Frankfurt a. M.

Oelkers, J. (2010): Was bleibt von der Reformpädagogik. In: Frankfurter Allgemeine Zeitung, 16.03.2010
Oelkers, J. (2005): Reformpädagogik. Eine kritische Dogmengeschichte. 4. Aufl. Weinheim/München
Oelkers, J. (1995): Zum Verhältnis von Erleben und Erziehen. In: Heckmair et al., 113–130
Oelkers, J. (1993): Dewey in Deutschland – ein Mißverständnis. Nachwort. In: Dewey, 497–517
Oelkers, J. (1992): Unmittelbarkeit als Programm: Zur Aktualität der Reformpädagogik. In: Bedacht et al., 96–116
OSO-Hefte (Hrsg.) (1993): Minna Specht. Heppenheim. Berichte aus der Odenwaldschule. Neue Folge, 15

Österreichischer Alpenverein (Hrsg.) (2001): Umweltbaustellen. In: www.alpenverein.at/portal/index.php, 13.06.2018
Otto, H.-U., Thiersch, H. (Hrsg.) (2005): Handbuch Sozialarbeit/Sozialpädagogik. 3. Aufl. München; 6. Aufl. (2018): Handbuch Soziale Arbeit. Grundlagen der Sozialarbeit und Sozialpädagogik. München

Paasche, H. (1976): Die Forschungsreise des Afrikaners Lukanga Mukara ins innerste Deutschlands. Berlin (Erstausgabe 1919)
Paffrath, F. H. (2017): Einführung in die Erlebnispädagogik. 2. Aufl. Augsburg
Paffrath, F. H. (Hrsg.) (1998): Zu neuen Ufern. Internationaler Kongress „erleben und lernen". Alling
Pätzelt, U. (Hrsg.) (2007): Klassenzimmer Kirche. Augsburg
Perschke, H. (1999): Erlebnispädagogik in den Heimen der Erziehungshilfe des BvkE. In: Flosdorf, 43–66
Perschke, H., Flosdorf, P. (2003): Sicherheitsstandards in der Erlebnispädagogik. Praxishandbuch für Einrichtungen und Dienste in der Erziehungshilfe. Weinheim/München
Pielorz, A. (1991): Werte und Wege der Erlebnispädagogik, Schule Schloß Salem. Neuwied
Plöhn, I. (1998): Flow-Erleben. Eine erlebnispädagogische Anleitung zum Motivationstraining für Jugendliche. Neuwied/Kriftel
Pongratz, J. (Hrsg.) (1977): Handbuch der Psychologie. Bd. 8; 1. Halbband. Göttingen
Popper, K. R. (1995): Alles Leben ist Problemlösen. 3. Aufl. München
Popert, H. (1911): Helmut Harringa. 7. Aufl. Dresden
Priest, S. (1994): Funneling, Frontloading and Framing. Unveröffentlichtes Arbeitspapier, vorgelegt im Rahmen eines Workshops auf der Internationalen Outward Bound-Konferenz in Hong Kong
Priest, S. (1990): Outdoor Leadership Components. In: Miles/Priest, 211–215
Priest, S., Gass, M. (1997a): Trends & Issues Keynotes. Vortrag auf dem Internationalen Kongreß „erleben & lernen", 5./6. Juni, Augsburg
Priest, S., Gass, M. (1997b): Effective Leadership in Adventure Programming. Champaign
Pro Juventute (1982): Wer sein Kind liebt, erzieht es nicht. Heft 4. Zürich
Project Adventure (Hrsg.) (1988): Islands of Healing. Adventure based Counseling. Hamilton
Projektbüro Schule, Nürnberg (Hrsg.) (1994): Lernen in der Einen Welt. In: e&l – erleben und lernen, 1, 21 und 3/4, 46
Putnam, R. (1985): A Rationale for Outward Bound. Rugby

Raab, U., Späth, T. (2010): Handbuch Trainingsmethoden. Augsburg
Rahtge, R. (o. J.): Rechtsfragen in der Jugendarbeit des DAV. In: Jugend des Deutschen Alpenvereins, Österreichische Alpenvereinsjugend, Jugend des Alpenvereins Südtirol (Hrsg.): Handbuch für die Jugendarbeit im Alpenverein. Bozen/München/Innsbruck, 1–31
Raith, A., Lude, A. (2014): Startkapital Natur. Wie Naturerfahrung die kindliche Entwicklung fördert. München
Rakar-Szabó, N., Szabó, G. T (2017): Historical Background of Adventure Therapy in Hungary, http://adventuretherapy.eu/wp-content/uploads/2017/02/ATE_AT-History-HUN_2017.pdf, 6.5.2018
Randl, M. (2016): Interview zu mobilen Seilgärten der Stadt München, gesendet am 29.06.2016 bei Radio LORA München. In: http://lora924.de/?p=34509, 09.06.2018

Ratey, J. J. (2003): Das menschliche Gehirn. Eine Gebrauchsanweisung. München, Zürich
Rauschenbach, T. (1991): Jugendverbände im Spiegel der Statistik. In: Böhnisch et al., 115–131
Reble, A. (1989): Geschichte der Pädagogik. Stuttgart
Reckwitz, A. (2017): Die Gesellschaft der Singularitäten. Zum Strukturwandel der Moderne. Berlin
Rehm, M. (2018): AEE und EEE – Association for Experiential Education und Experiential Educators Europa. In: Michl, W., Seidel, H. (Hg.), 149–150
Reich, K. (1997): Systemisch-konstruktivistische Pädagogik. Einführung einer interaktionistisch-konstruktivistischen Pädagogik. 2. Aufl. Neuwied/Kriftel/Berlin
Reiners, A. (2013): Praktische Erlebnispädagogik. 9. Aufl. Augsburg
Reinhold, G., Pollak, G., Heim, H. (1999): Pädagogik-Lexikon. München
Reiter. H. (2017): Handbuch Hirnforschung und Weiterbildung. Weinheim und Basel
Richter, G., Münch, H. (1960): Kurzschule und Charakterbildung. München
Roberts, J. L. (2001): Wilderness, a Circle of Courage and the Wisdom of Elders. Cape Town
Roeper, M. (2011): Kinder raus! Zurück zur Natur: Artgerechtes Leben für den kleinen Homo sapiens. München
Rohnke, K. (1989): Cowstails and Cobras II. A Guide to Games, Initiatives, Ropes Courses & Adventure Curriculum. Massachusetts
Rohnke, K. (1986): Project Adventure. A Wide Used Generic Product. In: Journal for Outdoor Education, Recreation and Dance, May/June, 68–69
Rohnke, K. (1984): Silver Bullets. A Guide to Initiative Problems, Adventure Games and Trust Activities. Massachusetts
Röhrs, H. (Hrsg.) (1983): Die Reformpädagogik. 2. Aufl. Hannover
Röhrs, H. (1966): Bildung als Wagnis und Bewährung. Heidelberg
Roper, R. (2002): Fatal Mountaineer. The High-Altitude Life and Death of Willi Unsoeld, American Himalayan Legend. New York
Rosa, H. (2016): Resonanz. Eine Soziologie der Weltbeziehung, Berlin
Rose, L., Schmauch, U. (2007): Jungen, die neuen Verlierer. Königstein
Röser, J. (2005): Mut zur Religion. Freiburg i. Br.
Roth, G. (2006): Möglichkeiten und Grenzen von Wissensvermittlung und Wissenserwerb. In: Caspary, R. (Hrsg.): Lernen und Gehirn. Der Weg zu einer neuen Pädagogik. Freiburg
Roth, G. (2004): „Kants großer Irrtum“. Gehirnforscher Gerhard Roth über den Sinn der Emotionen. Interview in: FOCUS, 24, 142–145
Roth, G. (2001): Fühlen, Denken, Handeln. Wie unser Gehirn unser Verhalten steuert. Frankfurt a. M.
Rousseau, J.-J. (1975): Emile oder über die Erziehung. 3. Aufl. Paderborn
Royer, H. P. (2007): Nur wer loslässt, wird gehalten. Christuszentrierte Erlebnispädagogik. Holzgerlingen
Rumpf, H. (1981): Die übergangene Sinnlichkeit. München

Sand, M. (2015): Die Auswirkungen des sechsmonatigen Segel-Schulprojekts Klassenzimmer unter Segeln auf die Persönlichkeitsentwicklung Jugendlicher. Hamburg
Schad, N. (1993): Erleben und miteinander reden – Reflexionsmodelle in der Erlebnispädagogik. In: e&l – erleben und lernen, 2/3, 49–53
Schad, N., Michl, W. (2004): Outdoor-Training. Personal- und Organisationsentwicklung zwischen Flipchart und Bergseil. 2. Aufl. München

Schaderer, U., Wiedmayer, J., Wöhrbach, S. (Hrsg.) (2018): Sinn gesucht – Gott erfahren. Bd. 3. Stuttgart
Scharmer, C. O. (2009): Theorie U. Von der Zukunft her führen. Heidelberg
Scheibe, W. (1969): Die reformpädagogische Bewegung. Weinheim/Berlin/Basel
Scheich, H. (2003): Lernen unter der Dopamindusche. Was uns Versuche an Mäusen über die Mechanismen des menschlichen Gehirns verraten. In: DIE ZEIT, 39, 38
Schenk, M. (1991): Emanzipatorische Jungenarbeit im Freizeitheim. In: Winter, R., Willems, H. (Hrsg.) (1979): Was fehlt, sind Männer! Männer/Material, Bd 2. Tübingen
Schenz, A.: (2007): Erlebnis und Bildung. Die Bedeutung des Erlebens und des Erlebnisses in Unterrichts- und Erziehungsprozessen. Karlsruhe
Scheuermann, E. (o. J.): Der Pagalagi. Zürich
Schiedeck, J., Stahlmann, M. (1994): „Tarzan-Pädagogik" oder Der „thrill" als pädagogische Maßeinheit. In: Neue Praxis, 5, 397–406
Schirm, R. W., Schoemen, J. (2005): Die Evolution der Persönlichkeit. 11. Aufl. Luzern
Schirp, J. (2018a): Abenteuer- und erlebnispädagogische Ansätze in der Offenen Kinder- und Jugendarbeit. In: Deinet, U., Sturzenhecker, B. (Hrsg.): Handbuch Offene Kinder- und Jugendarbeit. 4. Aufl. Wiesbaden, 347–358
Schirp, J. (2018b): Abenteuer- und Erlebnispädagogik. In: Otto, H.-U., Thiersch, H., Treptow, R., Ziegler, H. (Hrsg.): Handbuch Soziale Arbeit. 6., überarb. Aufl. München, 17–24
Schlehufer, A. (2016): Kinder lieben Abenteuer. Wilde und echte Erlebnisse für 6- bis 12-Jährige. München/Basel
Schlehufer, A., Kreuzinger, S. (2010): Natur, Erlebnis, Ferien. Handbuch für die Gestaltung ökopädagogischer Kinder- und Jugendfreizeiten. 3. Aufl. Alling
Schleske, W. (1988): Laufen in die meditative Dimension. In: Allgemeiner Deutscher Hochschulsportverband (Hrsg.): Körpererfahrung: „Neue" Wege – „Alte" Erfahrungen. (Arbeitsunterlagen zum Freizeit- und Breitensport-Symposium) Berlin
Schleske, W. (1977): Abenteuer – Wagnis – Risiko im Sport. Schorndorf
Schmid, S. E., Reichenbach, P. (Hrsg.) (2017): Philosophie des Kletterns. Hamburg
Schmidtchen, G. (1997): Wie weit ist der Weg nach Deutschland? Sozialpsychologie der Jugend in der postsozialistischen Welt. Opladen
Schödlbauer, C. (2003): Weisheit und Trance – Rituale und Archetypen in der erlebnispädagogischen Praxis. Augsburg
Schödlbauer, C. (2000): Metaphorisches Lernen in erlebnispädagogischen Szenarien. Eine Untersuchung über handlungsorientierte Lehr-Lern-Prozesse. Hamburg
Schödlbauer, C. (1997): Metaphern. Ein Beitrag zur erlebnispädagogischen Methodik, Ethik und Ästhetik. In: e&l – erleben und lernen, 3/4, 39–49
Schödlbauer, C., Paffrath, H. F., Michl, W. (Hrsg.) (1999): Metaphern – Schnellstraßen, Saumpfade und Sackgassen des Lernens. Augsburg
Scholz, A. (2016): Flucht in die Komfortzone. In: e&l – erleben und lernen, 3&4, 18f.
Schott, T. (2009): Kritik der Erlebnispädagogik. Würzburg
Schulz von Thun, F. (2010): Miteinander reden 2. Stile, Werte und Persönlichkeitsentwicklung. Reinbek
Schulze, G. (2005): Die Erlebnisgesellschaft. Frankfurt a. M./New York
Schulze, H. (1971): Das Prinzip Handeln in der Psychotherapie. Stuttgart
Schurtz, H. (1902): Altersklassen und Männerbünde. Berlin
Schwarz, K. (1968): Die Kurzschulen Kurt Hahns. Ihre pädagogische Theorie und Praxis. Ratingen
Schwiersch, M. (1995): Wirkt Erlebnispädagogik? Wirkfaktoren und Wirkmodelle in der Erlebnispädagogik. In: Kölsch, 139–183

Schwiersch, M. (1990): Erlebnispädagogische Aktionen als Chance zur Persönlichkeitsentwicklung. In: Aktion Jugendschutz (Hrsg.) (1990), 7–10
Senge, P. (1996): Die fünfte Disziplin. Kunst und Praxis der lernenden Organisation. Stuttgart
Senner, S. (2016): Interview zu Geocaching, gesendet am 30.11.2016 bei Radio LORA München. In: www.freie-radios.net/80218, 13.06.2018
Sennett, R. (1995): Fleisch und Stein. Der Körper und die Stadt in der westlichen Zivilisation. Berlin
Senninger, T. (2000): Abenteuer leiten – in Abenteuern lernen. Münster
Setzwein, B. (2000): Nicht kalt genug. Innsbruck
Siebert, H. (2012): Didaktisches Handeln in der Erwachsenenbildung: Didaktik aus konstruktivistischer Sicht. Augsburg
Siebert, H. (1999): Pädagogischer Konstruktivismus. Eine Bilanz der Konstruktivismusdiskussion für die Bildungspraxis. Neuwied/Kriftel
Siebert, W. (1997): Wie sicher ist sicher genug? – Sicherheit im Outdoor-Training. In: e&l – erleben und lernen. Zeitschrift für handlungsorientierte Pädagogik, 2, 16–17
Simek, J,, Sirch, S. (2014): Das Mountainbike erlebnispädagogisch einsetzen. Grundlagen und Praxis. München/Basel
Skinner, B. F. (1948): Walden Two. Chicago
Sommerfeld, P. (1993): Erlebnispädagogisches Handeln. Ein Beitrag zur Erforschung konkreter pädagogischer Felder und ihrer Dynamik. Weinheim/München
Späker, T. (2017): Natur – Entwicklung und Gesundheit. Handbuch für Naturerfahrungen in pädagogischen und therapeutischen Handlungsfeldern. Baltmannsweiler
Specht, M. (1943): Gesinnungswandel. Rochester/Kent
Spitzer, M. (2018): Risiken und Nebenwirklungen digitaler Medien. In: Reiter, H. (Hrsg.): Handbuch Hirnforschung und Weiterbildung. Weinheim/Basel, 332–352
Spitzer, M. (2017): Cyberkrank! Wie das digitalisierte Leben unsere Gesundheit ruiniert. München
Spitzer, M. (2007): Lernen. Gehirnforschung und die Schule des Lebens. Heidelberg/Berlin
Spitzer, M. (2006): Medizin für die Schule. In: Caspary, R. (Hrsg.): Lernen und Gehirn. Der Weg zu einer neuen Pädagogik. Freiburg, 23–25
Spitzer, M. (2005): Nervensachen. Geschichten vom Gehirn. Stuttgart
Spitzer, M. (2003): Neurodidaktik. Medizin für die Pädagogik. In: „Die Zeit", 39, 18.09.2003
Spöttl, M. (1988): Tatort Alpen. Göttingen
Spranger, E. (1966): Zur Psychologie des Jugendalters. 28. Aufl. Heidelberg
Sprenger, R. K. (2014): Mythos Motivation. Wege aus einer Sackgasse. 20. Aufl. Frankfurt a. M.
Stagl, J. (1974): Kulturanthropologie und Gesellschaft. München
Stern, H. (1986): Der Mann aus Apulien. München
Stimmer, F. (2000): Lexikon der Sozialpädagogik. 4. Aufl. München/Wien
StMUV – Bayer. Staatsministerium für Umwelt und Verbraucherschutz (2018): Bildung für nachhaltige Entwicklung. In: www.umweltbildung.bayern.de/qualitaetssiegel/nachhaltigkeit_lernen/materialien/paedagogik.htm, 04.04.2018
Stössel, H. (1989): Schlüsselqualifikationen. In: Lernfeld Betrieb. Das Magazin für die berufliche Aus-, Fort- und Weiterbildung, 44–47
Streicher, B., Harder, H., Netzer, H. (Hrsg.) (2015): Erlebnispädagogik in den Bergen. Grundlagen, Aktivitäten, Ausrüstung und Sicherheit. München/Basel

Sturm, G., Zintl, F. (1989): Alpin-Lehrplan 1 – Bergwandern. München/Wien/Zürich
Stüwe, G. (2017): Erlebnispädagogik. In: Kreft, D., Mielenz, I. (Hrsg.): Wörterbuch Soziale Arbeit. 8. Aufl., Weinheim, 274–277
Stüwe, G., Dilcher, R. (Hrsg.) (1998): „Tatort" Erlebnispädagogik. Frankfurt a. M.

Teuchert-Noodt, G. (2015): Zu Risiken und Chancen fragen Sie das Gehirn. In: Lembke, G., Leipner, I. (2015): Die Lüge der digitalen Bildung. Warum unsere Kinder das Lernen verlernen. München
Thiersch, H. (1993): Abenteuer als Exempel der Erlebnispädagogik. In: Homfeldt, 38–54
Thiesen, C. (2016): Circle of Courage. In: e&l – erleben und lernen, 3&4, 13–17
Thimm, A. (2007): Die Bildung der Moral. Paderborn
Thole, W. (2014): Grundriss Soziale Arbeit. 4. Aufl. Opladen
Thomas, K., Kreszmeier, A. H. (Hrsg.) (2007): Systemische Erlebnispädagogik. Kreativrituelle Prozessgestaltung in Theorie und Praxis. Augsburg
Thoreau, D. (1971): Walden oder Leben in den Wäldern. Zürich
Thoreau, D. (1968): Über die Pflicht zum Ungehorsam gegen den Staat. Zürich
Thürmer, C. (2018): Wandern. Radeln. Paddeln. 12.000 Kilometer Abenteuer in Europa. München
Tischner, H. (1959): Völkerkunde. Freiburg i. B.
Trebels, A. (Hrsg.) (1983): Spielen und Bewegen an Geräten. Reinbek
Treptow, R. (1993): Bewegung als Erlebnis und Gestaltung. Zum Wandel jugendlicher Selbstbehauptung und Prinzipien moderner Jugendkulturarbeit. Weinheim/München
Trommer, G. (2012): Schön wild! Warum wir und unsere Kinder Natur und Wildnis brauchen. München
Turygin, A. A., Minovskaya, O. W. (2018): Erlebnispädagogische Ansätze in der Praxis der Sozialerziehung in Russland. In: e&l – erleben und lernen, 1, 26–29

Udall, D., Mednick, A. (2000): Journeys Through Our Classroom: Expeditionary Learning Outward Bound. Dubuque, Iowa
Ulmrich, E. (1977): Die Entwicklung der Probleme im modernen Skisport. In: Deutscher Skiverband (Hrsg.): Skisport als Freizeitsport – Wird der Boom zum Bumerang? o. O.
Umbach, K. (Hrsg.) (1994): Rund um Alpenvereinshütten. Stuttgart

Vogel, K. (2018): Der Duke of Edinburgh's International Award. In: Michl, W., Seidel, H. (Hg.), 146–148.

Wagner, F.-J. (1995): Begrenzungen gemeinsam überwinden. Erlebnispädagogik mit behinderten Menschen. In: Kölsch, 307–323
Waldau, K., Betz, H. (2003): Berge sind stille Meister. Spirituelle Begleitung beim Weg durchs Gebirge. München
Weber, A. (2012): Mehr Matsch! Kinder brauchen Natur. Berlin
Weber, H., Ziegenspeck, J. (1983): Die deutschen Kurzschulen. Weinheim und Basel
Weber, M. (2017): Erlebnispädagogik in der Grundschule. 89 Aktionen und Spiele. München
Weber, M. (1972): Wirtschaft und Gesellschaft. 5. Aufl. Tübingen
Weischedel, W. (1974): Die philosophische Hintertreppe. 4. Aufl. München

Wenzel, K. (1994): Lernen für das, was wichtig ist im Leben. In: e&l – erleben und lernen, 3/4, 47–48
Wildenmann, B. (2001): Endstation Guggenheim. In: ManagerSeminare, Heft 50, September/Oktober, 105–112
Wilhelmi, J.: Schule (1992): Protokoll eines Notstands. Bestandsaufnahme – Kritik – Perspektiven. Zürich/Köln
Wimmer, N. (2011): Faszination Wald verstehen und erleben. Bad Rodach
Wisskirchen, H. (1996): Die wiederentdeckte Erziehung. Kinder suchen Autorität und Orientierung. München
Witte, M. D., Sander, U. (Hrsg.) (2006): Intensivpädagogische Auslandsprojekte in der Diskussion. Baltmannsweiler
Wohlleben, P. (2016): Das Seelenleben der Tiere. München
Wohlleben, P. (2015): Das geheime Leben der Bäume. München
Wolf, G. (2004): Am Anfang waren die Werte. Mainz
Wunsch, A. (2006): Abschied von der Spaßpädagogik. München

Zacharias, W. (1995): Umwelt als Lernraum. Die pädagogische Kolonisation des Raums. In: Heckmair et al., 89–112
Ziegenspeck, J. (1986): Lernen für's Leben – Lernen mit Herz und Hand. Lüneburg
Zöpfl , H. (Hrsg.) (1973): Kleines Lexikon der Pädagogik und Didaktik. Donauwörth
Zuffellato, A., Kreszmeier, A. H. (2007): Lexikon Erlebnispädagogik. Theorie und Praxis der Erlebnispädagogik aus systemischer Perspektive. Augsburg
Zulliger, H. (1961): Horde – Bande – Gemeinschaft. Stuttgart
Zündorf, L., Grunt, M. (1980): Hierarchie in Wirtschaftsunternehmen. Frankfurt a. M./New York

Personenregister

Sachregister